Johann Nestroy · Sämtliche Werke · Nachträge II

Johann Nestroy
Sämtliche Werke
Historisch-kritische Ausgabe
von Jürgen Hein, Johann Hüttner,
Walter Obermaier und W. Edgar Yates

Deuticke

Johann Nestroy
Sämtliche Werke
Nachträge II

Herausgegeben
von W. Edgar Yates und Peter Haida

Deuticke

Die Gesamtausgabe erscheint
unter der Patronanz der Internationalen Nestroy-Gesellschaft,
mit besonderer Förderung des Magistrats der Stadt Wien, MA 7 –
Kultur, Gruppe Wissenschaft, sowie des Bundesministeriums für
Wissenschaft und Forschung

Deuticke

Alle Rechte vorbehalten
© Deuticke im Paul Zsolnay Verlag, Wien 2007

Einband: Haimo Lauth
Satz: Verlagsbüro Lehner, Wien
Druck und Bindung: Theiss, St. Stefan im Lavanttal
Printed in Austria

ISBN 978-3-552-06058-6

INHALTSVERZEICHNIS

Vorwort der Herausgeber	IX
Abkürzungen und Zeichen	XIII

ZWÖLF MÄDCHEN IN UNIFORM. Hg. von Peter Haida

Einführung	1
Text	5
Überlieferung	40
Entstehung und Vorlage – Überlieferungsprobleme	45
Textgrundlage	49
Aufnahme	50
Monologfragment des Sansquartier	67
Weitere Literaturglossen	68
Quelle H	70
Nestroys Bearbeitung eines Theatermanuskripts	77
Erläuterungen	79

DIE BALLNACHT. Hg. von Johann Hüttner

Einführung	80
Text	82
Überlieferung	138
Textgrundlage	140
Aufnahme	141
Erläuterungen	146
Musik	148
Theaterzettel	159

EIN GEBILDETER HAUSKNECHT. Hg. von Urs Helmensdorfer

Einführung	160
Text	162
Variante	192
Überlieferung	194
Textgrundlage	199
Vorlagen, Entstehung und Aufnahme	200
Ausgewählte Szenen der Vorlagen	216
Musik	235

TEXTE (MONOLOGE, LIEDER, COUPLETSTROPHEN)
ZU STÜCKEN ANDERER DRAMATIKER. Hg. von
W. Edgar Yates und Walter Obermaier
  Einführung   237
  Text   239
  1. Monolog und Arie zur komischen Oper
    Der Dorfbarbier   239
  2. Strophen zu Carl Meisl, *Die Fee aus Frankreich*   249
  3. Liedeinlage zu Ignaz Kollmann, *Carl von
    Österreich oder Der Wundertag im Erzberge*   250
  4. Liedeinlage zu F. X. Told, *Der Naturmensch
    oder Der Zweikampf im Schubladkasten*   251
  5. Liedeinlage (Fiakerlied) zu Benedikt von
    Püchler, *Die Brigittenau*   252
  6. Liedeinlage zu Friedrich Hopp, *Der Goldkönig,
    Vogelhändler und Pudelscherer*   255
  7. Monolog des Thomas Bleyfuß zum 3. Akt von
    Karl Schikaneder, *Der Vetter Michel aus dem
    Ratzenstadel*   257
  8. Couplet-Strophen zu Karl Hickl, *Ein Gaukler*   257
  9. Zu Friedrich Kaiser, *Das Geheimnis des
    Forsthauses*   260
10. Zu Friedrich Kaiser, *Verrechnet!*   264
11. Zu Friedrich Kaiser, *Ein Lump*   269
12. Coupletstrophe zu Carl Haffner, *Die Wiener Stubenmädchen oder Der Ball in der Schusterwerkstatt*   275
13. Couplet-Strophen zu Friedrich Kaiser,
    Unrecht Gut!   276
14. Zusatzstrophe zu Theodor Scheibe,
    Das Mädchen aus dem Fremdenblatt   279
15. Strophe zu Friedrich Kaiser, *Die Frau Wirthin*   280
16. Couplet-Strophen zu Theodor Flamm,
    Die Hetzjagd nach einem Menschen   281
17. Zu Friedrich Kaiser, *Ein Bauernkind*   287
18. Strophen zu Morländer, *Ein Ecksitz im Parterre*   287
19. Strophen zu Friedrich Kaiser, *Etwas Kleines*   289
Anhang   290
20. Einlage zu Adolf Bäuerle, *Der verwunschene
    Prinz*   290

21. Einlage mit dem Refrain „Ma sieht, er is doch
    zum Bajazzo gebor'n"   293
22. [Leopold Rosner], *Wiener Couplets, aus Stücken
    von Berg, Berla, Bittner [...], Nestroy und
    Anderen*   295

„IDEEN", „NOTIZEN", REFRAINS UND ENTWÜRFE ZU LIEDERN.
Hg. von W. Edgar Yates
  Einführung   298
  Überlieferung   301
  Text   303
    1. WSLB-Handschriftensammlung, I.N. 33.453   303
    2. WSLB-Handschriftensammlung, I.N. 162.724   304
    3. *Reserve*   307
    4. Couplet „Ein Zwanz'gjähr'ger Laff"   329
    5. Blätter aus der ‚Nestroy-Mappe' aus der
       ehemaligen Sammlung Trau   331
    6. Handschriften aus der Handschriftensammlung
       der WSLB   333
    7. Strophen aus der ehemaligen Sammlung Trau   342
  Erläuterungen   345
  Quellen und Verwendung   348

GEDICHTE, STAMMBUCH- UND WIDMUNGSBLÄTTER. Hg. von
W. Edgar Yates und Walter Obermaier
  Einführung   367
  Text   368

TEXTE ZU ANTON ZAMPIS' KARIKATUREN: KLEINE EPISODEN
AUS DEM GROSSEN DRAMA: WIEN IM BELAGERUNGSZUSTAND.
Hg. von John R. P. McKenzie
  Einleitung   375
  Text   379
  Abbildungen   382
  Überlieferung   394
  Textgrundlage   395
  Vorarbeiten   395
  Varianten und Lesarten   398
  Erläuterungen   399

VIII

VARIA AUS DER MÜNCHNER NESTROY-MAPPE. Hg. von
W. Edgar Yates
    Einleitung   402
    Notizen und Dialoge (T 3–6)   403
    Handlungsmotive [T 19–22]   407
    Scene mit dem Räuber der sich als Vater ausgiebt
    nach „Peter aus der alten Burg" [T 23 f.]   410

BRIEF AUS DEM JENSEITS. Hg. von W. Edgar Yates
    Überlieferung   412
    Text   412
    Lesarten   415
    Anmerkungen und Erläuterungen   415

VERZEICHNIS VON NESTROYS STÜCKEN
IN DEN BÄNDEN DIESER AUSGABE   417

Vorwort der Herausgeber

Die Nachträge zur Historisch-kritischen Nestroy-Ausgabe haben sich als so umfangreich erwiesen, daß der dafür vorgesehene Band in zwei Teilen erscheinen muß. Es geht darin grundsätzlich um Nachträge zu Nestroys schöpferischem Werk. Ein weiterer Band wird Dokumente zu Nestroys Leben enthalten; auch ein Registerband ist geplant.

Der zweite Teilband der Nachträge enthält Entwürfe aus der Werkstatt des Dramatikers, Bearbeitungen fremder Stücke und nichtdramatische Schriften. Zumindest zwei Texte, die in SW noch als selbständige Fragmente behandelt worden waren, sind inzwischen als Vorarbeiten zu bekannten Stücken erkannt worden: das Fragment *Zweifel*, das in der Entstehungsgeschichte von *Kampl* eine Rolle spielt (siehe *Stücke 31*, 279–288 [Text], 162–164; zur entstehungsgeschichtlichen Bedeutung des „Zweifel"-Fragments vgl. Walla, Fred, „Johann Nestroys dramatischer Plan „Zweifel"', *Österreich in Geschichte und Literatur* 23 [1979], S. 49–55), und die Handschrift mit der Überschrift „Londoner Unverschämtheit" mit Notizen zu der Hauptvorlage von „Nur keck!" (siehe *Stücke 34*, 138–141 [Text der HS V2], 120–127 [zu Nestroys Bearbeitung des Originals]).

Der größte Abschnitt dieses zweiten Teilbandes ist drei Bearbeitungen gewidmet. Fast alle Nestroy-Stücke sind bekanntlich Bearbeitungen fremder Vorlagen; hier handelt es sich aber um Stücke, zu denen er nur Teile beigetragen hat, von der alten Faschingsposse *Die Ballnacht* von Waldon (1835) zum Einakter *Ein gebildeter Hausknecht* von David Kalisch – einem Stück, das Nestroy 1858 als Direktor in den Spielplan des Carltheaters aufnahm. Zur *Ballnacht* haben Nestroy und sein Komponist Adolf Müller neue Musik und Gesangstexte beigesteuert. Der Text von *Ein gebildeter Hausknecht*, einem Theatermanuskript gemäß „für die österreichischen Bühnen bearbeitet von Joh. Nestroy", wurde in Wirklichkeit nur relativ leicht bearbeitet; Urs Helmensdorfer legt einen genauen Vergleich mit der Vorlage vor, der die Arbeitsweise des älteren Nestroy ausführlich dokumentiert. Diese beiden Stücke versah Nestroy mit Rollen – Schnepf in der *Ballnacht* und Knitsch im *Gebildeten Hausknecht* –, die sich großer Beliebtheit erfreuten.

Das gilt erst recht für den einäugigen Sansquartier in der Bearbeitung von Angelys *Zwölf Mädchen in Uniform*, eine von

Nestroys großen Lebensrollen, in der er von 1827 bis 1862 mindestens zweihundertmal aufgetreten ist – in Graz und Preßburg, über hundertmal in Wien und immer wieder auf seinen Gastspielreisen. *Daß* Nestroy den Text – oder wenigstens: Teile davon – selber bearbeitet hat, ist gesichert; *wann* seine Einlagen und Umformulierungen entstanden sind, läßt sich aber im einzelnen aufgrund der Vielfalt an erhaltenen Theatermanuskripten, Rollenheften und Fragmenten kaum mehr feststellen. Sowohl die Überlieferung als auch der Text (mit den beliebten Glossen zu im Burgtheater gespielten Stücken wie *Don Carlos*, *Die Jungfrau von Orleans*, Müllners *Die Schuld*, Halms *Griseldis* und *Der Sohn der Wildnis*) werden hier ausführlich kommentiert, was eine der großen Lücken der älteren Nestroy-Ausgaben endlich schließt.

Ein Werk fehlt: *Orpheus in der Unterwelt*. In der Bearbeitung der Offenbach-Operette trat Nestroy ab 1860 als Jupiter auf. Es war die letzte Rolle, die er am 30. Oktober 1860 in jener „Bunten Szene aus Possen, Parodien und Operetten" spielte, mit der er am Schluß seiner Direktionszeit vom Publikum des Carltheaters Abschied nahm. Wir hatten gehofft, auch diesen Text in den Nachtragsband aufnehmen zu können, was aber leider aufgrund des Gesundheitszustands des designierten Herausgebers nicht möglich war. Das Werk unterscheidet sich übrigens insofern von den anderen Bearbeitungen, als es im Carltheater nicht als Nestroy-Werk aufgeführt wurde und es nur minimale handschriftliche Zeugnisse für Nestroys Mit-Autorschaft gibt. Hoffentlich wird eine spätere Publikation, möglicherweise in Form eines Bandes in der Reihe „Quodlibet", dieser Sonderstellung Rechnung tragen.

Das Kapitel „Texte zu Stücken anderer Dramatiker" enthält vor allem Lieder für Stücke von Dramatikerkollegen, wie sie Nestroy immer, wahrscheinlich schon bei seinem Engagement in Amsterdam, geschrieben hat; aus einigen erhaltenen Rollenheften geht hervor, daß er auch noch in seiner Direktionszeit Zusatzstrophen für seine eigenen Rollen verfaßte. In Brünn wurde er bekanntlich im Dezember 1825 polizeilich bestraft, weil er sich in der Rolle des Barbiergesellen Adam in der komischen Oper *Der Dorfbarbier* einige von der Zensur nicht bewilligte Zusätze erlaubt hatte. Es ist Walter Obermaier gelungen, im Mährischen Landesarchiv Brünn das Original der Akte zu finden, in dem nicht nur der Text des Couplets, sondern auch der des Monologs erhalten sind; beide sind von Nestroys Hand. Die meisten Liedtexte, die unter seinem Namen veröffentlicht wurden oder in seinen Rollenheften in seiner eigenen Schrift erhalten sind, entstanden aber viel später; es handelt sich dabei größtenteils um Strophen, die er zu Stücken von Dramatikern wie Friedrich Kaiser geschrieben hat. Über die *Reserve* und die anderen Kollektaneen hinaus, die in der Quodlibet-Ausgabe *„Reserve" und andere Notizen* (2., verbesserte Aufl. 2003) wiedergegeben wurden, finden sich im Abschnitt „,Ideen', ,Notizen', Refrains und Entwürfe zu Liedern" weitere Texte mit Listen von Refrains sowie Entwürfe zu Liedern, welche zunächst gar nicht für bestimmte Stücke verfaßt worden sind. Zu diesen Texten gibt es im Anhang ein Verzeichnis der bisher identifizierten Quellen der einzelnen numerierten Eintragungen in der *Reserve* und den anderen Listen von Kollektaneen. Querverweise erschließen die Stücke und Vorarbeiten, in denen die Formulierungen verarbeitet sind.

Weniger bekannt als bei fast jedem anderen Dramatiker des 19. Jahrhunderts sind Nestroys nichtdramatische Schriften. Ihnen ist der letzte Abschnitt des Nachtragsbandes gewidmet. Nur wenige Gelegenheitsgedichte und -sprüche sind erhalten. Bei den „Worten zu Zampis" handelt es sich um großteils eigenhändig überlieferte kurze Begleittexte zu Karikaturen des Genremalers und Zeichners Anton Zampis aus dem Jahr 1848, zu welchen auch Vorarbeiten vorliegen. Die Fassung in SW V (1925) war revisionsbedürftig; John McKenzie hat die Überlieferungsgeschichte dokumentiert und den Text um umfangreiche Anmerkungen und Abbildungen der Karikaturen, auf die sich Nestroys „Worte zu Zampis" beziehen, ergänzt. Unter den „Varia aus der Münchner Nestroy-Mappe" finden sich verschiedene Notizen und Entwürfe, die sich keinem der fertigen Stücke Nestroys zuordnen lassen. Einige kurze Dialogstellen sind nach der Revolution entstanden, was aus Anspielungen auf die Nationalgarde und die „Politik der Türkey" hervorgeht. Die Notizen zu mehreren Romanen sind Früchte von Nestroys Lektüre; nur ein einziges dramatisches Werk kommt in dieser Liste vor: *Herr und Diener*, Margaretha Carls Bearbeitung von Victor Hugos Versdrama *Ruy Blas*, die im November 1839 in der Leopoldstadt aufgeführt worden war. Bei dem kurzen „Brief aus dem Jenseits" handelt es sich um einen wahrscheinlich in den fünfziger Jahren entstandenen, offensichtlich fiktiven Briefentwurf in Form einer antisemitischen Polemik. Der Titel stammt nicht von Nestroy; aus welchem Anlaß dieser rätselhafte Text entstanden sein kann, ließ sich nicht eruieren.

Im Unterschied zu den bisherigen Bänden ist der Vorspann möglichst einfach gehalten. Die Wiedergabe des Textes, die in den *Stücke*-Bänden zusammenfassend erklärt wird, konnte für diesen Band nicht vereinheitlicht werden, weil die Textsorten zu unterschiedlich sind; Erklärungen dazu finden sich teilweise in den einzelnen Abschnitten. Das Kapitel „Zum kritischen Apparat" entfällt ebenfalls, weil es keinen Apparat zum ganzen Band gibt; auch auf eine Liste der „Verwendeten Literatur" wurde verzichtet.

Wir danken vielen Personen und Institutionen, die uns bei der Arbeit sehr behilflich waren: Univ.-Prof. Dr. Hubert Christian Ehalt; Ministerialrat Dipl.-Ing. Karl Zimmel, Vizepräsident und Geschäftsführer der Internationalen Nestroy-Gesellschaft; den Mitarbeiterinnen und Mitarbeitern der vielen Bibliotheken und Sammlungen, in denen geforscht wurde, insbesondere der Wienbibliothek im Rathaus (früher: Wiener Stadt- und Landesbibliothek) mit Handschriftensammlung, Musiksammlung und Druckschriftensammlung, der Österreichischen Nationalbibliothek, des Österreichischen Theatermuseums (insbesondere dessen Bibliothekar Herrn Othmar Barnert) und des Deutschen Theatermuseums in München (vor allem dessen Archivleiterin Frau Dr. Birgit Pargner); allen Mitarbeitern und Mitarbeiterinnen der HKA für ihre langjährige Unterstützung des Bandes (nicht zuletzt Frau Dagmar Zumbusch-Beisteiner für die Betreuung der Musik); Mag. Johann Lehner für seine kundige und sorgfältige Betreuung der beiden Bände; dem Bundesministerium für Bildung, Wissenschaft und Kultur sowie dem Magistrat der Stadt Wien, MA 7, Kultur, Gruppe Wissenschaft, für finanzielle Unterstützung des Projekts.

Exeter und Münster, im Juni 2007   W. Edgar Yates
Peter Haida

Abkürzungen und Zeichen

[ ] Eckige gerade Klammern bezeichnen Abweichungen vom Wortlaut oder Auslassungen beim Zitieren.

[ ] Eckige schräge Klammern bezeichnen Zusätze der Herausgeber oder Bearbeiter, die nicht als Teil des Textes zu lesen sind.

{ } Geschweifte Klammern bezeichnen Stellen, die in den Handschriften nicht eindeutig lesbar sind.

·Palais· Durch mittelstehende Punkte eingegrenzte Wörter bezeichnen Hervorhebung durch Lateinschrift in der Textquelle.

stets Unterstreichungen bezeichnen Textstellen, die in der Handschrift unterstrichen sind. Ausnahmen sind Szenen- und Regieanweisungen.

V, 7 Durch Komma getrennte römisch und arabisch geschriebene Zahlen bezeichnen Akt und Szene.

170/20 Durch Schrägstrich getrennte arabisch geschriebene Zahlen bezeichnen Seite und Zeile in dieser Ausgabe.

Die handschriftlichen Texte werden durch folgende Chiffren charakterisiert:

H Einzelne Fassung von Nestroys Hand
HS, HSS Text(e) von Nestroys Hand
MS, MSS Kopie(n) von fremder Hand
P Partitur
R Rollenbuch, Rollenheft
T Theatermanuskript
V Vorarbeit(en)
Z Zensurmanuskript

Von den Fundorten wird abgekürzt zitiert:

St.B. Wien Wienbibliothek im Rathaus (früher: Wiener Stadt- und Landesbibliothek)
WSLB (Handschriftensammlung)
ÖNB Österreichische Nationalbibliothek, Wien
ÖTM Österreichisches Theatermuseum, Wien

Ältere Ausgaben werden durch folgende Siglen charakterisiert:
  CG *Johann Nestroy's Gesammelte Werke*, hg. von Vincenz Chiavacci und Ludwig Ganghofer, 12 Bde., Stuttgart 1890–1891.
  GW Johann Nestroy, *Gesammelte Werke*, hg. von Otto Rommel, 6 Bde., Wien 1948–1949.
  SW Johann Nestroy, *Sämtliche Werke*, hg. von Fritz Brukner und Otto Rommel, 15 Bde., Wien 1924–1930.

In den Lesarten und Vorarbeiten bedeutet:
  (× ×) eine Streichung,
  (+ +) einen Zusatz,
  (×+ +×) die Streichung eines Zusatzes,
  (+× ×+) die Tilgung einer Streichung.

In den Worterklärungen wurden folgende Abkürzungen für verschiedene Sprachen verwendet:
  engl. englisch
  frz. französisch
  ital. italienisch
  lat. lateinisch
  österr. österreichisch

Zwölf Mädchen in Uniform · *Einführung*

Zwölf Mädchen in Uniform ist ein Stück, das Nestroy fast während seines ganzen Theaterlebens begleitet hat. Dabei traten die titelgebenden Mädchen in wechselnder Zahl auf. So gab es im Lauf der Zeit sieben, zehn, zwölf, dreizehn, vierzehn, siebzehn, zweiundzwanzig und ab 1857 siebenundzwanzig Mädchen. Die Zahl wurde offensichtlich jeweils den Möglichkeiten des Ensembles angepaßt. In der von Nestroy aus einer Nebenrolle zur Hauptrolle ausgebauten Partie des alten Invaliden Sansquartier verkörpert sich, wie Rommel meint, das Charakteristische des Schauspielers Nestroy, sie gehört – fast unabhängig vom Text – zu seinen „mimischen Glanzleistungen".[1] Er spielte sie zum ersten Mal am 15. Dezember 1827 in Graz, dann in den Jahren 1828 bis 1830, im selben Jahr in Preßburg und ab 1831 in Wien an verschiedenen Theatern, zuletzt am 5. Februar 1862 bei einem Gastspiel an Treumanns Kai-Theater in Wien, wenige Monate vor seinem Tod. Die Rolle war eine seiner erfolgreichsten und zugleich angefeindetsten. Sie hat sein Bild und die Rezeption nach seinem Tod wesentlich mitbestimmt. Kritiker, die ihm Obszönität vorwerfen, beziehen sich oft auf diese Rolle und ihre Darstellung. Friedrich Theodor Vischer schreibt in seinem Reisebericht von 1860 von den „stinkenden Witze[n], die zu errathen geben, daß das innerste Heiligthum der Menschheit einen Phallus verberge. Ich sah Nestroy noch in den ‚Siebzehn Mädchen in Uniform', wo er eine Reihe von schmierigen Wachstubenzoten über die Jungfrau von Orleans losließ. Von unsern Theatern – und wir verstehen doch wohl auch einen Spaß – würde solche Gemeinheit mit Fußtritten gejagt, hier wurde gerade bei den widerlichsten Stellen am meisten geklatscht, und es sitzt vor diesen Vorstadtbühnen zwar nicht das Publikum des Burgtheaters, aber doch wahrscheinlich auch nicht lauter Pöbel [...]."[2]

Für Nestroy, der seine Karriere als Sänger und mit ernsten Rollen begonnen hatte, trug diese Rolle wesentlich zur Entscheidung über seine weitere Laufbahn bei. In der Würdigung der *Allgemeinen Deutschen Biographie* wird 1886 gesagt, daß für den jungen Schauspieler Nestroy bei der Suche nach seinem Genre zwischen ernsten und komischen Rollen diese Rolle „seine Richtung entschieden" habe. Dort auch findet sich eine Charakterisierung der Art seines Spielens und der Funktion der Kommentare: „[...] wenn er aus der Wachstube als alter Invalide heraustrat, das linke Auge mit einer

---

1 Otto Rommel, Die *Alt-Wiener Volkskomödie*, Wien 1952, S. 968.
2 Friedrich Theodor Vischer, *Kritische Gänge*. Neue Folge. Erstes Heft, Stuttgart 1860, S. 63.

Binde bedeckt, in der einen Hand das Augenglas, in der andern das berühmte Buch, da ging ein Schmunzeln durchs Publicum, bald aber wurde durch den drolligen Commentar classischer Werke die Lachlust der Zuschauer aufs Höchste gesteigert. Stets neue Witze, neue Spässe und neue Zoten wußte N. zu erfinden, seine bizarre Laune ließ kein Stück ungerupft und carikirte das Erhabenste" (Bd. 23, S. 448).

Das Stück stammt in seinen wesentlichen Teilen gar nicht von Nestroy, er hat auch darauf verzichtet, es in das Wiener Milieu umzusetzen. Es beruht auf Angelys Posse *Sieben Mädchen in Uniform*, die im April 1825 im Berliner Königstädtischen Theater uraufgeführt wurde. Louis Angely (1787–1835) hat, wie so oft bei seinen etwa hundert Stücken, selbst nach einer französischen Vorlage gearbeitet, dem Vaudeville *Les femmes soldats, ou la forteresse mal défendue* von Guillaume Marie Théaulon de Lambert (1787–1841), an dem als weiterer Mitarbeiter Armand Dartois beteiligt war. Dieses Stück war nach den Begriffen der damaligen Zeit ein Erfolgsstück. Ab 1825 wurde es von Bühnen in ganz Deutschland gespielt, so in Leipzig, Braunschweig, Breslau, Darmstadt, Dresden, Frankfurt, Stuttgart und Weimar. In Wien war es bereits am 1. Juli 1825 mit der Musik von J. Fr. Gläser zu sehen.[3] Ein Stück von J. A. Gleich, *Die Belagerung von Hammelburg oder Zwölf Weiber in Uniform*, das am 4. 11. 1826 im Theater in der Josefstadt Premiere hatte, scheint ebenfalls auf dieser Vorlage zu beruhen. Nestroy spielte darin den Gerichtsdiener Gratian (SW XV, 448: Rollenverzeichnis Nr. 193). Die Musik stammt ebenfalls von J. Fr. Gläser.

Der Erfolg dieses Stücks kann als ein Beispiel für die beginnende Vorherrschaft französischer Vorlagen im deutschsprachigen Theater dienen.[4] Dieses Phänomen kam sogar noch in den Gesichtskreis des alten Goethe, der Angelys *Sieben Mädchen* in Weimar aufgeführt sah und sich an zwei Stellen darüber äußert, einmal in einem Brief an Zelter, zum anderen zu Eckermann. An Zelter schreibt er am 31. 12. 1825 mit leicht resignativem Unterton: „Sieben Mädchen in Uniform machen auch hier das Publicum glücklich; denn so etwas ist zeitgemäß. Das Soldatengespiele zu einer halblüsternen Posse verwandt, läßt sich Jederman gefallen, wenn unter dem Druck eines Shakespearischen Alps das Publicum seufzt und sich sehnt aus einem

---

3 Karl Goedeke, *Grundriß zur Geschichte der Deutschen Dichtung*, 2. Aufl., Bd. 11/I, hg. von Carl Diesch, Düsseldorf 1951, S. 454 (Nachdruck Nendeln Liechtenstein 1975).

4 Vgl. Bernd Kortländer, ‚„… was gut ist in der deutschen Literatur, das ist langweilig und das Kurzweilige ist schlecht". Adaptionen französischer Lustspiele im Vormärz', in: *Theaterverhältnisse im Vormärz*, hg. von Maria Porrmann und Florian Vaßen, Bielefeld 2002, S. 197–211.

schweren Traum des Ernstes in die freye Luft der Thorheit".[5] Die zweite Äußerung stammt vom 21. 7. 1827 aus einem poetologischen Gespräch über die Furcht im Trauerspiel, die sogar „in jedem guten Lustspiele" vorhanden sein müsse, „und zwar bei der Verwickelung, ja Sie finden es sogar in den ‚Sieben Mädchen in Uniform' [von Angely], indem wir doch immer nicht wissen können, wie der Spaß für die guten Dinger abläuft".[6]

Literatur

Angely, Louis, *Sieben Mädchen in Uniform. Vaudeville-Posse in 1 Akt,* Reclam (UB Nr. 226) Leipzig (o. J.)
Bobinac, Marijan, ‚Nestroy auf kroatisch', in: *Nestroyana* 22 (2002), S. 132 ff. (S. 139 zur Aufführung in Zagreb 1863/64).
Diehl, Siegfried, *Zauberei und Satire im Frühwerk Nestroys. Mit neuen Handschriften zum ‚Konfusen Zauberer' und zum ‚Zauberer Sulphur',* Bad Homburg v. d. H., Berlin, Zürich 1969, S. 29–34 (= Frankfurter Beiträge zur Germanistik Bd. 9).
Hüttner, Johann, ‚Baugeschichte und Spielplan des Theaters am Franz Josefs Kai', in: *Jahrbuch der Gesellschaft für Wiener Theaterforschung* 27 (1970), S. 87–161.
Nestroy, Johann, *Sämtliche Werke,* hg. von Fritz Brukner und Otto Rommel, 15 Bde., Wien 1924–1930, Bd. IV, S. 279 ff. und 409 ff., Bd. XV, S. 23, 25 f. und 387 ff.
Ders., *Gesammelte Werke,* hg. von Otto Rommel, 6 Bde., Wien 1948–1949; Bd. I, S. 179 ff.
Ders., *Sämtliche Briefe,* hg. von Walter Obermaier, Historisch-kritische Ausgabe, Wien 2005.
Nestroy in München. Eine Ausstellung des Deutschen Theatermuseums, hg. von Birgit Pargner und W. Edgar Yates, München 2001.
Neuber, Wolfgang, *Nestroys Rhetorik. Wirkungspoetik und Altwiener Volkskomödie im 19. Jahrhundert,* Bonn 1987 (= Abhandlungen zur Kunst-, Musik- und Literaturwissenschaft Bd. 373).
Pichler, Gustav, ‚Echter oder unechter Nestroy? *Zwölf Mädchen in Uniform* und *Ein gebildeter Hausknecht',* in: *Nestroy gehört den Komödianten. Salzburger Nestroy-Gespräche 1977,* hg. von Gustav Pichler, Wien 1978, S. 51–58.
Rosner, Leopold, *Aus Nestroy. Eine kleine Erinnerungsgabe,* 4.,

---

5   J. W. von Goethe, *Werke. Weimarer Ausgabe,* Abt. IV, Bd. 40, Weimar 1907, S. 218.
6   *Goethes Gespräche,* hg. von Woldemar von Biedermann, Leipzig 1889–1896, Bd. 6 (1890), S. 167.

verm. Auflage, Wien 1885 (S. 53–60 die Literaturglossen, beruhend auf dem Abdruck im *Fremdenblatt* 1868).

Schübler, Walter, *Nestroy. Eine Biographie in 30 Szenen,* Salzburg, Wien, Frankfurt 2001.

Schwarz, Heinrich, *Johann Nestroy im Bild. Eine Ikonographie,* bearbeitet und hg. von Johann Hüttner und Otto G. Schindler, Wien 1977, S. 74–86.

Wagner, Renate, *Nestroy zum Nachschlagen. Sein Leben – sein Werk – seine Zeit,* Graz, Wien, Köln 2001.

Die Welt steht auf kein Fall mehr lang. Johann Nestroy zum 200. Geburtstag (Katalog zur 277. Sonderausstellung des Historischen Museums der Stadt Wien), hg. von Walter Obermaier, Wien 2001.

ZWÖLF MÄDCHEN IN UNIFORM

Vaudeville – Posse in 1 Act
Nach dem Französischen von Louis Angely
Für das k. k. priv. Theater an der Wien
bearbeitet von Johann Nestroy.

PERSONEN:

OBERST OSMOND, Gouverneur einer kleinen Stadt
HENRI, sein Sohn.
VICTOR, sein Neffe und Sekretär.
BRIQUET, ein alter Invalide, Commandant einer verfallenen Festung
SANSQUARTIER, einäugig ⎤
BATAILLE, lahm ⎦ Besatzung der Festung

JULIE, Victor's Schwester ⎤
SOFIE, Henri's Geliebte
ELISE
VICTOIRE
LEONORE
NINA   *(Alle als Soldaten verkleidet.)*
CLAUDINE
HENRIETTE
ISABELLE
NANETTE
BABETTE
FRANZISKA ⎦

CHARLES ⎤
LOUIS
THEODORE Brüder obiger Damen, Gefangene in der Festung
PHILIPPE
ANTOINE ⎦
EIN COURIR

Eine alte verfallene Festung am Ufer des Meeres[,] eine Viertelstunde von einer kleinen Stadt in Frankreich.
Das Innere der Festung hinten mit einem Walle geschlossen, der in der Mitte eine eiserne Gitterthüre hat, durch welche man in der Ferne das Meer sieht. An der ersten Coulisse rechts vom Schauspieler eine alte Kaserne oder Wache. Gradeüber ein alter Thurm mit 2 Thüren, der als Gefängniß dient. Vom Walle führt ein Gang auf die Scene.

1te Scene

(BRIQUET, SANSQUARTIER, BATAILLE.)

SANSQUARTIER   (*sitzt rechts im Vordergrund auf einem alten Feldsessel und flickt eine alte Hose*).
BATAILLE   (*als Schildwache auf dem Walle, sitzt und strickt*).
BRIQUET.   Wo unsere neue Garnison nur bleibt; die Stadt ist doch so nahe.
SANSQUARTIER.   Wißt Ihr auch gewiß, daß sie heute einrücken wird?
BRIQUET.   Bomben, Sapperment! Allerdings! Habe ich nicht erst gestern eine offizielle Depeche erhalten? Hier ist sie! Hör zu!
SANSQUARTIER.   O je! jetzt hab' ich mich in' Daum g'stochen. In der Hosen wird ich a Braut! (*Steht auf.*)
BRIQUET   (*lesend*). Adresse: „An meinen lieben Commandanten" – hörst du, an meinen lieben –
SANSQUARTIER.   Steht's wirklich da? – Charmanter Mann, der Gouverneur –
BRIQUET   (*liest*). Mein Herr! – Hörst du das? Er schreibt: Mein Herr!!
SANSQUARTIER.   Hm, ja! Er schreibt: „Mein Herr! wie man zu sagen pflegt.
BRIQUET   (*liest*). Mein Herr! Der Herr Gouverneur, welcher eine mögliche Flucht der Ihrer Obhut anvertrauten Gefangenen verhüten will –
SANSQUARTIER.   Hm ja!
BRIQUET.   Wird Ihnen morgen 12 Mann Verstärkung in die Festung schicken –
SANSQUARTIER.   Hm ja!
BRIQUET.   Es sind lauter junge Soldaten von guter Familie! Er bittet Sie daher, dieselben mit Sanftmuth zu behandeln.
SANSQUARTIER.   Hm ja!
BRIQUET   (*sieht ihn an*). Was hat er denn immer mit seinem verdammten – Hm ja!?
SANSQUARTIER.   Das is eine üble Angewöhnung von mir.
BRIQUET.   Die muß er sich abgewöhnen.
SANSQUARTIER.   Abgewöhnen? Hm ja!
BRIQUET   (*lesend*). Und sie mit den Gefangenen, besonders mit seinem Sohn umgehen zu lassen. – Ich habe die Ehre" – (*spricht*) Hörst du, er hat die Ehre!
SANSQUARTIER.   Hm ja! er hat die Ehre, wie man zu sagen pflegt.
BRIQUET   (*liest*). Ich habe die Ehre zu sein etc. etc. Victor. – Dieser wohlerzogene Herr Victor ist der Neffe und Generalsekretär des Herr[n] Gouverneur[s].

SANSQUARTIER. Sagt einmal, Commandant, ist da nicht ein kleines Postscriptum, wie man zu sagen pflegt, wo er sich um meine Gesundheit erkundigt?
BRIQUET. Ja, allerdings, – *(liest)* Ihr laßt die neue Garnison täglich um 5 Uhr Abends eine Ronde an das Ufer des Meeres machen. –
SANSQUARTIER. Hm ja!
BRIQUET. Schon wieder?
SANSQUARTIER. Hm ja!
BRIQUET *(liest)*. Dies ist die ausdrückliche Ordre des Gouverneurs. – Das ist eine kuriose Ordre, allein ich werde sie pünktlich erfüllen. Die erste Pflicht der Untergebenen ist, seinem Vorgesetzten zu gehorchen. – Begreifst du das?
SANSQUARTIER. Allerdings, gehorchen, wie man zu sagen pflegt.
BRIQUET. Nun, die Kaserne ist eingerichtet; die Garnison kann einrücken, wann sie will. Sechs Gefangene, 12 Soldaten, 2 invalide Veteranen und ich – Kartätschenelement! Meine Festung wird ein bedeutender Platz! – Was meinst du, Sansquartier?
SANSQUARTIER. Ich meine – o ja! wie man zu –
BRIQUET. Sagen pflegt! Schon gut! Vor 5 Jahren hat mich der Oberst Osmond hier zum Commandanten eingesetzt. Seit jener Zeit habe ich ihn täglich um eine Garnison zur Behauptung der Festung gebeten, und er hat mir sie 5 Jahre lang hartnäckig abgeschlagen.
SANSQUARTIER. Da er aber ein gütiger Herr ist, wie man zu sagen pflegt, so hat er Euer Flehen endlich erhört.
BRIQUET. O, es ist ein vortrefflicher Herr, der Herr Gouverneur.
SANSQUARTIER. Und sehr tschuvial!
BRIQUET. Was sagt Er?
SANSQUARTIER. Na, tschuvial!
BRIQUET. Red' Er nicht so albern, jovial heißt's ja!
SANSQUARTIER. Jovial wird's geschrieben und tschuvial wird's ausgesprochen.
BRIQUET. Er ist der beste Gatte, der beste Soldat, der beste Vater, kurz –
SANSQUARTIER. Als Vater ist er doch wohl ein wenig strenge, denn seinen eigenen Sohn während des Carnevals hier in die Festung zu sperren, scheint mir doch, wie man zu sagen pflegt –
BRIQUET. Er hat seine guten Ursachen dazu.
SANSQUARTIER. Ich möchte wetten, der junge Herr ist verliebt. Ich habe so etwas gemerkt. – O, ich bin nicht vernagelt, wie man zu sagen pflegt, und an seiner Traurigkeit hab ich wohl gesehen, daß – *(Man hört von Weitem das Getöse von Stimmen.)*
BRIQUET. Hurrah! Sie kommen!
BATAILLE *(auf dem Walle rufend)*. Commandant! Soldaten nähern sich der Festung.

BRIQUET. Sie sinds! – O, ich bin außer mir vor Freude!
SANSQUARTIER. Ich auch! Nun wird doch einmal Leben in unsere Kaserne kommen! Heißa!
BRIQUET. Sansquartier! Stell' dich in Reih' und Glied! – Gewehr auf!
SANSQUARTIER *(holt eine alte Flinte und stellt sich in Positur).*

N^{ro} 1. Arie

BRIQUET. Achtung! Richt Euch! – Ganze Compagnie
Schultert das Gewehr! Augen links! Brust heraus!
(Durch die Gitterthür sehend.)
Welche Freude! Horch! Schon kommen sie!
Nun gibt's in der Festung doch mal Saus und Braus!
SANSQUARTIER *(ebenfalls nach der Gitterthür blickend).*
Ha, wie sind sie schlank und flink!
Wie flimmert ihr Gewehr!
Und mit welcher Fröhlichkeit
Marschieren sie einher!
BRIQUET *(in gewaltigem Eifer).*
Bomben Element! Ihr plaudert unterm Gewehr!
's Maul gehalten! Schließt die Glieder!
Schultert! Muckst nicht mehr!
(Prosa) Subordination! Kreuzbataillon! oder – trotz meiner Freude, laß ich die ganze Compagnie ins Loch werfen! – Schildwach!
BATAILLE. Commandant?
BRIQUET. Ist die neue Compagnie schon die Zugbrücke passirt?
BATAILLE. Wir haben ja gar keine Zugbrücke.
BRIQUET. Gleich viel! Wir haben doch einen Fleck, wo eine sein könnte! Ist sie die Zugbrücke passirt, frag' ich?
BATAILLE. Die neuen Cameraden haben Halt gemacht. Der Corporal halt ihnen eine Rede.
BRIQUET. So will's der Kriegsgebrauch. Er ermahnt sie, sich würdig zu betragen.
BATAILLE. Jetzt setzen sie sich wieder in Bewegung. – Sie kommen!
BRIQUET. Rufe sie an!
BATAILLE *(schreit gewaltig).* Wer da?
JULIE *(von Außen).* Soldaten!
BATAILLE. Commandant! Rekognoszirt die Truppen.
BRIQUET *(tritt an's Gitter und sieht hinaus).* Rekognoszirt sind sie! – *(Öffnet das Gitterthor.)* Sie mögen eintreten.
BATAILLE *(schreit).* Passirt!

2te Scene

(VORIGE; JULIE, SOFIE, ELISE, VICTOIRE, LEONORE, NINA, CLAUDINE, HENRIETTE, ISABELLA, NANETTE, BABETTE, FRANZISKA *sämmtlich als Soldaten verkleidet, mit Tornistern auf dem Rücken, marschieren herein.*)

ALLE MÄDCHEN (*hört man schon hinter der Scene den Chor singen*).
N^{ro} 2. Chor der Soldaten
Was gleicht wohl auf Erden, dem Stand der Soldaten?
Wer kämpfet wohl öfter mit Mangel und Noth?
Wenn Andere sich laben bei Wein und bei Braten,
Trinkt er klares Wasser und ißt trocknes Brod.
Und doch ist er fröhlich und zieht ohne Beben
Für König und Vaterland gern in den Krieg.
Und schonen die feindlichen Kugeln sein Leben,
So singt er nach ruhmvoll erfochtenem Sieg –
Lalala .....

(*Jetzt sind sie, nachdem sie um das Theater marschierten, auf der linken Seite der Bühne angekommen und machen Halt.*)
JULIE (*tritt bei der Fermate vor und kommandirt*). Halt! Front! – Habt Acht! – Präsentirt!
ALLE (*präsentiren*).
BRIQUET (*ebenfalls aus vollem Halse schreiend*). Ganze Compagnie unten und oben – Präsentirt! –
SANSQUARTIER UND BATAILLE (*präsentiren*).
SANSQUARTIER (*hält das Gewehr ganz schief und stützt es wechselweise auf sein Knie*).
BRIQUET. Wie hält er denn wieder das Gewehr?
SANSQUARTIER. Kann nix davor! Mein Nebenmann hat mich gestoßen.
BRIQUET. Es ist ja Niemand bei ihm, Narr.
SANSQUARTIER (*für sich*). Jetzt hätt' er's bald bemerkt, daß ich mir eine Ausred g'nummen hab.
(*Wenn* ALLE *in der Attitude stehen, fällt die Musik wieder ein und schließen den Chor, in welchen auch die Invaliden mit einstimmen.*)
Lalala .....

BRIQUET (*nach dem Chore*). Element! unsere neuen Kameraden sind verteufelt jung! aber Kerls, wie die Puppen!
SANSQUARTIER. Mir scheint, die sein auch noch nicht alle g'hörig durchexerzirt, wie man zu sagen pflegt.

JULIE *(tritt vor, grüßt militärisch)*. Kommandant, der Oberst sendet uns, um –
BRIQUET. Mir schon Alles bekannt! Seid mir willkommen!
JULIE *(tritt zurück, nachdem sie salutierte, kommandirend)*. Habt Acht! Schultert!
BRIQUET *(ebenso)*. Habt Acht! – Schultert!
JULIE. Man wird reihenweis rechts abmarschieren!
BRIQUET. Habt Acht! – Man wird reihenweis rechts abmarschieren, halbrechts – Marsch!
JULIE. Halbrechts! – Marsch!
DIE MÄDCHEN UND DIE INVALIDEN *(führen das Commando aus; sie marschieren und zwar* DIE MÄDCHEN *hinter d[ie] Schrank[e] der Hauptwache, wo sie sich anstellen, wie es bei Ablösung Brauch ist.* SANSQUARTIER *und* BATAILLE *aber auf die entgegengesetzte Seite)*.
JULIE. Halt! – Front!
BRIQUET. Halt! – Front!
JULIE. Beim Fuß! – Vorwärts setzt an!
BRIQUET *(ohne sich umzuwenden vor* SANSQUARTIER *stehend)*. Beim Fuß! Vorwärts, setzt an!
SANSQUARTIER *(befolgt das Commando und legt, beim* Setzt an, *seine Flinte an den Commandanten an, so daß sie, wie dieser wegtritt, umfällt)*.
BRIQUET. Was thut er denn wieder?
SANSQUARTIER. Haben Sie nicht gesagt: Vorwärts! setzt an? – Nur den Menschen nicht schikaniren!
BRIQUET. Halt' er's Maul!
SANSQUARTIER *(brummend)*. Die beständigen Paraden fuchsen mi schon!
BRIQUET. Nun, Sansquartier, lese ihnen das Festungsreglement vor, wenigstens die bedeuten[d]sten Artikel!
SANSQUARTIER *(holt eine am Wachthause hängende Tabelle)*.
SOFIE *(zu* JULIE*)*. Wie mir das Herz schlägt!
JULIE. Courage!
ELISE. Und Geduld!
BRIQUET. Ruhe! Nicht geplaudert! Stillgestanden!
SANSQUARTIER *(der seinen Quetscher aufsetzt)*. Ruhig! Publikation!

<u>Erster Artikel.</u>

N^{ro} 3. Preuss. Zapfenstreich

Es wird hiermit bekannt gemacht,
Und in Erinnerung gebracht,

Daß kein Soldat je spreche Hohn,
Der Subordination!
Auch darf er nie in diesen Platz,
Einführen seinen Herzensschatz.
Wer sich dabei betreten läßt,
Der sitzet ohne Gnade fest
8 Tage in Arrest.
<u>Zweiter Artikel.</u>
Und hat wohl gar ein Weib beherzt,
Sich in die Festung eingeschwärzt,
Verfällt es ohne Gnad' und Pardon
Der Subordination!
Weil es die Sitte so gebeut,
Wird es mit aller Höflichkeit
Sogleich ins Hundeloch geführt,
Und dort 4 Wochen lang traktirt
Mit Wasser und mit Brod.

VICTOIRE *(leise zu* ELISE*).* Das sind tröstliche Aussichten.
ELISE. Schweig', um Gotteswillen!
BRIQUET. Haltet die Mäuler! Kreuztausendelement!
SANSQUARTIER. Ruhig, sag ich! –·Publication·!
<u>Dritter Artikel.</u>
Hier ist das Reglement sehr scharf!
Wem ich es nicht erlaube, darf
Bei Leibe sich nicht untersteh'n
Zur Festung hinaus zu geh'n.
Wird er in dem Fall attrappirt,
So gilt, als sei er desertirt,
Und ohne Gnade schießet man
Ihm, so manierlich, als man kann
Die Kugel vor den Kopf.

LEONORE *(leise).* Das ist eine sehr unmanierliche Manierlichkeit!
BRIQUET. So, bei diesen 3 Artikeln mag es vorläufig sein Bewenden haben. Also, aufgepaßt! Pünktlichkeit, Ordnung und Subordination!
SANSQUARTIER. Ja, nur Subordination, wie man zu sagen pflegt.
JULIE *(zu ihren Freundinnen).* Soldaten, prägt Euch die Ordre des Commandanten tief ein. Jetzt rührt Euch! Abtreten!
BRIQUET. Halt! Haubitzen Sapperment! Fast wäre der wichtigste Artikel vergessen worden.
SANSQUARTIER. Schließt einen Kreis um mich! – Publikation!
<u>Zwanzigster Artikel!</u>
(Liest.) Und kommen neue Truppen an,
So werden sie gleich Mann für Mann

In die Kaserne eingeführt,
Und förmlich einquartirt.
Doch, weil die Zimmer eng und klein,
Und auch noch keine Betten drein,
So theilt das alte Bataillon
Mit Euch, der jungen Garnison
Im Anfang Kost und Bett.

ALLE MÄDCHEN *(erschrocken unter sich).* Das ist eine schöne Geschichte –

BRIQUET *(nimmt die Tabelle und hängt sie wieder in das Wachthaus).*

ALLE MÄDCHEN. Himmel, was wird das werden!

JULIE. Schweigt doch und fürchtet Nichts! Es ist noch lange hin bis zum Abend.

BRIQUET. Nun, Kameraden, machts Euch bequem! Sansquartier führe sie in die Kaserne, dort können sie ihre Tornister ablegen.

ELISE *(zu* JULIE*).* Hahaha! Das wird noch tausend Spaß geben!

JULIE *(zu* SOFIE*).* Mir is die Maskerade lieber, als der glänzendste Ball.

SOFIE. *(zu* JULIE*).* Mir auch! Und wenn ich meinen Henri sprechen kann –

SANSQUARTIER. Nun vorwärts, Kameraden! Ich zeig' Euch Eure neuen Winterquartiere, wie man zu sagen pflegt – Halt! *(Fragt komisch salutierend zu* BRIQUET *einigemal zurückkehrend etwas.)*

BRIQUET *(wird darüber zuletzt schon etwas ungehalten).*

SANSQUARTIER *(marschiert dann voraus, indem er dreimal halt und halbrechts macht und so ein Eck formirt fort in die Kaserne).*

ALLE MÄDCHEN *(folgen ihm in die Kaserne ab).*

BRIQUET *(hält* JULIE *zurück).* Korporal, Ihr bleibt hier! Ich habe mit Euch zu sprechen.

JULIE. Von Herzen gern, Commandant! *(Bei Seite.)* Wenn er nur nicht über Dienstsachen spricht; da möchte ich schlecht bestehen.

3te Scene

BRIQUET, JULIE, BATAILLE *(auf dem Walle).*

BRIQUET. Ihr wißt, Korporal, daß ich in diesem Augenblicke 6 Gefangene von der äußersten Wichtigkeit zu bewachen habe. Sogar der Sohn des Gouverneurs ist unter ihnen.

JULIE. Wohl weiß ich es. Ich habe ja dem Letztern einen Brief seines Vaters abzugeben.

BRIQUET. Ihr begreift, wie ehrenvoll mein Posten ist!

JULIE. Versteht sich. – Wißt Ihr nicht die Ursache seiner Gefangenschaft?
BRIQUET. Ob ich sie weiß? Ich, der Commandant?
JULIE. Könnt Ihr sie mir nicht mittheilen?
BRIQUET. Recht gern. – Die jungen Herren hatten die Freuden des Karnevals ein wenig zu stark genossen. Alle Abende gabs bei ihnen Schmausereien und Trinkgelage. – So durchzogen sie die Straßen der Stadt, brachten den verlassenen Frauen Ständchen und trieben einen so heillosen Lärm, daß die Polizei sich ins Mittel legte, sie arretirte und der Herr Oberst-Gouverneur sie sämmtlich in meine Festung transportieren ließ.
JULIE. Welche Lächerlichkeit!
BRIQUET. Der Herr Gouverneur will nun die Ruhestörer bis nach beendigtem Karneval für ihren Übermuth büßen lassen.
JULIE. Das ist ein wenig streng. Seinen Sohn auch?
BRIQUET. Oh, der war nicht bei den nächtlichen Schwärmereien! – Der ist ein vernünftiger, gesetzter junger Mann. Er hat blos den Respekt gegen seinen Vater einen Augenblick lang aus den Augen gesetzt und ihm gedroht, ein junges Mädchen zu entführen, weil der Vater ihm die Einwilligung zu seiner Verbindung mit ihr abgeschlagen hatte.
JULIE. Nun betrachte einmal ein Mensch! – Ja, die Mädchen! die Mädchen! die Mädchen. Es gibt auch nichts Gefährliches für einen Mann, als ein junges Mädchen.
BRIQUET. Bah, bah! dummes Zeug! Mir ist in meinem Leben kein Frauenzimmer gefährlich geworden und ich habe deren von allen Kalibern kennen gelernt[,] der junge Herr aber ist erst 20 Jahre alt und will schon heirathen! Ist das erhört?
JULIE. I nun, das hat man wohl schon erlebt.
BRIQUET. Das ist wohl einigermaßen wahr, indeß, der Herr Gouverneur will es nicht, und ihm zu Liebe halte ich seinem Sohn täglich 5 – 6 schöne Sermone. Man hat mir aufgetragen, Euch mit ihm umgehen zu lassen. – Thut mir den Gefallen – malt ihm die schauderhaften Gefahren des Ehestandes und sucht ihn zu bekehren. Das wird mir große Ehre bringen.
JULIE. Der Kranke ist in guten Händen! – Ich übernehme seine Heilung.
BRIQUET. So will ich ihn frei lassen – das heißt – auf kurze Zeit – damit Ihr seine Bekanntschaft machen könnt. *(Öffnet die Thüre des Thurmes.)*
JULIE *(für sich)*. Mein verliebter Cousin wird schöne Augen machen! – Vielleicht erkennt er mich auch gar nicht! – Desto besser! So will ich mich ein wenig mit ihm amusiren. Dieser Brief Viktors soll ihn zu gehöriger Zeit über Alles aufklären.

4te Scene

VORIGE; BRIQUET *(führt* HENRI *aus dem Thurme).*

BRIQUET.   Nur mir nach, Herr von Osmond! Ich will Ihnen einen jungen, wackern Krieger vorstellen, der Ihre Bekanntschaft zu machen wünscht.
HENRI   *(bei Seite).* Das kommt mir sehr zur Unzeit! Ich schrieb grade an Sofie.
JULIE.   Mein Herr, ich habe die Ehre –
HENRI   *(von der Seite grüßend).* Mein Herr, ich bin erfreut! *(Verdrießlich für sich.)* Hm! ein bloßer Korporal! Ich dachte Wunder – !
BRIQUET   *(zu* JULIE*).* Er ist äußerst verliebt, denn er ist auch mürrisch.
JULIE.   Laßt mich nur machen! Ich werde ihm eine Lektion in der Höflichkeit geben! *(Zu* HENRI.*)* Man will behaupten, mein Herr, sie wären sehr verliebt?
HENRI.   Und wenn ich's wäre?
JULIE.   So hätten Sie Unrecht.
HENRI.   Wie?
BRIQUET.   Großes Unrecht.
JULIE.   Ja, mein Herr, Sie haben Unrecht, so zu lieben, wie Sie es thun.
HENRI.   Mein Herr bekümmern Sie sich nicht um meine Angelegenheiten. Es macht mir Vergnügen, mürrisch zu sein.
JULIE.   Dann sind Sie nicht recht klug!
HENRI.   Sie wagen es, mich zu beschimpfen?
BRIQUET   *(besorgt).* Haubitzenelement! Das Ding kann ernsthaft werden! Herr von Osmond – belieben Sie wieder ins Loch zu marschieren!
JULIE   *(zu* BRIQUET*).* O fürchtet Nichts! Ehe 5 Minuten vergehen, wird er meine Rathschläge annehmen – ja vielleicht mir fußfällig dafür danken.
HENRI.   Gott? Mir? Herr, Sie häufen Beleidigung auf Beleidigung! aber Sie sollen mir Rechenschaft geben!
JULIE.   Mit Vergnügen! Bin ich ja doch überzeugt, daß Sie mich um Gnade bitten werden.
HENRI.   Armseliger Prahler!
BRIQUET   *(zu* JULIE*).* Alle Teufel! Nehmt Euch in Acht! Ihr könntet am Ende doch den Kürzeren ziehen.
JULIE.   Bah! Das wäre das erste Mal! Sie sollen wissen, mein junger Herr, daß ich bis jetzt bei jedem Zweikampf den Sieg davon getragen habe.

HENRI. Das wollen wir gleich sehen!
BRIQUET. Nein, das wollen wir nicht sehen! Marsch ins Gefängniß zurück!
JULIE. Einen Augenblick noch! *(Gibt* HENRI *einen Brief.)* Da, Herr Trotzkopf, ist ein Brief von Ihrem Herrn Vater, der wird Sie wohl geschmeidiger machen! – Lesen Sie – nun lesen Sie doch! *(Zu* BRIQUET.*)* Jetzt, gebt Acht, wie zahm er werden wird.
HENRI *(öffnet den Brief und blickt hinein).* Ha! was seh' ich? – *(Zu* JULIE.*)* O, mein bester Herr Korporal, entschuldigen Sie meine Heftigkeit.
BRIQUET. Da haben wir's! – Was doch ein paar väterliche Ermahnungen manchmal für eine ganz erstaunliche Wirkung hervorbringen. Es ist kaum glaublich!
HENRI *(liest für sich).* Die jungen Soldaten, die sich jetzt in deiner Nähe befinde[n], sind lauter junge Mädchen aus der Stadt. – Um ihre gefangenen Brüder und Verwandten zu sehen, haben sie sich zu diesem tollen Karnevalsstreiche von meiner Erfindung entschlossen. Deine Cousine Julie ist ihr Anführer und deine angebetete Sofie dient in ihrem Regimente. Dein Freund Viktor! *(Umarmt* JULIE.*)*
BRIQUET. Nun, das laß ich mir doch gefallen! Jetzt, junger Herr, da Sie zur Vernunft zurückgekehrt sind, können Sie noch hier bleiben. Ich lasse Euch Beide allein beisammen! *(Bei Seite.)* Der wird ihn ganz gewiß total bekehren. Das ist ein Teufelskerl! *(In die Kaserne ab.)*

5te *Scene*

JULIE, HENRI, BATAILLE *(auf dem Walle).*

HENRI. O, meine theure Cousine! Wie konnte ich mir einbilden, – doch, wo ist Sofie? – Führe mich zu ihr!
JULIE. Sie wird gleich hier sein. – Jetzt höre mir zu. Gegen Abend gehen wir alle in ein benachbartes Bauernhaus und ziehen unsere weiblichen Kleider wieder an, die wir alle in unsern Tornister[n] haben.
HENRI. Aber wer hat Euch denn zu den Uniformen verholfen?
JULIE. ·Cousin Victor·. Er hat uns auch einige Exerzitien gelehrt und etliche militärische Verhaltungsmaßregeln mitgetheilt.
HENRI. Und wer sind deine übrigen Kriegsgefährten?
JULIE. Lauter Schwestern der muntern Zeisige, die mit dir gefangen sind.
HENRI. Wenn aber der Zufall meinen Vater herführte?

JULIE. Das wird Viktor schon zu verhüten suchen. Ach, da kommt Sofie mit den andern Kameraden. Verrathe uns nur nicht etwa durch unbesonnene Freude!

6te Scene

(VORIGE; BRIQUET, DIE MÄDCHEN aus der Kaserne.)

N^{ro} 6. Chor der Mädchen

  Vivat dreimal hoch
  Das Soldatenleben!
  Es wird Freude noch
  Ruhm und Ehr' uns geben!
SOFIE *(mit einem zärtlichen Blick auf* HENRI*).*
  Die treue Liebe wacht,
  Ueber den Krieger!
  Sie folgt ihm in die Schlacht,
  Macht ihn zum Sieger.
ALLE. Die treue Liebe wacht etc. *(wie oben)*
JULIE. Ja, Mädchen, fein und zart
  Zittern für unser Leben,
  Denn Männer unsrer Art
  Hat's noch nie gegeben.
ALLE. Ja, Mädchen, fein und zart etc. *(wie oben)*
JULIE. Kameraden, hier stelle ich Euch einen meiner besten Freunde vor. Er ist ein großer Liebhaber des Militärs, besonders, wenn es aus Leuten Eures Schlages besteht.
ELISE. Ei, er ist kein Kostverächter.
HENRI. Erlaubet, meine Freunde, daß ich Euch alle, der Reihe nach umarme! *(Thut es.)*
BRIQUET. Wie ich diese Herzlichkeit liebe! Oh! Wie leicht ihm das von Statten geht! Kartätschenelement! Junger Herr von Osmond, lassen Sie Ihre Heirathsgedanken fahren, und werden Sie lieber Soldat.
JULIE. Das hab' ich ihm eben auch gerathen.
ELISE. Ja, ja, er muß sich in unserm Regimente enrolliren lassen.
BRIQUET. Haha! Das wär' das Gescheidteste, was er thun könnte. – Doch jetzt ruft der Dienst. Die Stunde der Ablösung naht heran! Korporal, wer ist der erste Mann in Eurer Mannschaft[?]
SOFIE. Das bin ich!
BRIQUET *(zu* SOFIE*).* So nehmet Euer Gewehr, und Ihr, Korporal, laßt ihn die Schildwache auf dem Walle ablösen.

SOFIE *(bei Seite).* O Himmel!
ELISE *(bei Seite).* Das ist ein lustiger Streich!
JULIE *(bei Seite).* O weh! Armer Cousin!
HENRI *(zu* BRIQUET*).* Bedenklich, Herr Commandant! Die Leute sind müde vom Marsche!
BRIQUET. Dummes Zeug! Der wahre Soldat wird nie müde! Also nicht raisonnirt! Abgelöst!
BATAILLE *(oben auf dem Walle schreit wie ein Besessener).* Abgelöst!
JULIE *(nimmt ihr Gewehr und kommandirt* SOFIE *zur Ablösung).* Schultert! Marsch!
JULIE, SOFIE *(marschieren auf den Wall, wo* SOFIE BATAILLE *ablöst).*
JULIE UND BATAILLE *(kommen zurück).*
BRIQUET. Und Ihr, Kameraden, kommt mit mir! *(In die Coulisse zeigend.)* Seht Ihr dort das kleine Häuschen? Das ist die Commandantur! Da wohne ich! Dort will ich Euch ein Gläschen Branntwein zu kosten geben – ein Branntweinchen, sag' ich Euch –
VICTOIRE. O, wir haben keinen Durst, Commandant.
BRIQUET. Was Bomben-Sapperment! Keinen Durst! Ein Soldat keinen Durst! Das sage mir nicht noch einmal, junger Kiek in die Welt! Merkt Euch, Ihr Gelbschnäbel! Durst und Ehre! Das ist mein Wahlspruch!

N^{ro} 7. Trinklied

Soll ich für meinen König fechten,
Für Vaterland und Freiheit zu Felde geh'n,
So muß mein Säbel mir zur Rechten,
Krambambuli zur Linken steh'n.
Und wenn ich in die Schlacht hinzieh,
So stärkst du mich, Krambambuli!
Krambimbambambuli,
Krambambuli!

Wenn links 10 hübsche Mädchen winken,
Und rechts 2 volle Flaschen steh'n,
So laß die Mädchen ich zur Linken,
Thu rechts mich zu den Flaschen dreh'n.
Nach schönen Mädchen frag' ich nie,
Hab' ich nur stets Krambambuli,
Krambimbambambuli,
Krambambuli!

SZENE 6

HENRI *(leise zu* JULIE*).* Kinder, geht mit ihm! – Liebe Julie, mir zu Liebe! Ich bleibe dann hier mit Sofie allein!
JULIE. Wohlan, Kommandant, wir nehmen Eure Einladung an.
ELISE *(zu* BRIQUET*).* Habt Ihr nicht auch Wein?!
BRIQUET. Ob ich welchen hab'? Das versteht sich!
VICTOIRE. Ist er auch gut?
BRIQUET. Kreuzbataillon! Ihr habt solchen gewiß in Eurem Leben nicht getrunken.
BATAILLE *(der abgelöst ist und unter den Andern steht, bei Seite).* Er taugt den Teufel nichts! Ist sauer wie Essig!
BRIQUET. Nun, Herr von Osmond? Kommen Sie nicht mit uns?
HENRI. Ich mag nicht trinken!
BRIQUET. Desto schlimmer für Sie! *(Zu* SOFIE.*)* Schildwach! Gebt auf den Gefangenen Acht! Den Wall darf er nicht betreten, bei Todesstrafe! – *(Bei Seite.)* Das Gitterthor ist verriegelt und verschlossen. Den Schlüssel hab' ich, kann also ruhig sein! – *(Laut.)* Nun folgt mir, Cameraden! Hurrah!

N^{ro} 8. Trinklied

BRIQUET. Von China bis nach Wien,
  Von Rom bis nach Berlin,
  Von Troja bis zum Rhein
  Liebt Alt und Jung den Wein.
CHOR. Von China bis nach Wien etc. *(wie oben)*
BRIQUET. Drum wenn die volle Flasche winkt,
  So seid nicht dumm und trinkt und trinkt,
  Denn selig, Freunde, ganz allein
  Macht uns der edle Wein!
CHOR. Drum wenn die volle Flasche winkt etc. *(wie oben)*
BRIQUET. Wird Euch das Herz zu schwer,
  So trinkt ein Fläschchen leer,
  Und eh' ihr's Euch verseht,
  Ist Gram und Schmerz verweht.
CHOR. Wird Euch das Herz zu schwer etc.
BRIQUET. Vergänglich ist des Lebens Glück,
  Drum nützet jeden Augenblick!
  Und trinkt, so lang Ihr könnt, denn Kraft
  Gibt nur der Rebensaft.
CHOR. Vergänglich ist des Lebens Glück etc.
ALLE *(marschieren nach* BRIQUETS *Wohnung ab; erst* BRIQUET*, dann* DIE MÄDCHEN*, zuletzt hinkt* BATAILLE *nach).*

7ᵗᵉ Scene

(HENRI, SOFIE *als Schildwache auf dem Walle; gleich darauf* SANS-QUARTIER *mit einem Buche aus der Kaserne*).

HENRI. Endlich, meine theure Sofie, sind wir allein, und – *(Sieht* SANSQUARTIER *kommen.)* Verwünscht! Da ist schon wieder ein überlästiger Störer!

SANSQUARTIER *(für sich)*. In der Kaserne is es so dunkel, daß ich meine Lektürestunde lieber hier draußen halten will. *(Setzt die Brille auf und liest unter* SOFIENS *Gesang aus der „Schuld" verschiedene Stellen heraus, indem er sich im Vordergrunde auf eine Bank setzt.)*

HENRI. Fataler Zufall! Nun geht der Kerl sobald nicht fort! Wie soll ich mich nun mit meiner Geliebten verständigen?

SOFIE *(auf dem Walle)*. Singen wird man mir nicht verwehren! Also Muth!

SANSQUARTIER *(liest laut)*.
[*(Liest.)* Die Schuld!
(Spricht.) Jetzt, das ist das lasciveste Büchel, was ich kenn' –
(Liest.) Scherta.
(Spricht.) O, das ist eine abg'wichste, diese Scherta!
(Liest.) Ich lieb' ihn Seel' um Seele, wie man droben liebt i[m] Licht.
(Spricht.) Wer nicht glaubt, zahlt ein' Sechser.
(Liest.) Elvira! Jungfrau, mög' Euch Gott behüten vor dem innerlichen Wüthen, das mich von und zu ihm zieht.
(Spricht.) Die reißt's kurios hin und her – da mirkt man gleich die südliche Glut – die tropischen Gefühle.
(Liest.) Huscho (an ihrem Halse): Elvira! –
Elvira (an seinem Halse):
(Spricht.) Na ja, an welchem Halse soll's denn sein? es ist ja kein anderer da.
(Liest.) O mein Huscho!
Huscho: Theures Weib!
(Spricht.) Hat ihn schon – gegenseitige Umärmlung.
(Liest.) Elvira: Muß es sein, Geliebter?
Hugo: Was?
(Spricht indem er aufsteht.) Ah, ah! Jetzt foppt er's noch – das ist ein Viechkerl, dieser Huscho. *(Geht ab.)*

[*Die Jungfrau von Orleans.*]
(Spricht.) Jetzt, das is eigentlich keine Komödie, sondern mehr dramatische Fabel. – Na ja – man weiß nix G'wiss's – und jetzt

kommt auch nix mehr auf – es is schon z'lang her – und die Nachbarschaft is schon alle todt.
(Liest.) König (zu Johanna): Mein sei die Sorge, Dich einem edlen Gatten zu vermälen.
(Spricht.) Kurios, dieser König will par tout eine verheiratete J u n g f r a u von Orleans haben – na, das is halt so eine fixe Idee von ihm.
(Liest.) Agnes Sorel: Laß' uns weiblich erst das Weibliche bedenken.
(Spricht.) Jetzt das nennt sie was Weibliches, wann's ihr ein' Mann auffidisputiren – ah, das is nicht schlecht.
(Liest.) Johanna: Die reine Jungfrau nur kann es vollbringen, keinem Manne kann ich Gattin sein.
(Spricht.) O du Teufi, du – aber da mirkt man den Fanatismus des Alterthums – das nimmt man jetzt nicht mehr so genau.
(Liest.) Johanna: Die Stirne meines königlichen Herrn ist noch nicht gekrönt. –
(Spricht.) Na, das beweist, daß die Agnes Sorel eine ganz honette Person ist. – Ich bin nur neugierig, was das noch für ein Ende nimmt mit dieser d'arkischen Jeannett'. *(Blättert einige Male um.)*
(Liest dann weiter.) Lionel:
(Spricht.) Aha, is schon da – derjenige welcher – Lionel – das is eigentlich englisch und heißt auf deutsch Leahnl. –
(Liest.) Nicht Beide verlassen wir lebendig diesen Platz!
(Spricht.) Aha! – geht scharf d'rein, der edle Britte.
(Liest.) Johanna: Fliehe!
Lionel: Ha!
Johanna (mit abgewandtem Gesicht): Weh' mir!
(Spricht.) Aber grad' die nämlichen Spomponaden wie heutzutag haben's schon g'habt – anno dazumal – wie noch der Aberglauben im Schwung war.
(Liest.) Dunois:
(Spricht.) Aha, da kommt schon der Viersitzige – will ich sagen der Batar von Orleans.
(Liest.) Was ist die Jungfrau? – sie erbleicht! – sie sinkt!
(Spricht aufstehend.) Aber hab' ich mir's nicht gleich denkt – so viele Engeländer und eine einschüchtige Jungfrau – die G'schicht muß ja ein' traurigen Ausgang nehmen.

(Spricht.) „Hans Sachs". Das is das Stuck, wo ein Schuster Liebe fühlt.
(Liest.) Kunigunde: Schon drei Tage spricht der Vater von nichts als meinen Ehestandsfreuden.

(Spricht.) Brav, schöne Erziehung das –
(Liest.) Sachs: So manche Nacht hab' ich d'ran denkend durchgewacht.
Kunigunde: Das lob' ich mir.
(Spricht.) Na, reden sich recht gut miteinander – die zwei Leut'.
(Liest.) Sachs: Gleich morgen werd' ich sonder Bangen,
Zum Weibe Dich von ihm verlangen.
(Spricht.) Hast Recht, Schuster – schenier Dich nit.
(Liest.) Kunigunde: Leicht reizbar sind wir alle Zwei,
Was kommt am End' heraus dabei?
(Spricht.) Schwierige Berechnung das – *(aufstehend)* da laß' ich mich nicht ein d'rauf. Aber das kommt davon, wenn man sich mit ein' Schuster einlaßt.

(Spricht.) „Der Sohn der Wildniß". Das ist die verliebteste Komödie, die 's geben kann. – Das is das Stuck, wo die Parthenia den Ritter Ingomar die Wildniß abg'wöhnt und ihn nach und nach in die Kultur umizaxelt.
(Liest.) „Parthenia." Wie, Ihr werbt mit Gold um eure Bräute? Uns führt den Gatten nur die Liebe zu.
(Spricht.) In den Land sein die alten Herrn g'froren – is kein Geschäft.
(Liest.) „Ingomar." Wie kommt Liebe?
(Spricht.) Jetzt das soll s i e i h m sagen. – O Du Wildling Du.
(Liest.) „Parthenia." Die Mutter meint, die Liebe kommt als wie die Blumen.
(Spricht.) G'scheite Frau das – na ja – für eine alte Tecktosagerin ist das alles was man verlangen kann.
(Liest.) „Ingomar." Ich faß' es nicht.
(Spricht.) Ah, ah – das muß schon eine Art Trottel sein.
(Liest.) „Ingomar." Was ist Liebe?
(Spricht.) Ah das is stark, jetzt weiß er noch nit. –
(Liest.) „Parthenia." Die Mutter sagt, es sei das süßeste von allen Dingen.
(Spricht aufstehend.) Na jetzt, d' Alte muß 's wissen – mit der laß i mich in kein Disputat ein.

(Liest.) Don Carlos, Infant von Spanien.
(Spricht.) Das ist eine spaniolische G'schicht, aber – auch etwas lasziv; aber das macht nix – dort hab'n sie's schon so. –
(Liest.) Eboli.
(Spricht.) Heißt eigentlich auf deutsch Everl, auf stockmadritisch heißt's: Eboli.

(Liest.) Eboli. – Wie gut weiß Karl die Zimmer sich zu merken, wo Damen ohne Zeugen sind.
(Spricht.) Na, das is doch kein' Kunst, das triff' ich auch.
(Liest.) Eboli: O Prinz, ich weiß was dieser Blick in diesem einsamen Kabinet bedeutet.
(Spricht.) Ah das is Eine – die Everl – die kennt sich aus. *(Blättert einigemal um.)*
(Spricht.) Aha, da is er jetzt bei der Königin, der Infant.
(Liest.) „Königin." O, könnt' ich halb nur mein Euch nennen, Prinz!
(Spricht.) Das ist eine genügsame Person, diese Königin, sie wär' mit ein' halbeten Don Carlos zufrieden, – aha, jetzt kommt der Marquis Posinger dazu – ich glaub' es wird noch ein wildes End nehmen, diese gegenseitige Infanterie.
(Liest.) „Königin." Wo Alles liebt, kann Carlos auch nicht hassen.
(Spricht.) Nein, diese ewige Kourmacherei in dem Eskurial – da geht's g'rad so zu wie dazumal – in Paris – unter ·Louis quatorze· – den 15. *(Sieht ins Buch.)* Uje – da hab'n wir's – jetzt kommt der Wauwau!
(Liest.) „Philipp." Großinquisitor, ich habe das Meinige gethan – thun Sie jetzt das Ihrige!
(Steht auf, spricht.) Gute Nacht! – Nein, wie's in dem Madrid zugeht, das kommt Unsereins völlig spanisch vor.

(Liest.) „Griseldis."
(Spricht.) Das [ist] die Komödie, wo der Ritter Perzival sich produzirt, wie schön er seine Gattin maltraitiren kann.
(Liest.) „Ginevra." Wie ein Köhlerkind.
(Spricht.) Na, warum sollen denn die Kohlenbauern keine Kinder haben, haben's doch die Kalkbauern a – das find't man jetzt allgemein am Land.
(Liest.) „Perzival." Was liegt daran, daß sie ein Köhler zeugte.
(Spricht.) Freilich, recht hat er – am Sonntag meint er – wenn's g'waschen is, is doch weiß.
(Liest.) „Perzival." Kein schöneres Weib sah je die Erde prangen.
(Spricht.) Ah, das is Schad – zum seckiren hät's a Schiachi auch g'than. Erste Marterei.
(Liest.) „Perzival." Du mußt den Knaben lassen!
„Griseldis." Es ist mein Kind so wie Deines.
(Spricht.) Jetzt zu was sagt sie ihm das? – das versteht sich ja von selbst – bei einer Griseldis gibt's doch da kein Zweifel. Zweite Marterei.
(Liest.) „Perzival." Schmuck und anderes Ziergeräthe lässest Du zurück.

(*Spricht.*) Infamer Kerl! – er is im Stand, und versetzt ihr's.
(*Blättert weiter.*) Jetzt zum Schluß sagt er ihr ganz einfach, daß Alles nur wegen einer Wett g'schehen is, die er mit der Königin g'macht hat. – Sie aber bedankt sich für so a Pari und sagt:
(*Liest.*) „Nur um Liebe gibt sich Liebe hin.["]
(*Spricht.*) und geht, und der Ritter von der Tafelrunde steht da wie's Mandl beim Sterz.
(*Steht auf.*) Sixt Du's Perzival, so geht's, wenn der Mensch a Flegel is.
(*Geht ab.*)]

N^{ro} *9. Romanze*

SOFIE. In ödem Kerker schmachtet
Sofiens trauter Freund.
Ihn dort zu trösten trachtet
Die Freundin, die bang ihn beweint.
Sie nimmt all ihren Muth zusammen,
Und schleicht verkleidet zu ihm ein.
Wird auch die Welt sie nicht verdammen,
Und ihr die Unbesonnenheit verzeih'n.

SANSQUARTIER. Aber sagen Sie mir, wo stecken denn die Kameraden?

HENRI. Sie sitzen beim Commandanten und trinken!

SANSQUARTIER. Sie trinken? Und ich bin nicht dabei? – Sie trinken und Sansquartier sitzt hier trocken, wie der Fisch im Sand! – Millionbomben und Granaten-Kartätschen und Watschen! Da muß ich auch dabei sein! (*Eilig nach der Wohnung des Commandanten ab.*)

HENRI. Dem Himmel sei Dank! Fort ist er! – Er läuft wie ein Deserteur! – Niemand kann uns sehen! Komm' herab, geliebte Sofie!

SOFIE (*steigt vom Walle herab und stürzt in* HENRI'S *Arme*).

8te Scene

(VORIGE; BRIQUET, BATAILLE, ALLE MÄDCHEN.)

BRIQUET. Kreuztausend Schwadronen-Element! Was ist das? – Eine Schildwache verläßt ihren Posten! Das ist unerhört!

HENRI. Verzeiht dem jungen Soldaten, Herr Commandant! Ich habe einen theuren Freund in ihm erkannt.

BRIQUET. Nichts von Pardon! In Arrest mit dem Kerl!

SOFIE *(erschrocken).* In Arrest?
ELISE *(bei Seite).* Da haben wir die Bescherung!
JULIE *(bei Seite).* Die Unbesonnene!
HENRI. Verzeiht ihm! – Ich bin der Schuldige!
BRIQUET. Nichts da! In Arrest mit ihm!
SOFIE *(ängstlich zu* JULIE*).* Was beginn ich?
JULIE *(leise zu ihr).* Gehorche ihm! Wir werden ihn bitten, dich wieder los zu lassen.
BRIQUET. Bomben-Element! Wird's bald!? In Arrest sag' ich!
HENRI *(zu* SOFIE*).* O vergib mir, Freund! Ich, Unglücklicher, bin die Ursache deines Arrestes.
SOFIE. Ich vergebe dir! – Suche mich nur bald zu befreien.
BRIQUET. Nun hab' ich's satt! Marsch! *(Öffnet die Thüre des Thurmes und stößt Sofie hinein.)* So! *(Zu den andern Mädchen.)* Und Ihr, merkt Euch das! Wer gegen die Subordination fehlt, – gleich ins Loch!
JULIE *(bei Seite).* Der Spaß fängt an, sehr ernsthaft zu werden!
GOUVERNEUR OSMOND *(hinter der Scene).* Bindet die Pferde nur dort an! Wir kommen bald zurück.
BRIQUET. Was ist das? Wir bekommen Besuch! *(Geht an die Gitterthür.)*
HENRI. Das ist meines Vaters Stimme.
ALLE MÄDCHEN *(erschrocken).* Himmel! Der Gouverneur! Wir sind verloren! *(Laufen in die Kaserne ab.)*
JULIE *(die allein zurück geblieben).* Der Onkel! O weh! o weh! Der maliziöse Viktor!
BRIQUET *(aus Leibeskräften rufend).* Heraus!

9te Scene

VORIGE; GOUVERNEUR, VICTOR *(erscheinen am Gitterthor; bald darauf* SANSQUARTIER*).*

GOUVERNEUR *(vor dem Thore).* Was soll das heißen, Commandant? Warum ist das Reglement nicht befolgt worden? Warum ist keine Schildwache auf dem Walle?
BRIQUET. Der Herr Gouverneur verzeihen! Sogleich! *(Schreit.)* Heraus! In's drei Teufels Namen! – *(Zum Gouverneur.)* Ich kenne meine Schuldigkeit und darf meinen Herrn Gouverneur nicht ohne die üblichen Ehrenbezeugungen empfangen.
GOUVERNEUR. Ach, ich schenke dir alle Ceremonien! Mach' nur auf!
BRIQUET *(in die Kaserne rufend).* Wenn ihr nicht den Augenblick

kommt, laß ich Euch Alle krumm schließen. – Der Herr Gouverneur verzeihen! Gleich wird's los gehen!
SANSQUARTIER   (kommt langsam). Mir scheint, es ist „G'wehr h'raus" – g'ruft wor'n? wie man zu sagen pflegt.
BATAILLE   (der schon in Positur steht). Du wirst schön ankommen! Der Commandant ist wütend.
BEIDE   (suchen ihre Gewehre und Patrontasche zusammen).
GOUVERNEUR   (ungeduldig). Nun, werde ich den ganzen Tag hier am Thore stehen müssen?
BRIQUET.   Der Herr Gouverneur verzeihen, aber lieber ließ ich Euer Exzellenz einen ganzen Monat draußen stehen, ehe ich es mir versagte, Ihnen die militärischen Honneurs zu bezeugen.
GOUVERNEUR   (zu JULIE). Korporal, so ruft doch Eure Mannschaft herbei!
JULIE   (bei Seite). Er hält mich wirklich für einen Soldaten, dem Himmel sei Dank! (Ruft.) Holla! Kameraden! Kommt heraus!
BRIQUET.   Kreuztausend-Bomben-Granaten und Kartätschen! Der Herr Gouverneur verzeihen! – 6 Monat sollen mir die Kerls [kuschen] bei Wasser und Brod! – Heraus!

10te Scene

VORIGE; ALLE MÄDCHEN (treten schüchtern heraus).

JULIE   (ihnen zuflüsternd). Muth gefaßt! Er weiß von Nichts!
BRIQUET   (kommandirend). Stillgestanden! Ganze Compagnie ergreift das Gewehr! Schultert! Habt Acht! Präsentirt!
DIE MÄDCHEN   (präsentiren zitternd auf der linken Seite).
SANSQUARTIER UND BATAILLE   (stehen auf der entgegengesetzten Seite und haben das Commando gleichzeitig ausgeführt). Wir habens schon!
BRIQUET.   Halt er's Maul! – Wenns dem Herrn Gouverneur nun gefällig ist.
GOUVERNEUR.   Mach' nur erst auf!
BRIQUET.   Ja so! – (Öffnet das Thor.)
GOUVERNEUR UND VICTOR   (treten ein).
GOUVERNEUR.   Ein ander Mal bitte ich exakter im Dienste zu sein! (Geht dicht an den Soldaten vorbei.)
DIE MÄDCHEN   (beugen die Köpfe).
GOUVERNEUR   (thut, als kenne er sie nicht, barsch). Kopf in die Höh! – Brust heraus! (Richtet sie.)
VICTOR   (hinter dem GOUVERNEUR hergehend, leise zu den MÄD-

CHEN). Beruhigt Euch! Ich habe ihm ein Märchen aufgebunden! *(Zu* HENRI *laut.)* Bon jour, Henri!
HENRI. Bon jour! *(Bei Seite.)* Mein Vater erkennt sie nicht!
GOUVERNEUR *(winkt, nachdem er die* MÄDCHEN *gemustert,* BRIQUET).
BRIQUET *(salutirt und kommandirt).* Habt Acht! Links g'schaut!
SANSQUARTIER. Das is bei mir eine Unmöglichkeit.
BRIQUET. Habt Acht! – Schultert!
SANSQUARTIER *(der es versäumte).* Ich bin immer um ein ·Tempo· z'spat.
GOUVERNEUR. Soldaten, es freut mich, daß Ihr meine Befehle, diese Festung zu verstärken, so schnell befolgt habt. –
SANSQUARTIER. Herr Gouverneur –
JULIE *(erschrocken).* Was will er damit sagen?
GOUVERNEUR. Um so mehr –
SANSQUARTIER. Herr Gouverneur –
GOUVERNEUR *(fortfahrend, ohne auf ihn zu hören).* Da man unlängst auf dem Meere eine algierische Corsaren-Fregatte bemerkt hat –
SANSQUARTIER *(immer lauter).* Herr Gouverneur –
GOUVERNEUR. Die unsere Küste zu bedrohen scheint –
SANSQUARTIER *(sehr laut).* Herr Gouverneur!
GOUVERNEUR *(wendet sich).* Was gibt es denn?
SANSQUARTIER. Wie geht's denn z' Haus? Was macht denn die kleine Familie? –
GOUVERNEUR. Alles wohl! –
SANSQUARTIER. G'freut mich!
GOUVERNEUR *(wieder fortfahrend).* Ihr werdet, wenn der Feind eine Landung wagen sollte, diese Festung mit dem Leben vertheidigen.
SANSQUARTIER. Herr Gouverneur!
GOUVERNEUR. Was hat er denn schon wieder? *(Sich wendend.)*
SANSQUARTIER. Wie befindet sich denn die Frau Liebste?
BRIQUET *(zu* SANSQUARTIER*).* Wirst du das Maul halten! Wie kann man sich unterstehen?
SANSQUARTIER *(brummend zu ihm).* Ha, ich muß doch fragen! Es erfordert die Höflichkeit! – Man kann doch nicht ungalant sein gegen so einen Herrn.
BRIQUET. 's Maul gehalten, oder ich laß ihn krumm schließen – Bombenelement!
SANSQUARTIER *(brummend zu* BATAILLE*).* Versteht halt nichts von Etikette, unser Commandant.
BRIQUET *(zum* GOUVERNEUR*).* Also eine Landung? – Der Feind – eine Belagerung? – Ist das wahr, Herr Gouverneur?

GOUVERNEUR. Noch vor Abend werdet Ihr Euch davon überzeugen.
BRIQUET. Wir kriegen also einen Krieg?!
SANSQUARTIER. Das is g'scheidt! Da is doch wieder an Aussicht für uns junge Leut! – wie man zu sagen pflegt.

N^{ro} 11. Terzett

SANSQUARTIER.
    Kommt nur an, ihr Türken und Mohren!
    Kommt! Der Tod ist Euch geschworen!
    Zwar hab' ich ein Aug verloren,
    Doch den Kopf verlor ich nie –
    Wie man zu sagen pflegt!

BATAILLE.
    Hinter diesen alten Mauern,
    Wollen wir uns niederkauern,
    Und die Feinde schlau belauern,
    Das ist eine Kriegslist –
    Wie man zu sagen pflegt.

BRIQUET.
    Wer wagt's von Kriegslist hier zu sprechen?!
    In offnem Kampf wollen wir die frechen
    Türkenhunde niederstechen,
    Und wärens auch 20000 Mann –
    Wie man zu sagen pflegt!

ALLE 3.
    Nein, nicht von Kriegslist wollen wir sprechen,
    Im offnen Kampf wollen wir die frechen
    Türkenhunde niederstechen,
    Und wärens 20000 Mann –
    Wie man zu sagen pflegt.

DIE MÄDCHEN *(die bei der Erzählung von einer Belagerung sehr erschrocken sind, flüstern untereinander).* Das wird eine schöne Geschichte werden! Großer Gott! I nun wer weiß, ob 's wahr ist.
GOUVERNEUR. Soldaten! Ich bin mit dem Geiste, der Euch beseelt, zufrieden, und werde Eure Tapferkeit zu belohnen wissen. *(Zu den* MÄDCHEN.*)* Ihr seid für jetzt entlassen! Begebt Euch in die Kaserne zurück! Keiner wage es, heute die Festung zu verlassen.
DIE MÄDCHEN *(gehen ängstlich in die Kaserne ab).*
GOUVERNEUR *(zu den Invaliden).* Ihr, tapfere Kameraden, führt mir Eure Gefangenen herbei.
BRIQUET *(salutirend).* Sogleich, Herr Gouverneur! *(Mit* SANSQUARTIER *und* BATAILLE *in den Thurm ab.)*

11ᵗᵉ Scene

(GOUVERNEUR, HENRI, VICTOR.)

GOUVERNEUR *(zu* HENRI*).* Du, mein Sohn, folgst mir sogleich in die Stadt.
HENRI *(bei Seite).* Himmel!
GOUVERNEUR *(mit Bedeutung).* Ich hoffe, das wird dir sehr lieb sein!
HENRI. O außerordentlich! *(Bei Seite.)* Und Sofie?
GOUVERNEUR. Sollte es dir am Ende gar leid thun, diese alte Festung zu verlassen?
HENRI *(entschlossen).* O, mein Vater, ich muß Ihnen entdecken –
VICTOR *(lachend).* Der Herr Gouverneur weiß Alles! – Ich bin der Mitschuldige und Angeber.
HENRI. Aber, die armen Mädchen!
GOUVERNEUR. Ich that, als ob ich sie nicht erkannt hätte. Folge mir, ich werde dir meine Absichten mittheilen.
VICTOR *(zu* HENRI*).* Sie sind köstlich! Wir werden tausend Spaß haben!

12ᵗᵉ Scene

(VORIGE; BRIQUET, SANSQUARTIER, BATAILLE, CHARLES, LOUIS, THEODORE, PHILIPP[E], ANTOIN[E].*)*

GOUVERNEUR. Ihr Diener, meine Herren!
DIE GEFANGENEN *(beschämt).* Herr Gouverneur!
GOUVERNEUR. Versprechen Sie mir, nie mehr die öffentliche Ruhe zu stören?
DIE GEFANGENEN. Wir versprechen es.
GOUVERNEUR. So sind Sie frei – doch unter der Bedingung, mich bei meinem drolligen Projekt zu unterstützen. Der Scherz, den ich vorhabe, ist ein wenig toll – indeß es ist ja Karneval – und er soll, hoff' ich, gewißen Leuten nicht ohne Nutzen sein.
BRIQUET. Herr Gouverneur, ich unterstehe mich, zu bemerken, daß ich nun keinen einzigen Gefangenen behalte.
GOUVERNEUR. Ei, du hast ja Soldaten genug! Mach' dir Gefangene daraus! – Oeffne nun das Thor.
BRIQUET *(kommandirend).* Habt Acht! – Präsentirt!
SANSQUARTIER, BATAILLE *(haben die Gewehre genommen und präsentiren).*
GOUVERNEUR. Komm', mein Sohn! *(Will gehen.)*

SANSQUARTIER. Herr Gouverneur, auf ein Wort!
GOUVERNEUR *(tritt zu ihm).* Was soll's?
SANSQUARTIER. Wissen Sie schon, ich werd avantschiren.
GOUVERNEUR. Nein!
SANSQUARTIER. Ich auch nicht! – Bleibt unter uns!
GOUVERNEUR. Auf Euch, tapfere Kameraden, verlasse ich mich mehr, als auf Eure neue Garnison. – Wird die Festung bestürmt, so vertheidigt Euch gut. – Lebt wohl! –
SANSQUARTIER *(ruft ihm nach).* Meinen Handkuß an die Frau Gemahlin.
BRIQUET *(eilt voraus, öffnet das Gitterthor, läßt den* GOUVERNEUR, HENRI, VICTOR *und die Gefangenen heraus und schließt wieder zu).*

13te Scene

(BRIQUET, SANSQUARTIER, BATAILLE.)

BRIQUET *(kommt zurück und kommandirt).* Schultert!
SANSQUARTIER *(unter dem Commando in eifrigem Gespräch mit* BATAILLE, *ohne Notiz davon zu nehmen).* Du, ein lieber Mann, der Gouverneur, gar kein Stolz! Und du, kennst du seine Köchin nicht? – Ah, das is a liebe[r] Kerl, mit der hab ich a Techtlmechtl, und die hat mir neulich a Lungenbratl geben –
BRIQUET *(der schon öfters „Schultert!" kommandirte, rüttelt* SANSQUARTIER*).* Bombenelement!
SANSQUARTIER. Halten Sie 's Maul! – Ich muß doch eine G'schicht auserzähl'n! – *(Bei Seite.)* Mir scheint er hat uns belauscht!
BRIQUET. Schultert!
SANSQUARTIER, BATAILLE *(schultern).*
BRIQUET. Beim Fuß!
BATAILLE *(kommt mit seinem Gewehr an* SANSQUARTIERS *Fuß).*
SANSQUARTIER *(Gewehr abnehmend und den Fuß in die Höhe ziehend).* Stell' dir 's G'wehr auf deine Hühneraugen und nicht auf d'Meinigen.
BRIQUET. Verfluchter Mensch! Commandant einer Festung zu sein und keinen einzigen Gefangenen zu haben! Aber bei dem ersten kleinen Versehen stecke ich die ganze Garnison ins Loch!
BATAILLE. Commandant, ich werde wieder meinen Posten auf dem Wall beziehen.
BRIQUET. Thu' das, mein Sohn! Gib mir ja genau Achtung und behalte stets die algierische Corsaren-Fregatte in Gedanken.
BATAILLE *(steigt auf den Wall).*

14^(te) Scene

(VORIGE; ALLE MÄDCHEN.)

JULIE (*steckt den Kopf aus der Thüre, tritt heraus, zurücksprechend*). Kommt heraus! Der Gouverneur ist fort! Hahaha! Das war ein prächtiger Spaß!

DIE MÄDCHEN (*kommen aus der Kaserne*).

BRIQUET. Kommt nur! Kommt nur! Ich spüre gewaltige Lust, Euch Alle in den Thurm zu sperren.

JULIE. Du, mein Gott! Warum seid Ihr denn so barsch? Was haben wir denn gethan?

BRIQUET. Nachtmützen seid Ihr!

SANSQUARTIER (*entrüstet*). Was? Nachtmützen?! Schlafhauben san s'!

BRIQUET. Nachtmützen! aber keine Soldaten! und dann brauch' ich Gefangene! Die Andern sind Alle fort!

ELISE. Alle fort? Henri auch?

BRIQUET. Auch! Alle zum Teufel!

SANSQUARTIER. Es ist infam! Is das ein Betragen? Is das eine ·Conduite·?

BRIQUET. Halt' er das Maul!

SANSQUARTIER. Ich kann nicht still sein! Das ist zu arg!

BRIQUET. Wenn er nicht still ist, ich laß ihn über die Klinge springen! (*Hält zufällig den Degen so, daß* SANSQUARTIER *darüber springen kann.*)

SANSQUARTIER (*hinüberspringend*). Da mach' ich mir nix draus! Das kann ich gleich! – Jetzt hab' ich die Straf überstanden.

LEONORE (*zu* JULIE). Das ist doch entsetzlich. Henri verläßt uns in dieser Noth.

NINA. Wie sollen wir nur hier herauskommen?

BRIQUET (*zieht seine Brille heraus und setzt sie auf*). Damit der Feind nicht etwa einen Ueberfall wage, will ich auf den Wachtthurm steigen und rekognosziren, ob die Fregatte schon heransegelt. – Folge mir, Sansquartier.

SANSQUARTIER (*folgt ihm brummend und raisonnirend. So oft sich* BRIQUET *zu ihm wendet, hält er inne und salutirt komisch*).

BEIDE (*ab*).

15^(te) Scene

DIE MÄDCHEN; BATAILLE (*als Schildwache auf dem Walle*).

ELISE. Jetzt, Kinder, wie kommen wir mit allen Kriegsehren vor allen Dingen aus der Festung?

JULIE (*pathetisch*). Laßt uns Kriegsrath halten. Ich präsidire. Gebt Eure Meinungen ab. – Elise, was rathet Ihr?
ELISE. Ich rathe, die Waffen zu ergreifen und sich muthig durchzuschlagen, wie es tapfern Soldaten ziemt.
JULIE. Nein, nein, das kann nicht sein!
ALLE. Nein, das geht nicht!
ELISE. Aber warum denn nicht?
JULIE. Unbesonnene! Wenn wir wirklich das Glück hätten, zu entkommen, würde nicht die arme Sofie hier bleiben und für uns büßen müssen[?]
ALLE. Julie hat Recht.
ELISE. Nun, so laßt uns wenigstens suchen, der armen Sofie beizustehen.
JULIE. Ob sie uns wohl wird hören können?
ALLE (*gehen an die Thüre des Thurmes; und rufen*). Sofie! Sofie!
SOFIE (*inwendig*). Ach, bist du es, ·Cousine·? Ich sterbe vor langer Weile!
ELISE. Und wir vor Furcht!

16te Scene

(VORIGE; BRIQUET, SANSQUARTIER.)

BRIQUET (*ein großes Fernrohr in der Hand*). Ich habe mir beinahe die Augen ausgesehen, aber weder Fregatte noch Corsaren erblickt. – Der Gouverneur muß sich geirrt haben.
SANSQUARTIER. Oder war er b'soffen, wie man zu sagen pflegt.
BRIQUET. Was fällt Ihm ein?! Ein solcher Herr!
SANSQUARTIER. Ein Unglück ist bald geschehen! Das weiß ich aus Erfahrung.
BRIQUET (*zu den Mädchen*). Macht Euch fertig, das Exerzitium durchzumachen.
SOFIE (*im Thurm*). Julie! Julie!
BRIQUET. Nun, was fantasirt denn der da drin von einer Julie?
ELISE. Das ist wahrscheinlich der Name seiner Geliebten.
BRIQUET. Schon wieder ein Verliebter?!
JULIE. Warum nicht? Soldaten sind immer verliebt!
SANSQUARTIER. Ja, das haben wir schon so, wir vom Militär. –
SOFIE (*rufend*). Julie! Claudine! Elise!
BRIQUET. Alle Donnerwetter! Der hat ja gleich ein ganzes Schock auf einmal! – Ist der Kerl verrückt!
SANSQUARTIER. Der hat ja ein ganzes Regiment, wie man zu sagen pflegt.

JULIE. Ach, der arme Teufel! Wenn er nicht verrückt ist – könnte er es in dem dumpfigen Loche wohl werden! Verzeiht ihm und laßt ihn frei!
ALLE. Ja, verzeiht ihm!
EIN MÄDCHEN *(mit sehr tiefer Stimme).* Ja, laßt ihn frei! *(Sie steht zufällig neben* SANSQUARTIER.*)*
BRIQUET *(in der Meinung* SANSQUARTIER *habe gerufen).* Muß Er in Alles drein reden?
SANSQUARTIER. Ich hab' kein Wort g'sagt! *(Auf das Mädchen zeigend.)* Der Kerl da hat so einen Baß.
BRIQUET. Kameraden! Eure Anhänglichkeit an diesen Taugenichts rührt mich! Ich begnadige ihn! *(Öffnet den Thurm.)* Kommt heraus und seid ein ander Mal exakter im Dienst!
SOFIE *(kommt heraus).* Ha! ich schöpfe wieder Athem!
BRIQUET. Doch nun, Gewehr zur Hand! Wir wollen ein wenig manuwriren.
JULIE *(leise).* Eine neue Verlegenheit.
ELISE *(leise).* Er wird uns gleich an unsre[r] Ungeschicklichkeit erkennen.
BRIQUET. Millionen-Bomben-Element!
SANSQUARTIER. Werd't's Ihr die Schießprügeln nehmen oder nit!
BRIQUET. Sansquartier, mache mit ihnen das Exerzitium durch.
SANSQUARTIER *(sträubt sich, raisonnirt und brummt).*
BEIDE *(streiten eine Weile herum)*
SANSQUARTIER *(zieht endlich heftig seinen Degen aus der Scheide, jedoch so, als ob er ihn gegen* BRIQUET *hätte ziehen wollen).*
BRIQUET *(zurückspringend, empört).* Was? Er zieht gegen mich?
SANSQUARTIER *(ruhig).* Ha, wenn ich die Mannschaft da durchexerziren soll, so muß ich ja doch an Säbel haben. *(·Exercitium·)*
BRIQUET *(stellt sich in die Ecke und schaut zu).*
SANSQUARTIER *(kommandiert mit komischen Gesten).*
DIE MÄDCHEN *(manöwriren nach seinem Commando).*
SANSQUARTIER *(kommandirend).* Front! – Habt Acht! – Präsentirt! – Schultert! – Rechts um! – Marsch!
DIE MÄDCHEN *(marschieren fort und bleiben, da er nicht* [H]*alt kommandirt, dicht an der Mauer im Hintergrunde stehen;* {…}*).*
SANSQUARTIER *(kommandirt).* Halt!
BRIQUET *(zornig).* Warum kommandirt Er denn so spät Halt!?
SANSQUARTIER. Raisonnirens S' nit! Sie wären a so nit weiter gangen! – Man wird aus der Mitte reihenweis marschieren – halb links – halb rechts! Marsch! – Halt! – Man wird rechts und links in die Front auflaufen – Marsch! – Halt! – Beim Fuß! – Schultert! – Beim Fuß! – Schultert! – *(Dies kommandirt er immer schneller*

und so oft aufeinander, daß DIE MÄDCHEN *nicht nachkommen können.)*
BRIQUET. Was treibt er denn wieder?
SANSQUARTIER. Das is a junge Mannschaft, die kann schon in ·Tempo· nehmen! – Habt Acht! Flot[t]!
DIE MÄDCHEN *(senken die Gewehre).*
SANSQUARTIER *(kommandirt).* Oeffnet die Pfann!
DIE MÄDCHEN *(thun es).*
SANSQUARTIER. Jetzt is offen! – Schließt die Pfann!
DIE MÄDCHEN *(thun es).*
SANSQUARTIER. Jetzt is schon wieder zu! Links g'schaut! – Man wird in Dupplirschritt marschieren! Marsch! Marsch! – Fällt das Bayonett! – Halt! Richt Euch! – *(Richtet sie.)* Präsentirt! – Schultert! – Links g'schaut! Habt Acht! – Links g'schaut! *(Dies wiederholt er ebenfalls in immer schnellerem Tempo und schreit das letzte)* Habt Acht!
BRIQUET *(der ihm entgegenkommt).*
SANSQUARTIER *(ohne diesen zu sehen, diesem in die Ohren, dann).* Soll ich noch weiter manövriren?
BRIQUET. Nein! 's ist schon gut!
SANSQUARTIER *(kommandirend).* Schultert! Beim Fuß! Komod!
DIE MÄDCHEN *(thun es).*
BATAILLE *(auf dem Walle).* Commandant! Ein Courir naht sich der Festung! – Er bringt eine Depesche!
SANSQUARTIER. Ein Petetsche, wie man zu sagen pflegt.
BRIQUET. Laß doch einmal sehen! *(Geht an das Gitterthor.)*
EIN COURIR *(gibt ihm einen Brief durch das Gitter und geht wieder ab).*
BRIQUET. Ha! vom Gouverneur!
JULIE *(zu den Mädchen).* Acht gegeben! Das wird uns angehen!
BRIQUET *(nachdem er gelesen).* Sansquartier! Bataille! Meine würdigen Freunde und Kameraden – freut Euch und hört, was der Gouverneur mir schreibt. –
ELISE *(bei Seite).* Was wird denn das sein?
BRIQUET. 's Maul gehalten! Kreuz-Bataillon! – Er meldet mir, daß der algierische Corsar nicht weit von uns Anker geworfen hat und fügt hinzu – *(Liest.)* Mein treuer Briquet! Deine Festung steht in Gefahr von den Algierern mit Sturm erobert zu werden. Sei also auf deiner Hut! – Hier gibt es Sieg oder Tod! – Ermahne deine Garnison, deinem Beispiele zu folgen und laß sie fechten bis zum letzten Athemzuge.
ALLE MÄDCHEN *(schreien auf).*
SANSQUARTIER. Was meckerts denn?
BRIQUET. Ha! Dieser gewaltige Schrei verkündet mir den gewissen Sieg! Ach, wären sie nur erst da!

N^{ro} 12. Canon

BRIQUET. Wir jagen sie zum Teufel!
Sie müssen retiriren!
Ja, ja, es bleibt kein Zweifel!
Wir werden triumfiren!
Sie sollen all, beim Teufel,
Ihr Leben hier verlieren!

SANSQUARTIER. BATAILLE.
Wir jagen sie zum Teufel!
Sie müssen retiriren!
Ja, ja, es bleibt kein Zweifel!
Wir werden triumfiren!
Sie sollen all, beim Teufel,
Ihr Leben hier verlieren!

DIE MÄDCHEN.
O weh, wir armen Teufel!
Wir soll'n uns defendiren!
Ja, ja, es bleibt kein Zweifel,
Wir werden uns blamiren!
Das Best ist ohne Zweifel,
Wenn wir uns schnell skisiren.
(Laufen in die Kaserne ab und riegeln hinter sich zu.)

17te Scene

(BRIQUET, SANSQUARTIER, BATAILLE.)

BRIQUET. Nun, was soll denn das bedeuten? Spaßen die Kerls?
SANSQUARTIER. Nein, sie verkriechen sich, wie man zu sagen pflegt.
BATAILLE *(schreit auf dem Wall).* Der Feind naht! Der Feind!
BRIQUET. Hurrah! Soldaten! Zu den Waffen! zu den Waffen!
SANSQUARTIER. Ja, prosit die Mahlzeit! Die jungen Laffen stopfen sich die Ohren zu! Damit sie die Pistolenschüße nicht hören.
BRIQUET. Gleichviel! Hol' sie der Teufel! – Granaten und Kartätschen! Element! Wir werden auch ohne sie den Sieg erringen! – Sansquartier, wie viel Pulver ist noch im Zeughause?
SANSQUARTIER. Ungefähr 3 Loth.
BRIQUET. Wie viel Blei?
SANSQUARTIER. Schrott haben wir, aber die brauchen wir halt zu die Flaschen auswaschen.

BRIQUET. Immerhin! So werden wir den Feind mit den blanken Waffen bekämpfen!
BATAILLE *(vom Walle schreiend).* An meiner Flinte fehlt das Bayonett.
SANSQUARTIER. Bei meiner Flinte ist der Hahn ruinirt, und die Henn' is a nix nutz.
BATAILLE *(schreit).* Wer da?
(Ein Flintenschuß von Außen.)
BATAILLE *(fällt zur Erde).*
BRIQUET. Hat man auf dich geschossen?
BATAILLE. Ja, aber man hat mich nicht getroffen!
BRIQUET. Dann macht's nichts! So wirf dich auf uns zurück!
(Mehrere Flintenschüße von Außen.)
BATAILLE *(steigt vom Walle herab).*
SANSQUARTIER. Nach meiner Meinung wird für uns die Bataille ein schlechtes Ende nehmen, wie man zu sagen pflegt.
BATAILLE. Wer? Ich?
SANSQUARTIER. Nein! Die Bataille!
BRIQUET. Kreuzbataillon! Ich glaube gar, Ihr zittert!
SANSQUARTIER. Jetzt schließen wir 3 geschwind ein 4eckiges Quarré! Das ist die vortheilhafteste Position!
(ALLE 3 thuen es; mit den Rücken gegeneinander, fällen sie die Bayonette und erwarten so den Feind.)

18te Scene

(VORIGE; GOUVERNEUR, VICTOR, HENRI, CHARLES, LOUIS, HENRI, THEODORE, PHILIPP[E], ANTOIN[E] als Türken verkleidet und Leitern in der Hand tragend, erscheinen am Gitter.)

DIE TÜRKEN. Allah! Allah!
SANSQUARTIER. Sie schreien Allah, wie man zu sagen pflegt.
BRIQUET. Ja, ich will sie schon beallahen! Schreien sie Allah! so schreien wir: Allez!
DIE TÜRKEN. Allah! Oeffnet!
DIE INVALIDEN. Allez!

N^{ro} 15. Musik
(Wird ohne Gesang gespielt und begleitet das Schlachtgetümmel auf der Bühne.)

DIE TÜRKEN *(legen die Leitern an und ersteigen den Wall).*
GOUVERNEUR. Ergebt Euch! Ihr seid unsere Gefangnen!

BRIQUET.   Noch nicht!
BRIQUET, SANSQUARTIER, BATAILLE *(setzen sich zur Wehr). (Kurzes aber komisches Gefecht.)*
BRIQUET   *(dringt seitwärts auf den* GOUVERNEUR *ein).*
GOUVERNEUR   *(nimmt seinen falschen Bart ab, befestigt ihn aber gleich wieder, leise zu* BRIQUET*).* Halt ein, tapferer Kamerad!
BRIQUET   *(erstaunt).* Der Herr Gouverneur!
GOUVERNEUR   *(leise).* Still!
SANSQUARTIER   *(nach einer Pause zu* BATAILLE*).* Ich glaub, unser Commandant fürchtet sich, wie man zu sagen pflegt.
BATAILLE.   Das ist unmöglich!
BRIQUET   *(steckt seinen Degen ein).* Was soll denn das bedeuten?
SANSQUARTIER   *(der entwaffnet wurde und von 2 Türken festgehalten wird).* Commandant! Ich habe 2 Gefangene gemacht!
BRIQUET.   Wo sind sie?
SANSQUARTIER.   Da sein's! Aber sie lassen mich nit aus!
VICTOR.   Macht Ihr 3 die ganze Besatzung dieser Festung aus?
SANSQUARTIER.   O nein! Wir haben eine stärkere Garnison, aber die hat sich versteckt, wie man zu sagen pflegt.
GOUVERNEUR.   Wo denn?
SANSQUARTIER.   Hier in die Kaserne!
VICTOR.   Wir machen sie zu Kriegsgefangenen und führen sie Alle nach Algier.
ALLE   *(klopfen an die Kaserne).*

N^{ro} 16

GOUVERNEUR.
    Macht auf, Ihr feigen Memmen!
    Wollt Ihr unsre Schritte hemmen?!
    Harret Euer strenger Lohn,
    Denn wir geben kein Pardon!
    Denn wir geben kein Pardon!

19te Scene

VORIGE; ALLE MÄDCHEN (DIE MÄDCHEN *in ihren Weiberkleidern, treten mit gebeugtem Haupte heraus).*

ALLE.   Teufel, welche Garnison!
    Hahaha…
INVALIDEN.   Bomben und Granaten!
    Was für Soldaten!

DIE ANDERN. Welche lust'ge Garnison!
Mit der schließen wir Kapitulation!
BRIQUET. Alle Hagel! Das ist eine kuriose Besatzung!
SANSQUARTIER. Das sind ja Weiber, wie man zu sagen pflegt!
BATAILLE. Weiß Gott, das sind Weiber!
GOUVERNEUR. Brüder! welch ein herrlicher Fang! – Wir nehmen die ganze Garnison mit nach der Türkei – und verkaufen sie in den ·Serrail· des Großsultans!
ALLE MÄDCHEN *(mit lautem Schrei)*. Ach! *(Stürzen auf die Knie.)*
HENRI. Freilassen können wir Euch nicht! Ihr seid Alle gar zu schön! gar zu liebenswürdig!
ALLE MÄDCHEN *(springen geschwind auf und machen einen tiefen Knicks)*. O, meine Herren, Sie sind gar zu gütig!
VICTOR. Ich will sogleich die Anker lichten lassen. In 10 Minuten schiffen wir uns ein!
HENRI. Doch zuvor, Hauptmann, um Zwistigkeiten zu vermeiden, theile ich die Leute unter uns.
GOUVERNEUR. Sucht Euch selbst aus.
ALLE MÄDCHEN *(zögern und schlagen die Augen nieder, als die Männer sie in Empfang nehmen wollen)*.
GOUVERNEUR. Wie? schöne Mädchen, Ihr zögert? Ihr seht mir sogar aus, als ob Ihr uns nicht gern folgtet? – Findet Ihr etwa die Türken nicht liebenswürdig?
HENRI. O, sie werden uns schon lieben! Ich stehe dafür!
DIE MÄDCHEN. Niemals! Nimmermehr!
GOUVERNEUR. Nun, nun! Man muß nichts verschwören! Fürchtet Ihr Euch vielleicht vor unsern großen Bärten? – Die wollen wir bald abschaffen!
ALLE *(nehmen die Bärte ab)*.
GOUVERNEUR. Da, betrachtet uns jetzt! Wie gefallen wir Euch?
DIE MÄDCHEN *(drehen die Köpfe nach ihnen; sie erkennend[,] höchst erstaunt)*.
SOFIE. Henri!
JULIE. Victor!
ELISE. Herr Gouverneur! *(untereinander)*
DIE ANDERN. Louis! Charles! Antoin! Philipp! Theodor! Mein Bruder!
SANSQUARTIER. Der Herr Gouverneur selbst. – Sie haben blos Komödie gespielt – wie man zu sagen pflegt!
HENRI. O, mein theurer Vater, Sie verzeihen!
SOFIE. Und willigen in unser Glück!
GOUVERNEUR. Hier ist meine Antwort! *(Vereinigt beide.)* Seid glücklich!

SZENE 19

SANSQUARTIER. Meiner Seel, auf den Korporalen hätt' ich selber a Schneid!
GOUVERNEUR *(gibt* BRIQUET *die Hand)*. Du bist doch nicht böse über den Scherz, wack'rer Kriegsgefährte?
BRIQUET. Wer wird einen gut gemeinten Scherz übel deuten?

N^{ro} *17. Schlussgesang*

JULIE *(zum Publikum)*.
  Werden Sie den Leichtsinn schelten,
  Daß wir uns so arg verstellten?
  Ach, wir waren dort die Geprellten,
  Soll'n wir's hier noch einmal sein?
  Doch Ihre Strenge ist so selten,
  Daß Sie uns gewiß nicht schelten,
  Und durch Nachsicht uns vergelten,
  Dann nur können wir fröhlich sein!
BRIQUET *(schreit)*. Halt! *(Zu den Damen.)*
  Nehmt noch einmal die Gewehre!
  Fürchtet nicht des Eisens Schwere!
  Unserm Publikum zu Ehre,
  Exerzieret einmal noch!
DIE MÄDCHEN *(ergreifen die Gewehre und stellen sich in Reih und Glied)*.
BRIQUET *(kommandirt)*. Habt Acht! – Man wird General ·de Garge· machen! – ·Peloton· – Fertig! – Schlag an! hoch! – Feuer!

DIE MÄDCHEN *(feuern)*.
BRIQUET. Möcht' es unser Glück nicht stören,
  Und zu uns oft wiederkehren.
  Auf! Den Gönnern dort zu Ehren!
  Präsentiret! Vivat hoch!
(kommandirt). Präsentirt!
ALLE ANDERN *(salutiren)*.

(Unter Trommelwirbel fällt der Vorhang.)

(Ende)

ÜBERLIEFERUNG

1. [Zu *Zwölf Mädchen in Uniform.*] Elf eingelegte, nachträglich numerierte Blätter in: *Lehrbuch der Naturgeschichte für Unterrealschulen. Im Auftrage des hohen k. k. Ministeriums für Kultus und Unterricht verfaßt von F. X. M. Zippe,* Wien 1854. Eigenhändige Handschrift Nestroys, Tinte und Bleistift (mit roten Schmierspuren), ca. 18,6 x 11,8 cm.
St.B. Wien; Signatur:
I.N. 131.588 = Ia 138.022   (= H)

2. *Zwölf Mädchen in Uniform. Vaudeville-Poße in 1 Act. Nach dem Französischen von Louis Angely. Für das k.k. priv. Theater an der Wien bearbeitet von Johann Nestroy.*
Kopistenhandschrift, Tinte, ca. 26,2 x 21 cm; 30 Blätter, 59 Seiten.
St.B. Wien; Signatur:
I.N. 142.401   (= Th)

3. *Zwölf Mädchen in Uniform. Vaudevilleposse in 1 Akt. Rolle des Sansquartier*[,] *einäugig.* Unten rechts *JohNe{stroy}.* Tinte, ca. 25,7 x 19,8 cm; 25 Seiten. Gebunden, nachträglich durchnumeriert, zwei Teile von verschiedenen Kopisten.
a) Seite 3–6 besteht aus militärischen Kommandos, die den Sprechern *Dir* bzw. *Diret* und *Grois* zugeordnet sind.
b) Seite 7–25; 18 Szenen, Rollenheft von Sansquartier
St.B. Wien; Signatur:
I.N. 92.975 = Ib 115.961   (= Rollenheft Sq 1)

4. *Zwölf Mädc*[*hen in Uniform*]. *Vaudevill-Posse in 1 Akt. (Nach dem Französischen von L Angeli. Für Öster: eingerichtet von J. Nestroi).*
Die Titelseite ist eingerissen (mit Textverlust). In der 7. Szene keine Glossen. Ein dickes Kreuz mit Bleistift weist auf mögliche Extemporierungen hin.
Zwölf Mädchen in Uniform. Vaudeville in einem Ackt. Durchnumerierte Rollenhefte 1 bis 11 mit Tinte von dem gleichen Schreiber geschrieben außer Teilen von Nummer 4. Darunter befindet sich die mit Bleistift als *N° 5* bezeichnete *Parthie: Sansquartier (einäugig).*
Auf dem Titelblatt mit Bleistift zwei Jahreszahlen *1856* und *1865.*
ÖNB, ThSlg (Österr. Theatermuseum); Signatur:
Schönwetter 7   (= Rollenheft Sq 2)

Unter der gleichen Signatur befinden sich in dem Konvolut:

Dreizehn Mädchen in Uniform. Posse in einem Aufzuge nach Anjelis [sic] *Sieben Mädchen von Johann Nestroy.* Tinte und Bleistift, 95 numerierte Seiten, ca. 21,7 x 14,2 cm. Gebunden.
Auf der Titelseite mit Bleistift unterzeichnet: *Preßburg / Stern / Souffleur* unten links: *3 Schreiber.* Umschlagseite innen links, mit Bleistift *Adolf Rosenzweig Souffl 8/2 72* und eine weitere Unterschrift: {…} *Johann*
Olmütz, den 10/1 [*1*]*872.* Mit eingeklebten Zetteln und Aktualisierungen.
Glossen sind in der 8. Szene (S. 39) vorgesehen. Sansquartier sagt: „In der Kaserne hat's a Finsterniß, man sieht sich selber nit; ich hab' grad les'n woll'n; aber die Lectüre is derart, daß sie nicht mehr in's 19. Jahrhundert paßt. Drum will ich Ihnen lieber meine Kriegsthaten erzählen, die sind sehr merkwürdig." Mit Bleistift eingefügt: *Vorlesung* [nicht vorhanden].

5. (× *Zwölf* ×) (+ *14* +) [Einfügung mit Bleistift] *Mädchen in Uniform. Vaudeville Posse in 1 Akt, nach dem Französischen von Angely.*
Auf dem Einband ein Vermerk, aus dem hervorgeht, daß das Manuskript am 29. 8. 1860 von K. Treumann für das Kai-Theater bei der Zensurstelle eingereicht wurde. Es weist auf der letzten Seite (S. 118) eine Aufführungsbewilligung (*Wien am 30. August* [*1*]*860,* unterzeichnet: *Janota*) auf.
Kopistenhandschrift, braune Tinte, S. 52–54 Bleistiftkorrekturen, wohl von Nestroys Hand, ca. 26,8 x 20,7 cm; 60 Blätter, 118 + 2 Seiten; zahlreiche eingeklebte Zettel. In blauen Karton gebunden.
ÖNB, ThSlg (Österr. Theatermuseum); Signatur:
ThW neu-1020 (= Z)

Unter der gleichen Signatur ThW neu-1020 befinden sich auch:
(1) *Vierzehn Mädchen in Uniform. Posse mit Gesang in 1 Aufzuge nach dem Französischen von Louis Angely, bearbeitet von Joh. Nestroy. Musik von verschiedenen Componisten.*
Kopistenhandschrift, schwarze Tinte, ca. 25 x 20 cm; 43 Blätter, 101 Seiten. Ursprünglich wohl als Bögen beschrieben und mit Faden geheftet, davon Einstiche am linken Rand. Streichungen mit blauem Stift; auf letzter Seite, ebenso: *RNeubach Soufleuse Linz 19/10 1881.* Gebunden. Auf dem Einband Zusatz: *Soufleuse.* (= Soufflierbuch)

(2) Garnitur von 11 Teilen: *Zwölf Mädchen in Uniform. Vaudeville in 2 Akten von Angely. Souflir Text.* Tinte; darüber mit

Bleistift *Sieben Mädchen in Uniform.* 18 + 2 Seiten, ca. 20,5 x 16,7 cm. Enthält in der Hauptsache die musikalischen Teile (Lieder und Chöre). Außerdem:
Zehn Rollentexte von verschiedenen Aufführungen, die wohl zu unterschiedlichen Zeiten entstanden sind – möglicherweise für Benefizvorstellungen – und auf Angely beruhen, davon einzelne mit blauem Nummernstempel (1, 3, 8, 12). Nr. 8 (Partie Bataille) enthält oben links in sehr kleiner Schrift mit schwarzer Tinte Namen und Daten (1846/47), darunter *4 Juny 847 Hr. Nestroy.*

6. *Johann Nestroy: Zwölf Mädchen in Uniform. Posse mit Musik in 1 Akt.* Kopie einer Abschrift fremder Hand des Theatermanuskripts der Vaudeville-Posse betitelt *Zwölf Mädchen in Uniform in 1 Akt* von Louis Angely, bearbeitet von Johann Nestroy, undatiert. Stempel: *Stadttheater Klagenfurt. Wortgetreue Kopie der Nestroy'schen Bearbeitung mit dessen berühmten Vorlesungen der siebenten Scene,* ca. 20,9 x 16,3 cm, 50 Blätter, 96 Seiten.
St.B. Wien; Signatur:
I.N. 209.058 = Ib 188.340

7. Eigenhändiges Fragment eines Monologs des Sansquartier aus der Posse *Zwölf Mädchen in Uniform* von Louis Angely, undatiert, beginnt mit „*Wenn man Ihnen so die ...*", endet mit „*... und denck mir mein Theil. Lied*". Beschnittene Hälfte eines Foliobogens von fremder Hand; dazugeschrieben: *Nestroy.* Tinte, ca. 17,4 x 22,6 cm, 1 Seite, 1 Blatt.
St.B. Wien; Signatur:
I.N. 213.640

8. (× *Die* ×) [mit Bleistift gestrichen] *7 Mädchen in Uniform*[.] *Vaudeville-Posse in einem Aufzuge*[.] *Nach dem Französischen von Theaulon freibearbeitet und mit bekannten Melodien versehen von L. Angely*[.] 1826. Theatermanuskript, Tinte, ca. 23,3 x 18,1 cm; zahlreiche Bearbeitungsspuren (Bleistift, rote und blaue Farbstifte) von verschiedenen Inszenierungen. Gebunden in blauen, festen Einband, Einlage: Szenenübersicht Szene 1–17.
Auf dem Umschlag der Broschur mit Bleistift nachträglich vermerkt: *Nestroy.* Außerdem finden sich Zulassungsvermerke von *1867* und *1869* sowie am Ende ein Zulassungsvermerk in kroatischer Sprache mit dem Datum *22. Juli* [1]*851* für das Zagreber Theater von *Herrn Stankovic.*
ÖNB, ThSlg (Österr. Theatermuseum); Signatur:
Schönwetter 213

Unter der gleichen Signatur Schönwetter 213 befinden sich in dem Konvolut:
Die Sieben Mädchen in Uniform. Theatermanuskript mit zahlreichen Bearbeitungsspuren, u. a. Personenverzeichnis für Aufführung in Berlin. 7 eingelegte Rollenbücher, numeriert 2–7 und 12; die Rollen von Sansquartier, Briquet, Henri und Nina tragen das Datum 26. 7. 1857. Tinte, ca. 25,8 x 21,5 cm; ohne Paginierung, broschiert, schlechter Zustand.

9. *Nestroy's Vorlesung als ‚Sansquartier' in der Burleske ‚Zwölf Mädchen in Uniform'.* In: *Fremdenblatt* Nr. 338 vom 8. Dezember 1868, erste Beilage. (= FB)

10. Leopold Rosner (Hrsg.): *Aus Nestroy. Eine kleine Erinnerungsgabe. Mit einem biographischen Vorwort.* 4., vermehrte Auflage, Wien 1885. (= D)

11. Johann Nestroy, *Sämtliche Werke*. Historisch-kritische Gesamtausgabe, hg. von Fritz Brukner und Otto Rommel, Bd. 4 (1925), S. 279 ff. (= SW)

12. Johann Nestroy: *Zwölf Mädchen in Uniform. Ein gebildeter Hausknecht.* Hg. von Gustav Pichler. Wien: Luckmann Verlag o. J. [1943]. (= Pichler 1943)

13. *Unbekannter Nestroy. Aus den Handschriften herausgegeben und eingeleitet von Gustav Pichler. Zwölf Mädchen in Uniform. Ein gebildeter Hausknecht. Friedrich, Prinz von Korsika.* Wien 1953. (= Pichler 1953)

Abbildungen

Nestroy als Licht und als Sansquartier. Kupferstich von Andreas Geiger nach Johann Christian Schoeller.
St.B. Wien; Signatur:
H.I.N. 197.743.
Reproduktion in: *Die Welt steht auf kein Fall mehr lang. Johann Nestroy zum 200. Geburtstag* (Katalog zur 277. Sonderausstellung des Historischen Museums der Stadt Wien), hg. von Walter Obermaier, Wien 2001, S. 120.

Nestroy als Sansquartier. Aquarell mit Unterschrift „Hr Gowineur

(Gouverneur) Ich kann das mittlere Glied nicht zum Stehen bringen".
St.B. Wien; Signatur:
I.N. 142.340, Rückseite.

Für die große Popularität der Figur Sansquartier spricht, daß keine andere Rolle so oft und auf verschiedene Weise dargestellt worden ist. In Heinrich Schwarz, *Johann Nestroy im Bild. Eine Ikonographie,* bearbeitet und hg. von Johann Hüttner und Otto G. Schindler, Wien 1977, S. 74 bis 86, sind über 40 Positionen einschließlich Nippesfiguren und einer Fotografie Nestroys als Sansquartier von Hermann Klee verzeichnet.

ENTSTEHUNG UND VORLAGE – ÜBERLIEFERUNGSPROBLEME

Die ursprüngliche Nebenrolle des einäugigen Invaliden Sansquartier in dem von Angely adaptierten Stück wurde von Nestroy im Laufe der Zeit immer weiter ausgebaut, verändert und angereichert. Auch bei Aufführungen nach seinem Tod 1862 kamen weitere aktuelle Einlagen hinzu. Neben verschiedenen Wortwitzen und situationskomischen Kurzeinlagen besteht die bedeutendste Veränderung in der Ausweitung der siebenten Szene, in der verschiedene Theaterstücke genannt und mit Kommentaren des alten Soldaten bedacht werden. Ferdinand Ritter von Seyfried berichtet in seinen Lebenserinnerungen, das Stück sei am Anfang noch ohne die humoristischen Einlagen gegeben worden.[1] Zumindest für Wien ist das nicht zutreffend, denn schon die ersten Rezensionen von 1831 erwähnen die *Jungfrau von Orleans* (*Theaterzeitung* vom 22. 3. 1831) und die *Schuld* von Müllner (*Der Wanderer* Nr. 245 vom 2. 9. 1831) als Bestandteil der Aufführung. Richtig dürfte sein, daß die Glossen bei der Grazer Uraufführung noch nicht vorhanden waren (vgl. Rommel in SW XV, 26).

Die schriftliche Überlieferung setzt ziemlich spät ein, was daraus erhellt, daß Anspielungen auf Friedrich Halms Stück *Der Sohn der Wildniß*, das erst 1842 uraufgeführt und 1843 gedruckt wurde, in allen Textzeugen vorkommen.

In den einzelnen Überlieferungsträgern wechseln die erwähnten Stücke, relativ konstant sind Müllners *Schuld* und als Autor Schiller, meist mit der *Jungfrau von Orleans*. Überhaupt wurde die Kommentierung und Glossierung, besonders von Stücken Schillers, zu einer Spezialität Nestroys. So schon in seinem ersten Stück *Der Zettelträger Papp* (1827 zusammen mit den *Zwölf Mädchen* uraufgeführt) und auch in *Die Fahrt mit dem Dampfwagen* (1834, Stücke 8/I) bzw. *Die Zusammengestoppelte Komödie* (1840, Stücke 16/II), in der *Maria Stuart*, *Don Carlos*, *Die Jungfrau von Orleans* und *Wallenstein* satirisch besprochen werden.

Die Frage nach dem authentischen oder autorisierten, von Nestroy letztlich gewollten Text, ist hier noch problematischer als sonst.[2] Wegen der historischen Entwicklung und Anreicherung der Rolle im Lauf der Jahre kann es wohl authentische Textzeugen, aber keine

---

1   Ferdinand von Seyfried, *Rückschau in das Theaterleben Wiens seit den letzten fünfzig Jahren*, Wien 1864, S. 60.
2   Zu den unterschiedlichen Begriffen siehe Jürgen Hein, ‚Sind Johann Nestroys Possentexte autorisiert und authentisch?', in: *Autor – Autorisation – Authentizität*, hg. v. Thomas Bein, Rüdiger Nutt-Kofoth und Bodo Plachta, Tübingen 2004, S. 277–285.

autorisierte Fassung geben, jede Inszenierung reagiert auf aktuelle Ereignisse und literarische Neuerscheinungen und ist gewissermaßen ein Reflex auf historische Veränderungen. Bei einer Olmützer Aufführung, freilich zehn Jahre nach Nestroys Tod (siehe *Überlieferung* Nr. 4), werden sogar die berühmten Einschübe, hier in der achten Szene vorgesehen, aus aktuellen Gründen ganz gestrichen. Die Literatur, so begründet Sansquartier, sei derart, „daß sie nicht mehr in's 19. Jahrhundert paßt. Drum will ich Ihnen lieber meine Kriegsthaten erzählen, die sind sehr merkwürdig." (Die entsprechende Einlage ist nicht erhalten.) Eine einheitliche Fassung herzustellen, würde ein Konstrukt aus verschiedenen historischen Bestandteilen ergeben. Etwas in dieser Art hat Pichler in seiner Ausgabe von 1943 versucht, ein Unterfangen, das von Rommel (GW I, 179 f.) scharf kritisiert und zurückgewiesen wurde, weil sich der Pichlersche Text auf Ereignisse bezieht, die nach Nestroys Tod liegen. So ist z. B. in der ersten Szene von Einjährig-Freiwilligen die Rede, die es in Preußen erst seit 1867 und in Österreich seit 1868 gab.

Da eine eigene Fassung Nestroys nicht herstellbar ist, bleibt die Möglichkeit, als Basistext eine frühe Bearbeitung Nestroys, etwa vom Anfang der 30er Jahre zu präsentieren, die dem Angely-Text noch ziemlich nahe steht. In dieser frühen Bearbeitung, vorliegend als Kopistenhandschrift, die Nestroys Namen als Bearbeiter trägt, fehlen die Literaturglossen der siebenten Szene. Vorgesehen ist dort aber eine Einfügung aus einer anderen Quelle. Hierfür kommen Nestroys eigenhändige Aufzeichnungen in Frage (Quelle H). Diese Blätter erscheinen als Frühform der Anmerkungen und sind noch wenig ausdifferenziert. Rommel weist ihnen die „Bedeutung einer – offenbar wenig benötigten – Gedächtnishilfe" (SW IV, 409) zu. Überliefert sind sie als eingeklebte Einlageblätter in das Naturkundebuch von Zippe. Man kann vermuten, daß diese Blätter in Nestroys eigener Schrift schon längere Zeit existierten, bevor sie aus praktischen Gründen in das 1854 erschienene und vermutlich als Requisit verwendete Buch eingeklebt wurden.

Eine zeitliche Gruppierung der Textzeugen läßt sich auch mit Hilfe der vorhandenen Kritiken nur sehr schwer herstellen, so daß die Reihenfolge der vorhandenen Manuskripte in der nachfolgenden Synopse unter einem gewissen Vorbehalt steht. Das Problem ist die Mehrfachverwendung von Theatermanuskripten und ihre Ergänzung durch Zusätze, bei denen nur selten nachgewiesen werden kann, wann sie erfolgt sind. Kaum Hilfe bieten die Zeitungsrezensionen, weil sie die in der siebenten Szene kommentierten Stücke nur ausnahmsweise nennen.

Im November 1845 berichtet die *Theaterzeitung*, Nestroy habe „seine interessanten Vorlesungen um zwei Stücke vermehrt, nämlich: ‚die Räuber' und ‚Don Carlos', welche wieder an trefflichen witzigen und drolligen Einfällen reich sind." Diese Anmerkung wirft eine schwierige Frage auf: Einerseits könnte man glauben, dass der Bezug auf *Don Carlos* kaum richtig sein kann, da dieses Stück mit einer einzigen Ausnahme in allen überlieferten Fassungen vorkommt, andererseits ist die Notiz mit „B." unterzeichnet, was auf Bäuerle, den Herausgeber der *Theaterzeitung* hinweist. Daß dieser als einer der besten Kenner der Wiener Theaterszene sich hier irren könnte, ist auch nicht sehr wahrscheinlich. Wenn man also der Angabe trauen will, dann hätte die gesamte schriftliche Überlieferung erst sehr spät eingesetzt. Nur eine einzige Fassung (aus dem Konvolut ThW neu-1020, später als Soufflierbuch eingesetzt) enthält *Don Carlos* nicht.

Nach inneren Kriterien, d. h. unter Berücksichtigung der Erscheinungs- oder Aufführungsdaten der parodierten Stücke, wäre folgende Gruppierung der Textzeugen möglich:

Manuskripte	
Nestroys Bearbeitung ca. 1831 I.N. 142.401 = Th	Literaturglossen fehlen
Quelle H Ia 138.022	*Die Jungfrau von Orleans, Don Carlos, Griseldis, Der Sohn der Wildniß, Die Schuld, Hans Sachs*
Sansquartier Ib 115.961 (nach 1840) = Rollenheft Sq 1	*Don Carlos, Judith, Der Sohn der Wildniß*
Theatersammlung ThW neu-1020 (Kai-Theater 1860) = Z	*Don Carlos, Der Sohn der Wildniß, Die Jungfrau von Orleans, Griseldis*
Theatersammlung ThW neu-1020 = Soufflierbuch	*Der Sohn der Wildniß, Die Jungfrau von Orleans, Die Schuld, Hans Sachs, Genovefa, Roderich und Kunigunde*
Theatersammlung Schönwetter 7 1856/1865 = Rollenheft Sq 2	*Die Jungfrau von Orleans, Carl Mur* (= Karl Moor), *Griseldis, Der Sohn der Wildniß, Don Carlos*

Drucke	
Fremdenblatt 1868 Nestroy-Feier = FB	*Die Schuld, Die Jungfrau von Orleans, Hans Sachs, Der Sohn der Wildniß, Don Carlos, Griseldis*

Rosner 1885 = D	*Die Schuld, Die Jungfrau von Orleans,* *Hans Sachs, Der Sohn der Wildniß,* *Don Carlos, Griseldis*
Rommel SW IV, 279 ff.	*Die Jungfrau von Orleans, Don Carlos,* *Griseldis, Der Sohn der Wildnis, Die* *Schuld, Hans Sachs*
Pichler 1943/53	*Don Carlos, Der Sohn der Wildnis,* *Die Jungfrau von Orleans*

TEXTGRUNDLAGE

Textgrundlage ist das Theatermanuskript Th, von dem anzunehmen ist, daß es etwa 1831 entstanden ist, als Nestroy seine Karriere in Wien begann. Es enthält keine Literaturglossen, sie waren vermutlich zu dieser Zeit noch nicht schriftlich fixiert. Sie müßte ergänzt werden durch ein von Nestroy selbst stammendes Zeugnis, die Handschrift H. Diese hat jedoch deutlich Entwurfscharakter, d. h., sie bringt teilweise nur Stichwörter, die wiederum aus anderen Quellen ergänzt werden müßten, wenn sie als Lesetext taugen sollte. Deswegen hat sich der Herausgeber entschlossen, sie hier als Vorarbeit einzustufen und in diplomatischem Druck zu präsentieren. Sie wird nach den Prinzipien dieser Ausgabe ohne Vereinheitlichung und stillschweigende Auflösung von Abkürzungen mit den entsprechenden Zeichen für Streichungen (× ×) und Zusätze (+ +) wiedergegeben. Für den Haupttext wird auf einen Druck (FB) aus dem Jahre 1868 zurückgegriffen, der eine vollständigere Fassung bringt und anläßlich der Nestroy-Feier im Carl-Theater in der Beilage des *Fremdenblatts* erschien. Er stellt, obgleich nicht von Nestroy autorisiert, gewissermaßen die Summe der Veränderungen aus dreißig Jahren dar und hat als Basis die Bearbeitung des Theatermanuskripts ThW neu-1020 (siehe Überlieferung Nr. 5 = Z) durch Nestroy im Jahre 1860. Von den dort vorhandenen vier Kommentaren hat Nestroy allerdings nur die beiden ersten für die Aufführung am Kai-Theater bearbeitet (*Don Carlos* und *Der Sohn der Wildniß*), vielleicht aus Zeitgründen. Diese korrigierte Fassung wird in der Form, wie Nestroy sie auf der Basis der Theaterhandschrift hergestellt hat, ebenfalls abgedruckt.

Der *Fremdenblatt*-Druck als Hauptquelle für die siebente Szene mußte bei der Einfügung, die durch eckige Klammern gekennzeichnet ist, leicht verändert werden. FB nennt unter der alphabetischen Bezeichnung a) bis f) die Stücktitel vor den einzelnen Kommentaren und läßt diese jeweils mit der Regieanweisung *(Geht ab.)* enden. Das erschien in der fortlaufenden Szene nicht sinnvoll, weshalb sie – bis auf die letzte – gestrichen wurden. Gleichfalls gestrichen wurden die Titel der von Sansquartier besprochenen Stücke, weil sie zu Beginn von ihm selbst genannt werden. Eine Ausnahme von dieser Praxis macht lediglich der Titel *Die Jungfrau von Orleans*, er wurde belassen, aber in eckige Klammern gestellt.

Die unregelmäßige Zählung bei den Liedeinlagen erklärt sich damit, daß Nestroy bei seiner Bearbeitung des Textes der *Sieben Mädchen* von Angely (Reclam UB Nr. 226) die Nummern 4, 5, 10 und 13 bis 15 weggelassen hat.

AUFNAHME

1. Das publizistische Umfeld, Aufführungsgeschichte, Zensur

Obgleich *Mädchen in Uniform* wohl als reines Unterhaltungsstück gesehen wurde, blieb es beinahe während der ganzen Zeit zwischen 1827 und 1862 umstritten. Immer stand es unter dem Generalverdacht der Zotenhaftigkeit, was sich am Text gar nicht belegen läßt. Zu diesem Eindruck beigetragen hat sicherlich Nestroys Spiel. Selbst die Zensoren haben gegen den Text an sich nichts einzuwenden (dazu siehe weiter unten), sie fürchteten aber Nestroys Extempores und mimische Improvisationen.
Schon die ersten kritischen Reaktionen in Graz und Wien zeigen gewisse Vorbehalte. In einem Grazer Korrespondentenbericht heißt es in bezug auf die Darstellung des Sansquartier „manchen zu freyen Scherz sollte sich der wahre Künstler nie gestatten, auch wenn er dadurch die Gallerie zum Lachen reizt" (*Theaterzeitung* Nr. 65 vom 29. 5. 1828, S. 263). Über die Vorstellung in Wien merkt *Der Wanderer* an, daß „diese Art Komik schon beinahe die Gränze des Schicklichen" überschreite (Nr. 245 vom 2. 9. 1831).
Wirklich schwere Geschütze, man kann eigentlich von einer Kampagne sprechen, fährt Moritz Gottlieb Saphir, Journalist und Herausgeber der Zeitschrift *Der Humorist*, gegen Nestroy allgemein und gegen das Stück insbesondere auf. 1848 fordert er in einem Artikel über die Zensur, man solle gerade dieses Stück verbieten, es sei der „Abschaum aller Unflätigkeiten", ein „Schandstück, in welchem die schamloseste Frechheit und die ekelhafteste und stinkendste Zote zum Volke predigt" (zitiert nach *Stücke 28/I*, 203). „Nestroy et Consorten" betrieben die fast planmäßige Vernichtung aller moralischen, sittlichen und häuslichen Bande" (ebd., S. 204).
Die Auseinandersetzung kulminierte erstmals in jenem berühmten „offenen Brief" an Saphir, den die *Theaterzeitung* am 18. Februar 1848 druckte und in dem Nestroy seinen Widersacher als „Sie lächerlicher Vomkunstrichterstuhlherabdieleutevernichtenwoller" anredet (*Sämtliche Briefe*, 86–88).
Die Neujahrsvorstellung 1850 der *Zwölf Mädchen in Uniform* führte zu einem Eklat und handfesten Theaterskandal, der noch den ganzen Januar in den Zeitungen widerhallte. In seiner Folge suchte Saphir sogar um Polizeischutz gegen Nestroys Angriffe an. Nestroy hatte während der Aufführung auf Mißfallensäußerungen reagiert und das Publikum gefragt, warum man denn zische, gewiß sei Herr Saphir anwesend. Dies brachte ihm sehr viel Kritik ein, die meisten Blätter reagierten auf diesen persönlichen Angriff von der Bühne herab mit Unverständnis und wiederholten ihrerseits die Behaup-

tungen der Zotenhaftigkeit. (Die Auseinandersetzung ist dokumentiert von W. Obermaier in *Stücke 28/I*, 213–216; dort auch eine Zusatzstrophe zu *Der Affe und der Bräutigam* als polemische Auseinandersetzung mit Saphir und seiner Zeitschrift sowie dem unterschwelligen Vorwurf der Bestechlichkeit, der gegenüber dem Journalisten auch eine Rolle gespielt hatte.)
Das Stück war erfolgreich und umstritten. Neben den nach und nach berühmter werdenden Glossen zu Theaterstücken ist Schaulust des Publikums sicher nicht zuletzt ein Grund für den Erfolg gewesen (vgl. Saphirs Rezept für ein Volksstück in *Stücke 28/II*, 100 f.). Während Nestroys gesamter Bühnenkarriere ist das Stück – auch bei den Gastspielen – eine Konstante geblieben. Alle Diskussionen über Vaudeville, Volksstück, Lebensbild, Operette haben in diesem Fall an der ausgeübten Praxis nichts geändert. Lediglich die Einlagen der siebenten Szene haben gelegentlich gewechselt. Von 1827 bis 1862 standen die *Mädchen in Uniform* mit zwei längeren Unterbrechungen in jedem Jahr auf dem Spielplan. In Wien gab es keine Aufführungen in den Jahren 1837 bis 1841 und 1852 bis 1857. In beiden Fällen waren im Jahr vor der Unterbrechung Schwierigkeiten mit Presse, Polizei und Zensur vorausgegangen. 1836 mußte Nestroy einen fünftägigen Polizeiarrest absitzen, davon zwei Tage wegen verbotenen Extemporierens in *Zwölf Mädchen in Uniform* und drei Tage wegen Beleidigung des Kritikers Wiest. Über seine Haft berichtet er in einem humoristischen Brief an den befreundeten Schauspieler Karl Lucas (*Sämtliche Briefe*, S. 20). Die zweite Pause hängt wohl mit dem Theatereklat des Jahres 1850 zusammen. Im Sommer 1855 versuchte Nestroy – nunmehr selbst Direktor des Carl-Theaters – eine Wiederzulassung der *Mädchen in Uniform* bei der Zensur zu erlangen. Dazu wurden mehrere Stellungnahmen des Gutachterkollegiums geschrieben, deren Argumentation hinsichtlich des Verhältnisses von Text und Aufführungspraxis und der befürchteten Gefährdung der Sittlichkeit höchst aufschlußreich sind.
Der Zensor Hölzl schreibt in seinem Gutachten vom 31. 8. 1855:
> Ich habe die beiliegende einaktige Posse, welche in früheren Zeiten oft gegeben wurde, nun aber für das Carl-Theater von Direktor Nestroy neu eingerichtet wurde, aufmerksam durchgelesen und gefunden, daß die alte Posse in dieser Einrichtung der öffentlichen Darstellung kein Hindernis bietet.
> Möchten doch die Schauspieler bei Aufführung derselben die Schicklichkeitsgrenze nicht überschreiten!
> (zit. nach SW XV, 387)

Auch Emanuel Straube attestiert die Unverfänglichkeit des Textes, macht aber darauf aufmerksam, daß das Problem bei der Darstellung

und der Betonung liegen könnte. Ausdrücklich warnt er vor pantomimischen oder sonstigen Zusätzen durch die Schauspieler.
Wie diese Farce – ich möchte sagen: liegt und steht – ist sie allerdings unverfänglich genug; aber man kennt die Taktik, mittels einer Grimasse oder Gebärde in ein harmloses Wort oder einen unbedenklichen Satz unahnbare Zoten und Zötchen hineinzuraffinieren, welche zensurlich nicht vorgedacht werden konnten.
So z. B. gleich S. 4: „In der Hosen werd' ich eine Braut." Der Spaß ist nur dumm; aber wenn der Darsteller ihn so spricht, als käme noch ein Gedankenstrich, so ergänzt der Hörer das weitere in einem Sinne, der eine Zote daraus macht. – – –
Andernteils dürfte allerdings, da diese Posse an und für sich ungefährlich und die Direktionen in Ermanglung guter Neuigkeiten darauf angewiesen sind, beliebte ältere Piècen wieder aufzunehmen, der Aufführung kein Hindernis in den Weg gelegt werden, was auch ganz gut angeht, wenn die angeführten Stellen gestrichen werden und S. 4 etwa anstatt „eine Braut" – „Bräutigam" gesetzt würde. Rätlich dürfte es daher sein, der Direktion einzuschärfen, daß die Darsteller sich streng aller eigenmächtigen pantomimischen und sonstigen Zusätze zu enthalten haben, widrigenfalls sofort mit Einstellung der Aufführungen vorgegangen werden würde.

Wien, 1. September 1855.   Em. Straube.
(zit. nach SW XV, 387 f.)

Johann Ludwig von Deinhardstein gibt schließlich den Ausschlag, er ist der Meinung, daß man es nicht der jeweiligen Stimmung des Schauspielers überlassen könnte, ob ein Stück sittenwidrig sei oder nicht, und zieht dann einen rigorosen Schluß, indem er am 4. 9. 1855 die Aufführung verbietet. Das Gutachten (zit. nach SW XV, 388 f.) lautet folgendermaßen:
Wenngleich die Vorstadtbühnen nicht die Verpflichtung haben, gleich dem dafür vom Staate subventionierten Hofburgtheater derart auf Sittlichkeit einzuwirken, so haben sie doch die, die Sittlichkeit nicht auf eine so auffallende Art zu verletzen, wie es in der gegenwärtigen, von Zoten und Gemeinheiten aller Art zusammengesetzten Posse geschieht.
Fast in jeder Szene kommen Stellen vor, welche durch eine zu begleitende Gebärde des sie vortragenden Schauspielers, welche sich weder früher überwachen noch später aufweisen läßt, den Anstand auf eine empörende Weise verletzen.
Wie wäre es überhaupt zu rechtfertigen, ein Stück zur Darstellung

bringen zu lassen, bei dem es nur von der Laune des Schauspielers abhängt, einen sehr gefährlichen Eindruck hervorzubringen.
Die Posse ist demnach zur Aufführung n i c h t zulässig.
Wien, 4. September 1855. Deinhardstein.

Erst zwei Jahre später, am 5. Februar 1857, wird das Stück wieder zugelassen, die Begründung ist leider verloren gegangen (SW XV, 389). Die neue Aufführungsserie begann am 7. 2. und wurde ein Riesenerfolg. Im Februar wurde das Stück fast täglich aufgeführt, und am 6. März schreibt Nestroy an seinen Freund Remmark, die *Mädchen in Uniform* hätten „das größte Erträgniß geliefert, welches je erzielt wurde; es wurde nehmlich 21 Male gegeben, und diese Einundzwanzig Vorstellungen haben 21,295 fl C.M. getragen, so daß der Durchschnitt für jede Vorstellung 1,014 fl C.M. beträgt" (*Sämtliche Briefe*, 187).
Ab dem 31. März wurde – mit Genehmigung der Zensur – die Zahl der Mädchen aufgestockt, der Titel lautete nun *Siebenundzwanzig Mädchen in Uniform*.
Sittliche Anrüchigkeit mochte durch Nestroys Spiel entstehen, lag aber auch in der Art der Aufnahme durch das Publikum. Im Umfeld entstanden karikaturistische Zeichnungen und Bilder mit Redewendungen aus dem Stück oder Formulierungen, die den Text veränderten oder durch besondere Herausstellung ins Zweideutige pointierten. So heißt es zum Beispiel in der Handschrift H in bezug auf die *Jungfrau von Orleans*: „Aber hab' ich mir's denkt, so viele Engländer und die einschichtige Jungfrau, da kann der Krieg nur ein'n traurigen Ausgang haben." Eine Beschriftung der Fotografie von Hermann Klee, die Nestroy als Sansquartier zeigt, lautet: „So viele Engländer und diese einzige Jungfrau, – das muss einen traurigen Ausgang haben" (*Johann Nestroy im Bild*, Nr. 132, S. 85). Noch deutlicher ist ein weiteres, bisher unveröffentlichtes Beispiel: Eine Zeichnung zeigt Sansquartier mit phallisch aufgerichtetem Gewehr mit der Unterschrift „Hr Gowineur (Gouverneur) Ich kann das mittlere

Glied nicht zum Stehen bringen", eine Wendung, die im Stück nicht vorkommt. Die Zeichnung ähnelt in der Haltung der Figur in etwa der kolorierten Lithographie von Melchior Fritsch (siehe *Johann Nestroy im Bild*, Nr. 113, S. 80), präsentiert jedoch die Figur von der linken Seite (St.B. Wien; Signatur I.N. 142.340, Rückseite).
Ein weiteres Beispiel für eine mögliche sexuelle Assoziation ist ein Holzschnitt, der am 19. 2. 1857 in der Zeitschrift *Telegraf* erschien und sich auf die zweite Szene bezieht. Sie zeigt die vor Sansquartier und Briquet angetretene Mädchenschar mit folgender Bildunterschrift: „**Briquet**: Unsere neuen Kameraden sind Mordskerls – gedrechselt wie die Puppen! **Sansquartier**: Mir scheint aber, sie sind noch nicht Alle gehörig durchexerziert." (*Johann Nestroy im Bild*, Nr. 107, S. 79.)
Die *Mädchen in Uniform* waren eines der Stücke, mit denen Nestroy seine Laufbahn beendete. Auszüge daraus, die siebente Szene, spielte er bei seiner Verabschiedung als Direktor und Schauspieler des Carl-Theaters am 31. Oktober 1860; in den Jahren 1860/61 und Anfang 1862 gastierte er u. a. damit in Carl Treumanns Kai-Theater. Auch nach Nestroys Tod wurde das Stück gespielt, und zwar in dem zwanzig Stücke umfassenden Nestroy-Zyklus, den Franz Tewele vom 1. 1. bis 18. 2. 1881 im Carl-Theater veranstaltete (vgl. Moritz Necker, in CG, Bd. 1, 210 f.).

2. Die zeitgenössische Kritik

Bei der Grazer Uraufführung am 15. Dezember 1827 wurden die *Zwölf Mädchen in Uniform* zusammen mit dem Einakter *Trau! Schau! Wem? oder: Wie man sich täuscht* von Carl Schall gespielt (Theaterzettel bei Renate Wagner, *Nestroy zum Nachschlagen*, Wien, Graz, Köln 2001, S. 27). Als Vorspiel hatte Nestroy eigens den *Zettelträger Papp* geschrieben, in dem mehrmals auf die *Mädchen* vorausgedeutet wurde. Dies sei ein Stück, in dem „zarte weibliche Wesen [...] als Heldinnen im Gewande des Kriegers erscheinen" (*Stücke 1*, 98).
Im Dezember gab es noch weitere fünf Vorstellungen. Die *Grätzer Zeitung* brachte in ihrer Beilage *Der Aufmerksame*, Nr. 153 vom 22. 12. 1827, eine wohlwollende Kritik, die zeigt, daß Nestroy Figur und Charakter des Soldaten gut herausgearbeitet hatte.

Theater in Grätz

Z w ö l f M ä d c h e n i n U n i f o r m haben sich mit einem glücklichen ·Coup de main· unsers Theaters bemächtiget. Sie ziehen auf die Wache, exerciren und manövriren, als wären sie eben aus der Academie der Bellona zum Felddienst ausmarschirt. Sie führen die Waffen mit einer Behendigkeit und Kraft, als hätten

ihre Händchen nie eine Stricknadel berührt, und sie marschiren mit einem so sichern muthigen Schritte, als wollten sie Julius Cäsar über die Alpen begleiten. Die ganze Haltung ist Ernst und Grazie.
Es ist eine artige Intrigue, welche dieses reife armirte Mädchencorps in Bewegung setzt.
Der Maire einer kleinen Stadt setzt den Sohn, der seine Geliebte entführen wollte, und seine jugendlichen Freunde, die ihm dazu die Hand biethen wollten, zu einer kleinen Correction auf eine verfallene Bergfeste, welche von drey Invaliden bewacht wird.
Die Schwestern und weiblichen Verwandten der Gefangenen, und mit ihnen auch die Geliebte des Sohnes, ziehen in Uniform und bewaffnet aus, um als Besatzung in der Bergfeste einzuziehen, und gelegenheitlich ihre Brüder und Verwandten zu befreyen. Der Maire hört davon, eilt nach, und läßt, ohne die Maskerade der Mädchen zu stören, die Gefangenen mit dem Bedingniß los, ihm zu folgen, und die weibliche Garnison als verkleidete Corsaren durch einen Ueberfall zu schrecken, der dann zur Folge hat, daß die Mädchen um Schonung bitten, und, als sich die Corsaren demaskiren, ihren Verwandten in die Arme eilen.
Das Publikum sah diesen Scherz mit Wohlgefallen, und ergetzte sich an der Geschicklichkeit und Präcision der Mädchen in den kriegerischen Uebungen, welche ihnen ein Mitglied unserer Bühne, Hr. Schmidt, mit vielem Fleiß eingeübt hat.
Die Musik ist treffend gewählt, unterhaltend und charakteristisch.
Hr. Nestroy als Sansquartier gab eine lustige Hogart'sche Art Invaliden, der mehr in der Liederlichkeit als im Dienst ergraut zu seyn schien. Seine steifen Knochen, seine hochaufgepolsterte Halsbinde, lassen vermuthen, daß er sich seiner Hinfälligkeit eben nicht sehr zu rühmen habe, und man möchte wetten, daß ihm das Auge eher in einer Schenke als auf dem Schlachtfelde ausgeschlagen worden ist. Seine altzierliche Art zu reden, seine Neigung zur abenteuerlichen Lectüre machen es wahrscheinlich, daß er allerley hat werden wollen, nichts gewesen, und endlich Soldat geworden ist, um als solcher ebenfalls nichts zu seyn. Daher ist er mehr invalider Rekrut als Soldat. Diesen so aufgefaßten Charakter hat Hr. Nestroy trefflich und zur wahren Unterhaltung des Publikums gegeben.
(Teilabdruck auch in *Allgemeine Deutsche Biographie*, Leipzig, Bd. 23 [1886], S. 448 und SW XV, 26)

Die Wiener *Theaterzeitung* weist in einem Korrespondentenbericht aus Graz auf den weiteren Erfolg des Stücks und des Schauspielers

Nestroy hin: „Auch dieser Hr. Nestroi, dieser Proteus unserer Bühne, wußte lange als Komiker die Gunst unseres Publikums zu gewinnen, und ist fortwährend beflissen sich diesen Gewinnst zu sichern. – Er hat Rollen, welche ihm leicht kein Anderer nachspielen dürfte, und wir nennen unter diesen vorzüglich jene des Sansquartier in den ‚zwölf Mädchen in Uniform'. Dieses Stück[,] welches fortwährend mit Beyfall bey uns gegeben wird, verdankt diesen Beyfall doch hauptsächlich dem, über jede Beschreibung komischen Sansquartier. Aber wir tadeln an Hrn. N., daß er oft Charaktere karrikirt, welche dieses nicht erlauben, und manchen zu freyen Scherz sollte sich der wahre Künstler nie gestatten, auch wenn er dadurch die Gallerie zum Lachen reitzt." (Nr. 65 vom 29. 5. 1828, S. 263)

Drei Jahre später gelang Nestroy von Lemberg aus der Sprung nach Wien, wo er den Sansquartier am 11. 3. 1831 zunächst als Gast am Theater in der Josefstadt spielte. Die *Theaterzeitung* (Nr. 35 vom 22. 3. 1831, S. 141) lobte ihn, tadelte aber „einige Späße ex tempore" als Verletzung der Schicklichkeit, ebenso die Vorlesung einiger Stellen aus der *Jungfrau von Orleans*.

Wir kommen nun zu dem Benefize des Hrn. Franz, welches uns den „Dorfbarbier" und „Sieben Mädchen in Uniform" vorführte. Der bekannte, vielseitige Schauspieler, Hr. Nestroy gab den Adam und den Sansquartier als Gast. Seine Darstellung des einäugigen Invaliden ist äußerst komisch und bleibt (die Kinderey mit dem Hin- und Hersprengen des Adjutanten abgerechnet) immer in den Schranken der Wahrheit, seine Scherze treffen um so sicherer, je absichtsloser hingeworfen sie erscheinen, und jeder Tadel müßte unterbleiben, hätte Hr. Nestroy nicht bey der Vorlesung einzelner Stellen aus Schillers „Jungfrau von Orleans" und bey dem Exerziren der weiblichen Mannschaft sich einige Späße ·ex tempore· erlaubt, welche die Schicklichkeit etwas verletzten. Applaus begleitete Hrn. Ns. sehr gelungenen Vortrag des Reglements, und man verlangte sogar eine Wiederholung desselben, warum also auf ein hübsches Bild selbst Schmutzflecken machen? – Hr. N. wurde am Schlusse verdientermaßen gerufen. Mit ihm gastirte im „Dorfbarbier" noch Dem. Weiler, ebenfalls vom Preßburger Theater, als Suschen. Sie hatte sich, statt der ursprünglich im Stücke befindlichen Polonaise, die Arie „Frag' ich mein beklommen Herz" eingelegt, deren moderne krause Komposition mit dem alten einfachen und leichten Operettenstyle einen etwas schneidenden Gegensatz bildete. Im Besitze einer artigen Stimme und einer nicht unangenehmen Methode gelang es ihr im Gesange Beyfall zu ernten, das Spiel aber bedeutet gar nichts und bedarf noch tüchtigen Fleißes. – Mad. Kneisel nahm sich in der Uniform gut aus. Dem. Tomaselli machte zu dem tollen Fastnachtsspaße ein Gesicht, als ob sie eine Leichenrede hielte. Wenn man noch jung und hübsch ist, sollte man doch ein Wenig freundlicher in die Welt blicken. Auch sie möge dem Spiele etwas mehr Aufmerksamkeit schenken, denn es sieht sonderbar aus, wenn man (wie heute Dem. T. im Duette mit Hrn. Gämmerler) von Gefühlen spricht, die uns zum Geliebten hinziehen, und dabey diesen keines Blickes würdigt. Hr. Gämmerler erschien heute wieder als Sänger. Er hat einen netten Tenor, der sich ·a la camera· hübsch machen muß und singt nicht falsch, für einen Schauspieler ist das genug, und die Gefälligkeit, mit welcher er der Direktion in Fällen, wie der heutige, aushilft, verdient Lob. Den Hrn. Hopp und Seipelt (im „Dorfbarbier" Rund und Lux, in den „sieben Mädchen" Briquet und Gouverneur) gebührt ehrenvolle Erwähnung. – Das Vaudeville ging etwas matt, Sansquartier hatte Recht: die Mannschaft war nicht genug exerziert. Zum Schlusse noch eine Bemerkung: die Handlung der „sieben Mädchen" geht in F r a n k r e i c h vor, und Sansquartier sprach W i e n e r l o k a l , Bataile (der Benefiziant) in B e r l i n e r Mundart!   R.

Nach Nestroys festem Engagement durch Theaterdirektor Carl im August spielte er den Sansquartier am 30. August und in mehreren Vorstellungen im September 1831 am Theater am der Wien. *Der Wanderer* Nr. 245 vom 2. 9. 1831 erwähnt die Vorlesung von Stellen aus Müllners *Schuld* und bemerkt dabei ebenfalls Grenzüberschreitungen bei einer sonst meisterhaften Darstellung.

– Hr. Nestroy, vom Lemberger Theater, welcher im Schauspielhause an der Wien in den Stücken: „Der Gang ins Irrenhaus," und: „Zwölf (sieben) Mädchen in Uniform" auftrat, spielte die beiden Rollen mit sehr verschiedenem V e r d i e n s t und sehr verschiedenem G l ü c k e . Als C r e s c e n d o entwickelte er durchaus keinen Funken H u m o r , und sprach und bewegte sich mit den Vorzügen eines r o u t i n i r t e n Schauspielers; dieß war aber auch Alles! Das nicht eben zahlreich versammelte Publikum beklatschte ihn aber desto mehr, und rief ihn sogar d r e i m a l heraus! – Hingegen war sein Spiel in dem zweiten Stücke meisterhaft; allein er wurde n u r z u m S c h l u s s e gerufen. Wir glauben, daß das Publikum sich zu sehr in der Darstellung amüsirte, um Zeit zu gewinnen, an Hervorrufen des Darstellers zu denken. Schon sein Äußeres war eben so originell als komisch, und Sprache und Bewegung schienen einem von der Natur stiefmütterlich bedachten Urbilde aus dem Spiegel gestohlen. Desto besser contrastirte die Verschmitztheit, die er, namentlich bei Lesung einiger Stellen aus der „Schuld," entwickelte, mit diesem Äußeren; und würde diese Art Komik nicht schon beinahe die Gränze des Schicklichen überschreiten, so würde der Effect, den sie immer hervorbringt, zu loben seyn.

Die *Theaterzeitung* (Nr. 108 vom 8. 9. 1831, S. 439) ergriff mit einer Kritik von Andreas Schumacher die Gelegenheit, den Neuankömmling auf der Wiener Bühne näher vorzustellen, und bescheinigte ihm ein „schönes Talent", seine Darstellung des Sansquartier müsse „zu den besten komischen Produktionen dieser Bühne gerechnet werden". (Der ganze Text der Kritik ist in *Stücke 2*, 181 f. abgedruckt.)

Die *Wiener Zeitschrift* (Nr. 111 vom 15. 9. 1831, S. 891 f.) berichtete ebenfalls ausführlich über das Debüt Nestroys in Wien, bemerkte aber: „Er streifte mehrere Male fast über die Grenzlinie hinaus, in welcher sich der Humor des Komikers nach unsern Begriffen von Anstand entfalten darf, doch ist nicht zu läugnen, daß das Ganze sehr komisch war, voll Leben und Kraft." (Gesamttext in *Stücke 2*, 182 f.)

Nur kurz ging *Der Sammler* auf die Vorstellung ein, bemerkte lediglich, daß sich die *Zwölf Mädchen* „durch das Gastiren des rühmlich bekannten Hrn. Nestroy aus Grätz besonders bemerkbar zu machen wußten" (Nr. 113, 20. 9. 1831, S. 452).

In den Jahren 1832 bis 1835 gab es in Wien eher wenige Vorstellungen pro Jahr, bis einschließlich 1841 dann gar keine. Die Übernahme des Stücks ins Theater in der Leopoldstadt brachte dann eine Erhöhung der Aufführungsfrequenz und wurde von der Kritik stark beachtet, obgleich, wie die *Theaterzeitung* (Nr. 110 vom 9. 5. 1842) bemerkte, das Stück seit Jahren bekannt sei.

Das vorliegende Vaudeville ist bereits seit einer Reihe von Jahren dem Publikum zu bekannt, um die nähere Detaillirung der lokkern Grundlage dieses Carnevalscherzes wiederholt unternehmen zu müssen. Aber mit der Bekanntheit des Stückes für sich, auch das Andenken der unübertrefflichen Leistung Nestroys als Sansquartier, in der Erinnerung der Theaterfreunde festgewurzelt, und diese hier wieder mit dem größten Lobe zu berühren, ist des Referenten angenehme Pflicht. Hr. Nestroy gab den einäugigen Soldaten mit einer so zwerchfellerschütternden Carikirung, mit einem solchen Aufwande an Witz und Humor, daß das volle Haus ununterbrochen vom lautesten Beifalle erdröhnte, und des Lachens kein Ende wurde. Auch Hr. Hopp war in der Partie des Commandanten recht brav, und die Exercitien der zwölf Mädchen, unter der Führung ihres niedlichen Corporals, Mad. Rohrbeck, gingen mit größter Präcision zusammen. Gerufen wurden am Schlusse Alle. [...] Hth.

Auch der *Humorist* wies in seiner Ausgabe Nr. 92 vom 9. 5. 1842,
S. 374, auf den Erfolg des bekannten Stücks hin.
 Am 7. Mai erschien auf dieser Bühne zum ersten Male: „Zwölf
Mädchen in Uniform," Vaudeville in einem Akt, von Louis Angely. In der Rolle des Sansquartier hat Hr. Nestroy zuerst vor uns
jene überreiche komische Laune entfaltet, durch welche er seitdem der Liebling des Publikums geworden. Die Wiedererschei
nung dieses Vaudevilles ward daher von den zahlreichen Freunden des Künstlers mit wahrer Freude begrüßt. Das Haus war voll,
und Hr. Nestroy ward mit Jubel empfangen. Es ist dieser Sansquartier auch wirklich ein Bild voll des wirksamsten komischen
Lebens. Der übersprudelnde Humor, womit Hr. Nestroy diese
Groteske beseelt, ist von der penetrantesten Art. Er ließ ihm heute
vollen Lauf, und erhielt die Zuhörer fortwährend in der heitersten
Stimmung. So gewährte die Darstellung des Vaudevilles auch
heute auf das Glänzendste ihr Recht, und wird gewiß noch in
vielen Reprisen das Haus füllen. Auch die uniformirten Mädchen,
an deren Spitze Mad. Rohrbeck stand, machten ihre Exerzitien
mit eben so viel Gewandtheit als Präcision, und das Publikum
zeichnete die kleine Armada mit lebhaftem Beifall aus. Da das
Stück so allbekannt ist, und auch in unserm Blatte besprochen, so
glauben wir uns hier auf diese Anzeige des heutigen Erfolges
beschränken zu dürfen. Hr. Nestroy ward wiederholt gerufen, so
wie die Mädchen in Uniform, und die Zuhörer zeigten sich von
der ganzen Aufführung in hohem Grade belustigt. [...]   –dm–

Der Wanderer (Nr. 111 vom 10. 5. 1842, S. 443) erinnerte daran, daß
das Stück schon mehr als zehn Jahre auf der Bühne Erfolg habe:
 Eine interessante, zwerchfellerschütternde Darstellung war die
des Nachspiels, worin Nestroy als Invalide Sansquartier eine
ganze Generation von Komikern aufwiegt und ein schallendes
Gelächter erregte. Das Stück ist von andern Vorstadtbühnen her
bekannt und darüber schon in frühern Perioden sattsam journalistischer Allarm gemacht worden, und ich mag nun einmal nicht
in eine alte Lärmtrompete stoßen und die alte Leier anstimmen,
daß das Stück dem oft mit Unrecht angefeindeten, guten Angely
Ehre macht, aber so viel will ich bemerken, daß dem um Abwechslung besorgten Director ein ganz verbindlicher Kratzfuß
gemacht werden muß, daß er das Stück auch auf die Breter des
Ur-Komus übertragen hat. Der Beifall war verdient und allgemein, und der Theaterabend von Seite des zahlreich versammelten
Publicums auf eine Weise zugebracht, die geeignet schien, die
Parole zu künftigen Stelldichein in diesem Theater zu werden.
Nun ist es mehr als ein Decennium, daß der Sansquartier –

Nestroy den unten Gezeichneten in Paroxismus versetzte, und noch gegenwärig möchte derselbe ihn in den siebenten Himmel heben und des Schreibens nicht müde werden, wenn es nicht an der Zeit wäre, einen Aufsatz zu endigen, der bei aller beabsichtigen Kürze schon zu lang ist. Δ

Ein Jahr später noch wundert sich die *Theaterzeitung* (Nr. 240 vom 7. 10. 1843, S. 1046) über den lang anhaltenden Erfolg der Kombination *Tritschtratsch* und *Zwölf Mädchen in Uniform*:

Eine merkwürdige Erscheinung ist das Glück, welches seit einigen Monaten Nestroys überaus lustige Stückchen: „Zwölf Mädchen in Uniform" und „der Tritschtratsch" finden. Diese Piecen sind schon so lange auf dem Repertoir und dessen ungeachtet füllen sie fort und fort das Schauspielhaus in der Leopoldstadt, und auch im Theater an der Wien werden sie mit gleichem Beifalle und gleichem Antheile zur Darstellung gebracht. Beide Stückchen sind ebenfalls Vaudevilles, beide athmen dieselbe anziehende Leichtfertigkeit und in beiden findet sich dasselbe Amusement, das gegenwärtig das Publikum in diesen reizenden Bonbons der Pariser Bühnen so mächtig anzieht. Dabei ist das Spiel, des mit unversiegbarer Laune so reich ausgestatteten Liebling des Publikums so vortrefflich, daß die Lachlustigen nie zu Athem kommen. Der Beifall ist immer stürmisch und allgemein. Man kann nicht leicht sich mehr ergetzen als bei seinen höchst drastischen Productionen. Der Applaus ist unausgesetzt rauschend, und ganz Wien freut sich schon auf Nestroys nächstes neues Stück, das bereits vollendet und zur Darstellung eingereicht ist. Möchte Hr. Nestroy recht bald damit hervortreten. Die zahllosen Freunde, die er sich als Dichter sowol wie als darstellender Künstler erworben, sehen dem Augenblick mit Vergnügen entgegen, in welchen sie ihn mit beiden Eigenschaften gleich glänzend ausgestattet, wieder als ihren unvergessenen Liebling seit so langen Jahren begrüßen können.

Gastspiele

Bei Gastspielen hatte Nestroy die *Zwölf Mädchen in Uniform* fast immer im Gepäck. Gab es in Wien Jahre, in denen das Stück nicht auf dem Spielplan stand, so gehörte es zum festen Bestandteil fast aller seiner Gastspiele zwischen 1834 und 1858. (Siehe dazu den Überblick von Wolfgang Neuber, *Nestroys Rhetorik*, Bonn 1987, S. 184–203.)

Vom 5. Juni bis 8. Juli 1840 gastierte Nestroy zum ersten Mal in Prag (vgl. dazu Rainer Theobald: „‚Kolossalstil im Komischen‘ – Nestroys erstes Prager Gastspiel im Spiegel der Kritik', *Nestroyana* 12 [1992], S. 87–101). In der *Bohemia* Nr. 82 vom 10. 7. 1840 schreibt der Kritiker Anton Müller über die Rolle des Sansquartier und würdigt darüber hinaus zusammenfassend Nestroys Stil als Komiker.
Theaterbericht vom 6. bis 8. Juli
Am 6. trat Herr Nestroy zum vorletzten Male als „Lorenz" in der „verhängnißvollen Faschingsnacht" und am 8. zum letzten Male als „Tratschmiedl" in der Posse „der Tritschtratsch" und als „Sans-Quartier" in dem Vaudeville „Dreizehn Mädchen in Uniform" auf. Wie sehr Herr Nestroy als „Lorenz" gefallen habe, ist in einem früheren Berichte bemerkt worden. Am 6. war der Beifall nicht weniger lebhaft und allgemein; aber schon lange ist über eine komische Rolle nicht so viel gelacht worden, als über Hrn. Nestroys „Sans-Quartier." Als glücklicher Schriftsteller im Fache der Posse konnte er es ohne Nachtheil für die Gesammtwirkung versuchen, die genannte Partie umzuschaffen und den Eigenthümlichkeiten seiner Komik anzupassen. Nach seiner Bearbeitung ist nicht Briquet, sondern Sans-Quartier die lächerliche Hauptperson. Schon sein Anzug (aus der zweiten Hälfte des vorigen Jahrhunderts) sein kupfrig geschminktes, in dem Bollwerke einer wulstigen Cravatte bis über das Kinn sitzendes Antlitz und das wankende Fußgestell erregten beim ersten Anblicke ein schallendes Gelächter, welches sich von Scene zu Scene steigerte, als Hr. Nestroy in seiner eigenthümlichen Weise den dramatischen Charakter entwickelte. Er faßte ihn von den zwei Seiten einer gutmüthigen aber für einen Subalternen zu weit getriebenen Vertraulichkeit und eines verbissenen Murrens über den Zwang der Subordination auf. Bei der Musterung der Garnison wagt er an den Gouverneur die beiden Fragen, wie sich seine liebe Familie befinde und ob er nichts von einem bevorstehenden Kriege gehört habe; denn er will noch avanciren. Gegen seinen Commandanten behauptet er gewöhnlich das letzte Wort und beißt die Zähne zusammen, wenn es ihm verboten wird. Es ist nicht möglich, alle Späße zu erzählen, durch welche Nestroy seine Rolle pikanter gemacht, oder vielmehr zur Hauptpartie erhoben hat. Das Publikum erholte sich nur auf Augenblicke von einem unbezwinglichen schallenden Gelächter. Besonders unterhielt aber die eingelegte Scene, in welcher Sans-Quartier in Müllners Schuld blättert und nicht begreifen kann, warum man das Stück für ein Trauerspiel hält; ihm selbst kommt die ganze Geschichte pudelnärrisch vor. Nach Nestroys Anordnung exercirt nicht Bri-

quet, sondern Sans-Quartier die weiblichen Rekruten. Als er bei dieser Gelegenheit die Fronte abgesehen und vergebens gerichtet hatte, setzte er sich mit den Worten: „Ich muß meinen Adjutanten reiten lassen," zu einem Galop in Positur, wie ihn etwa Knaben auf dem Steckenpferde ausführen. Dabei sprang er fast mit gleichen Beinen über das Souffleurloch. Ich glaube, selbst ein Kranker hätte in diesem Augenblicke laut auflachen müssen: Hr. Nestroy wurde aber auch nach dem Akte f ü n f m a l gerufen. Selbst nach dem „Tritschtratsch" wurde ihm der lebhafteste Beifall zu Theil, besonders wegen der kaum glaublichen Schnelligkeit, mit welcher er sprach und sang.

Man muß sich an jeden Komiker gewöhnen; und ich gestehe offen, daß es mir nach den ersten Vorstellungen nicht leicht wurde, einen festen Standpunkt der Beurtheilung zu gewinnen, wäre es auch nur darum, weil Hr. Nestroy ein Lokal-Komiker im strengsten Sinne des Wortes ist. In Wien muß seine Komik eine doppelte Wirkung hervorbringen, weil er in seiner Umgebung, auch wenn sie sich gehen läßt, volle Unterstützung und gewohnten Anlaß zu komischen Einfällen findet. Ihn und Scholz zusammenspielen und Alle in g l e i c h e m Dialekte und S t y l e mitwirken zu sehen, muß für den heiteren Wiener ein wahres Fest seyn. Bei uns steht der Wiener Lokal-Komiker selbst in Hinsicht der Mundart zu isolirt, folglich auch nicht im vortheilhaftesten Lichtreflexe. Ferner werden unsere Komiker, nicht nur in der Posse, sondern auch im Lust- und Schauspiele verwendet, was die natürliche Folge hat, daß sie sich in der Darstellung niedrig-komischer Charaktere, ohne es zu wissen und zu wollen, mehr mäßigen, als Hr. Nestroy. Selbst unser Publikum ist (wiewohl es auch gern lacht), doch um viele Grade ernster, als der lachlustige Wiener. Eine bis zur äußersten Karikatur gerückte Komik befremdet uns nicht weniger, als die Uibertreibungen des Tragischen. Jedes Aeußerste ist aber um so auffallender, je gemäßigter seine Umgebung ist. Hierin mag es liegen, daß sich ein Theil unseres Publikums (zu welchem ich auch gehöre) nicht gleich in Herrn Nestroy's Komik finden konnte; aber bei der dritten oder vierten Gastrolle stimmte selbst dieser Theil in das Gelächter der Mehrzahl ein. Die Karikatur ist es, in welcher sich Herr Nestroy als einen der ausgezeichneten Komiker bewährt. Leicht und kräftig stellte er uns Charaktere vor die Augen, wie sie selbst in den Sphären des gemeinen Lebens Ausnahmen von der Regel sind. Er ahmt die Wirklichkeit nicht nach, sondern steigert das Lächerliche derselben bis zum Zerrbilde, über dessen Formen man lachen muß, auch wenn sie in körperlicher und geistiger Hinsicht befremdende Unformen sind. Herr Nestroy kennt seine Kraft und

das Gebiet, welches ihm die natürliche Anlage zu seinen Leistungen angewiesen hat. Da er in der glücklichen Lage ist, dem Zuge seines Talentes folgen zu dürfen, so leistet er auch in seiner Art das Ungewöhnliche. Im Vortrage komischer Gesänge und Quodlibets ist Herr Nestroy schwer zu erreichen, und zwar nicht bloß wegen seiner klangvollen und geschulten Stimme, sondern noch mehr wegen der launigen und originellen Behandlung des Textes und der Note. Er weiß selbst dem Gewöhnlichen eine komische Seite abzugewinnen und bei Wiederholungen den Effekt so klug zu steigern, daß man aus seinem Munde ohne Uiberdruß zwanzig Strophen hören könnte.
(zit. nach *Nestroyana* 12 [1992], S. 99–101)

Auch bei den weiteren Gastspielen in Prag in den Jahren 1841, 1842 und 1844 wurden die *Mädchen in Uniform* gespielt, stets zusammen mit *Tritschtratsch*. Kritiken darüber sind in *Stücke 7/II*, 158–162 abgedruckt. Das Prager Gastspiel von 1844 weist ebenfalls diese Kombination auf. Es ist durch den Prager Kritiker Bernhard Gutt in der Zeitschrift *Bohemia* ausführlich dokumentiert worden. Auch er nahm übrigens heftigen Anstoß an den, wie er schrieb, „schmutzigen Zweideutigkeiten" der Literaturglossen. Sehr bekannt wurden diese Kritiken dadurch, daß Karl Kraus sie 1924 in der *Fackel* würdigte und abdruckte. Über *Zwölf Mädchen in Uniform* heißt es:

Samstag den 27. wiederholte Hr. Nestroy die zwei kleinen Gastrollen, in denen er bei seinem jedesmaligen Gastspiele so sehr anspricht, den Tabakkrämer Sebastian Tratschmiedl in seiner einaktigen Lokalposse „der Tritschtratsch" und den Sansquartier in Angelys einaktiger Vaudeville-Posse „Dreizehn Mädchen in Uniform." Wenn Hr. Nestroy an einem Abende in mehren kleinen Stücken spielt, scheint er darauf Bedacht zu nehmen, daß die einzelnen Rollen unter einander so sehr als möglich contrastiren. In der That kann man kaum einen vollständigeren Gegensatz denken, als den Tratschmiedl und den Sansquartier. Bekanntlich ist das vorzugsweise Heraustretende im Tratschmiedl die unbegreifliche Zungenfertigkeit, mit welcher Hr. Nestroy Satz an Satz knüpft, fast ohne Athem zu holen und in ununterbrochenem Schwalle die einzelnen Sätze hervorquellen läßt. […] Wie Tratschmiedl in ewiger Bewegung, so ist Sansquartier in einer imposanten Ruhe, aus der ihn nur dann und wann die Plackereien der Subordination, oder wie er selbst sagt „Suppenordination" aufstacheln können. Das Alter hat seinen Nacken gebeugt, seinen Gleichmuth kann nur der Schloßhauptmann Briquet beugen. Die immer zusammenknickende Gestalt, Gesicht und Stimme, jenes von Branntwein mit einem verdächtigen Bläulichroth, diese mit

Heiterkeit* belegt, bilden ein Ensemble, das unwiderstehlich zum Lachen reizt. Die stille Selbstgefälligkeit des drolligen Patrons bildet zu diesem Aeußeren die effektvolle Kehrseite. Was er spricht und thut, geschieht mit einem Gewicht, mit einer Ruhe des Bewußtseyns, die ihres eigenen Werthes Herold ist, mag Sansquartier nun seinem Commandanten linguistische Belehrungen ertheilen, oder den Herrn „Schuwernor" nach dem Befinden seiner Frau Liebsten fragen. Zu dieser travestirten Würde Sansquartiers paßt die kleine Eulenspiegelei am Schluße nicht recht, wo er, flüchtig in eine groteske Frauengestalt umgewandelt, mit den Mädchen die Waffenübungen macht. Hier muß ich aber nun die ernstlichste Einrede gegen die schmutzigen Zweideutigkeiten thun, durch welche namentlich in diesem Stücke die Bühne entwürdigt wird. Es werden Sachen gesagt, Anspielungen gewagt, die selbst ein Mann nicht ohne Empörung hören kann. Man braucht nichts weniger als prüde zu seyn, um sich gegen einen so abscheulichen Mißbrauch aufzulehnen. Die Vorlesungen aus der Schuld, aus der Jungfrau von Orleans gehören – ich kann nicht sagen wohin, am allerwenigsten aber in eine Kunstanstalt. Der Groteskkomiker greift nach jedem Mittel, zum Lachen zu reizen (das erwähnte ist leider eines der sichersten), und in der lüsternen Gemeinheit einer Scharteke, wie die „dreizehn Mädchen", ist am ehesten Platz, es zu unterbringen: aber am Publikum wäre es, dagegen einzuschreiten, denn jede unverhüllte Zweideutigkeit ist eine beleidigende Geringschätzung seiner Bildung. Nimmt es aber solche Dinge mit einem Sturme von Beifall auf, fordert es jubelnd zur Wiederholung auf, so rechtfertigt es den Komiker, ja es fordert ihn zur Entsittlichung der Bühne ausdrücklich heraus. [...]
(*Bohemia* Nr. 91 vom 30. Juli 1844, zit. nach *Die Fackel*, Nr. 657–667, 26. Jg., August 1924, S. 113 f.)

Erst bei den Gastspielen des Jahres 1845 in Brünn, Prag und München erfolgt eine andere Kombination, meist mit Bäuerles *Die falsche Primadonna in Krähwinkel*. Die *Sieben Mädchen in Uniform* werden auf dem Theaterzettel des Münchner Hof- und Nationaltheaters vom 10. 9. 1845, wie das übrigens auch in Wien üblich war, nicht als Nestroy-Bearbeitung, sondern als Stück von Angely angezeigt. (Abgedruckt in *Nestroy in München*, hg. von Birgit Pargner und W. Edgar Yates. Ausstellungskatalog des Deutschen Theatermuseums, München 2001, S. 129. Ebendort auch wohlwollende bis begeisterte Kritiken des *Bayerischen Eilboten* und des *Münchener Tagblatts*.

---

* Wohl statt „Heiserkeit".

(Vgl. dazu auch Louise Adey Huish: ‚Zur Geschichte von Nestroys Gastspielen: München berichtet über einen langersehnten Gast', Nestroyana 12 [1992], S. 102–115. Die abschließende Kritik des Tagblatts auch in Stücke 17/I, S. 158 f.)

1847 spielte Nestroy im August und September in Frankfurt/Main. Eine Kritik im Frankfurter Beobachter wurde in der Theaterzeitung (Nr. 230 vom 25. 9. 1847, S. 920) nachgedruckt. Darin heißt es über Sansquartier:
[...] Welch' ein Prachtexemplar des carikirten Veteranenthums ist Nestroys Sansquartier. Schon der Anblick seiner Maske muß die größte Heiterkeit, und die Consequenz, mit welcher er diese Rolle in Spiel, Mimik und Sprache durchführt, Bewunderung erregen. In dieser Rolle schwindet der rein wienerische Komiker ganz in dem Charakteristiker, wenn gleich Derjenige, welcher mit den Wiener Zuständen genauer bekannt ist, es leicht herausfindet, welche Bezüglichkeiten Nestroy in drastisch wirkender Komik zum besten gibt, wenn er die Mädchen exerciren läßt. Wir wollen nicht leugnen, daß wir, zur Reinheit der Harmonie des kostbaren Charaktergemäldes, gewünscht hätten, Nestroy würde das Galopiren mit dem Pferde vor der Fronte und das Erscheinen am Schlusse der Posse im Weiberrocke unterlassen haben, denn dies sind Zuthaten, die uns nicht ganz passend erscheinen. Sie verfehlten allerdings auch hier ihre Wirkung nicht, allein der gebildetere Theil des Publikums ergetzte sich doch weit mehr an dem Vortrage der Scene aus Schillers Don Carlos, von Nestroy mit den humoristischen Randglossen Sansquartiers. Nestroy zeigt übrigens in seinen Couplets eine unerschöpfliche Fundgrube des Witzes und der Satyre, und weis das Gemüth lebhaft anzuregen. Sein Vortrag ist frisch und lebendig, und wenn er bei einer, trotz des wienerischen Dialekts bewundernswerthen deutlichen und sehr verständlich accentuirten Aussprache, manchmal von dem schnellen Vortrage sich allzusehr hinreißen läßt, so mag wol die große Sicherheit seines kolossalen Gedächtnisses, das gar keines Souffleurs bedarf, daran schuld sein. [...]

Auch nach seiner Verabschiedung vom Carl-Theater blieb Nestroy weiter als Schauspieler tätig und trat mehrfach als Gast in Carl Treumanns am 1. November 1860 eröffneten Theater am Franz-Josephs-Kai auf. Bei der Aufführung der Mädchen in Uniform feierten die Kritiken hauptsächlich den Schauspieler und Publikumsliebling Nestroy.
In den Recensionen und Mittheilungen über Theater und Musik, Nr. 50 vom 15. 12. 1860, S. 786, heißt es:

Daß das Publikum seine alten Lieblinge in keiner Sfäre des Theaterlebens frühzeitig fallen lässt, das beweist der gegenwärtige Zudrang zum Kaitheater, wo Jupiter–Satir–Johann Nestroy – mit der ätzenden Lauge seiner eben so oft eminenten als anwidernden Komik gegen die in jenen Räumen sonst herrschende Blasirtheit fast wohlthuend absticht, wie denn das wahrhaft <u>Geniale</u> auch in der Faun-Gestalt höher zu stehen kommt, als die den Adonis spielende Mittelmäßigkeit."

Der Zwischen-Akt (Nr. 36 vom 5. 2. 1861) spricht in seinem Bericht über die Aufführung vom 4. Februar 1861 von einer dicht gedrängten Menschenmenge in einem übervollen Haus: „Der Applaus wollte beim Erscheinen Nestroy's kein Ende nehmen, wohl zwanzig Male versuchte es der also Gefeierte, die ersten Worte seiner Rolle zu sprechen, aber der Sturm des Beifalls ertönte von Neuem und mag dem ‚König des Humors' von der ‚ihm allezeit getreuen Gesinnung seiner Wiener' wohl die beruhigendste Versicherung gegeben haben."

Die *Recensionen und Mittheilungen über Theater und Musik* (Nr. 7 vom 17. 2. 1861, S. 105) berichten über ein weiteres Gastspiel, bei dem Nestroy u. a. in den *Mädchen in Uniform* auftrat: Nestroy habe „von dem unantastbaren Rechte jedes echten Komikers Besitz ergriffen, von dem Rechte: die alten und veralteten Späße wieder vorzubringen, so lange sie noch belacht werden. Die alten Possen kommen da der Reihe [nach] wieder zum Vorschein und erweisen sich freilich in manchen Punkten besser als die neuen. Das Publikum unterhält sich, – die Kritik aber, welche überdies den alten Satiriker ehrt, ist zu bequemem Schweigen verurtheilt, so lange ihr kein neuer Stoff [...] vorliegt."

MONOLOG-FRAGMENT DES SANSQUARTIER
(I.N. 213.640)

Eigenhändiges Fragment eines Monologes des Sansquartier aus der Posse *12 Mädchen in Uniform* von Louis Angely. Undatiert.

Wenn man Ihnen so die Liebeslieder singen hört, meiner Seel' so schön, als ob Sie selber ein Liebhaber wären. *(zu Sophie)* Unter andern aber, das g'hört sich nicht, plauschen auf'n Posten. Die neue Mannschaft, da werden wier noch was erleben. Ich will nix sagen, deñ ich red überhaupt nicht gern; ich schnupf' nur allweil mein Pries und denck mir mein Theil.

·Lied·

WEITERE LITERATURGLOSSEN

Als Ergänzung werden hier einige Literaturglossen mitgeteilt, die sich in verschiedenen Kopistenhandschriften finden und in den dem Haupttext zugrunde gelegten Handschriften nicht enthalten sind. Es handelt sich um Anspielungen auf Friedrich Hebbels *Judith* (1840) und *Genovefa* (1843; deutschsprachige Erstaufführung Wien 1854), Ignaz Franz Castellis *Roderich und Kunigunde* (1807, bereits als Parodie geschrieben) und Schillers *Räuber* (1781, Uraufführung 1782). Die Texte sind in den Kopistenhandschriften unterschiedlich angelegt und werden der besseren Lesbarkeit wegen nach den Grundsätzen dieser Ausgabe vereinheitlicht.

Judith (I.N. 92.975 = Ib 115.961; Rollenheft Sq 1)

[SANSQUARTIER]. Judith, Trauerspiel in fünf Akten. Schad, das sollt um einige Akten mehr haben, denn im 5ten Akt verliert der Holofernes den Kopf, da wärs dann erst recht freundlich in Assirien, und da is es aus.
Kämmerling. Gesandte eines Königs bitten um Gehör.
Holofernes. Von welchem Lande?
Kämmerling. Mesopotamien bietet die Unterwerfung, wenn es deine Gnade erringen kann!
Die haben schon Ängsten g'habt, diese mesiposischen Tamier. Jetzt da kommt die Judith mit ihrer langwiligen Erzählung, die verwittibte Frau von Manasses!
Judith. Ich folgt ihm nach der Feier in sein Haus. Unheilszeichen! Drei Lichter brannten bei Eintritt losch das eine aus.
Nichts als Aberglaube.
[Judith]. Er drückte mich ans Herz, und es erlosch das Zweite.
Wanns gescheidt g'wesen wär', hätt sie den 2er in d' Lotterie setzen sollen. ·Extrato· Mit starrem Blick zeigte er nach oben, na, und was war das Ganze. Jedermann waß es, er war ein verrückter Kerl der Judith ihr Herr Manasses!

Genovefa, Roderich und Kunigunde (Theatersammlung ThW neu-1020, Soufflierbuch)

„Gevovefa". V. Act. –
[SANSQUARTIER *liest*]. Genovefa tritt auf, sie ist mit Blättern bekleidet. Das Stuck werd' ich mir im Herbst anschau'n!
(Blättert um.)
„Roderich und Kunigunde".

(Die Decoration stellt das Schlafgemach der Kunigunde vor; ein mittelalterliches Sofa. Vor demselben ein Tisch, auf welchem drei Lichter brennen.)
Roderich, zu Kunigunde.
Kunigunde, ich liebe dich mehr als mein Leben! (Küßt heiß und innig ihre Hand.)
Da verlischt das erste Licht!
Kunigunde.
Auch ich bin dir von ganzer Seele gut!
Roderich.
O du mein Alles! (Küßt heiß und innig ihren Mund.)
Da verlischt das <u>zweite</u> Licht!
Kunigunde.
Roderich, dir will ich angehören für mein ganzes Leben!
Roderich.
O wonnigliches Mädchen, nichts soll fürder uns mehr trennen! (Küßt sie abermals und zieht sie ungestüm an sich.)
(SANSQUARTIER *klappt das Buch zu, steht auf*). Ich glaub', jetzt wird das dritte Licht auch bald verlöschen! *(Geht ab.)*

Carl Mur (Schönwetter 7; Rollenheft Sq 2)

Carl Mur (Der Sturz des Murischen Hauses)
        Letzte Scene.
Carl Mur [Streichung]. Geht, geht, macht mich nicht weich! – Mit diesem Segen seid Ihr entlassen! (Die Räuber zu verschiedenen Seiten ab.)
Carl Mur (allein). Ich erinnere mich einen armen Schelm gesprochen zu haben, der im Taglohn arbeitet und 11 lebendige Kinder hat – auf meinen Kopf ist ein Preis von 1000 ·Louisdor· gesetzt. – Dem armen Mann soll geholfen werden! –
Ah das is a Mensch, jetzt hat der eh schon 11 lebendige Kinder, und da will ihm der ·Mur Carl· {no} helfen. –

QUELLE H:

Elf eingelegte, numerierte Blätter in: Lehrbuch der Naturgeschichte für Unterrealschulen. Im Auftrage des hohen k. k. Ministeriums für Kultus und Unterricht verfaßt von F. X. M. Zippe, Wien 1854.

[Vorsatzblatt, mit roten Schmierspuren, Bleistift]

Sohn der Wildniß
·Don Carlos·
Griseldis

Im folgenden sind die Titel der genannten Stücke und die Namen der sprechenden Personen bzw. deren abgekürzte Formen in lateinischer Schrift geschrieben. Aus Gründen der besseren Lesbarkeit werden sie hier – abweichend von der sonstigen Praxis – nicht mit mittelstehenden Punkten versehen.

[Seite 1 zwischen Seite 32 und 33 des Lehrbuchs]

Die Jungfrau von Orlean.
    Trauerspiel – das is eigentlich mehr dramatische Fabel – man weiß ect

<u>König</u> (zu Joh') Mein sey die Sorge
Dich einem edlen Gatten zu vermählen.

    Dieser König will ·par tout· eine verheurathe Jungfrau v. Orl haben.

<u>Agn. Sorel</u> Man lass' uns weiblich erst
Das weibliche bedenken.

    Mit Teuxelsg'walt wollen s' ihr ein'n Brautigam aufdisputieren.

<u>Johaña</u>   Keinem Mañe kañ ich Gattin seyn,
Die reine Jungfrau nur kañ es vollenden.

    Da merkt man den (Wahn) ·Fanatismus· des Alterthum's.
    Bin neugierig, was das für eine Wendung nimt mit der ·D'Arcischen Jeanette·.

[Seite 2 zwischen Seite 36 und 37]

    Lionel – (aha, das is schon der Mañ der Gefährlichkeit.)

<u>Ln</u>   Nicht beyde verlassen wir lebendig diesen Platz.

Teufelskerl der edle Britte.

<u>Johaña</u> (mit abgewandtem Gesicht). Weh mir!

Aber ganz die nehmlichen Spomponaden, als wir heut' zu Tag, haben's schon g'habt año dazumahl, wie noch der Aberglauben ect

<u>Lionel</u>   (englisch, wird eigentlich – ect)
O je, jetzt kom̄t der ·Dunois· dazu.

<u>Dunois</u> Was ist der Jungfrau? sie erbleicht.

    Aber hab' ich mir's denkt, so viele Engländer und die einschichtige Jungfrau, da kañ der Krieg nur ein'n traurigen Ausgang haben.

[Seite 3 zwischen Seite 78 und 79]

<u>Don Carlos</u>

    Das is ein süperbes Buch
·Evoli· (d. i. was man bei uns ·Everl· heißt, das heißt auf stokmardridisch ·Evoli·.)
<u>Ev</u>   Wie gut versteht es Carl,
die Zim̄er sich zu merken, wo Damen ohne Zeugen sind.

    (Als ob dös a Kunst wär!)

<u>Carlos</u>   Fürstin, ich verstehe, was dieser Blick in diesem ·Caminet· bedeuten soll –

    (Kreutzköpfel, das hat er auf der hohen Schule in Alcala ·profitiert·.)

<u>Ev.</u>   Wie wär es, Prinz, weñ Sie zu einer Teilung sich entschlößen.

    (Die wär' mit ein'n halbeten ·Don Carlos· ect)

So viel merk' ich schon, die ·Evoli· (× , ×) liebt ihn den
·Infanten·, und die Königin liebt ihn auch – wird noch ect. – –
– –·Infantrie·.

[Seite 4 zwischen Seite 84 und 85]

Jetzt da scharwenzelt wieder der ·Posinger· um die Königin
herum. Nein diese Curmacherey, und diese, ah – das is schon
als wie damahls ·in Paris· unter ·Louisquator's· dem XV.

Posa.   Königin, das Leben is doch schön.

(Na, wañ's öng nur g'fallt.)
O, je! Da kom̄t der Philipp der Wauwau.

(× Philipp (zum Großinquisitor) ×)
Ich habe das meinige gethan,
thun Sie das Ihrige.

Da habn wir's, die Gschicht schließt nach ächt spaniolischer
Sitte mit einem ·Auto Kaffée·
Ja wie's in dem Madrid zugeht, so was kom̄t unserein völlig
spanisch vor.

[Seite 5 zwischen Seite 112 und 113]

<u>Griseldis.</u>

In dem Stuck produziert sich der Ritter Perceval, wie schön er
seine Gattin maltraitieren kañ.

<u>Perceval</u>   Kein schönres Weib sah je die Erde prangen.

Schad', zum Sekieren hätt's a Schieche auch gethan.

<u>Perc</u>   Was liegt daran daß sie ein Köhler zeugte.

(An d'Son̄tag, wan sie sich wascht, meint er, is s' doch nicht
schwarz)

<u>Ginevra</u>   Ist's möglich? ein Köhlerkind?

Na jetzt warum sollen die Kohlen<u>breñer</u> [Kringel] Kalch<u>bau-
ern</u> allgemein ect.

Aha, da geht's schon los. 1ste Marterey.

Perc.   Ich muß den Knaben opfern.
Gris.   Er ist mein Kind, wie Deines.

(zu was sagt sie ihm das?)

Perc.   Du giebst das Kind.
Gris.   Die Liebe gab es, die Liebe giebt es hin.
[Kringel] Teufi Du

[Seite 6 zwischen Seite 116 und 117; im unteren Teil rote Schmierspuren]

2te Marterey
Perc   Gewänder, Schmuck und and'res Ziergeräth
läßt Du zurück.

(Er is in Stand er versetzt ihr's –
Schöne Schmutzerey für ein'n Ritter)

Brav – am Schluß sagt er ihr, sie möcht' nicht bös' seyn, es war nur wegen einer Parie – da bedankt sie sich aber für so eine Hausunterhaltung, und sagt:
Wir müssen scheiden,
Deñ nur um Liebe giebt sich Liebe hin.
(Sie geht, und der Ritter der Tafelrunde steht da, wie's Mandl beym Sterz.)
Sixt es Perceval, so geht's, weñ der Mensch a Flegel is.

[Seite 7 zwischen Seite 208 und 209]

<u>Der Sohn der Wildniß.</u>

Das [is] gar a verliebte ·Comödie· das
·Parthenia· Das is die, die ihm die Wildnuß abg'wöhnt und die
·Cultur aufdisputiert·.
P.   Wie ihr werbt mit Gold um eure Bräute?
     Uns führt dem Freyer nur die Liebe zu.

(Da seyn d'alten Herrn g'froren in dem Land)

(+ Ing   Sag doch +)
P.   Die Mutter meint, die Liebe kom͞t so wie die Blumen.

(G'scheidte Frau.)

Ingomar   Liebe, was ist das?
(+ Trottl +)

Parthenia   Was Liebe ist,? Die Mutter meint,
es sey das süßeste von allen Dingen.

Recht hat's, mit (× der ×) (+ einer +) Alten lass' ich mich in kein Streit ein über den Gegenstand.

[Seite 8 zwischen Seite 222 und 223; Auskringelungen mit Bleistift, Zusätze (+ +) hier ebenfalls mit Bleistift eingefügt]

Die Schuld

Das is (× einer der ·lasciven· Unschuld ×) [ausgekringelt] (+ gar a g'spasiges Büchel. +)

·Jerta· Das is eine Abdrahte diese ·Jerta·.

[Jerta]   Hugo fürcht' ich ist nur ect (+ der Abgott {eures} Sinens, +)

(× scharfe Bemerkung für eine ·Jerta· ×) [ausgekringelt]

[Jerta]   Ich lieb' ihn, Seel' (× ect ×) (+ um Seele, +)
(+ Wie man dort oben liebt im Licht. +)
(× Wer's nicht glaubt. ×)

Elvira   Weñ er seufzet ect (+ und sich sehnet +)
(× Weñ er sanft ect ×) [ausgekringelt]
Weñ sein Auge (× ect ×) [ausgekringelt] (+ Küsse heischt +)

Gehst deñ noch nicht (× ect ×) [ausgekringelt] (+ Du G'spasige! +)
Da sieht man die Spa·niolin·.
(× südliche Gluth, tropische ect ×) [ausgekringelt]
Aber auf'n Schluß (× ect ×) [ausgekringelt] (+ bin ich ·curios·. +)

[Seite 9 zwischen Seite 226 und 227; Auskringelungen und Zusätze mit Bleistift]

Hugo, Elvira

    (× Aha, da sind's schon ×) [ausgekringelt]
    (+ Ich hab' mir's denkt, daß die Versöhnung kom̄t. +)

Elv (× an seinem H{als} ×) [ausgekringelt] O mein Hugo

Hugo   (× wahr{scheinlich} ×) [ausgekringelt] Theures Weib.
       (× hat ihn scho– ×) [ausgekringelt]
Elv   (+ den Dolch zückend +)
       Muß es sein (× Geliebte ×) [ausgekringelt] (+ mein Gatte? +)

(× Hugo   Was? ×) [ausgekringelt]
    (+ So laßt er sich schrecken, is a narrischer Kerl der Huscho. +)
    (× Jetzt foppt – Ah das is ein Viechs– – ×) [ausgekringelt]

[Seite 10 zwischen Seite 238 und 239]

          Hans Sachs

Das is das Stuck, wo der Schuster a Dichter ist und ·extra· Liebe fühlt.

Kunigunde Der Vater spricht drey Tage schon
          Von nichts als meinen Ehstandsfreuden.

(Das war so üblich, den̄ das Stuck spielt in Nürnberg, Hundert Jahre bevor's den Lebzelten erfunden haben.)

Sachs   So manche Nacht hab ich
       dran denkend durchgewacht

(Na wart' Dir werd'n sie's austreib'n.)

Kunig   Das war schon recht das ·lob· ich mir –

(Diskriren recht fidel miteinand die zwey Leut').

Sachs   Gleich Morgen werd' ich sonder Bangen
       Zum Weibe dich verlangen.

(Hast recht Schuster ·genier· dich nicht.)
(Werd'n wir [sehen] ob sich der Schluß aus [sic!] so freundlich macht.)

[Seite 11 zwischen 242 und 243]

(Aha, da seyns schon.)

Kunig   Ach Sachs, wär' ich doch nie geboren.

(× {Ku} ×) (Is schon nim̅mermehr so)

[Kunigunde] Mir schwim̅t's, wie Nebel vor dem Blicke.

(Das kom̅t von dem Lebzelten essen.)

Sachs   Sey guten Muthes auf den Grafen bau' ich.

Kunig   Ach Sachs mir hilft kein Graf der Welt.

(Jetzt geht's schon aus ein anderen Ton.)

Sachs   Die nächste Stunde soll
             Mich hier nicht wiederseh'n.

(Jetzt will er abfahren)

K.   Das Beste wär', Du nähmst mich mit.

(Das g'höret sich, wen̅ er kein Schmuzian is.)

Sachs   Ich muß, und ich allein muß fort.

(Das is schon was man sagt – Ah –)

(So geht's, wen̅ der Vater einen Anderen bestim̅t und die Tochter sich auf ein'n Schuster ·capriciert· – gehört sich nicht.)

NESTROYS BEARBEITUNG EINES THEATERMANUSKRIPTS

Die Abschrift in ThWneu-1020 (ehemals Th 1860) basiert auf Quelle H und wurde von Nestroy in der 7. Szene vermutlich für das Gastspiel am Kai-Theater bearbeitet. Sie enthält Glossen zu *Don Carlos*, *Der Sohn der Wildnis*, *Die Jungfrau von Orleans* und *Griseldis*. Von diesen hat Nestroy jedoch nur die beiden Stücke *Don Carlos* und *Der Sohn der Wildnis* überarbeitet.
Dieser Text ist die Basis für den Abdruck der Literaturglossen im *Fremdenblatt* 1868, dort ergänzt durch Glossen zu *Die Schuld* und *Hans Sachs*. Leopold Rosner hat für seine Ausgabe *Aus Nestroy* die *Fremdenblatt*-Version benutzt. Rommel bringt in SW eine Mischung von Quelle H und Rosners Text.

Der von Nestroy hergestellte Text der Literaturglossen in der 7. Szene lautet folgendermaßen:

SANSQU[ARTIER] *(lesend)*
Liest: ·Don Carlos·, Infant von Spanien.
Spricht: Das is eine spaniolische Gschicht, aber – auch etwas lasziv; aber das macht nichts – dort habn sies schon so.
Liest: ·Eboli· –
Spricht: Heißt eigentlich auf deutsch Everl, auf stockmadridisch heißts: ·Eboli·
Liest: ·Eboli·
„– Wie gut weiß ·Carl·
die Zimer sich zu merken,
wo Damen ohne Zeugen sind –"
Spricht: Na das is do kan Kunst, das triff ich auch.
Liest: ·Eboli·. O Prinz ich weiß was dieser Blick in diesem einsamen Kabinet bedeutet
Spricht: Ah das ist Eine – die Everl – die kent sich aus *(Blättert einigemale um.)*
Spricht: Ah da is er jetzt bei der Königinn, der Infant.
Liest: Königin. O, könt ich halb nur mein Euch nenen, Prinz
Spricht: Das ist eine genügsame Person, diese Königinn [–] sie wär' mit ein'n halbeten ·Don Carlos· zufrieden, – Aha! Jetzt komt der ·Marquis Posinger· dazu – ich glaub es wird noch ein wildes End nehmen diese gegenseitige Infantrie
Liest: „Königinn. Wo Alles liebt, kan ·Carlos· auch nicht hassen
Spricht: Nein diese ewige Kurmacherei in dem Eskurial – da gehts grad so zu wie dazumal – in Paris – unter ·Louis quartorze· den 15ten. Uje, da habn wirs – jetzt komt der Wau-Wau.

Liest: Großinquisitor, ich hab das Meinige gethan – thun Sie jetzt das Ihrige! *(Steht auf {und spricht})* Das ganze schließt mit einem ·Auto·-Caffeh. Nein wies in dem Madrid zugeht das kom̅t Unsereins völlig spanisch vor –
Liest: Der Sohn der Wildniß –
Spricht: Das is die verliebteste Komödie, die ich kenn! Das is nähmlich das Stuk, wo die Parthenia den Ritter Ingomar die Wildniß abgwöhnt und ihn nach und nach in die Kultur um̅izaxelt.
Liest: Parthenia. Wie Ihr werbt mit Gold um Eure Bräute? Uns führt den Gatten nur die Liebe zu. –
Spricht: In dem Land sein die alten Herrn gfrorn – is kein Geschäft –
Liest: Ingomar. Wie kom̅t Liebe?
Spricht: Jetzt das soll sie ihm sagen. O Du Wildling Du!
Liest: Parthenia: Die Mutter meint, die Liebe kom̅t so wie die Blumen. –
Spricht: G'scheidte Frau!
Liest: ·Ingomar·. Ich faß es nicht
Spricht: Das muß schon eine Art Trottel sein.
Liest: Ingomar: Was ist Liebe? Die Mutter sagt, es ist das süßeste von allen Dingen.
Parthenia *(Spricht aufstehend)*[:] Na jetzt d'Alte muß 's wissen. *(Im Abgehen)* Mit der laß' ich mich in kein Disput ein. *(schnell ab)*

ERLÄUTERUNGEN

Auf folgende Theaterstücke wird in der 7. Szene angespielt:
Die Schuld, Schicksalsdrama von Adolf Müllner (1774–1829), Uraufführung 1813 am Burgtheater in Wien, gedruckt Leipzig 1816.
Die Jungfrau von Orleans, Romantische Tragödie von Friedrich Schiller, 1801.
Hans Sachs, Drama von Johann Ludwig Deinhardstein (1794–1859), Uraufführung Wien 1829, gedruckt Leipzig 1845.
Der Sohn der Wildniß, Dramatisches Gedicht von Friedrich Halm, (d. i. Eligius von Münch-Bellinghausen, 1806–1871), Uraufführung 1842.
Don Carlos, Infant von Spanien, Dramatisches Gedicht von Friedrich Schiller, 1787.
Griseldis, Dramatisches Gedicht von Friedrich Halm, Uraufführung 1835 am Burgtheater in Wien, gedruckt Wien 1837.

S. 21   *Leahnl:* von Leonhard, im übertragenen Sinn ‚unbeholfener Mensch'.
–   *Spomponaden:* ‚Wichtigtuereien', ital. ‚spampanare': ‚prahlen'.
–   *Batar:* ‚Reisewagen', deswegen auch „der Viersitzige".
–   *einschüchtig, einschichtig:* ‚einzeln', ‚einsam', ‚abgesondert'.
S. 22   *umizaxelt:* ‚herüberzieht'.
–   *g'froren:* redensartlich: ‚verloren' (Hügel).
–   *Tecktosagerin:* Angehörige eines untergegangenen keltischen Stammes; er wird von Cäsar in *De bello Gallico* (6. Buch) genannt.
S. 23   *seckiren:* ‚quälen'.
–   *a Schiachi:* ‚eine Häßliche', von ‚schiach': ‚häßlich'.
S. 24   *Pari:* ‚Wette'.
–   *Mandl beim Sterz:* ‚betrübt, verblüfft sein'.
S. 35   *skisiren:* ‚sich entschuldigen', ‚sich entfernen'.
S. 68   *·Extrato·:* Setzen einer Nummer in der Lotterie.
S. 72   *·Auto Kaffée·:* Verballhornung von Autodafé, portugiesisch ‚Glaubensakt', von lat. ‚actus fidei', Vollstreckung eines Inquisitionsurteils.
S. 75   *Lebzelten:* ‚Lebkuchen'.
S. 78   *·Auto·-Caffeh:* siehe zu S. 72.

Die Ballnacht · Einführung

Die Ballnacht, oder: Der Fasching-Dinstag. Local-Posse mit Gesang in 4 Aufzügen wurde ohne Nennung eines Autors am 6. Februar 1836, also als Faschingsstück, zum ersten Mal im Theater an der Wien aufgeführt. So jedenfalls der Theaterzettel, mit dem ausdrücklichen Hinweis: „Alle vorkommenden Gesang-Texte sind von Herrn Joh. Nestroy. Die Musik ist vom Herrn Kapellmeister Adolf Müller." Als Besetzung finden sich u. a. Wenzel Scholz als Fabian, Johann Nestroy als Hundsdoktor Schnepf und Marie Weiler als Susanna. Das Quodlibet mit Scholz, Nestroy und Weiler am Ende des zweiten Akts scheint (wenig überraschend) der Höhepunkt der Aufführung gewesen zu sein.

Johann Karl Waldon als Autor der Posse stand trotz der Nicht-Nennung am Theaterzettel außer Frage; die meisten Rezensenten nannten ihn. Zwar konnte kein Spielbuch der Inszenierung von 1836 gefunden werden, doch auch die Theaterhandschrift aus der St.B. Wien (I.N. 142.410), die Nestroy als Autor angibt und hier als Textgrundlage herangezogen wurde (ÜBERLIEFERUNG, Text Nr. 1), unterscheidet sich so unwesentlich zum Beispiel von jener aus der Theatersammlung des Österreichischen Theatermuseums (Theater an der Wien Alte Bibliothek 427), welches Waldon als Verfasser bezeichnet, daß hier nicht von einer Bearbeitung gesprochen werden kann – und dennoch sind hier wie dort die Gesangstexte offenbar aus Nestroys Autorschaft integriert.

Diese Faschingsposse war schon über dreißig Jahre bekannt, und man erinnerte sich noch an Friedrich Joseph Korntheuer als Fabian. Nun wurde sie von der Kritik nicht mehr als zeitgemäß angesehen und sprach wohl auch das Publikum weniger an. Beim Vergleich einiger Szenenbeispiele der Fassung von 1802 mit jener von 1836 (ohne Rückschlüsse auf eine mögliche Nestroybeteiligung) wurden starke Bearbeitungsunterschiede festgestellt, und zwar, „daß nicht nur Liedtexte hinzugefügt wurden, sondern auch Prosa. Textteile wurden gestrichen, Szenen umgestellt und neugeschrieben" (Schlögl, S. 6). Wer für diese Änderungen verantwortlich ist, konnte aber nicht gesagt werden. Es muß also einen Überlieferungsträger gegeben haben, in dem eine Bearbeitung der *Ballnacht* und Nestroys Gesangstexte zusammengeführt wurden.

Vermutlich handelt es sich bei der Fassung von 1802 (laut Schlögl) um den hier unter ÜBERLIEFERUNG angeführten Text Nr. 3. Ein Vergleich mit Text Nr. 1 könnte natürlich zu Spekulationen führen, inwieweit die für die Einfügung der Gesangstexte notwendigen Übergänge, Ergänzungen oder Streichungen auch auf Nestroy zu-

rückgehen könnten, doch sind die Prämissen für eine Zuordnung zu vage.
Vor 1836 scheint *Die Ballnacht* von Waldon zumindest im Theater an der Wien vom 9. November 1802 bis 15. Februar 1828 26mal (Anton Bauer, *150 Jahre Theater an der Wien*, S. 271) und im Theater in der Leopoldstadt zwischen 1807 und 1828 11mal auf (Franz Hadamowsky, *Das Theater in der Wiener Leopoldstadt*, S. 102). Zwischen 1828 und 1836 liegt also der Zeitraum, in dem die Aufführungen in den maßgeblichen Wiener Vorstadtbühnen ruhten.
Laut Anton Bauer (S. 342) wurde *Die Ballnacht* vom 6. Februar 1836 bis 26. Februar 1840 13mal im Theater an der Wien gespielt und laut Franz Hadamowsky (S. 134) unter dem Namen *Faschingdienstag* viermal 1840, je einmal 1841 und 1844 im Theater in der Leopoldstadt. Die Aufführung vom 22. September 1841 im Theater in der Leopoldstadt war wohl nur deshalb interessant, weil Eduard Scholz, der Sohn von Wenzel Scholz, in der Rolle des Fabian, die sonst sein Vater spielte, auftrat.
Johann Nestroy als Schauspieler wird bei Rommel (SW XV, S. 444 und 469) mit Rollennummer 161 (Schnepf, bereits ab 1827) und 434 (Fabian, hier nur einmal 1831) angeführt. Der Nestroy-Bezug bei den Aufführungen im Theater in der Leopoldstadt ist zum Teil fragwürdig.

Literatur

Bauer, Anton, *150 Jahre Theater an der Wien*, Zürich, Leipzig, Wien 1952.
Hadamowsky, Franz, *Das Theater in der Wiener Leopoldstadt 1781–1860 (Bibliotheks- und Archivbestände in der Theatersammlung der Nationalbibliothek)* (Kataloge der Theatersammlung der Nationalbibliothek in Wien, hg. von der Generaldirektion der Nationalbibliothek, Bd. III), Wien 1934.
Hilmar, Ernst, ‚Die Nestroy-Vertonungen in den Wiener Sammlungen‘, *Maske und Kothurn* 18 (1972), S. 73 f.
Perth, Matthias Franz, [Tagebuch], St.B. Wien.
Schlögl, Girid, Schlögl, Walter und Schuster, Karl, ‚Nestroy als Liedertexter: *Die Ballnacht* von Waldon und von Nestroy‘, *Nestroyana* 19 (1999), S. 5–18.
Rommel, Otto, *Johann Nestroy. Ein Beitrag zur Geschichte der Wiener Volkskomik*, Wien 1930 (= SW XV).
Nestroy, Johann, *Sämtliche Werke*, hg. von Fritz Brukner und Otto Rommel, 15 Bde., Wien 1924–1930, Bd. 9 (= Possen 1), S. 175–183 und S. 568–574.

DIE BALLNACHT

Posse mit Gesang in 4 Aufzügen
von J. Nestroy
Musik von Kapellmeister Adolf Müller

PERSONEN:

HERR V. FLAMM, vormals Seifensieder
AGNES V. PITZELSTEIN [= FRAU V. FLAMM], seine zweite Frau
FRITZ,
SUSANNA, ⎤ Kinder aus der ersten Ehe
MAJOR FLAMM
JAKOB REMING, ein reicher Messerschmid
SALCHEN, seine Tochter
GEORG, bei Reming erzogen
JUNGFER APOLLONIA, Remings Haushälterinn
ZACHARIAS SCHNEPF, Hundsdoktor
LUDWIG, Flamms Kammerdiener
ERNST,
DANIEL, ⎤ Bediente bei Flamm
FABIAN, Altgeselle bei Reming
ERSTER
ZWEITER ⎤ KALENDER
ERSTE
ZWEITE ⎤ NUMERO
[MARGARETHE]
MASKIRTE und UNMASKIRTE BALLGÄSTE
MEHRERE NUMERI
MESSERSCHMID-GESELLEN

(Die Handlung geht in Wien vor.)

ACTUS 1

(Geräumiges Zimmer im altbürgerlichen Geschmak möblirt mit einer Mittel und Seitenthüre.)

Scene 1

(REMING sitzt in einem Armstuhl und bezahlt die Gesellen, ihm gegenüber am Fenster APOLLONIA, welche auf einem kleinen Tischchen eine große Postille liegen hat, in welcher sie blättert.)

[Nr. 1]

CHOR.
Bey der Arbeit is das Schönste, is das Schönste doch der Lohn,
Denn sonst hätte man ja gar nichts denn sonst hätt man nichts davon,
  Nur Schad, der Lohn is bald verthan
  Und d' Arbeit halt doch allweil an.
REMING.
Da habts das Geld für eure Plag,
Versaufts nit All's in einem Tag,
Versaufts nit All's in einem Tag.
CHOR.
Der Sonntag, der Montag, die Täg die seyn halt schön
Auf d'Andern thät unser eins nicht viel nicht viel anstehn.
Der Son[n]tag, der Montag, die Täg die seyn halt schön
Auf d'Andern thät unser eins nicht viel nicht viel anstehn,
Der Son[n]tag, der Montag, der Sonntag, der Montag die Tag sind halt schön, die Tag sind halt schön,
Wir thäten auf d'Andern, nicht gar viel anstehn nicht gar viel anstehn,
Wir thäten nicht gar viel anstehn, wir thäten nicht gar viel anstehn.
(Der CHOR ab.)

APOLLONIA. Nun endlich ist das ungestümme Volk fort, man kann ja gar nicht –
REMING. Laß Sie ihnen ihre Fröhlichkeit, die Leute, die arbeiten, sollen auch lustig sein.
APOLLONIA. Wo bin ich den[n] geblieben?
REMING. Ich will wieder die Zeitung zur Hand nehmen. *(Liest.)* „Den 27ten des vorigen Monats starb in London der berühmte Astrolog" *(wirft die Zeitung auf den Tisch)* lauter uninteressante Artikel.

APOLLONIA. Ich will jetzt das Kapitel von der Susanna lesen.
REMING. Laß Sie mich mit ihrem Geschwätze zufrieden. Ich denke jetzt an nichts, als an meinen Jugendfreund Albert Flamm. Ausser dem Briefe, den ich vor zwei Monaten von seinem Courier erhielt, aus welchem ich erfuhr, daß er gefährlich krank liegt, weiß ich keine Sylbe.
APOLLONIA. Ich wette, daß sein leiblicher Bruder sich nicht so sehr für ihn interessirt.
REMING. Ja, das glaub' ich, dem käme freilich keine Post angenehmer, als die, von dem Tode seines Bruders.
APOLLONIA. Die schlangenzüngige Welt! Was sie doch dieser Familie nicht alles nachredet.
REMING. Und das mit Recht! Ihr toller Lebenswandel ist ja stadtkundig, und die Kinder sind ja das leibhafte Ebenbild ihrer mußterhaften Eltern, die Tochter eine eitle Putznärrinn, der Sohn ein müssiger Vagabund, Spieler, Verschwender, und dieser Bursche hat die Kühnheit, um meine Tochter anzuhalten. Wisch er sich das Maul, mein künftiger gnädiger Herr, aus unserer Schwiegerschaft wird nichts.
APOLLONIA. Bedenkt nur die Ehre, die Jungfer Salchen an dieser Mariage hätte.
REMING. Ehre! Von dieser Mariage Ehre! – Mein Geldsack sticht sie in die Augen, und dem zu Gefallen tragen sie auf die Heirath an – Nein, daraus wird nichts, meine Tochter soll einen braven Bürger heirathen. *(Will ins Seitenzimmer, bemerkt aber* GEORG, *der eben komt und kehrt zurück.)*

Scene 2

*(*VORIGE; GEORG.*)*

REMING. Ei Georg! Du komst früh zurück! Warst du bei dem Kaufmann?
GEORG. Ja, Herr Reming, die 200 bestellten Messerbesteke müssen höchstens bis künftigen Samstag abgeliefert werden.
REMING. Was? das ist ja kaum möglich! Heut' ist Fasching Montag. *(Zält an den Fingern.)* Nein, bis dahin können sie nicht fertig werden.
GEORG. Vielleicht doch! Ich will schon die Gesellen recht zur Arbeit antreiben. Morgen mit dem frühesten –
REMING. Das laß' ich gelten. Auch denke ich, wird diese Lieferung wahrscheinlich eine meiner letzten sein.
APOLLONIA. Das der Himmel verhüten wolle!

GEORG. Wie soll das gemeint sein?
REMING. Nun, ich denke, ich habe mich lange genug in der Welt herumgetummelt, ich werde Alt, mit den Kräften geht es auch allmählich bergab, drum will ich die wenigen Tage, die mir der Knochenmann noch zuzält, ohne Wirthschaftssorgen in Ruhe geniesen.
APOLLONIA. Da habt Ihr Recht Meister Reming, Ihr habt Euch lange genug geplagt, und so viel erwirthschaft, daß [–] *(Bricht ab, und macht einen freundlichen Knix zum Fenster hinaus.)*
GEORG *(der auch nahe am Fenster steht).* Da kommt der junge Herr von Flamm gerade aus dem Kaffeehaus.
REMING. Aha, dem galt also der freundliche Knix, Apollonia?
APOLLONIA. Ich danke jedem Menschen, der mich grüßt.
GEORG. Der Kaufmann Richter hat den alten Flamm erst vorgestern wegen 3.000 fl. eingeklagt.
REMING. So, ist er dem auch schuldig?
GEORG. Ja, er dringt auf seine Pfändung.
REMING. Kommt es schon so weit?
APOLLONIA. Wer doch diese höllischen Lästergerüchte alle ausbreitet?
GEORG. Es ist ja Alles reine Wahrheit.
APOLLONIA. Wahrheit? Er Gelbschnabel, schweig Er von Dingen, die Ihn nichts angehen, und mach' Er sich nicht fremder Sünden theilhaftig. Der bloße Neid setzt die verläumderischen Zungen in Bewegung, es sind lauter ersonnene Satanslügen, rede Er sie nicht nach, verstopfe Er Sein Ohr.
REMING. Und Sie Ihren Mund. – Noch einmal, der junge Flamm bekommt mein Mädl nicht, und finde ich ihn ohne mein Wissen nochmal hier im Hause, so kann Sie Ihr Heil anderswo versuchen. Merk Sie sich das wohl!
APOLLONIA. Gut, alles gut, ich rede kein Wort dagegen, ich will in Demuth schweigen. Meine redlichen, freundschaftlichen Absichten werden verkannt, verspottet. Ich gehe zu meinem kranken Fripon auf meine Kammer, und schließe mich ein; dort will ich in stiller Einsamkeit über den Undank der Welt seufzen, und den Himmel bitten, daß er alle Lästerer, Verläumder, Ehrabschneider durch einen feurigen Regen mit Schwefel und Pech vernichten möge. *(Im größten Affekte ab.)*

Scene 3

(REMING, GEORG.)

REMING. Die Heuchlerin!
GEORG. Aber lieber Herr Reming, Sie werden doch nicht –
REMING. Sie wegjagen, sobald ich noch die geringste Spur von ihren Heirathsunterhandlungen habe. Apropos, sahst du meine Tochter nicht?
GEORG. Ja, sie ging gleich nach Tisch zu Mamsell Marie hinauf.
REMING. Hat sich ihr kranker Vater noch nicht erholt?
GEORG. Nein, der Doctor sagt, er würde lebenslang kontrakt bleiben, das gute Mädchen arbeitet Tag und Nacht, um ihm Medizin und den nöthigsten Unterhalt zu verschaffen.
REMING. Der Himmel wird auch ihre kindliche Liebe lohnen, gewiß, das wird er, ich habe auch nur einen Wunsch vor meinem Tode, mein einziges Kind, meine Tochter und dich lieber Georg, glüklich zu wissen; *(schüttelt ihm die Hand)* denn ich liebe dich, wie meinen eigenen Sohn.
GEORG *(küßt ihm die Hand).* Lieber Herr Reming, was haben Sie nicht Alles an mir armen Waise gethan?
REMING. Guter Junge, was ich that, geschah der Menschheit und meinem biedern Freunde, deinem eigentlichen Retter zu lieb. Du warst damals noch kaum 4 Jahre alt als ich dich durch die Offiziers Wittwe erhielt. Er hat mir jährlich 300 fl. für deinen Unterhalt überschikt, ich habe sie dir zusammen gelegt, sie sind dein Eigenthum; du bist ein fleißiger und geschikter Arbeiter, ich übergebe dir mein Gewerb, und für das nothwendigste Möbel in das Haus, für ein braves Weib, werde ich auch sorgen. *(Will fort, an der Thüre begegnet ihm* SALCHEN.*)*

Scene 4

(VORIGE; SALCHEN.)

REMING. Sieh da, du kommst gerade recht, ich habe dich schon lange erwartet.
SALCHEN. Ich war oben bei Mamsell Marie.
REMING. Ich weiß es, und es ist mir lieb, wenn du dieses gute Mädchen zur Gesellschafterinn wählst. Aber mir scheint, die Besuche gelten nicht so eigentlich ihr.
SALCHEN. Auch ihrem kranken Vater.
REMING. O dem noch weniger.

SALCHEN. Ich wüßte sonst Niemanden.
GEORG *(für sich)*. Wie sie sich zu verstellen weiß.
REMING. Dem Fenster des kranken Vaters gegenüber wohnt ja der Herr von Flamm?
SALCHEN *(erschroken)*. Ja – aber – was soll –
REMING. Ich sehe seinen liederlichen Sohn öfters mit den gläsernen Augen nach Mariens Dachkammer schielen, und das allemal, so oft du da oben bist. Sieh Salchen, das macht mich muthmaßen, daß du, trotz meinem väterlichen Rathe und strengen Verbothe, dennoch seinen Schmeicheleien Gehör gibst.
SALCHEN. Lieber Vater, ich weiß nicht, was –
REMING. Nur keine Lügen! Salchen, du bist ein Bürger Mädchen, und sollst wieder einen Bürger heirathen, denn gleich und gleich gesellt sich am besten.
SALCHEN *(schlägt die Augen nieder)*.
GEORG *(sieht sie forschend an)*.
REMING. Sieh mich an. Hat sich noch kein solcher Liebhaber gefunden?
SALCHEN *(sehr verlegen, blikt bald* GEORG *bald ihren Vater an)*. Ich weiß keinen, der –
REMING. Keinen?
GEORG *(bestürtzt für sich)*. Und ich liebe sie, wie mein Leben.
REMING. Kennst du gar keinen jungen Menschen, den du lieben könntest, der die Eigenschaften, die ich wünsche, besitzt, den du dir zum Manne wünschest?
SALCHEN *(erröthet, und sieht stumm zur Erde)*.
REMING. Du schweigst? –
GEORG. Der Herr von Flamm hat sie ganz verhext.
REMING *(faßt sie traulich bei der Hand)*. Mädel, wie wär es, wenn ich einen Bräutigam für dich gewählt hätte? –
SALCHEN *(überrascht)*. Einen Bräutigam für mich? –
GEORG *(gespannt und zitternd)*. Was? – Sie soll –
REIMING. Einen braven Jungen, den ich kenne, heirathen.
GEORG. Heirathen?
REMING. Ja, es ist ein artiger, wohlgewachsener Bursche, versteht sein Handwerk aus dem Fundament, und ist zum Sterben in dich verliebt.
SALCHEN. Er ist in mich verliebt?
GEORG *(für sich)*. Armer Georg!
REMING. Ich hoffe, er wird dich glüklich machen.
SALCHEN. Wie heißt er den[n]?
REMING. Das wirst du noch früh genug erfahren.
SALCHEN. Kennt er mich den[n] auch? –
REMING. So gut, als ich dich!

GEORG. Was? *(Für sich.)* Das halt ich nicht aus.
SALCHEN. Wie lange liebt er mich denn schon? –
REMING. Schon von Kindheit an.
SALCHEN. Und jetzt erst hat er gesagt, daß –
REMING. Gesagt hat er noch kein Wort, denn wahre Liebe mein Kind, ist stumm, und spricht mehr durch die Augen, als mit dem Mund.
GEORG *(der der ganzen Unterredung mit steigender Unruhe zuhörte, ist nicht länger fähig seine Gefühle zu unterdrüken, und will auf einmal zur Thüre hinaus.)*
REMING. Was ist dir Georg?
GEORG *(halb schluchzend).* Nichts – gar nichts – ich bin nur – ich habe rasende Kopfschmerzen – ich muß in die Luft. *(Eilt ab.)*

Scene 5

*(*REMING, SALCHEN.*)*

REMING. Kopfweh? Hahaha! wissen wir doch, wo dich der Schuh drükt! Salchen, weißt du was, geh jetzt hinauf zu Marien und bringe ihrem Vater eine Flasche von meinem alten Nußberger, das wird den alten kranken Mann erquiken.
SALCHEN. Gleich, Vater! *(Geht ab.)*
REMING *(allein).* Endlich hab' ich ihm doch das Geständniß herausgelokt. Hahaha! Es freut mich, daß ich so unvermuthet dahinter gekommen bin. Ja, lieber Herzensbursche, du, und kein Anderer, soll mein Mädel haben. Ich brauche keinen Herr von zum Schwiegersohn, der ihr gnädig ihr Geld verputzt, und ich könnt noch die Gnad haben, Schulden zu zalen, d' Salerl wieder aus Gnaden nach Haus zu nehmen, ich bedank' mich für die Gnad. *(Geht ab.)*

Scene 6

FABIAN *(dann* REMING *[in] einem höchst altmodischen braunen Sontags-Rok, grüner Weste, gelben Beinkleid und blaue[n] Strümpfen, Schuh mit kleinen silbernen Schnallen, steifes Halsbindel, und langen Zopf).*

[Nr. 2]

Aria

> Wird uns'reins alt, is gute Nacht
> Da hat man keine Freud,
> Die Meßer schneiden die man macht,
> Doch selbst hat man kein Schneid.
> Die alten Meßer taugen nit,
> Man schleifts thuts frisch poliern,
> Allein ein alter Meßerschmid
> Is nit zu renoviern,
> Allein ein alter Meßerschmid
> Is nit zu renoviern.

> Es giebt kein Ambos der rebelt,
> So stark als dieses Herz,
> Und gar kein Meßer in der Welt
> Schneid wie mein Liebesschmerz,
> Die Lieb ist da was nutzt es mich,
> Ich g'fall halt keiner mehr,
> Und das blos aus dem Grund weil ich
> In's alte Eisen g'hör,
> Und das blos aus dem Grund weil ich
> In's alte Eisen g'hör.

Ich hab eine feindselige Stimmung auf mich, daß mir Alles z'wieder ist, und das z'wiedersten bin ich mir selber, kränklich, miselsüchtig, verliebt, zurükgesetzt, es ist schreklich.
REMING *(tritt ein).* Ei, Fabian! Er schon wieder zu Hause? – Ich habe mir gedacht, Er sei nach Tisch mit den andern Gesellen in die Vorstadt gegangen?
FABIAN. Ja, ich hab mit ihnen auf den Hundsthurm gehen wollen, es hat mich aber nicht g'litten, ich hab wieder meine Kolik gekriegt und da habe ich müssen mitten auf dem Wege umkehren.
REMING. Pfui, schäme Er sich, und mach' Er kein so Ojemine-Ge-

sicht! Und ein Bräutigam, wie Er, der muß sich über so kleine Zufälle hinaus setzen.
FABIAN. Bräutigam? – Der Meister will mich gewiß fexiren?
REMING. Warum nicht gar! Glaubt Er denn, ich weiß es nicht, daß meine Apollonia schon lange ein Auge auf Ihn geworfen hat?
FABIAN. Ja, einmal – aber jetzt nimmer.
REMING. Von den 12.000 Thalern, die sie von ihrem Vetter erbte, kann sie Ihm leicht das Bürger- und Meisterrecht, auch ein Häuschen in der Vorstadt kaufen. – Und heirathen könnt ihr alle Stunden, es ist gar kein Hinderniß, majoren seid ihr doch beide schon lange.
FABIAN. Ja, Gott sei Dank! Majoren sind wir alle zwey, aber aus der Heirath wird doch nichts.
REMING. Warum nicht?
FABIAN. Die Sache hat ein Hakerl.
REMING. So!
FABIAN. Jetzt ist alles ganz anders. Seit dem sie geerbt, und der Schwarze den Hundsdoktor ins Haus geführt hat, hab ich bei ihr völlig ausgedient.
REMING. Was? Sie wird doch nicht in den Hundsdoktor Schnepf verliebt sein?
FABIAN. O Gott! o mein Gott! o je! no o! Närrisch verliebt sag ich dem Meister. – Sonst bin ich ihr immer gut g'nug gewesen, aber jetzt hat sie immer etwas neues an mir auszusetzen, was hab ich eh[e]r bei ihr nit alles golden, – vor ihren Frühstük hat sie mir täglich ein Schallerl Caffée, und öfters auf d'Jausen, ein Glasel Wein aufgehoben, – nach den Feyerabend hat sie mir manchmal ein Kapitel aus der Kronik vorg'lesen, oder mit ihrer Gimpelstimm eine Arie von der Kathel allein vorgurgelt, aber jetzt, Ich weiß nicht, wo die alte ihre Augen hat; der Doktor muß nur Zaubern, und sie mit seiner Liebe behexen können. – Ich glaube der Hundsdoktor kommt, richtig er ist's, ich weich ihm aus. *(Ab.)*
REMING. Na lauf' Er nur nicht gar so, Er eifersichtiger Liebhaber Er. *(Ihm nach ab.)*

Scene 7

SCHNEPF *(in rothen Frak, schwarzen Beinkleid und Strümpfen, weiße Weste, Manschetten und Haarbeutel).*

[Nr. 3]

Arie

SCHNEPF.

A Hundsdocktor seyn is schwer da heiß[t]s studirn,
'S Naturell von die Hund, das thut stark ·differier'n·,
Die Windspiel seyn leichtsinnig, d' Pudeln seyn treu
Die Tigerhund falsch und gar bißig dabey.
Die Jagdhund seyn ·viff· und die Daxeln seyn ·douce·, die Daxeln
　　　　　　　　　　　　　　　　　　　　　　　　seyn ·douce·
Doch mit d' Bintscherln da hat man den meisten Verdruß,
Doch mit d' Bintscherln da hat man den meisten Verdruß.

Die Spitzeln die knaufen, die Mopperln die knurrn,
Doch das was der Docktor sagt, thans pünktlich thun,
A Fleischhackerlakel nimt auch alles ein
Und glaubt dabey fest daß er g'sund wird bald seyn.
Doch d' Bintscherln belln spöttisch auf's Medicament, aufs
　　　　　　　　　　　　　　　　　　　　　　　　Medicament,
Ja man siehts gleich, die Bintscherln hab'n Haar auf die Zähnt,
Ja man siehts gleich die Bintscherln habn Haar auf die Zähnt.

Scene 8

(VORIGER; REMING, APOLLONIA.)

SCHNEPF.　Ganz gehorsamer Diener! *(Zu* REMING.) Wie gehts, mein angenehmer Freund? ·Quo modo valemus·? Immer frisch und gesund? –
REMING　*(sehr gleichültig).* Gott sei Dank, das bin ich!
SCHNEPF.　Freut mich – freut mich unendlich. *(Zu* APOLLONIA.) Meine Allervortrefflichste befinden sich auch beständig wohl? –
APOLLONIA　*(sich tief verneigend).* Zu dero Befehl, ich befinde mich ganz wohl; aber –
SCHNEPF.　Aber?

APOLLONIA. Der arme Fripon –
SCHNEPF. Hab schon die Ehre gehabt, ihm meine Visitte abzustatten, die einaugigte Margaretha hat mich gleich bein Eintritt in das Haus zu ihm geführt.
APOLLONIA. Nun, was sagen Sie, mein allerbester Herr von Schnepf? – Hats Gefahr? –
SCHNEPF. Gefahr, große Gefahr – ·periculum Maximum· – aber meine Kunst soll hier ein Meisterstük machen. Noch ist es möglich, daß ich ihn aufbringe, hätten wirs aber nur noch einen einzigen Tag anstehen lassen, so hätte der Fripon ohne Gnade und Barmherzigkeit wandern müssen.
REMING. Aber was fehlt ihm denn eigentlich? Wie heißt denn seine Krankheit?
SCHNEPF. Mit einem einzigen Namen kann man sie gar nicht ausdrüken. ·Dominus patiens· hatte anfangs eine unbedeutende Erkältung, daraus wurde eine entsetzliche Darmgicht. ·Illius hor[r]ibilis·, eine Verknüpfung der Gedärme, und zu diesen ·Malum· kam noch heute ein bösartiges Fieber. Bitte um Dinte, Feder und Papier.
APOLLONIA. Gleich solls da sein. *(Ruft in die Thüre.)* Fabian! Feder, Dinte und Papier.
SCHNEPF. Will den Patienten schon am rechten Flek paken, und ich stehe dafür, in acht Tagen sehen wir ihn wiederum Schildwach stehen, tanzen und apportiren.
REMING. Sein Diener, Herr Schnepf.
SCHNEPF. Wohin, mein angenehmer Freund?
REMING. Ich will heute meinen Schwager besuchen. Adieu! *(Geht ab.)*

Scene 9

(SCHNEPF, APOLLONIA, FABIAN kommt mit dem Verlangten.)

FABIAN. Das ist Alles mitsammen.
SCHNEPF. Nur hingesetzt indessen. Ich will hernach gleich ordiniren.
FABIAN *(stellt alles auf den Tisch).* Gut.
APOLLONIA. Aber mein bester, wollen Sie sich nicht setzen?
SCHNEPF. Bitte meine Allervortrefflichste! Will nur erst dem Fripon sein Rezept ausfertigen. *(Setzt sich und schreibt.)* Allant Kraut, Mangl-Wurz, Rehbarbar mit Laugensalz. – so, fertig – ich hoffe das Mittel soll von guten Erfolg seyn. – Schiken Sie das Rezept sogleich in die Apotheke.

APOLLONIA. Gleich will ich –

FABIAN. Herr Hundsdoktor, verzeihen Sie, ich habe auch ein Anliegen – und weil sie just im Verschreiben drinn sind, so glaube ich, gehts in einem hin. Ich habe schon wieder einen Anfall von meiner Kolik.

SCHNEPF. Das kommt Alles von dem vielen Fressen und Saufen.

FABIAN. Von dem kanns bei mir unmöglich herkommen, ich iß ja fast so wenig als ein Spatz, neulich haben wir Griesknödeln g'habt, meine Leibspeiß, und ich hab mit harter Mühe 12 Stuk abibracht.

SCHNEPF. Halt Ers Maul, das kann nicht sein, ich muß das besser verstehen.

APOLLONIA *(heimlich zu SCHNEPF).* Machen Sie, daß der überläßtige Mensch, der Dumme, fort kommt.

SCHNEPF *(leise).* Will ihn bald expediren. *(Laut.)* Künftighin mehr Diät, brav Wasser statt Wein trinken. Wie stehts mit dem Schlaf? –

FABIAN. Ei, da fehlt es nicht; ich schlafe so fest als ein[e] Katze. Nur schwere Träume habe ich manchmal, und da ist's mir allezeit als wenn mich die Drud drükte.

SCHNEPF. Die Nasen her! *(Greift ihm auf die Nase.)*

FABIAN. Aber ich bin ja kein Hund, dem man auf der Nase den Puls greift?

SCHNEPF. Was versteht Er? Der Mensch ist auch Thier – ein vernünftiges Thier – ·animal ratio·! *(Fühlt nochmal auf seine Nase.)* Eine brennheiße Nase, hat das Vieh – ach! der Mensch wollt ich sagen! Da ist keine Zeit zu verlieren. *(Schreibt schnell.)* Jetzt lauf Er was Er kann, in die Apotheke, laß' Er die zwei Rezepte machen, das gehört für den Fripon, und das für Ihn.

APOLLONIA *(gibt ihm Geld).* Da hat Er Geld, bezal Er beide.

FABIAN. O ich Unglüks Kind!

SCHNEPF. Fürcht Er sich nicht! dasmal will ich ihn noch herausreissen. Mit dem nemlichen Rezept hab' ich den Kellersitzer da gegenüber kurirt.

FABIAN. Der ist vorgestern gestorben. Nein so mag ich nicht kurirt sein.

SCHNEPF. Er ist ein Narr! Kuriren heißt ja nicht helfen, nur Medizin eingeben, wir sagen auch von Toden, wir haben kurirt, das ist nur so eine Redensart. Sei Er aber außer Sorgen, er hilft Ihm gewiß, nur bald eingenommen, sonst greift der Brand das Milz und die Lunge an.

FABIAN *(nimmt die Rezepte).* Ich sehe schon voraus, es ist um mich geschehen – es zwikt mich immer ärger, ich glaub' richtig ich krieg die Hundskrankheit. *(Geht ab.)*

Scene 10

(SCHNEPF, APOLLONIA.)

APOLLONIA.   Der arme Narr hätte mich fast gedauert.
SCHNEPF.   Hätte ihn nicht die Angst fortgetrieben, so wäre er uns gar nicht vom Hals gegangen. Jetzt, meine allervortrefflichste Jungfrau Apollonia können wir uns doch ungehintert dem zärtlichen Drange unserer Herzen überlassen.
APOLLONIA   *(setzen sich beide).* Wie gerne, mein trauter Zacharias! –
SCHNEPF.   Ach, ich bin wie neu belebt, da ich wieder das Glük genieße, mich an den Strahlen Ihrer Schönheit zu erwärmen.
APOLLONIA.   O Sie sagen mir so viele Schmeichelein –
SCHNEPF.   Schmeichelein? O begehen Sie doch an meiner Flammenliebe keinen so garstigen Frevel! Es ist das reinste, ätherische Feuer das bei Ihrem holden Anblik gleich einem elektrischen Funken durch alle meine Glieder fährt, und mein liebendes Herz in Staub und Asche – *(bei Seite)* das heiß ich gelogen.
APOLLONIA   *(für sich).* Das ist mir ein andrer Liebhaber wie der steife Fabian. *(Zu* SCHNEPF.*)* Sie lieben mich also recht sehr? –
SCHNEPF.   Welche Frage! *(Führt ihre Hand an seine Brust.)* Da, fühlen Sie, meine Angebetete, da fühlen Sie! Merken Sie nicht, wie es hier lärmt, wie es pocht, ein Getöse, wie bei einem Klampferer.
APOLLONIA.   Und das Alles aus Liebe zu mir?
SCHNEPF.   Aus der zärtlichsten feurigsten Liebe zu – *(bei Seite)* ihren 12.000 Thalern.
APOLLONIA.   Ach! so bin ich ja die Glüklichste meines Geschlechts.
SCHNEPF.   Bitte, bitte, das Glük ist ganz auf meiner Seite! kann den Augenblik kaum erwarten, wo Hymen seine Fakel über uns schwingen, und ich Sie als meine Herzensbesitzerin in die Brautkammer führen werde.
APOLLONIA.   O schweigen Sie doch, ich werde sonsten noch schamroth.
SCHNEPF.   Nicht möglich mein Engel! Röther können Sie gar nicht werden, als Sie schon sind. *(Bei Seite.)* Von der Weinflasche.
APOLLONIA.   Was macht der junge Herr von Flamm? –
SCHNEPF.   Komme gerade von ihm. Er ist ganz desperat, daß er wegen dem Eigensinn des alten Messerschmids das Haus nicht betreten darf. Er hofft Alles von dem Beistand der dienstfertigen Jungfer Apollonia, die ihm eine Zusammenkunft mit Mamsell Salchen verschaffen kann.
APOLLONIA.   Aber wie kann, wie soll ich? –
SCHNEPF.   Nur sie allein können Alles möglich machen. Sie wissen,

wie innig der junge Flamm das Mädchen liebt, daß er sie zu seiner Ehegesponsinn erwählt, er wünscht, sie wieder einmal zu sehen, zu sprechen, und hat zu diesem Zwek die heutige Redoute bestimmt.

APOLLONIA. Die Redoute? das kann nicht sein.

SCHNEPF. Warum? Der Alte liegt um 9 Uhr schon bis über die Ohren in den Federn, und da kann das holte Töchterchen mit ihrem Schäfer ungestört ausfliegen. Wenn es Ihnen gefällig ist, meine Vortrefflichste, so wollen wir beide die Gesellschaft vermehren, und die heutige Nacht mitsammen auf dem bunten Maskenball zubringen.

APOLLONIA. Wie? Ich soll auch auf die Redoute? –

SCHNEPF. Sie würden mir das seeligste Vergnügen verschaffen, wenn Sie –

APOLLONIA. Gut, gut, ich werde sehen, wie es möglich zu machen ist.

SCHNEPF *(bei Seite).* Aha, jetzt gehts schon.

APOLLONIA. Aber mein trauter Zacharias, wird es wohl angehen, ich war in meinem Leben nicht auf diesem Erlustigungsort. Wird es sich auch für eine ehrsame züchtige Jungfrau schiken, nächtlicher Weile aus dem Hause zu gehen? – Wird meine Ehre –

SCHNEPF. Ich stehe dafür, daß die nicht in Gefahr kommt.

Scene 11

(VORIGE; SALCHEN.)

SALCHEN. Sieh da, lieber Herr Schnepf! Haben Sie keinen Auftrag von dem jungen Herrn von Flamm? –

SCHNEPF *(gibt ihr ein Billet).* Dieses Briefchen bat mich mein angenehmer Freund, Ihnen zu überreichen.

SALCHEN. Gut, ich danke Ihnen. *(Erbricht das Billet und liest.)*

APOLLONIA. Wir müssen aber sehr behutsam zu Werke gehen, daß Meister Reming keine Spur von unserer nächtlichen Entfernung bekommt, denn wenn ers erführe, nun, das wäre Feuer im Dach, und ich müßte alles entgelten. Ich habe so keinen Kredit mehr bei ihm.

SALCHEN *(ängstlich).* Apollonia, Sie weiß wohl schon, ich soll heute mit dem Herrn von Flamm auf die Redoute.

APOLLONIA. Freilich weiß ichs, aber reden Sie nicht so laut, die Wände haben Ohren. Der Herr Doktor wird schon die nöthigen Veranstalten treffen.

SALCHEN. Aber wenn wir verrathen würden? Wenn mein Vater – nein, ich gehe nicht.
SCHNEPF. Das wäre ein Streich.
APOLLONIA. Ihr Vater soll nichts merken. Ich werde schon die Spione sorgfältig zu entfernen wissen.
SALCHEN. Und ohne Maske?
SCHNEPF. Was fällt Ihnen ein? Der Herr v. Flamm wird schon dafür sorgen.
APOLLONIA. Und wir beide – Für uns?
SCHNEPF. Für uns borg ich die Masken von einem bekannten Tandler in der Nachbarschaft aus. Ich will schon was honnettes aussuchen.
APOLLONIA. Gut, Wir verlassen uns in diesem Punkt vollkommen auf Sie.
SCHNEPF. Abends mache ich dem Fripon noch eine Visite, und transportire bei der Gelegenheit die Masken unter dem Mantel her. Auch mache ich Ihnen hernach die Stunde bekannt, wenn ich mit Herrn von Flamm Sie abholen kann. *(Nimmt seinen Hut, küßt* APOLLONIA *und* SALCHEN *die Hände.)*
APOLLONIA. Sie wollen schon gehn, mein Trauter? –
SCHNEPF. Dringende Geschäfte, ich habe noch einige Patienten den ·Garçon· des Herrn von Kröpfl, und die Pamina der Baroninn zu besuchen, und um 6 Uhr habe ich ein ·Concilium· bei der Frau von Wurzelfeld ihrem kontracten Mops. Den Hund habe ich schon 8 Jahr in der Kur, und immer herausgerissen, aber dasmal wird er wohl aufschnappen. Er ist schon zu alt – ·Senectus ipsa est morbus·. Heute am Mops, morgen vielleicht an uns. Auf Wiedersehen, meine Damen! *(Geht ab.)*

Scene 12

*(*SALCHEN, APOLLONIA.*)*

APOLLONIA. Der Doktor ist doch ein lieber charmanter Mann!
SALCHEN. Ach! mir ist gar nicht wohl zu Muthe! Wenn mein Vater erführe, daß ich ohne sein Wissen.
APOLLONIA. Keine Furcht, Kind! Der Herr v. Flamm hat die redlichsten Absichten. Es wird alles gut gehen. Ich freue mich närrisch auf die heutige Nacht, wir wollen uns herrlich unterhalten, auch ich will mit meinem lieben Zacharias ein kleines Galoperl tanzen – ja, das will ich! *(Geht ab.)*

Scene 13

SALCHEN *(allein)*.
So große Lust ich sonst zum Tanzen habe, so großen Abscheu habe ich heute dagegen. Mein Vater, der sein ganzes Zutrauen in mich setzt, der soll sich täuschen? – Wer doch der gute Mensch sein mag, von dem mein Vater sagte, daß er schon lange in mich verliebt ist? – Sollte Georg? – Er drükte mir öfters, wenn wir neben einander am Tische sassen, die Hand, und wenn ich ihn ansah, waren seine Augen naß. Auch schlug mein Herz allemal so stark, doch nein, der ist nicht in mich verliebt, denn er hat mir noch nie ein Wort von Liebe vorgesagt. *(Will fort, an der Thüre begegnet ihr der* MAJOR.*)*

Scene 14

(SALCHEN, MAJOR FLAMM *im Reisekaput.*)

MAJOR. Um Vergebung Mamsell, hier wohnt ja der Messerschmid Reming? –
SALCHEN. Ja, mein Herr.
MAJOR. Ich wünschte ihn zu sprechen.
SALCHEN. Er ist jetzt nicht zu Hause; denn er besuchte seinen Schwager, ich glaube aber nicht, daß er lange wegbleiben wird.
MAJOR. Gut, so werde ich ihn hier erwarten.
SALCHEN *(rükt einen Stuhl)*. Nach Ihren Belieben. – Wollen Sie sich nicht setzen? –
MAJOR *(setzt sich)*. Danke mein schönes Kind! Sie sind vermuthlich die Tochter vom Hause?
SALCHEN *(mit einem Knix)*. Zu dienen.
MAJOR. Heißen Rosalie.
SALCHEN. Ja, Salchen.
MAJOR. Ihre Geschwister sind Alle gestorben?
SALCHEN. Ja, *(bei Seite)* der weiß ja Alles!
MAJOR. Wie viel Jahre zählen Sie jetzt?
SALCHEN. Auf künftige Weihnachten trete ich ins 19te Jahr.
MAJOR. Das schönste Alter! Aber so kommen Sie doch näher zu mir, liebes Kind.
SALCHEN *(schüchtern für sich)*. Bald fürchte ich mich vor ihn.
MAJOR. Nun, warum kommen Sie denn nicht zu mir?
SALCHEN *(für sich)*. Daß ich auch gerade allein bin. *(Zum* MAJOR.*)* Ich weiß nicht, was Sie im Schilde führen.
MAJOR. Gewiß nichts Arges nichts Unedles, mein Kind, darum kommen Sie getrost näher.
SALCHEN *(tritt zu ihm)*.

Scene 15

(VORIGE; GEORG.)

GEORG. Salchen, ist dein Vater noch nicht zu Hause?
SALCHEN. Nein, der Herr Offizier wartet auch auf ihn, suche du ihm indessen die Zeit zu vertreiben. – *(Zum* MAJOR.*)* Mein Herr, verzeihen Sie, daß ich Anfangs Mißtrauen in Sie setzte. Ihre Fragen kamen mir so sonderbar vor; aber ich glaube nun, daß Sie, trotz Ihrem finstern Gesichte, ein herzlich guter, ehrlicher Mann sein mögen. *(Ab.)*

Scene 16

(MAJOR, GEORG.)

MAJOR. Sie sind vermuthlich ein Anverwandter von diesem Hause?
GEORG. Nein, ich wurde aber hier erzogen.
MAJOR *(aufmerksam).* Wie? Ihre Aeltern?
GEORG. Die kannte ich gar nicht, ich ward, wie man mir sagte, in Köln an der Stiege eines Gasthauses ausgesetzt.
MAJOR. Durch wen kamen Sie aber hieher?
GEORG. Ein gewisser Major Flamm, der damals in Köln war, nahm sich aus Mitleid meiner an, ließ mich bis ins 4te Jahr bei einer Wittwe erziehen, sante mich dann hieher zu seinem Jugendfreunde Reming, der mich wie seinen eigenen Sohn liebte und erzog.
MAJOR *(der kaum Georgs Erzälung zu Ende kommen läßt, ganz übermannt vom Gefühl der Freude).* Was? – Nicht möglich – du bist – der nemliche – ach mein Gott, die Freude –
GEORG. Was freud Sie denn? –
MAJOR *(sucht sich mit größter Mühe zu fassen).* Daß Sie so groß und so brav sind. Ich nehme großen Antheil an Ihrem Schiksale – ich bin –

Scene 17

(VORIGE; REMING *tritt ein.*)

GEORG. Da kommt Meister Reming.
MAJOR. Mein Herr, Sie sehen an mir den Lieutenant Berg, ich komme grade von Frankfurt, und –
REMING *(schnell).* Von Frankfurt? Gewiß von meinem lieben Freund Albert Flamm?
MAJOR. Ja, vom Major Flamm! Ich habe einen Auftrag an Sie.
REMING *(mit größter Freude).* An mich? – O geschwinde, reden,

sprechen Sie! Lebt er noch? Er war gefährlich krank, und ich erhielt seit zwei Monate keine Zeile.

MAJOR. Er lebt und ist vollkommen gesund.

REMING *(ganz entzükt).* Er lebt? Gott, ich danke dir! – Er lebt!

GEORG. Mein Menschenfreundlicher Retter lebt? –

MAJOR. Und wird binnen wenigen Wochen selbst hier eintreffen.

REMING. Er kommt! Mein Albert kommt!

GEORG. Ach, wie freue ich mich, meinen Wohlthäter kennen zu lernen.

MAJOR. Er hat den Dienst quittirt, und gedenkt seine letzten Tage in seiner Vaterstadt zu enden.

REMING. Ach bester Herr Lieutenant, Sie haben uns da eine Nachricht gebracht, für die Ihnen mein Herz ewig dankbar sein wird.

MAJOR. Es ist schon lange, daß Sie Ihren Freund nicht mehr sahen?

REMING. Volle 34 Jahre.

MAJOR. Sie werden ihn wohl nicht mehr erkennen? –

REMING. Ich ihn nicht kennen? Ach, wenn er nur jetzt hereinträte – unter Tausenden kenne ich ihn, wir sind ja mitsammen aufgewachsen.

MAJOR. Ich wette aber, Sie kennen ihn nicht. Jahre und Gefahren, Krankheit und Wunden haben sein Gesicht gewaltig entstellt.

REMING. Wenn auch, so hat er noch ein Zeichen, an dem ich ihn gewiß erkenne.

MAJOR *(ist nicht mehr fähig seine Gefühle zu unterdrüken).* Ist es dieses? Jakob! kennst du deinen Ring noch? *(Hält die Hand hin.)*

REMING *(vor Erstaunen ausser sich).* Was? Mein Ring, den ich vor 34 Jahren – Gott! Seh' ich recht? – Das Auge – Albert! Bist du es wirklich? –

MAJOR *(fällt ihm um den Hals).* Ich bins!

GEORG *(erstaunt).* Wie, mein Herr! – Sie wären –

REMING *(noch in des Majors Armen).* Major Flamm!

GEORG *(sinkt an des Majors Seite nieder und küßt seine Hand).* Mein Retter! Mein Wohlthäter!

MAJOR *(zieht ihn zu sich empor).* An mein Herz, Junge! Und du mein Alter Freund! – Was sehe ich, die Portraite meiner guten Eltern! – Sie wurden ja meines Bruders Erbtheil! Wie kommen sie hieher? –

REMING. Ach, Freund, du mußt auch was unangenehmes erfahren.

MAJOR *(dringend).* Was denn? – Rede –

REMING. Dein Bruder schämt sich seines Bürgerlichen Herkommens und seiner braven Eltern. Er riß sie von der Wand, und schenkte sie seinem Bedienten.

MAJOR *(heftig).* Was? –

REMING. Ich erfuhr es, und kaufte sie deinetwillen an mich.

MAJOR. Alle Wetter! Ist es möglich? So weit bist du gesunken, Konrad? – Nun warte – du sollst – O du Rabensohn! *(Nimmt schnell seinen Hut und drükt* REMING *die Hand).* Jakob, leb' wohl! In einer Stunde siehst du mich wieder.
REMING. Willst du jetzt schon zu ihm? – Bleibe noch, bis sich dein Zorn etwas gelegt hat.
MAJOR. Nein, nein, gleich will ich hin, und ihn mit meinem Stoke so lange an seine Pflicht erinnern, bis ich keinen Arm mehr rühren kann. *(Schwingt seinen Stok.)*

Scene 18

(VORIGE; FABIAN *tritt in diesem Moment ein, und glaubt, der* MAJOR *wolle seinen Meister mißhandeln.)*

FABIAN. Was wär das? Sie reiben auf, auf meinen Herrn?
REMING *(zu* FABIAN*).* Aber, Dummkopf, das ist ja –
FABIAN. Mir Alles eins, wer er ist, ich laß' einmal mein Herrn nicht schlagen.
REMING. Aber Fabian –
FABIAN. Sein Sie still, Sie hätten Schläg kriegt, wenn ich nicht dazu komm. *(Man hört Lärm vor der Thüre.)* Zum Glük kommen die Gesellen nach Hause. *(Ruft vor die Thüre hinaus.)* Nur geschwind alle herein, den Meister will einer prügeln.
DIE GESELLEN *(kommen auf den* MAJOR *los).* Was? was wär das?
REMING. Still jetzt, betrunkenes Volk! *(Auf den* MAJOR *deutend, der den ganzen Tumult halb ärgerlich, halb lachend betrachtete.)* Das ist mein bester Freund!
FABIAN *(verblüfft).* Das ist 'n Freund?
MAJOR *(zu* REMING*).* Adieu, Jakob. *(Ab mit* REMING.*)*

[*Nr. 4*]

CHOR DER GESELLEN.
Der Fabian hat uns fexirt,
Jetzt hätten wir uns bald blamirt,
Ein Irrthum is halt bald geschehn
Thut man von Wein All's doppelt sehn,
Ein Irrthum is halt bald geschehn,
Thut man Alls doppelt sehn von Wein doppelt sehn von Wein All's doppelt doppelt sehn.

(DIE GESELLEN [*ver*]*lachen* FABIAN, *unter dem Tumult fällt der Vorhang.)*

ACTUS

ACTUS 2

(Vorzimmer mit zwei Seitenthüren, bei Herrn von Flamm.)

Scene 1

(ERNST, DANIEL, MEHRERE BEDIENTE.)

[Nr. 5]

CHOR DER BEDIENTEN.

'S geht drüber und drunter im Haus,
Es kennt sich bald Niemand mehr aus
Das Lebn hier ist gut doch dauern wird's nit,
Die Gläubiger gebn schon kein Fried.
    Den Herrn setzens fest
      Wenn er nicht Mittel macht,
Dann ists mit der Herrlichkeit gute Nacht gute Nacht,
Dann ists mit der Herrlichkeit auch gute Nacht auch gute Nacht,
Dann ists mit der Herrlichkeit auch gute Nacht auch gute Nacht.
'S geht drüber und drunter im Haus
Es kennt sich bald Niemand mehr aus,
Es kennt sich bald Niemand bald Niemand mehr aus,
Es kennt sich bald Niemand bald Niemand mehr aus
Bald Niemand mehr aus, es kennt sich bald Niemand mehr aus,
Bald Niemand mehr aus bald Niemand mehr aus.

[Zweite Stimme setzt ab der 3. Zeile ein:]
Ein Glasel ein Punsch die Resteln per se,
Das is ja a wahre Gaudee!
Die heutige Nacht wird recht fröhlich durchwacht
Am Morgen dan[n] heißt es erst gute Nacht
Am Morgen am Morgen dann heißts gute Nacht erst gute Nacht
Am Morgen am Morgen dann heißt's gute Nacht erst gute Nacht.
(CHOR *ab.*)

Scene 2

(VORIGE; SCHNEPF.)

SCHNEPF. ·Servus·, meine angenehmen Freunde. Ist der junge gnädige Herr zu Hause? –

ERNST. Ja, er ist auf seinem Zimmer. Die gnädige Frau hat grad nach Ihnen gefragt, Sie möchten gleich zu ihr kommen.
SCHNEPF. Werde aufwarten. Was macht die kleine ·Pamina·?
DANIEL. Schon völlig gesund.
SCHNEPF. Wirklich?
ERNST. Sie hat erst vor einer Viertelstunde ein ganzes eingemachtes Händl mit größtem Appetit verzehrt.
DANIEL. Und wartet schon wieder auf.
SCHNEPF. So, das freut mich.
DANIEL. Die Kur macht Ihnen Ehre Herr ·Doktor·!
SCHNEPF. Ja, das denk ich, ist auch keine Kleinigkeit, hat mich viel Kopfbrechen gekostet. Wie hats um den Hund noch vor 4 Tagen ausgesehen? Kein Mensch, die gnädige Frau selber nicht, hat es geglaubt, daß ich ihn aufbringe. Aber ich gab ihr mein Wort, ihn herauszureissen. ·Dictum, factum·, er ist gesund. Hab ich nicht gleich gesagt, meine Stahltinktur und die gewissen Schwitzpillen müssen ihre Schuldigkeit thun? Ich bin ein zweiter ·Hypokrates·, die Nachwelt wird einst meinen Namen mit goldenen Buchstaben in das Buch der Unsterblichkeit zeichnen lassen. ·Semper honos nomenque meum laudesque manébunt·.
ERNST. Die gnädige Frau hat auch eine rasende Freude, daß die ·Pamina· außer Gefahr ist, der Herr Doctor dürfen sich ein schönes ·Honorar· versprechen.
SCHNEPF. Wäre zu wünschen. Er soll auch ein gutes Glas Wein bekommen, wenn die gnädige Frau ihre Gnadenbörse huldreich öffnet.
ERNST. O ich bin nicht interressirt.
SCHNEPF. Weiß es, mein angenehmer Freund, weiß es, aber demungeachtet, Er hat der ·Pamina· die Medizin eingegeben – ich bin nicht unerkenntlich, wer weiß, wo ich Ihn wieder brauche, und wegen der Rekommendation –
ERNST. Wo ich was höre, sollen Sie auf das Beste anempfohlen werden.
SCHNEPF. ·Gratias ago·. Sollen es auch nicht umsonst thun.
[ERNST *und* DANIEL.] Wir verlassen uns darauf. *(*BEIDE *gehn ab.)*
SCHNEPF. Ich habe ohnehin jetzt wenig Patienten, es ist nicht mehr viel zu gewinnen, denn die Kunst wird nicht mehr belohnt, und es gibt so viele Broddiebe, die uns in das Handwerk pfuschen, die Vogelkrämer schnappen uns die besten Häuser weg, es ist gar nicht mehr zum leben.

[Nr. 6]

Lied

Es war a mal a schöne Sach
Die Hunderln zu curirn,
Allein jetzt is bei diesem Fach
Nix mehr zu profitirn.
Ich sags auf Ehre unsereins
Kunt nit leb'n, gäbs nicht noch Frau'n
Die mehr auf ihre kleinen Hund
Als auf die Kinder schau'n,
Die mehr auf ihre kleinen Hund
Als auf die Kinder schaun.

Eher hab'ns ein Hund in's Haus gegebn,
Wenn's Patienten warn,
Das war für unserein a Leben,
Jetzt seyn d' Leut keine Narrn;
Wir hab'n die Hund mit Hunger blos,
Mit gar nix sonst kuriert,
Doch d' Henderln in der Einmachsooß,
War'n allweil aufnotirt,
Doch d' Henderl in der Einmachsooß,
Warn allweil aufnotirt.

Da muß amal a so a Vich,
Das Ding verrathen habn,
Daß Hundsdocktorn mit Hendeln <u>sich</u>
Und nit die <u>Hund</u> thun lab'n;
So gehts, s lebt All's vom blauen Dunst,
Doch d' Leut die kommen d'rauf,
Sie sehn die Kunst is ja kein Kunst
Und der Verdienst hört auf,
sie sehn die Kunst is ja kein Kunst
Und der Verdienst hört auf.
(Ab.)

Scene 3

(ERNST *kommt aus dem Kabinet links mit einigen Kleidern.* DANIEL *von der Straße mit einen Pack Masken.*)

ERNST (*hängt einen Rock an den Kleiderhänkel*). Du bist lange ausgeblieben Daniel?
DANIEL. Gute Dinge wollen Weile.
ERNST. Hast du Masken.
DANIEL. Alles nach Wunsch besorgt. Einen ·Domino· für den Kammerdiener, und den Prinz Hamlet für dich.
ERNST. Exzellent! Wie stehts mit den Redoutenbilleten?
DANIEL. Da sind sie!
ERNST (*zieht den Beutel und zahlt ihm*). Und da ist das Geld.
DANIEL. Heut über acht Tage ist das Ausbleiben an mir, da geh ich zum Sperl. Wo ist der gnädige Herr?
ERNST. Auf seinem Zimmer; laß dir ja nichts gegen ihn merken, daß ich auf die Redoute gehe; denn er kommt selbst hinein, und ich will ihn tüchtig sekirn.
DANIEL. Hast Recht, wenn du ihm die Wahrheit ein wenig in den Bart streichst.
ERNST (*bürstet an seinem Rock*). Heut ein Jahr geht er auch auf keine Redoute mehr.
DANIEL. Das glaub ich gern. Der Jud Heppel war erst vor einer Stunde hier, der wird auch nimmer lange zuschauen, wenn er kein Blech kriegt.
ERNST. Und der Kaufmann hat ihn auch aufs Neue in der Klage.
DANIEL. So gehts zusamm. Wäre er lieber Seifensieder geblieben.
ERNST. Wohl wahr!
(*Es wird geläutet.*)
DANIEL. Hörst du? Die gnädige Frau hat geläutet!
ERNST. Soll warten.
DANIEL. Mit was für einer Schönen gehst denn du auf die Redoute?
ERNST. Mit der Frau von Kinigl ihrer Köchinn.
DANIEL. Das ist ja die dike Lenerl?
ERNST. Die nemliche. Nicht wahr, Brüderl, es ist eine Pracht von einem Mädel.
DANIEL. Ja ja! Maskirt sich die auch?
ERNST. Versteht sich, als Ophelia. Sie hat sich schon einen ganzen Bund Stroh vom Futterer zu Kränzen geholt.
(*Es wird geläutet.*)
DANIEL. Hörst du? Sie läutet schon wieder.
ERNST. Meinetwegen! Vor 4 Tagen war schon unser Monat aus, und wir haben noch kein Geld. Müssen <u>wir</u> warten, so kann's

unsere Herrschaft auch. *(Es wird wiederholt geläutet.)* Ei, ei, heut hatt' sie es gar g'nöthig. Muß doch sehen, was sie will. *(Geht ab.)*

DANIEL *(allein)*. Ja, ja, in einem Jahre wirds in dem Haus ganz kurios aussehen. Nun dem Himmel sei Dank, ich und mein Kamerad gehen nicht leer davon, binnen 3 Jahren haben wir uns doch gegen 2.000 Gulden auf die Seite gelegt. Viel wird jetzt freilich nicht mehr zu machen sein, aber so lange noch etwas zum Versetzen oder Verkaufen da ist, gibts allerhand kleine ·Accidenzien·. *(Geht ab.)*

Scene 4

(SCHNEPF kommt aus dem Zimmer der Frau von Flamm, und macht unter der Thüre viele Bücklinge zurück. Gleich darauf FRITZ.)

SCHNEPF. Ganz dero Sklave! Befehlen Euer Gnaden mit mir zu jeder Stunde, und augenblicklich stehe ich zu Diensten. *(Tritt heraus.)* Bravissimo! Heut hats wieder eingeschlagen. Ein Honorar mit 25 Gulden. Wenn nur die liebe ·Pamina· bald wieder krank wäre – aber dafür kann man ja Rath schaffen – ein paar Gran ·Vitrum Antimonii· unters Eingemachte, und die ·Pamina· muß wieder ·recitiv· werden, sie mag wollen oder nicht. Ein Patient, der so viel einträgt, den kann man unmöglich ganz gesund werden laßen.

FRITZ *(tritt ein)*. Ah! mein Postillion ·d'amour·! Nun, wie stets liebes Schnepfchen?

SCHNEPF. ·Optime·! ·Super omnen exspectationem· – mein angenehmer Freund. Sagt' ichs nicht immer, es ist noch nicht Alles verloren, es wird Alles nach Wunsch gehen – ·post nubila Phoebus·. Der Alte Messerschmid muß für seinen Eigensinn geprellt werden.

FRITZ. Hast du mit seiner Wirthschafterin –

SCHNEPF. Alles ausgemacht. Wir haben sie ganz auf unserer Seite. Wie der närrische Vater im Nest liegt, fliegt sein Töchterlein aus dem Nest, und Sie können sich mit Ihrer Zärtlichen die ganze Nacht auf der Redoute unterhalten.

FRITZ. Laß dich küssen! Du hast Alles vortrefflich gemacht. Wenn nur das heutige Abentheuer gelingt! Das dumme Gänschen soll mir nicht mehr entwischen, ich will meine ganze Beredsamkeit anwenden, und ich hoffe, der Messerschmid schlägt meinen Heirathsantrag gewiß nicht aus.

SCHNEPF. Was ausschlagen? Er ist noch froh, wenn Sie sein Mädel nehmen, und wirft sie Ihnen mit seinem größten Geldsack auf den Hals.

FRITZ. Den brauch ich auch am allernothwendigsten; denn an Geld fehlts mir immer.
SCHNEPF. Doch heute nicht?
FRITZ. Gerade heute hat mein Geldbeutel die Schwindsucht.
SCHNEPF. Aber wenn kein Geld in der ·Cassa· ist, von was wird denn die heutige ·Redoute· bestritten?
FRITZ. Ja das weiß ich nicht, da mußt du Rath schaffen.
SCHNEPF. ·Quid – quomodo – quando·? Wie soll ich Rath schaffen?
FRITZ. Leihe mir 25 fl. nur bis übermorgen.
SCHNEPF. Ih? ·O me infelicem·! Daß ich nicht aufwarten kann. Es ist auch in meiner Tasche heute kohlschwarz. Ich habe nur ein paar Gulden, und die reichen nicht hin.
FRITZ. So suche das Geld wo anders aufzutreiben.
SCHNEPF. Was haben wir für eine Hypothecke?
FRITZ. Mein ·Point d'honneur·.
SCHNEPF. Das kennt kein Goldschmid, darauf kriegen wir keinen Kreuzer. Aber mein angenehmer Freund; warum in Verlegenheit? Da ist ja noch eine Uhr.
FRITZ. Ja aber auch die Einzige, die ich habe. Soll ich die auch versetzen?
SCHNEPF. Warum nicht? Ist ihr schon öfters die Ehre widerfahren. Noth bricht Eisen, geschwinde her damit.
FRITZ *(gibt ihm die Uhr).* Da hast du sie.
SCHNEPF. So, die Kette thun wir herab. *(Nimmt sie herab, und gibt sie* FRITZ *zurück.)* Einen Zwiefel daran, und die Uhr geht keinem Menschen ab. Wie viel soll ich darauf bringen?
FRITZ. So viel du bekommst, aber wenigstens 25 fl., in 8 Tagen löse ich sie wieder aus, und gebe 10 fl. Rabat.
SCHNEPF. Zehn Gulden? Halt! Da fällt mir was ein! Ich habe gerade 25 fl. im Sack, sie gehören aber nicht mein, die will ich indessen hergeben, und das Geld, was ich auf die Uhr bekomme, behalte ich dafür. Ist's so recht, mein angenehmer Freund?
FRITZ *(umarmt ihn).* O Herzensschnepf, laß dich umarmen, aber jetzt nur geschwind die 25 Gulden.
SCHNEPF *(gibt sie ihm).* Da sinds, aber jetzt muß ich fort, es leidet mich keinen Augenblick mehr hier; denn ich habe einen Hunger, daß ich allein einen Ochsen auffressen könnte. Empfehle mich zu Gnaden. *(Ab.)*
FRITZ *(allein).* Der Kerl weiß doch überall Rath zu schaffen. Wie oft hat er mich nicht schon aus der Verlegenheit gerissen, wenn es mir am Besten fehlte? Aber wird er auch noch Mittel wißen, wenn ich nichts mehr zum Versetzen habe? Wo nachher hernehmen? Pah! Wer wird sich mit Grillen der Zukunft ängstigen!

Wenn ich nur die reiche Messerschmidstochter zum Weib bekomme, bin ich schon geborgen. Und überdem ist mein Onkel wahrscheinlich schon in die elisëischen Felder gewandert! Wir sind ja seine einzigen Erben. Lustig! Lustig! Es wird Alles gut gehen. *(Geht ab.)*

Scene 5

(MAJOR, ERNST.)

ERNST.   Darf ich um Euer Gnaden Namen bitten?
MAJOR.   Lieutenant Berg – schlechtweg –
ERNST.   Ich will Sie gleich melden. *(Ab ins Kabinet.)*
MAJOR   *(allein)*. Melden! Mich bei meinem Bruder melden! – O, daß ich mich verstellen muß – daß ich nicht an seinen Hals fliegen, und ihm zurufen kann: Konrad! Seh'n wir uns endlich nach so vielen Jahren wieder! Du bist ein braver Mann, ein ehrlicher Bürger geworden, hast unsern Eltern Ehre gemacht – aber so – o mein ganzes Blut geräth in Wallung, wenn ich daran denke. Doch ich will mich so viel, wie möglich zu fassen suchen, noch darf er mich nicht kennen.
ERNST   *(kommt zurück)*. Sie möchten sich nur ein wenig gedulden, der gnädige Herr hat einige Briefe zu addressiren.
MAJOR.   Gut, ich warte hier. *(ERNST geht ab.)*

Scene 6

(MAJOR, LUDWIG *aus einer andern Thür.*)

LUDWIG.   Mein Herr Sie wollen –
MAJOR.   Zu mei– *(sich fassend)* zum Herrn v. Flamm.
LUDWIG.   Ich will Sie gleich –
MAJOR.   Danke – bin schon gemeldet.
LUDWIG.   Auch gut. *(Will fort.)*
MAJOR.   Sie sind vermuthlich der Sohn vom Hause?
LUDWIG.   Nein, ich bin der Kammerdiener des Herrn von Flamm.
MAJOR.   Und diese Zimmer? –
LUDWIG.   Bewohnt die gnädige Frau. *(Geht ab.)*
MAJOR.   So so! Da ist ja, wie ich merke, die umgekehrte Welt.

Scene 7

(MAJOR, HERR VON FLAMM.)

FLAMM. Gehorsamer Diener! Mein Herr Lieutenant, verzeihen Sie, daß ich Sie so lange warten ließ, ich hatte einige Briefe –
MAJOR. Hat nichts zu sagen.
FLAMM. Sie heißen Berg.
MAJOR. So nennt man mich.
FLAMM. Von Berg?
MAJOR. Nein, Berg gerade, ohne Vor- und Nachwort.
FLAMM. Also von bürgerlicher Familie.
MAJOR. Ja, und ich bin stolz darauf.
FLAMM. Was steht zu Ihrem Befehl?
MAJOR. Ich komme von Ihrem Bruder aus Frankfurt.
FLAMM. Von meinem Bruder? Dem Himmel sei Dank! Daß ich von dem einmal Nachricht bekomme. *(Rückt Stühle.)* O ich bitte mein bester Herr Lieutenant, nehmen Sie Platz!
MAJOR *(will sich setzen).*

Scene 8

(VORIGE; FRAU VON FLAMM.)

FRAU V. FLAMM *(will aus ihrem Zimmer durch den Saal gehen).*
FLAMM. Da kommt meine Gemahlinn gerade recht. *(Zu ihr.)* Mein Schatz, das ist Herr Lieutenant Berg.
FRAU V. FLAMM *(mit einem kalten Knix).* Es freut mich –
MAJOR *(trocken).* Ihr Diener! *(Für sich.)* Ein stolzer Pfau!
FRAU V. FLAMM *(zu FLAMM).* Was will der alte Haudegen bei uns?
FLAMM. Der Herr Lieutenant kommt von meinem Bruder.
FRAU V. FLAMM. So?
FLAMM. Bringt gewiß angenehme Nachrichten?
FRAU V. FLAMM. Was, ist er schon todt?
MAJOR *(für sich).* Der Anfang beginnt gut. *(Laut.)* Ja, leider, ist er todt, ich drückte ihm die Augen zu, und reise eine Stunde darnach von Frankfurt ab.
FLAMM *(mit verstelltem Schmerz).* Ach der arme Bruder!
FRAU V. FLAMM *(zieht das Schnupftuch, und trocknet sich die Augen).* Der gute Schwager. Ich bin ganz niedergeschlagen, – sein Unglück rührt mich.
MAJOR *(für sich).* Das glaub ich.
FRAU V. FLAMM. Die Schreckenpost hat mich so betrübt, daß ich –

MAJOR. Nicht doch meine Gnädige, laßen Sie sich den Schmerz nicht zu nahe gehen. So viel ich weiß, haben Sie Ihren Schwager ja nicht einmal gekannt.

FRAU v. FLAMM. Persönlich nicht, aber er hat öfters an meinen Gemal geschrieben. Ach, das waren Briefe – ganz der Ausdruck seines edlen, vortrefflichen Herzens – man darf nur einen lesen, um seinen edlen, vortrefflichen Charakter kennen zu lernen.

MAJOR *(für sich).* Die Meerkatze! –

FLAMM. Seit meinen Jugendjahren habe ich ihn nicht mehr gesehen. Immer versprach er mir in seinen Briefen hieher nach Wien zu kommen, und jetzt –

MAJOR. Hat der Tod sein ·Concept· verdorben.

FLAMM. Leider! Leider! Aber nehmen Sie doch Platz, mein Herr Lieutenant! *(Setzt noch einen Stuhl für seine Frau. Sie setzen sich.)* Sie sind vermuthlich ein alter Kriegskamerad meines seligen Bruders.

MAJOR. Ja, wir dienten lange mitsammen bei Einem Regimente.

FLAMM. Sie kennen ihn also sehr genau?

MAJOR. Wie mich selbst.

FLAMM. Das freut mich, einen so biedern Freund meines Bruders kennen zu lernen.

FRAU v. FAMM. Da Sie mit meinem Schwager auf einem so freundschaftlichen Fuße standen, so wird er Sie wahrscheinlich auch in seine Familiengeheimnisse eingeweiht haben?

MAJOR. Ich war sein einziger Vertrauter.

FLAMM *(rückt näher mit seinem Stuhl).* Wirklich?

FRAU v. FLAMM. Allerliebst!

FLAMM. Sagen Sie mir vor Allem, wie hat er immer gelebt? Wie steht es um das schöne Vermögen, das er vom Rittmeister Korn erbte?

MAJOR. Sehr gut, es liegt nebst seinem väterlichen Antheil auf der Bank in Frankfurt. Er lebte bloß von seiner Gage und den Interessen.

FLAMM. Ach, der Gold-Bruder!

FRAU v. FLAMM. Der Herzensbruder!

MAJOR *(für sich).* O ihr Nattern!

FLAMM. Er hat doch noch bei gesunder Vernunft ein Testament gemacht?

MAJOR. Das liegt schon seit zwei Jahren, als er das erstemal erkrankte, in seinem Koffer.

FLAMM. Wie vorsichtig!

FRAU v. FLAMM. Wie menschenfreundlich!

FLAMM. Aber Sie vergeben schon, mein lieber Herr Berg, daß ich Sie mit so vielen Fragen belästige? Sie haben wohl das Testament gelesen?

MAJOR. Ich bin als Zeuge unterfertigt.
FLAMM. Vortrefflich!   ⎤
FRAU v. FLAMM. Scharmant!   ⎦ *(Zugleich.)*
FLAMM. Da Sie Alles so genau wißen, so werden Sie uns auch wohl sagen können, wie hoch sich beiläufig das Sümmchen seiner Verlassenschaft beläuft?
MAJOR. Über 80 Tausend Thaler.
FLAMM *(wie außer sich)*. Achtzig Tausend Thaler.
FRAU v. FLAMM *(aufspringend)*. Ach[t]zig Tausend Thaler!
FLAMM. Mich trifft der Schlag!
FRAU v. FLAMM. Ich sterbe vor Freuden.
MAJOR *(abgewendet)*. O ihr Rabenseelen!
FLAMM. Morgen werden wieder Pferde angeschafft!
FRAU v. FLAMM. Ein englischer Wagen.
FLAMM. Der Jud Heppel bekommt sein Geld. –
FRAU v. FLAMM. Meine brillantenen Ohrringe werden aus dem Versatzamte erlöst.
FLAMM. Das soll ein Leben werden.
FRAU v. FLAMM. Wie im Himmel!
FLAMM. O! Sie Glücks-Merkur! Lassen Sie sich für Ihre angenehme Nachricht umarmen. *(Will es thun.)*
MAJOR *(stößt ihn zurück)*. Wie, Herr? Der Tod Ihres Bruders wäre Ihnen wirklich eine so angenehme Nachricht? – Herr, Sie soll – Sie verdienten ja, – daß –
FLAMM. Was soll ich denn thun? Todt ist Todt! Mein Klagen macht ihn doch nicht lebendig. Ich bedaure ihn vom ganzen Herzen, ich will morgen weinen und zähnklappern, sechs Wochen kohlschwarz daher gehen, aber jetzt kann ich unmöglich ein trauriges Gesicht machen.
MAJOR *(bei Seite)*. Kaum kann ich mich noch fassen?

Scene 9

(VORIGE, FRITZ, SUSANNA.)

FLAMM. Gut, daß ihr hier seid, Kinder! Der Herr Lieutenant brachte eben die höchst traurige Nachricht von dem Tode meines innig geliebten Bruders.
FRITZ *(freudig)*. Was? Ist er wirklich schon todt?
FLAMM. Dieser Freund hier drückte ihm die Augen zu.
FRAU v. FLAMM. Er hinterläßt ein Vermögen von Ach[t]zigtausend Thalern.
FRITZ. Ach[t]zigtausend Thaler?!

SUSANNA. Die kommen für uns recht erwünscht.
FRITZ. Das ist ein wahrer Geburtstag! *(Zieht an der Glocke.)*
FLAMM. Was willst du?
ERNST *(tritt ein).* Befehlen?
FRITZ. Geschwind eine Bouteille ·Champagner·.
ERNST. Ganz wohl. *(Ab.)*
FRITZ. Wir wollen des lieben Onkels Gesundheit trinken. Er soll leben!
SUSANNA *(lacht).* Du hörst ja, daß er todt ist.
FRITZ. Eben darum soll er leben! Er hätte gar keinen klügern Gedanken haben können, als in dieser, für uns so wichtigen Epoche aus der Welt zu spazieren.
MAJOR *(kann sich kaum mehr fassen).* Die Brut, wie die Eltern. Ich habe mit Erstaunen so lange zugehört. Ich habe doch einen großen Strich Erde durchreist, aber nirgends Menschen von so niederer Denkungsart kennen gelernt, wie ihr hier vor mir steht.
FLAMM. Wie. Herr Lieutenant, Sie unterfangen sich –
MAJOR. Ihnen die Wahrheit, wie sie aus meiner Brust kommt, frei ins Gesicht zu sagen.
FRAU v. FLAMM. Wissen Sie auch, mein tolldreister Herr, mit wem Sie sprechen? Mein Gemal ist Herr von Flamm, und ich Agnes Brigitte Mirabilia von Pitzelstein, stamme aus einem der ältesten Häuser. Und meine Urgroßmutter Bibiana Walburga von Pitzelstein –
MAJOR *(fällt im höchsten Zorne ein).* Hat vermuthlich den Hexenstich erfunden.
FLAMM. Jetzt Herr verlassen Sie mein Zimmer, oder ich laße Ihnen durch meine Domestiquen die Thüre weisen.
MAJOR *(ganz ausser sich).* Was? Mir kannst du drohen? Mir, Deinem – Himmel gib mir Kraft, daß ich nicht – aber ihr sollt an mich denken, mich kennen lernen! – O Rabenbruder! *(Stürzt im höchsten Affekt ab.)*
FLAMM. Impertinenz ohne Gleichen.
FRAU v. FLAMM. In unserer Wohnung uns zu beschimpfen.
FRITZ. Satisfaktion, he Bediente, herbei! –

[Nr. 7. Quodlibet]

SCHNEPF.
Was ist geschehn welch Lärmen hir,[1] man hört's bis vor die dritte
    Thür,
Was ist geschehn welch Lärmen hier.

---

1 (× was geht hier vor ×) (+ welch Lärmen hir, +)

(Don Juan)

SUSANNA.
Was soll ich euch wohl sagen, ihr seyd zur Hülf' bereit[2]
Doch könnt ihn nicht erjagen er ist ja schon zu weit,
Er ist ja schon zu weit, er ist ja – – schon zu weit, er ist ja – – schon zu weit,
Er ist ja schon zu weit, ja schon zu weit.

(Robert [der Teufel])

SCHNEPF.
Angenehmste ich bring' eine Kunde die den Brudern sicher hoch erfreut,
Darum hören Sie aus meinem Munde, sein geliebtes Wesen sieht er heut.
Sieht er heut, ja heut, ja heut.

(Norma)

SUSANNA *und* SCHNEPF.
In der Redut wird er sie sehen
Nach seinem Wunsche wird es gehen,
Ihm blüht die Liebe die[3] Lieb' auf seinen Wegen,
Freude winckt üb'rall ihm entgegen.
Kühn hoff' er vom Glücke
'S wird ihm Rosen streuen
Kühn hoff' er vom Glücke
'S wird ihm Rosen streu'n
Er darf sich freu'n[4] darf sich erfreu'n, ja sich erfreu'n erfreu'n.

(Ballnacht)

FABIAN.
Mich schickt mein Herr der Messerschmied,
Er leidt's weg'n seiner Tochter nit,
Daß der junge Herr von hi[e]r
Allweil seufzt und schmacht nach ihr;
Er sagt wenn er'n je trifft in Haus
So wirft er'n ganz gewiß[5] hinaus, ihn hinaus, ihn hinaus,
Wirft er'n ganz gewiß[6] hinaus.

---

2   (× die ihr zu Hülfe eilt ×) (+ ihr seyd zur Hülf' bereit +)
3   (× auf ×) (+ die +)
4   (× darf sich er ×) (+ er darf sich +)
5   (× [ausgeringelt] auf'n Bauch ×) (+ ganz gewiß +)
6   (× [ausgeringelt] auf'n Bauch ×) (+ ganz gewiß +)

(SCHNEPF *hat während dieser Bothschaft* SUSANNEN *etwas in's Ohr geflüstert, damit sie dieselbe überhörte.*)

(Nachtwandlerin)

SUSANNA.
Dieses Herzens schnelles Schlagen,
Mag die hohe Lust, die Lust dir sagen,
Meiner Brust erfülltes Hoffen,
Trägt die Seele himmelwärts;
Ja mag, ja mag dir sagen, ja mag ja mag dir sagen ja
Wie die Freude mich bewegt wie die Freude mich bewegt.

(Volkslied)

SCHNEPF *und* FABIAN.
Du du liegst mir im Herzen nit
Du, du liegst mir in Mag'n,
Ich hab wenn ich'n sieh keinen Fried,
Kann das G'sicht[7] nit vertrag'n.
Ich thät' gar so gern für mein Leb'n,
Ihm was Tüchtiges hinauf[8]geb'n,
Du du liegst mir im Herzen nit,
Du du liegst mir in Mag'n.

([Die diebische] Elster)

FABIAN.
·Udrai la sentenza perdon· etc.
(DIE FRAUEN *treten ein.*)

(Zampa)

CHOR. *Sopran.*
Sopran 1.
Schon zum zehnten Mahl wier unsre Conto bringen,
Und nie wollt's uns gelingen
Befriedigt uns zu seh'n;
Das ist doch ein fataler Fall
Das kann[9] nicht länger mehr so geh'n.
SUSANNA.
Es ist unmöglich heut',
Der Papa hat keine Zeit hat keine Zeit.
SCHNEPF.
'S is indiskret von diese Leut

---

7   (× [ausgeringelt] G'fries ×) (+ G'sicht +)
8   (× [ausgeringelt] a Paar rechte eini ×) (+ was Tüchtiges hinauf +)
9   (× [unleserlich] ×) (+ kann +)

(Moses)
CHOR *und* SOLO.
Was werden die sich dencken
          (Nein sollt' man so was dencken,)
Von uns um alles in der Welt,
          (Dahir um alles in der Welt,)
Die glaub'n wier thun's verschencken,
          (Man glaubt die thun's verschencken,)
Derweil hab'n wier kein Kreutzer Geld
          (Derweil hab'ns keinen Kreutzer Geld)

(Ballnacht)
SUSANNA.
Ich möcht durchs Leben
Tanzend hinschweben
Im ·Carneval·
Alle Tag einen Ball
Welch eine Pracht,
Glanz müßen geben die Lichter der Nacht beym frohen Mahl
Welch eine Pracht
Glanz müßen geben die Lichter der Nacht beym frohen Mahl,
Im heitern Scherz bestürmen hundert unser Herz unser Herz
Im heiter[n] Scherz bestür[men][10] hundert unser Herz unser Herz.

(Volkslied „von der Lenerl")
SCHNEPF.
Wie sie sich uma draht
Die mit'n schönen[11] Klad
'S Geld wird ihr z'weni,
Na so was kenn' i
Auf jeden Ball was Neu's,
Einmahl roth einmahl weiß,
So eine Schöni
Braucht[12] was in Jahr.
Kleider von Seidenstoff
Blonden und Spitzen,
Und was recht kostspielig's
Kommt in die Haar'.
Was hab'ns am End' davon,
'S kriegt halt doch keine ein Mann,

---

10 (× bey frohem Mahl in [unleserlich] ×) (+ im heiter Scherz bestür +)
11 (× weißen ×) (+ schönen +)
12 (× kost ×) (+ braucht +)

D' Meisten bleib'n sitzen,
(FABIAN *niest.*)
·Prosit·[13], 's is wahr.

(Ballnacht[14])

CHOR *und* SOLI. [SUSANNA]
Lustig so lang's kann seyn,
Gelebt in Tag hinein;
All's angebracht vor'n End,
Is 's beste Testament.
Alles auf dieser Welt ist eitel,
Darum auch das kluge Benehmen nicht frommt
Wenn auch das Geld nicht langt im Beutel,
Das thut nichts, weil alles auf ·Credit· man bekommt,
Lustig so lang's kann seyn,
Gelebt in Tag hinein,
All's angebracht vor'n End'
Ist's beste Testament;
Lustig so langs kann seyn[15]
Gelebt in Tag hinein und
Alls angebracht vor'n End
Is beste Testament[16],
Das is das is das is das Testament,
Das is das is das is das Testament
Ihr Testament ihr Testament

[Zweite Stimme:]
Die leb'n, kanns seyn,
In Tag hinein,
Alls weg vorn End
Is ihr Testament
Alles auf dieser Welt ist eitel,
Darum auch das klügste Benehmen nicht frommt,
Hab'n diese Leut' kein Geld in Beutel,
Das ·geniert's· nicht weil
Alles auf ·Credit· man bekommt,
Lustig so lang's kann seyn,
Leben die in Tag hinein und All's angebracht vor'n End,
Das ist ihr Testament.

---

13 (× [ausgeringelt] helf Gott ×) (+ ·prosit· +)
14 (× Pferd v. Erz ×) (+ Ballnacht +)
15 (× [ausgeringelt] in Tag hinein ×) (+ so langs kann seyn +)
16 Is (× [unleserlich] ×)(+ beste Testa +)ment,

Lustig so langs kann seyn
Leben die in Tag hinein
Und Alls angebracht vorn End
Das ist ihr Testament,
Das ist, das ist, das ist ihr Testament ihr Testament ihr Testament.

(Ouverture von Zamperl)

(Der Vorhang fällt)

ACTUS 3

(Zimmer wie im ersten Act bei Reming.)

Scene 1

(REMING, MAJOR, und MEHRERE BÜRGERSLEUTE als Gäste sitzen um den Tisch beim Abendessen.)

[Nr. 8]

CHOR VON MÄNNERSTIMMEN.

[Ten 1]
   Der echte Bisamberger Wein
   Rinnt in die Gurgel mild hinein,
   Rinnt in die Gurgel mild hinein,
   Und wenn der Mensch ein Kummer hat
   Und wird schon völlig lebenssatt,
   Und wird schon völlig lebenssatt,
   Der echte echte Bisamberger Wein
   Rinnt alleweil so mild so mild hinein.

[Ten 2]
   Der echte Bisamberger Wein,
   Rinnt in die Gurgel mild hinein,
   Rinnt in die Gurgel mild hinein,
   Man schreyt vor lauter Freud Juhe!
   Und springt vor Freuden in die Höh,
   Und springt vor Freuden in die Höh.
   Der echte echte Bisamberger *[etc.]*

ALLE. ·Vivat·!
REMING. Frisch auf, Bruder Albert, nicht so mürrisch, nicht so finster! Geschwinde ein Glas von dem alten Bisamberger, das ist eine herrliche Medizin für die Grillen.
MAJOR. Ich kann keinen Tropfen trinken, [denn] es ist nicht anders, als ob ich Galle hinunterschluckte.
REMING. Wäre auch der Mühe werth, daß du dich so ärgerst! Aber warum hast du den Elenden nicht beschämt? Warum hast du dich nicht gleich zu erkennen gegeben?
MAJOR. Du kennst ja mein jähzorniges Temperament, wer hätte mir gutgestanden, daß ich nicht im ersten Anfall von gerechter Wuth mich an ihm vergriffen hätte.

Scene 2

(VORIGE; FABIAN *im Nachtkamisol und Schlafhaube und einer papiernen Laterne.*)

FABIAN.   Meister, den Augenblick habe ich ein abscheuliches Complott entdeckt.
REMING.   Ein Komplott?
MAJOR.   Red' Er, was soll's sein?
FABIAN.   Will es gleich haarklein erzählen – das größte Unglück hätte noch geschehen können, wenn ich nicht zu rechter Zeit darunter kommen wär'.
MAJOR.   Ein Unglück?
REMING.   So zaudre nicht so lang.
FABIAN.   Ich bin schon auf meiner Bodenkammer gweßt, und hab woll'n gerade ins Bett steigen, da habn die Katzen auf der Stiegen ein abscheuliches Gepolter angefangen, ich nimm meine papierne Laterne, und geh hinab, und jage sie auseinander. Wie ich vor der Jungfer Apollonia ihrem Zimmer vorbei gehe, hör' ich drinn was kudern und wispeln. Denk ich mir, was kudert und wispelt denn da drinn? Ich schleich mich gleich bis an die Thür, halt den Kopf ans Schlüsselloch, spitz meine Ohren, so lang ich kann, und sieh den Hundsdoktor und Jungfer Salchen bei der Wirthschafterin.
REMING.   Was? Meine Tochter? Um diese Zeit? Wider mein ausdrückliches Verbot?
MAJOR.   Hat Er nichts verstanden?
FABIAN.   O nur zu viel. Sie wollen mit dem jungen Herrn von Flamm auf die Redoute gehen.
REMING.   Was?
MAJOR.   Auf die Redoute?
FABIAN.   Ja, das Schlüsselloch ist ziemlich groß, und da hab ich gesehen, daß sie just die Maskerad probirt haben; sie sehen aus zum kranklachen! Die Wirthschafterin ist in lauter Blumen eingewickelt, und der Doktor sieht gerade so aus, wie der ·Cupido·, den ich auf meiner Tabaksdosen hab.
REMING.   Aber mein Mädel? –
FABIAN.   Die hatte einen rosenfarben Kalender, i was aber nid, wars an heuriger oder a vormjähriger Kalender. Sie muß aber kein große Lust haben auf den Ball zu gehen, denn sie hat geweint und gesagt: obwol sie noch niemals auf der Redoute war, so blieb sie doch viel lieber zu Haus. Wenn es der Vater erführe! – Aber da ist ihr die Alte gleich in die Rede gefallen, und haben ihr den Skrupel so gut als möglich auszureden gesucht.
REMING.   Nu wart', du Alte –

MAJOR. Was willst du jetzt machen?
REMING. An der Stelle hinauf – doch nein – ich will erst warten, bis sie – *(zu FABIAN)* hat Er nicht gehört, wann sie fort wollen?
FABIAN. Vor einer halben Stunde noch nicht, sie wollen warten, bis alles schläft im Hause.
REMING. So geht es in meinem Hause zu?
MAJOR. Hat Er sonst nichts verstanden?
FABIAN. Sie haben allerhand untereinander geplaudert, vom Wagen, von der Redoute, von den Maskeraden, von einem alten Esel, gleich darauf von mir, ich habe nimmer warten wollen, sonst hätte ich schon mehr rapportiren können.
REMING. Aha, nun merke ich, warum die alte Hexe Kopfweh vorschützte, und nicht zum Abendessen kam; Fabian, stell Er sich gleich jetzt mit dem Christoph unter das Thor, lösch' Er die Lampe im Hof aus, daß sie euch nicht sehen, und wie die saubere Gesellschaft ausfliegen will, gleich anhalten und Lärm gemacht.
FABIAN. Gut – ich will jetzt gleich den Christoph holen. Wir nehmen die zwei Hellebarden, die in der Eisenkammer liegen, und ich hänge den großen Husarensäbel um, so postiren wir uns unter das Thor. Wie eines von ihnen hinaus will, wird gleich Rebell geschlagen. Das soll ein Mordspektakel werden, ich freue mich schon darauf! *(Will ab.)*
REMING. Nehm' Er aber doch einen Mantel um, denn seine Kolik –
FABIAN. Von der spüre ich gar nichts mehr.
REMING. Wie so?
FABIAN. Der Doktor Schnepf hat mir heute was verschrieben. Ich habe mein und des Fripon sein Recept in der Apotheke machen lassen, wie ich die Medizinen nach Haus trag, hab' ich die Flascherln verwechselt, und in Gedanken dem Fripon sein Trankerl eingenommen, und bin jetzt frisch und gesund, aber der Fripon ist aufgeschnappt. *(Geht ab.)*

Scene 3

(REMING, MAJOR.)

MAJOR *(laut lachend)*. Eine verfluchte Kur!
REMING. Ein wahres Glück, daß der alte Spion so unvermuthet hinter diesen Anschlag kam. Meine Tochter mit dem liederlichen Burschen ohne mein Wissen auf die Redoute? Nun wartet, ich will auch eine Musik zum Tanze anstimmen, daß euch die Ohren 4 Wochen davon gellen sollen.
MAJOR. Bedenke nur, daß hauptsächlich die alte Meerkatze an

allem Schuld ist; wäre ich an deiner Stelle, ich jagte sie morgen aus dem Hause.

REMING. Das geschieht auch, gleich muß sie fort.

MAJOR. Es sollte mir selbst leid thun, wenn das gute Geschöpf sich durch diesen Vagabund bethören ließe. Jeder Bürgerssohn darf sich glücklich schätzen, wenn er ihre Hand, und ihr Herz erhält.

REMING. O für meinen Eidam habe ich schon lange gesorgt, du sollst eine Freude haben, wenn ich dir ihn vorstelle.

MAJOR. Aber wer ist denn der glückliche Schäfer?

REMING. Dein Georg.

MAJOR *(hoch erfreut).* Wie? Mein Georg? Bruderherz, da machst du mir eine unerhörte Freude! Ich habe mich des verwaisten Jungen einmal angenommen, und will für sein Glück sorgen.

Scene 4

*(*VORIGE*;* FABIAN *im Mantel mit Hellebarde.)*

FABIAN *(fast außer Athem).* Meister, wir sind Alle mitsammen erbärmlich gefoppt.

REMING. Wie so?
MAJOR. Was ist vorgefallen? ⎦ *(Zugleich.)*

FABIAN. Ich bin mit meinem Kameraden zu spät kommen. – Die Vögel sind schon aus dem Nest.

REMING *(erblaßt).* Schon fort?

MAJOR. Wie gieng das zu?

FABIAN. Ja, der Brodsitzer von unserm Haus gegenüber hat sie mitsammen in den Fiaker einsteigen sehen, und die Apollonia gleich in der Sprach erkennt. Es hätte auch nichts genützt, wenn wir beim Thor aufgepaßt hätten, denn sie sind viel pfiffiger gewesen als wir, und durch die Werkstatt eschappirt.

REMING *(ganz niedergebeugt).* O meine Tochter – mein Kind – in der Nacht –

MAJOR. Verdammte Hiobspost.

FABIAN. Mich giftet es selbst, daß mir die alte Schachtel auskommen ist.

REMING. Es ist gleich zehn Uhr; Freund, ich bitte dich um alles in der Welt, was ist jetzt zu machen? Rathe mir, ich muß das Mädel zurück haben, sonst bin ich keine Minute ruhig.

MAJOR *(hat bisher nachgesonnen).* Sollst sie auch haben Freund, sollst dein Mädchen so unbescholten wieder haben, als es das Haus verließ.

REMING. Auf welche Art willst du aber –

MAJOR.   Ich fahre gleich auf die Redoute nach. Fabian muß mit mir, er sah ihre Masken, und wird sie leicht erkennen.
FABIAN.   Auf den ersten Blick. –
REMING   *(zu* FABIAN*).* Leg' Er seinen Rock an, und bestelle Er einen Fiaker am Thor.
FABIAN.   Gleich! Aber wie kann ich denn auf die Redoute? Ich habe ja keine Maskerade.
MAJOR.   Du brauchst keine *(Ab mit* REMING.*)*
FABIAN.   Wenn ich nur die Larve finden könnte, die ich vor 14 Jahren am Nikolaustage als Krampus gehabt habe. Das was ein Gesicht – kohlschwarz, mit einem rothen Bart, langer Nase und zwei Hörndeln. *(Geht ab.)*

VERWANDLUNG

(Kurzes Kabinet des Herrn von Flamm.)

Scene 5

*(*FLAMM, *dann* SUSANNA.*)*

FLAMM   *(tritt im schwarzen Venezianer-Mantel aus dem Nebenzimmer).* Es ist zum Todtärgern, daß meine theure Ehehälfte heute keinen andern Begleiter fand, als mich. Ich wäre so gerne allein hineingegangen.
SUSANNA   *(in einem reitzenden Ballkleide).* Nun, Papa! gehn Sie nicht auch auf die Redoute?
FLAMM.   Das siehst du mir ja an. Ich fahre gleich mit meiner Frau hinein. Aber wie bist denn du zu diesem prächtigen Kleid gekommen?
SUSANNA.   Ich habe den Stoff vor wenigen Tagen zum Präsent bekommen. Und diese goldene Kette mit dem Medaillon. *(Wendet das Medaillon um.)* Kennen Sie das Portrait nicht?
FLAMM.   Was? Seh ich recht? Der alte Blank?!
SUSANNA.   Errathen.
FLAMM.   Der ist doch nicht in dich –
SUSANNA.   Entsetzlich verliebt. Er kommt auch in die Redoute.
FLAMM.   Mädchen! das kann eine glänzende Parthie für dich werden, suche ihn so viel möglich zu fesseln, sein Vermögen kann uns gute Dienste thun.
SUSANNA.   Aber wir bekommen ja jetzt ohnehin von allen Seiten Geld im Überfluß. Der Onkel ist ja todt.
FLAMM.   Ja, dem Himmel sei Dank! Das ist er. Aber wenn ich nur

auch schon das Testament in den Händen hätte, damit ich wüßte, wie wir dran sind. Wenn der närrische Lieutenant Berg nicht wieder kommt, so bin ich gezwungen, selbst nach Frankfurt zu reisen, damit ich von der ganzen Verlassenschaft –

Scene 6

*(*VORIGE; DANIEL.*)*

DANIEL. Der Seßel steht schon im Hause.
SUSANNA. Gut, ich komme. *(*DANIEL *geht ab.)* Adieu, Papa! Vielleicht sehn wir uns in der Redoute wieder. *(Geht ab.)*

Scene 7

*(*FLAMM, *dann* DANIEL.*)*

FLAMM. Wenn ich nur wüßte, wo dieser Lieutenant wohnt, so ließ ich den Phantasten aufsuchen.
DANIEL *(tritt ein).* Die gnädige Frau erwartet Euer Gnaden.
FLAMM. Gut, ich bin schon bereit *(Geht mit* DANIEL *ab.)*

VERWANDLUNG

(Das Theater stellt einen Theil der sogenannten Seufzer-Allee vom hiesigen Redoutensaale vor, welche durch hängende Armleuchter beleuchtet wird. An der einen Wand sind gepolsterte Bänke für die Masken und andere Ballgäste angebracht. An der andern sieht man zwei Thüren, die in die Speisezimmer führen, in welchen an verschiedenen Tafeln kleine und große Gesellschaften soupiren. Die Aufwärter laufen mit Speisen und Bouteillen sehr geschäftig von einem Tisch zum andern. Viele maskirte und demaskirte Ballgäste spazieren durch die Seufzer-Allee in die Speisezimmer, und von da wieder zurück in die Tanzsäle. Immer kommen neue Gegenstände zum Vorschein, die das Auge des Zusehers beschäftigen; Arlequin, Pirot, Rauchfangkehrer, Schäfer, Ritter, Bauernmädchen, welche aus ihren Handkörben kleine Näschereien vertheilen, und Kalender, welche die übrigen Masken necken, können diese Scene hinlänglich beleben, hinter der Scene hört man das Orchester vom großen Saale.)

Scene 8

(Der MAJOR *im Kaput, neben ihm trippelt* FABIAN *im altmodischen Sonntagsrock.)*

MAJOR. Komm' Er nur, Fabian, wenn es die waren, die Er sah, so müssen wir schon nochmal auf sie treffen.
FABIAN. Ei freilich, wenns nur nicht so voll wäre, und ich mich besser auskennen thäte, es gibt ja so viel Gangerln und Winkeln, daß man gar nicht weiß, wo man ist, und der Lärm ist schon gewaltig!
1ster KALENDER. Der Pafnuzius ist gewiß heute zum erstenmale auf der Redoute, mit dem wollen wir uns ein wenig einen Jux machen. *(Nimmt die Larve vors Gesicht, zu* FABIAN*)*. Bist du auch da Pafnuzius? Wie gehts dir denn?
FABIAN. Was kräht der da her? Ich heiß nit Pafnuzius, ich bin der Fabian.
MAJOR. Laß Er sich nicht durch die Narren aufhalten.
FABIAN. Ich weiß gar nicht, was sie denn von mir haben wollen?
2ter KALENDER *(reißt ihn am Zopf)*. Hörst du nicht? Wie gehts dir denn? Ich kenn dich schon lang.
FABIAN. Meinetwegen! Aber laß mich in Ruh; sie reissen mir noch den ganzen Zopf aus.
MAJOR. So komm Er weiter.
1ster KALENDER *(zieht ihn von der andern Seite)*.
FABIAN. Jetzt sag' ichs zum letzten Mal, gebt mir einen Fried – oder wenn ihr mich foppen wollt, – so müßt ihr früher aufstehn. *(Geht mit dem* MAJOR *in die Speisezimmer.)*

Scene 9

*(*SALCHEN *als Milchmädchen,* FRITZ.*)*

FRITZ. Kommen Sie – Liebe! Seyen Sie nicht so schüchtern, so ängstlich, in dieser Maske erkennt Sie sicher Niemand.
SALCHEN. Ach, ich bebe an allen Gliedern, hätte ich Ihnen nur nicht gefolgt – mich nicht überreden lassen. Wenn mein Vater dahinterkommt, daß ich –
FRITZ. Ihr Vater? Der schläft schon lange in seinem Bette. Munter, liebes Mädchen, aufgeräumt, kommen Sie mit mir in den kleinen Saal, dort wollen wir ein wenig tanzen.
SALCHEN. Ach, mir tanzen ganz andere Dinge im Kopf herum. *(Geht mit* FRITZ *in den Saal.)*

Scene 10

(SUSANNA *an dem Arm eines in ›Domino‹ vermumten Mannes.*)

SUSANNA.   Geschwinde, Bester; vielleicht treffen wir meinen Bruder im Theezimmer. Kommen Sie! *(Geht mit ihrem Begleiter ab.)*

Scene 11

(SCHNEPF *als ›Cupido‹ mit einem gestickten Bande um die Augen, Flügeln, und einem Köcher mit Pfeilen,* APOLLONIA *als Venus, beide verlarvt.* MEHRERE MASKEN *und* KALENDER, *worunter die zwei vorigen sind, verfolgen sie lachend.*)

DIE MASKEN   *(unter einander).* Da schauts her, das sind die schönsten Masken auf der Redoute. (ALLE *lachen.)* Die werden sicher in Kupfer gestochen – hahaha!
SCHNEPF.   Sakerlot! Jetzt werde ich mich bald ärgern, hat man denn vor den verdammten Kalendern nirgends Ruh!
1ster KALENDER.   Brüderl, den ›Cupido‹ kenn' ich aus der Sprach. Wer glaubst du, daß es ist?
2ter KALENDER.   Nun?
1ster KALENDER.   Der Hundsdoktor Schnepf.
2ter KALENDER   *(lacht mit den* ÜBRIGEN MASKEN *laut).* Was? der Hundsdoktor als ›Cupido‹? Hahaha !
SCHNEPF.   Das ist doch zum Teufelhohlen! Jetzt kennen mich die Leut schon unter der Larve.
APOLLONIA.   Mein Schatz, gehn wir, weichen wir den impertinenten Menschen aus, hier geben sie uns gar keine Ruhe.
SCHNEPF.   Recht, meine Allervortrefflichste! Kommen Sie mit mir in die Speisezimmer, dort wollen wir mit ein paar Bouteillen Ratzlstorfer unsern Zorn hinabwaschen. *(Führt sie in die Speisezimmer, die* MASKEN *folgen lachend nach.)*

Scene 12

(MAJOR, FABIAN *kommen wieder zurück.*)

MAJOR.   Es ist nicht anders, als wenn sie Spur hätten, daß wir ihnen auflauern! Wir wollen uns hier verweilen, vielleicht spazieren sie vorbei.
FABIAN.   Ich bin von dem Herumtrippeln schon so matt wie ein

gehetzter Haas, und die Limonade, die ich trunken habe, arbeitet mir abscheulich im Bauch herum. Ich glaub, sie nehmen statt der Lemoni einen Weinstein oder gar Eßig dazu. *(Setzen sich.)*

Scene 13

*(*VORIGE; FRITZ, SALCHEN.*)*

FRITZ. Hieher, liebes Salchen, hier ist das Gedränge doch nicht so stark als in den Sälen.
SALCHEN. Mir ist todtenübel!
FABIAN. Die ists!
MAJOR. Weiß Er es auch gewiß?
FABIAN. So wahr ich Fabian heiße. Ich hab sie bei der Wirthschafterin –
MAJOR. Still!
FRITZ. Nehmen Sie doch die Larve vom Gesicht, so können Sie frische Luft einathmen.
SALCHEN. Ach, das getraue ich mir nicht.
FRITZ. Warum? Von Ihrer Familie ist sicher Niemand da, und sonst haben Sie keinen Spion zu fürchten.
SALCHEN *(nimmt die Larve weg,* MAJOR *und* FABIAN *haben sich indessen genähert).*
MAJOR. Doch, mein Herr, es waren doch einige hier.
FABIAN. Guten Abend, Mamsell Salchen! Kommen wir da zusammen?
SALCHEN *(heftig erschrocken).* O Himmel, wir sind verrathen!
MAJOR. Ja, das sind Sie, meine ungehorsame Mamsell.
FRITZ. Das ist ja der nämliche Lieutenant, der bei uns war.
MAJOR. Ich habe von Ihrem Vater den Auftrag, Sie gleich nach Hause zu bringen, und hoffe, Sie werden mir gerne folgen.
SALCHEN. O ja – gleich – von Herzen gern. *(Zu* FRITZ.*)* Gehen Sie, Sie sind an allem Unglück Schuld.
MAJOR *(zu* SALCHEN*).* Kommen Sie!
FRITZ *(hält sie zurück).* Das wird sie nicht! Mein Herr, gehen Sie Ihrer Wege, Sie haben mit dem Mädchen nichts zu befehlen, und ich rathe es Ihnen im Guten, inkommodiren Sie uns nicht länger. Machen Sie hier kein Aufsehen, oder ich fordere Genugthuung.
MAJOR *(zieht* SALCHEN *in seine Arme).* Genugthuung? *(Mißt ihn verächtlich.)* Elender Bursche!
FRITZ *(steht ganz erstaunt).*
MAJOR *(führt* SALCHEN *fort).*
FABIAN *(folgt ihnen – im Abgehen).* Elender Bursche! – ich geb ihm ein paar Watschen, so ists gar!

Scene 14

(FRITZ, HERR v. FLAMM, FRAU v. FLAMM.)

FLAMM. Fritz, wir waren die größten, vernagelsten Dummköpfe, die es in der Welt gibt.
FRITZ. Wie so?
FLAMM. Der Lieutenant, der die Nachricht von dem Tode meines Bruders brachte –
FRITZ. War eben hier – und –
FLAMM. Ich weiß es.
FRAU v. FLAMM. Er sprach mit Blank –
FLAMM. Mein Bruder ist nicht todt.
FRITZ. O weh – das Testament.
FLAMM. Er – er selbst ist mein Bruder.
FRITZ. Was? O du kartuschmäßiger Pfiffikus! Sich so zu verstellen!
FLAMM. Jetzt sitzen wir sauber im Pfeffer! Da geht Blank eben durch den Saal, der wird dirs selbst sagen.
FRITZ. Was fangen wir jetzt an?
FLAMM. Wie der Tag anbricht, suche ich ihn bei dem Messerschmid auf, wo er wohnt. Es wird Mühe kosten, den dummen Streich wieder gut zu machen.
FRITZ. Das glaub ich auch. *(ALLE DREI ins Speisezimmer ab.)*

Scene 15

(SCHNEPF *und* APOLLONIA *aus dem Speisezimmer.*)

SCHNEPF. Mich überreden Sie nimmer, daß ich was soupire, Oesterreicher wie Rheinwein steht auf den Flaschen, und ein Krampensteiner ist darinn.
APOLLONIA. Und die Bouteille um 4 fl.!
SCHNEPF. Unerhört theuer! Das Aufgeschnittene ist auch so blatteldünn, daß man die Zeitung durchlesen kann. Das Pollakel, das mein Nachbar transchirt hat, war völlig petrifizirt, und die Austern, die sind ja kleinwinzig, und überall nur eine einzige drinn. Man kann sich gar nicht satt essen. *(Das Orchester spielt einen Gallopp.)* Den Deutschen müssen wir mitmachen! (ALLES *tanzt.*)

(Der Vorhang fällt.)

ACTUS 4

(Zimmer bei Reming wie im [1]^{ten} Act. Früher Morgen.)

Scene 1

(MARGARETHE bringt Kaffe. MAJOR und REMING kommen aus dem Nebenzimmer. GEORG tritt durch die Hauptthüre ein. MARGARETHE geht gleich wieder ab.)

REMING.   Georg, lauf hinüber zu meiner Tochter, sag' ihr, sie soll zum Frühstück kommen.
GEORG.   O das getraut sie sich nicht, sie sitzt in ihrem Zimmer, und weint bitterlich.
MAJOR.   Das soll sie bleiben lassen. Sag ihr, der Vater hätte schon ausgetobt.
GEORG.   Ich will ihr's sagen. *(Geht ab.)*
MAJOR.   Bei meiner Ehre, Bruder! Du warst doch ein wenig zu hart gegen das Mädchen. Das arme Mädchen so abscheulich auszuschelten, sie hat mich wahrhaftig gedauert. Ich versprach ihr deine Verzeihung zu bewirken, und muß als Mann von Ehre Wort halten.
REMING.   Das sollst du auch. Ich bin ihr schon jetzt nicht mehr gram, und wenn es ihr vollends Ernst ist, den Buben zu meiden, so – so – weiß ich, was ich thun werde.

Scene 2

(VORIGE; GEORG, SALCHEN.)

GEORG.   Ohne Sorge Salchen, der Vater hat alles verziehen.
SALCHEN   *(mit dem Sacktuch vor den Augen).* Ach lieber Vater, ich bitte – in meinem ganzen Leben will ich nicht mehr –
REMING.   Stecke dein Schnupftuch ein! – Daß ich dir so schnell verzeihe, verdankst du bloß diesem Fürsprecher *(deutet auf den* MAJOR*)* und jetzt kein Wort mehr davon! Hast du heute schon mit der lieben Apollonia gesprochen?
SALCHEN.   Seit der Redoute habe ich sie nimmer gesehen.
REMING.   Gut! Nun, setzen wir uns zum Frühstück. *(Zu* SALCHEN.*)* Und du schenkst uns ein, weil die alte Hexe nicht zugegen ist. *(*SALCHEN *schenkt den Kaffe ein.)* Wir wollen ihr nachher eine

Visitte machen, sie muß mir gleich aus dem Hause, denn sie hat lange genug bei uns ihr Unwesen getrieben.

MAJOR. Ich freue mich auf die Exekution. – Die alte Hexe verdiente den Staubbesen.

Scene 3

(VORIGE; FABIAN im ordinären Hausrock.)

FABIAN. Guten Morgen allerseits.

MAJOR. Sag Er lieber guten Abend, denn ich glaube, wir sind eins schläfriger, als das andere.

FABIAN. Ich meines Theils gewiß; ich hab' gar kein Auge zumachen können, die verdammte Musik habe ich noch immer in den Ohren, wo ich gehe und stehe, höre ich die türkische Trommel und die Zinelle.

REMING. Salchen, schenk' ihm eine Schaale ein.

FABIAN. Ich dank; es ist recht gut, daß ich was Warmes in den Magen krieg, denn mir ist kurios; der Krapfen, den ich um 4 Groschen zahlt hab', liegt mir wie ein Stein im Magen, ich glaube gar, sie nehmen statt Marillensalsen ein Methridat zu der Füll. Ich gehe in meinem ganzen Leben nimmer auf die Redoute.

REMING. Sah Er die Apollonia nach Hause kommen?

FABIAN. Ja, ich hab mich in die Werkstatt versteckt. Der ·Doktor· ist mit ihr blos bis ans Hausthor gefahren, es war schon halb 3 Uhr. Sie hat ganz still aufgesperrt, und ist in der Finster auf den Zehen bis in ihr Zimmer geschlichen. *(GEORG und SALCHEN, die gleich, nachdem sie Kaffeh getrunken, ans Fenster gingen, und vertraulich miteinander sprachen, tretten beide zurück.)*

GEORG. Da kommt der Herr von Flamm mit seiner Frau Gemahlinn in das Haus.

REMING *(sehr überrascht).* In mein Haus?

MAJOR *(fast zu gleicher Zeit).* Was wollen die hier?

REMING. Georg, sieh nach, was die wollen, und du Salchen, geh indeßen auf dein Zimmer. *(GEORG und SALCHEN gehen ab.)*

MAJOR. Wenn sie etwa erfahren hätten, daß ich –

GEORG *(kommt gleich wieder zurück).* Sie sind schon auf der Stiege, und kommen gerade hieher.

MAJOR. Hieher? Nun ist es schon richtig, ich bin verrathen.

REMING. Was willst du jetzt?

MAJOR. Mich in das Nebenzimmer verbergen. Du mußt mich verläugnen.

REMING. Was soll ich ihnen aber sagen?

MAJOR.   Was du willst, nur mach', daß du sie fortbringst. *(Geht ab.* GEORG *geht hinaus.)*
REMING   *(allein).* Das wird erst eine Komödie geben, die werden wieder eine Freude haben, wenn sie wissen, daß der todtgeglaubte Bruder von den Todten auferstanden ist.

Scene 4

*(*VORIGER*;* GEORG *öffnet die Thüre.* FLAMM *und* SEINE FRAU *treten ein.)*

FLAMM.   I! mein lieber, bester Reming, freut mich unendlich, daß ich wieder einmal das Vergnügen habe. Wir haben uns lange nicht gesehen.
FRAU v. FLAMM.   Ja wirklich sehr lange, wir haben so oft mit Rührung von Ihnen gesprochen.
FLAMM.   Von Ihrer vortrefflichen Wirthschaft –
FRAU v. FLAMM.   Und der liebenswürdigen Mamsell Tochter.
REMING.   O zu viel Ehre für mich, aber darf ich fragen, was mir das Glück verschaffte –
FLAMM.   Ohne Komplimente! Wir wollen nur meinem Bruder Albert, der bei Ihnen wohnt, eine unvermuthete Morgenvisitte machen.
REMING.   Ihrem Bruder? Der bei mir wohnt? Ich verstehe Sie nicht, Herr v. Flamm, ich weiß gar nichts von Ihrem Bruder, ich habe schon mehrere Monate nichts von ihm erfahren, und weiß nicht einmal, ob er lebt, oder todt ist.
FLAMM.   O er lebt, er – lebt!
FRAU v. FLAMM.   Dem Himmel sei Dank, der gute Schwager lebt!
REMING   *(bei Seite).* O ihr Heuchler! –
FLAMM.   Er besuchte uns gestern Abends unter dem Namen eines gewissen Lieutenants <u>Berg</u>.
FRAU v. FLAMM.   Der Schalk hat uns Alle zum Besten gehabt.
REMING.   Aber ich versichere Sie, ich weiß von Allem nichts.
FLAMM.   Wir desto mehr. Herr v. Blank hat ihn ja heute selbst auf der Redoute gesprochen.
FRAU v. FLAMM.   Wir sind überzeugt, daß er hier wohnt.
FLAMM.   Scherz bei Seite, lieber Reming, ich muß ihn sehen, ihn sprechen, denn ich kann den Augenblick nicht erwarten, den guten Bruder in meine Arme zu schließen
FRAU v. FLAMM.   Auch ich harre mit Ungeduld, den lieben Schwager zu ·embrassiren·.

Scene 5

(VORIGE; MAJOR *aus dem Seitenzimmer.*)

MAJOR. Was beliebt? Was wollen Sie von mir?
FLAMM *und* FRAU v. FLAMM (*eilen auf ihn zu, und wollen ihn umarmen*).
FLAMM. Ach lieber, bester Bruder Albert!
FRAU v. FLAMM. Mein theuerster Schwager!
MAJOR (*reißt sich mit Gewalt los*). Ich bitte, verschont mich mit dieser Krokodillen-Zärtlichkeit.
FLAMM. Aber Bruder – bedenke doch –
MAJOR. Bruder? Du bist mein Bruder nicht, seit gestern Abend nicht mehr, da mir der Zufall das Innerste deines Herzens entfaltete.
FLAMM. Aber du wirst doch nicht denken, daß unsere gestrigen Äußerungen Ernst waren?
FRAU v. FLAMM. Wir wollten nur die Liebe des vermeinten Lieutenant Berg gegen seinen verstorbenen Freund ein wenig auf die Probe stellen.
MAJOR. Ei!
FLAMM. Die Nachricht von deinem Tode hat so stark auf mich gewirkt, daß –
MAJOR. Daß ihr ganz vom Schmerz hingerissen, mein Trauerfest heute Nacht auf der Redoute feiertet, nicht wahr? Du bist ein Narr, denn du schämst dich deines ehrlichen Bürgernamens, und ließest dich einer albernen Närrin zu Liebe in einen Stand erhöhen, der dir nicht gebührt.
FRAU v. FLAMM (*aufgebracht*). Was? Ich eine alberne Närrin?
FLAMM. Aber Bruder – bedenke doch –
MAJOR. Ich will nichts mehr von Dir und den lieben Angehörigen wißen, und was mein Testament betrifft, werde ich auch beliebige Abänderungen machen.
FLAMM. Was? das wäre unerhört!
FRAU v. FLAMM. Das sind Sie gar nicht im Stande!
MAJOR. Ich bin Herr meines Willens, und meines Vermögens, und ich habe schon einen würdigen Freund und Erben.
FLAMM *und* FRAU v. FLAMM. Und der wäre? –

Scene 6

(VORIGE; GEORG *tritt ein, und spricht mit* REMING *leise und wichtig.*)

MAJOR (*auf* GEORG *zeigend*). Unser brave Junge hier.
FLAMM. Was? dieser Bursche?
FRAU V. FLAMM. Seht doch, so ein Mensch, von dem man nicht einmal weiß, ob er einen Vater hat.
MAJOR. ·Madame·, sprechen Sie mit mehr Achtung von meinem Pflegesohn, oder das Donnerwetter soll Sie –
FRAU V. FLAMM. ·Madame·? welche Impertinenz! Mich ·per Madame· –
FLAMM. Das geht nicht an, Herr Bruder. Wir sind einmal deine nächsten und einzigen Freunde, und können andere Mittel ergreiffen, wenn du –
FRAU V. FLAMM. Wir haben ein Advokaten, der die Zunge am rechten Flecke hat, und den Herrn Schwager an seine Pflicht erinnern wird.
MAJOR. Macht, was ihr wollt. Jetzt aber verlaßt dieses Zimmer, oder ich bin gezwungen, euch die Ehre zu erweisen, die ihr mir gestern in euerem Hause zugedacht habt. (*Nimmt sie beide am Arme, und führt sie etwas unsanft an die Thüre.*) Geht sag ich, oder –
FLAMM (*im Hinausgehen*). Gut! Gut! Vor Gericht also, Herr Bruder, vor Gericht –
FRAU V. FLAMM. Wir wollen den Starrkopf dieses alten Eisenfressers schon zurecht setzen. (BEIDE *gehen ab.*)

Scene 7

(MAJOR, GEORG, REMING.)

MAJOR. Dem Himmel sei Dank, endlich hab ich sie ·expedirt·! Die haben mir warm gemacht.
REMING. Aber wie könnt' ich mich denn so ärgern? Lohnt es sich wohl der Mühe?
MAJOR. Freilich nicht, aber ich mußte ihm doch die Wahrheit so recht von der Leber weg sagen, daß es nichts fruchtet, weiß ich nun wohl.

Scene 8

*(*VORIGE; FABIAN.*)*

FABIAN. Jetzt bitte ich allerseits, kommen Sie nur gleich mit mir, der Fuchs ist in der Falle.
REMING. Welcher Fuchs?
FABIAN. Der Hunds·doctor·. Den Augenblick hat er sich zu der Jungfer Apollonia ins Zimmer geschlichen. Sie hat schon an der Thüre gepaßt, und wie er drinnen war, flugs den Riegel abgelaßen, sie werden ·Conferenz· halten, um sich aus der Nachtgeschichte herauszulügen.
REMING. Was? der Spitzbube getraut sich noch in mein Haus? Nun ich will gleich [–] *(zum* MAJOR*)* du gehst doch mit mir hinauf?
MAJOR. Versteht sich. Diese ·Execution· ließe ich um Alles in der Welt nicht aus.
REMING. Du Georg, sage meiner Tochter, ich hätte mit ihr zu sprechen, du kommst aber selbst mit ihr herüber – hörst du?
GEORG *(läuft fort).* Ja, ja! ich komme selbst mit.
MAJOR. Und Er, Fabian, geht auch mit uns; Er muß die Hexe mit einem Besen aus dem Hause stäuben.
FABIAN. Nein, das laß ich wohl bleiben. Sie kratze mir ja die Augen aus. Aber mitgehn thu ich deßwegen doch, ich muß ihr ja eine glückliche Reise wünschen.
REMING. Nun, so kommt. *(Alle drei ab.)*

VERWANDLUNG

(Zimmer der Wirthschafterin. Im Hintergrunde stehen einige Kästen und Schränke. Vorne, dem Zuschauer zur Linken liegt auf einem kleinen Tische ein Buch aufgeschlagen. Rechts steht ein großer grüner Kachelofen mit einem eisernen Thürl.)

Scene 9

*(*SCHNEPF, APOLLONIA *sitzen neben einander.)*

APOLLONIA. Aber sagt' ich's nicht im Voraus, daß wir verrathen würden? – Meine Ahnungen, die trügen mich nicht.
SCHNEPF. Was Ahnungen? Wer konnte voraussehen, daß der Belzebub den alten Haudegen auf die Redoute führen würde.
APOLLONIA. Wenn ich nur wüßte, durch wen der Alte Spur bekam.
SCHNEPF. Da liegt eben der Hund begraben.

APOLLONIA. Ich wette, der Fabian steckt da unter der Decke. – Wenn ich nur das Mädchen zu sehen bekäme –
SCHNEPF. Ja, da wären wir freilich bald in ·claris·, aber so hat sie gewiß Zimmer·arrest·, und darf nicht –
APOLLONIA. Hilf Himmel! Ich höre Jemand auf der Stiege.
SCHNEPF *(aufspringend).* Was?
APOLLONIA *(läuft zur Thüre und horcht).* Es ist der Alte und Fabian, ich kenne sie am Gange.
SCHNEPF. Jetzt gehts zusamm.
APOLLONIA. Sie kommen zu mir herauf, ich bin des Todes; wenn man Sie hier findet.
SCHNEPF. Jetzt haben sie mich schon in der Falle. Kann ich mich denn nirgends verstecken?!
APOLLONIA *(ganz außer Fassung).* Ich weiß gar nicht wohin – wenn Sie sich entschließen wollen – hier in den Ofen –
SCHNEPF. Was? Ich in den Ofen? Ein Schüler des Hypokrates in den Ofen? ·O Dii immortales·!
APOLLONIA. Hilf Himmel! Sie sind schon an der Thüre.
SCHNEPF. ·Periculum in mora·! was soll ich thun!?
APOLLONIA *(halb leise).* O ich bitte Sie um alles in der Welt – *(zerrt ihn mit Gewalt zum Ofen)* Verbergen Sie sich!
SCHNEPF *(wirft seinen ·Pauvre· und Hut unter das Bett).* Nun, ins Himmels Namen! Was thut man nicht Alles einer reitzenden Geliebten zu Gefallen.
APOLLONIA *(öffnet das Ofenthürl).*
SCHNEPF *(kriecht hinein).* Hu! Da ists ja so finster, wie im Tartarus. *(Es wird stark geklopft.)*
APOLLONIA. Gleich! Gleich!
REMING *(von außen).* Nun muß ich noch lang warten?
APOLLONIA. Ich komme schon. *(Läuft in der größten Verlegenheit an die Thür, und öffnet sie.)*

Scene 10

(VORIGE; MAJOR, REMING, FABIAN.)

REMING *(im Eintreten).* Warum ließ Sie uns so lange warten?
APOLLONIA *(stammel[n]d).* Ich war hier am Tische eingeschlafen, denn ich habe noch immer Kopfschmerzen.
REMING. So!
APOLLONIA. Und habe die ganze Nacht kein Auge zugemacht.
FABIAN *(zu REMING).* Da hat sie nicht gelogen.
REMING. War Niemand hier?

FABIAN (*nachdem er um den Ofen herum jeden Winkel durchsucht, geht zu* REMING, *leise*). Meister, wenn mir recht ist, so hab ich im Ofen etwas nießen gehört.
REMING (*zum* MAJOR *und* FABIAN *leise*). Stille, laßt nur mich machen! (*Laut zu* APOLLONIA.) Aber es ist ja so abscheulich kalt in diesem Zimmer, warum wurde denn heute nicht eingeheizt?
APOLLONIA. Mich friert nicht – und ich – auch ist das Holz so rasend theuer –
REMING. Das heißt die Wirthschaft übertreiben. Fabian, dort unter dem Ofen liegt Holz genug, und dort steht das Feuerzeug, heitz' Er gleich ein.
APOLLONIA (*ganz außer sich*). Aber ich will nicht, mir ist nicht kalt, und zu meinen Kopfschmerzen! (*Will* FABIAN *vom Ofen wegziehen.*) Fabian, laß Er das Einheitzen stehen, oder ich kratze Ihm die Augen aus.
REMING. Keine Einwendung. Ich will es durchaus haben; nur zu Fabian. (*Reißt sie weg.*)
FABIAN. Gleich Meister! (*Öffnet das Ofenthür, und wirft einige große Scheiter hinein.*)
SCHNEPF (*fängt im Ofen ein Zetergeschrei an*). O weh, nur nicht einheitzen, ich werde sonst lebendig gebraten! O weh!
APOLLONIA. Ich sinke in Ohnmacht! (*Sie sinkt in einen Stuhl.*)
MAJOR. Verdammte Geschichte!
FABIAN. Hab ich nicht gesagt, der Ofen hat genießt?
REMING *und* MAJOR (*treten an den Ofen, aus welchem* SCHNEPF *mit einem ganz von Ofenruß entstellten Gesichte kriecht*).
SCHNEPF. Dero ganz ergebenster Diener!
REMING. Ei Herr Doktor, wie kommen Sie denn so früh auf das Zimmer der züchtigen Apollonia?
SCHNEPF (*ganz verblüfft*). Ich? – So im Vorbeigehen. Man sagte mir, Jungfer Apollonia sei unpäßlich, und da wollte ich nachsehen –
APOLLONIA (*die sich während dieser Zeit wieder von ihrer Ohnmacht erholte*). Ja, bloß deßwegen –
REMING. So,? O ihr Lumpenpack übereinander! Glaubt ihr denn, ich weiß nicht, wo ihr heute Nacht mitsammen gewesen seid? Daß ihr meine Tochter überredet habt, mit dem liederlichen Burschen auf die Redoute zu gehen.
SCHNEPF. ·Obstupesco·!
APOLLONIA (*ganz versteinert*). Wer kann das –
REMING. Kein Wort weiter! Marsch aus dem Haus! Packe Sie alle Ihre Habseligkeiten zusammen, denn diesen Vormittag muß das Zimmer noch geräumt werden.
FABIAN. Ich wills nachher gleich ausräuchern.

SCHNEPF *(für sich).* Ach, wenn ich nur schon draußen wäre!
APOLLONIA *(zu* FABIAN*).* Er abscheulicher, abgefäumter Bösewicht! Er ist an Allem Schuld. Der Himmel wird die Kränkungen rächen, die ich Seinetwegen ertragen muß, und Ihm zu Seiner Kolik noch die Schwindsucht schicken. *(Läuft erzürnt ab.)*
FABIAN. Jetzt flieht die Hex zum Rauchfang hinaus! *(Geht ihr nach.)*
SCHNEPF *(hat während dieser Zeit seinen Mantel und Hut unter dem Bett hervorgeholt, und sucht durch die Thüre zu entwischen).*
MAJOR *(bemerkt es, und zieht ihn zurück).* Heda! Nicht so geschwind!
SCHNEPF. Ich will mich gehorsamst empfehlen. Sollte einst Jemand von dieser werthen Familie krank werden, so bitte ich nur mich, den Hundsdoktor holen zu lassen. *(Ab.)*
(GEORG *und* SALCHEN *tritt ein.)*
[SALCHEN.] Da sind wir lieber Vater, Georg sagte mir –
REMING. Sage mir a mal, denkst du noch an den jungen Flamm?
SALCHEN. Ach Vater, ich mag von ihm gar nichts mehr hören, ich kenne nun seine Absichten – o der abscheuliche Betrüger!
REMING. So! – – Mit diesen Worten hast du deinen Fehler bei mir wieder gut gemacht. Doch weil du schon einmal das Heirathsfieber hast, so will ich dich nicht länger aufhalten. *(Führt ihr* GEORG *zu.)* Ist dir der recht?
SALCHEN *(mit einem frohen Ausruf).* Ja der Georg wäre mir schon recht. *(Sieht bald ihren Vater bald den* MAJOR *zweifelhaft an.)*
REMING. Er ists!
GEORG *(von Freude jubelnd).* Mein Gott!
SALCHEN. Er ists? *(Stehen beide höchst überrascht ohne sich einander zu nähern.)*
(MAJOR *nimmt* GEORG*;* REMING SALCHEN *bei der Hand, und führen sie zusammen.)*
MAJOR. Nimm sie, sie ist dein!
REMING. Liebt euch, und seid glücklich!
GEORG *(*SALCHEN *umarmend).* Salchen mein!
SALCHEN. Georg, mein Mann!
GEORG. Tausend Dank, Herr Reming! Tausend, Tausend Dank Herr Major!
REMING. So, meine Kinder. Jetzt sollt ihr euch alle heut noch recht lustig machen.
FABIAN *(tritt mit dem* HAUSGESINDE *ein).* Herr Meister, die Gesellen und ihre Madeln haben mich angredt, ich soll für sie ein gutes Wort einlegen, obs heute ausgehen dürfen am Fasching?
REMING. Versteht sich! Da Fabian und ihr Gesellen habts 50 fl., feierts den Fasching Dienstag.

ALLE. Juchhe!

[SCHLUSSCHOR.
  Juhheißa! Juhheißa! Juhhe!
  Im Fasching hebt's Füß in d'Höh,
  Es ist ja nur einmal in Jahr,
  Uhd heute um Zwölfe schon gar!
  Juhhe! Juhhe!]

(Unter allgemeinem Jubel der Gesellen fällt der Vorhang.)

ENDE

ÜBERLIEFERUNG

1. *Die Ballnacht Posse mit Gesang in 4 Aufzügen von J. Nestroy Musik von Kapellmeister Ado[l]f Müller.*
   L. Th .N 1736.
   Theatermanuskript (Zensurbuch) von fremder Hand, Tinte, ca. 25 x 20 cm. Datiert: *Wien den 20ten Aug 848 Philipp Zöllner*
   Stempel: *LK*
   Zur gefälligen Durchsicht für die Bühne in Königgrätz
   Königgrätz den 30 Aug. 1851
   Philipp & Fried. [C?]. Zöllner
   Zensurvermerk auf letzter Seite:
   Die Ballnacht. N° 1539. L. T. C.
   Wird zur Aufführung nach dem Theatergesetze für Philipp Zöllner bewilligt.
   Prag am 29. September 1851.
   Der Statthalter [Unterschrift]
   Keine offenkundige direkte Beziehung zum Schauspieler Nestroy.
   Wurde als relativ beste Überlieferung im Rahmen der Theatermanuskripte herangezogen.
   St.B. Wien; Signatur: Jb 149.361
   I.N. 142.410

2. *Die Ballnacht. Original-Lustspiel (+ mit Gesang +) in vier Acten von Waldon.*
   (+ *Musik von Adolf Müller* +).
   Theatermanuskript (Souffleurbuch) von fremder Hand, Tinte, ca. 26 x 19 cm.
   ÖNB, Theatersammlung (Österr. Theatermuseum);
   Signatur: Theater an der Wien Alte Bibliothek 427.
   Ein handschriftlicher Vermerk deutet darauf hin, daß dieser Text u. a. im August 1836 Basis einer Aufführung in der Arena war – es liegt nahe, an die Arena in Preßburg zu denken (vgl. Schlögl, S. 18).

3. *Die Ballnacht oder der Altgesell Fabian in der Redout. Ein Original-Lustspiel in 4 Aufzügen von Waldon.*
   Theatermanuskript von fremder Hand, Tinte, ca 24,5 x 19 cm.
   Keine Gesangsnummern.
   ÖNB, Theatersammlung (Österr. Theatermuseum);
   Signatur: J.Th. B 2.

Gesangstexte

4. *Die Ballnacht Posse in 4 Aufz. Lieder-Texte von J. Nestroy Musik von Adolf Müller Capellmstr 1836.* Eigenhändige Partitur Müllers, Tinte, 67 Blätter, ca. 25,5 x 31 cm (Querformat). Auf dem Titel *Op. 70.)*
Das erstemal aufgeführt den 6ten Februar. 1836 im k: k: p: Theater a. d. Wien.
St.B. Wien (Musiksammlung); Signatur:
MH 703
Partitur- und Stimmen-Abschriften, s. Hilmar, S. 74.

Von anderen Theatermanuskripten konnten weder zeitlich näherliegende noch mit Nestroys Wiener Wirkungsstätten in direkter Verbindung stehende gefunden werden und wurden daher als vorerst weniger relevant hier ausgeschieden, wie Rollenkonvolute aus dem Besitz der ÖNB, Theatersammlung (Österr. Theatermuseum) sowie Stimmenabschriften der Musiksammlung der ÖNB (s. Hilmar, S. 74.)

TEXTGRUNDLAGE

Textgrundlage für den Abdruck ist die in der Handschriftensammlung der Wien Bibliothek befindliche Kopisten-Theaterhandschrift I.N. 142.410 (ÜBERLIEFERUNG, Text Nr. 1), die sich als die relativ beste Überlieferung im Rahmen der aufgefundenen Theaterhandschriften erwiesen hat. Offenkundige Beziehungen zum Schauspieler Nestroy liegen nicht vor, auch gibt es keine Hinweise auf etwaige Eingriffe in den Textverlauf. Textstellen mit Musikbegleitung wurden aus der Partitur übernommen, obwohl diese Texte auch in der Theaterhandschrift vorhanden sind. In der Partitur zeigt sich eine direkte Verbindung mit Nestroy: das Quodlibet ist von anderer Hand geschrieben, höchstwahrscheinlich von Nestroy. Darüber hinaus kommen nur dort die für Nestroy typische Schreibweise „wier" wie auch ausgeringelte Korrekturen vor.
Abkürzungen wurden aufgelöst, Zeilenanfänge (teilweise erschlossen) groß geschrieben, die Apostrophsetzung belassen. Die Partitur weist acht Gesangsnummern auf. Sowohl im zu Grunde gelegten Text der Posse als auch in der Originalpartitur fehlt der Schlußchor. Er findet sich in einer Partiturabschrift (vgl. Hilmar, S. 74), wurde hier aus ÜBERLIEFERUNG, Text Nr. 2 ergänzt.
Das Erkenntnisinteresse liegt bei jenen Textpassagen, die Nestroy zugeschrieben werden können. Daher wurden die Prosastellen des Stücks gemäß den Richtlinien dieser Ausgabe für Theatermanuskripte wiedergegeben, ohne Berücksichtigung von Bleistift-Streichungen, welche sich ohnehin nicht auf eine bestimmte Aufführung festlegen ließen. Ab der 1. Szene des 2. Akts wechselt die Schreiberhand. Unterschiede in Schreibgewohnheiten, vor allem *k* und *ck*, *c* und *k*, *ss* und *ß*, *d* und *t* (z. B. *holte* für *holde*) wurden nicht vereinheitlicht. Vereinheitlicht wurde auf *APOLLONIA*, *SUSANNA*, *Actus* und *Scena*. Lesarten wurden nicht notiert, da die Unterschiede zwischen den beiden in Frage kommenden Überlieferungsträgern (ÜBERLIEFERUNG, Text Nr. 1 und Nr. 2) minimal und auf Schreibergewohnheiten zurückzuführen sind; an den wenigen Stellen unterschiedlichen Textverlaufs liegen ebenfalls keine „Bearbeitungen" vor.
Aufgrund der Sonderstellung von Liedtexten und Quodlibet wurden in letzteren auch Streichungen und Zusätze vermerkt.

AUFNAHME

Allgemeine Theaterzeitung und Originalblatt für Kunst, Literatur, Musik, Mode und geselliges Leben. Montag, 8. Februar 1836 (Nr. 28, S. 111):
K. K. priv. Theater an der Wien.
V o r g e s t e r n , den 6. Februar, wurde zum ersten Male aufgeführt: „D i e   B a l l n a c h t , oder d e r   F a s c h i n g - D i n s t a g ," Localposse mit Gesang in vier Acten. Alle vorkommenden Gesangstexte waren von Johann Nestroy, die Musik vom Capellmeister Adolf Müller.
Dieses Stück ist k e i n   n e u e s , sondern schon vor dreißig Jahren und darüber gegeben worden, auch ist es n i c h t   das erste Mal, dass solches auf d i e s e m Theater zur Aufführung kam. Es ist dieselbe „Ballnacht," in welcher ehedem Korntheuer als Fabian so ganz vortrefflich gewesen war; die meisten unserer Leser werden sich wol noch dieser, ich möchte fast sagen, berühmt gewordenen Darstellung angenehm erinnern. Der Name des bei der diesmaligen Aufführung ungenannt gebliebenen Verfassers ist Waldon. – Dies sind die wichtigsten antiquarisch-historischen Notizen über diese angebliche Novität, das Stück selbst will in die gegenwärtigen Verhältnisse unseres Volkslebens nicht so recht mehr passen, zum Theile sind wol auch jene Schwächen und Mängel, welche darin gegeißelt werden, seither schon zu oft auf das Theater gebracht worden, als dass wir auch jetzt noch ein lebhafteres Interesse daran zu nehmen vermöchten. Die Sitten und Neigungen des Volkes ändern sich mit den Jahren, j e d e   Z e i t   h a t   s o   g u t   i h r e   g r o ß e n   I d e e n , w i e   i h r e   T h o r h e i t e n , und an dem Dichter ist es, wie die Gegenwart ihn anregt, für jene zu begeistern, diese durch Spott zu züchtigen. Die „Ballnacht" mag vor dreißig Jahren in der Art ein ganz vortreffliches Stück gewesen seyn, aber was ist seitdem in Leben und Treiben unseres Volks Alles anders geworden! Es ist daher auch nicht zu verwundern, wenn ein solches Stück jetzt weniger anspricht, da es vor einem ganz anderen Publikum gespielt wird, und man kann jetzt nur mehr die einfache und solide Anlage der Handlung in demselben, das Komische einiger Situationen und die natürliche Haltung der Charaktere als gut anerkennen. Damit ist auch Alles ausgesprochen, was sich von der Wiederaufnahme dieser Carnevals-Posse Günstiges sagen lässt, und von diesem Standpuncte aus hat auch unser Publikum darüber geurtheilt. Die Hinzugabe der neuen Lieder verlieh der Darstellung allerdings eine größere Lebendigkeit, allein die Texte zu denselben sind keinesfalls so witzig, wie wir dies sonst von

Nestroy gewohnt sind. Das Quodlibet am Schlusse des zweiten
Actes ist gut zusammengestellt, und machte durch den komischen
Vortrag des Herren Scholz und Nestroy recht viel lachen. Auch
Dem. Weiler war darin im Vortrage einiger edleren Gesangswei-
sen recht lobenswerth. Dieses Quodlibet gefiel überhaupt von
Allem am besten.

Von der Aufführung lässt sich viel Gutes sagen. Hr. Scholz als
Fabian, und Hr. Nestroy, als Hundsdoctor nahmen hiebei das
meiste Interesse in Anspruch. Ersterer ist in der gewissen paro-
direnden Form Komik immer höchst wirksam und wurde es auch
dieses Mal. Er nahm die Rolle ganz anders, als wir sie sonst
gesehen hatten, und prägte darin das Komische auf die ihm eigene,
aber nicht minder ergötzliche Art aus. Hr. Nestroy stand ihm
tüchtig zur Seite, und belustigte durch Spiel und Gesang allgemein. Der Gesangsleistung der Dem. Weiler ist bereits gedacht
worden, das Uibrige der Rolle ist fast mehr, als unbedeutend. Hr.
Hopp spielte den alten Reming mit vieler Natürlichkeit. Eben so
Mad. Fehringer in der Rolle der Wirthschafterin. Der Major
Flamm war unglücklich costumirt, er sah leibhaftig wie ein
Grundwächter, aber nicht wie ein Major aus. Die anderen besseren Rollen wurden von Dem. Grünthal, und den Herren Stahl
und Gemmerler gespielt. Das Haus war sehr voll, die Aufnahme
im Ganzen beifällig. Heinrich Adami.

Der Wanderer, Nr. 39, Montag, 8. Februar 1836, Kurier der Theater
und Spectakel:

V o r g e s t e r n wurde im k. k. priv. Theater an der Wien des
längst dahingegangenen Waldon's Werk, das bei seinem Erscheinen Epoche machte, und das wir auf derselben Bühne durch die
Väter Neukäufler und Scholz, durch Weiß und später durch
Korntheuer, dessen Darstellung des Altgesellen Fabier *[sic]* den
Grund zu seinem Rufe als Komiker begründete, durch Perinet
etc. sehr ergetzlich dargestellt sahen, als Posse mit Gesang zum
ersten Male, wie es auf dem Zettel heißt, gegeben. Nestroy hat zu
dem alten Lustspiele die Gesangsstücke verfaßt und der Capellmeister Adolf Müller hat sie in Musik gesetzt. Nestroy versteht
es, Couplets, die heut zu Tage so oft ausschließlich das Schicksal
einer Novität entscheiden, zu fertigen; auch dießmal gelang's, und
das von Dlle. Weiler, den HH. Nestroy und Scholz, und dem
Chore am Schlusse des zweiten Actes recht drastisch wirksame
Quodlibet sichert dem aufgewärmten Gerichte einen Platz auf
der Carnevalstafel zu. Dlle. Schadetzky, früher beim Leopoldstädter Theater, und wahrscheinlich jetzt bei dieser Bühne enga-
girt, erschien als Salchen ohne irgend einer Ankündigung ihres

Debuts, zu welchem, wenn es sich darum handeln sollte, auch diese nichtssagende Rolle am wenigsten geeignet seyn dürfte. 10

Wiener Zeitschrift für Kunst, Literatur, Theater und Mode, Donnerstag, 11. Februar 1836 (Nr. 18, S. 144):
K. K. priv. Theater an der Wien.
Am 6. Februar zum ersten Male: „Die Ballnacht, oder der Faschings-Dienstag." Locale Posse in vier Aufzügen mit neuen Gesangstexten von Hrn. Nestroy und Musik von Hrn. Capellmeister Adolph Müller.
Im Hofoperntheater hat eine Oper: „die Ballnacht" großen Erfolg gehabt; durch Ideen-Association mag man wohl auf den Gedanken verfallen seyn, das obgenannte, alte, wenig berühmte Stück wieder auf die Bühne zu bringen, und um der Abwechslung willen, darf man immerhin ein „Transeat" sprechen, wie wohl die Darstellung eben nicht so bestellt war, um die frühere, mit Korntheuer als Fabian (vielleicht dieses classischen Komikers beste Rolle) vergessen zu machen. – Die Aufnahme, bis auf ein paar Momente, war kalt; indessen gaben sich die HH. Nestroy, Scholz, Bosard und Hopp recht verdienstliche Mühe um den Erfolg. – Was die neuen Gesangstexte des Hrn. Nestroy betrifft, so fällt uns eben eine Anekdote ein, die vielleicht nicht Jedermann bekannt seyn dürfte. – In einer Gesellschaft von Franzosen war von mehreren verunglückten Producten des Dichters Piron, Verfassers der berühmten „Métromanie," die Rede; Alles ließ sich auf die ungünstigste Weise darüber aus; nur ein anwesender Gelehrter zuckte die Achseln, so oft ein neuer Tadel laut wurde und bemerkte jedesmal: „Mais Monsieur Piron a fait la Métromanie –" ein Refrain, welchen er bey jedem unfreundlichen Urtheil wiederholte. – Hr. Nestroy kann noch viele Texte wie die heutigen und manches Stück schreiben, das vor einem strengeren Richterstuhle nicht besteht – Hr. Nestroy hat ja „zu ebener Erde und im ersten Stocke" geschrieben.

Matthias Franz Perth, XLIV. Band meines Tagebuches. Vom 1. September 1834 bis 1. März 1836, Seite 498 [16. Februar 1836, Faschingsdienstag]:
Um den Fasching nicht ganz unbeachtet vorübergehen zu lassen, verfügte ich mich Abends in das Theater an der Wien, und ergötzte mich – nicht an dem Stücke, wohl aber an dem Treiben der oberen Gallerien, welche von Lehrjungen aller Innungen wohlgefüllt waren, die bey der geringsten komischen Bewegung der Schauspieler, bey dem unbedeutensten Scherz der Schau-

spieler in das lauteste, gellendste Gelächter ausbrachen, und die
Darsteller mit einem Beyfallssturme überschütteten.
Gegeben wurde: Die Ballnacht, Lokal-Posse mit Gesang, 4 Acten.
Es ist dieß die sehr alte Posse von Waldon, welche einst ungemein
ansprach, in der Neukäufler, Weiß (Altgeselle Fabian) und Scholz
der Vater als Hundsdoctor brillirten, in welcher später Perinet als
Hundsdoctor gefiel, und der nachmals so beliebte Korntheuer als
Fabian den Grund zu seinem Rufe als Komiker sich sicherte.
Selbst nach 21 Jahren, am Fasching-Dinstage, den 7. Febr. 1815
(Seite 121. Band 28), als ich diese Posse sah, hat sie mich mehr als
heute angesprochen, obwohl Scholz (Fabian) und Nestroy
(Hundsdoctor) sehr wirksam waren. Sey es, daß der Geschmack
sich verändert hat, oder daß die eingestreuten Zotten mich an-
ekelten, ich verließ unbefriedigt das Theater, und habe diese
Ballnacht zum letzten Mahl mitgemacht.
In den Zwischenacten spielte das Orchester Walzer, die einzige
Tanzmusik, welche ich in diesem Carnewale hörte.

*Allgemeine Theaterzeitung, Originalblatt für Kunst, Literatur, Mu-
sik, Mode und geselliges Leben.* Freitag, 24. September 1841 (Nr. 229,
S. 1006):
Wien.
Theater in der Leopoldstadt.
V o r g e s t e r n , am 22. September, trat Hr. Eduard Scholz,
Sohn des Komikers Wenzel Scholz in der alten, aber noch immer
beliebten Posse die Ballnacht zum ersten Mal auf. Die Neugier
hatte ein sehr zahlreiches Publikum herbeigelockt. Man wollte
sehen o b und w i e sich die hochkomische Individualität des
Vaters in der Darstellungsweise des Sohnes ausprägen werde. Das
Vorurtheil, daß die Fehler, Talente und Eigenheiten des Vaters
auf den Sohn übergehen müssen, wird zwar nirgends mehr geglaubt; gerade so wie die physische Aehnlichkeit der Kinder mit
den Eltern, keine Regel, sondern nur ein Spiel der Natur genannt
werden kann. Hr. Scholz, Vater, ist bekanntlich von kleiner,
gedrungener Statur. Hr. Scholz, Sohn, ist schon bedeutend lang-
gewachsener, und besitzt eine eigenthümliche, für komische Par-
tien geeignete Aeußerlichkeit. Er gab in dieser Posse die Partie,
welche sein Vater mit unvergleichlicher Komik darstellt. Das
Grundelement seines Spiels ist ungefähr dieselbe, nämlich Trok-
kenheit und eine gewisse geistige Zähigkeit. Die Formen, deren
sich der Gast bedient, um seine komischen Gebilde gar zu backen,
sind von etwas outrirter Beschaffenheit; seine Art und Weise sich
zu schminken, zu kleiden und zu bewegen, spricht dafür. Wenn
er sich einer größern Natürlichkeit befleißen und vorzüglich

bemüht seyn wird, seinem theuren Vorbilde die Züge der schlagenden Naturwahrheit und die Blitze einer aus dem Innern hervorbrechenden Laune, wenn auch nur theilweise anzulauern und abzulernen, so läßt sich bei seiner Gewandtheit und seinem gerade nicht zu verkennenden Geschick, ihm auch für die Zukunft ein günstiges Prognostikon stellen. Die Aufnahme, welche er auf diesen Bretern fand, war eben so beifällig als ermunternd. Er wurde zwei Mal gerufen. Die Partie, welche sonst Hr. Nestroy zu geben pflegt, den Hundsdoctor, gab Hr. Lang mit vieler Beweglichkeit und ziemlich gutem Erfolge. Auch die übrige Darstellung ging präcis zusammen. T.

ERLÄUTERUNGEN

S. 83 *Kalender*: vermutlich Mönchskostüm; von Caland, einer im 13. Jh. gestifteten religiösen Bruderschaft, siehe III, 2 und III, 7.
- *Numero/Numeri*: ‚livrierte Verkäufer von Erfrischungen'.
S. 86 *Fripon*: ‚Spitzbub', ‚Schelm', beliebter Hundename, siehe I, 6.
S. 87 *kontrakt*: ‚verkrampft', siehe I, 11.
S. 90 *Hundsthurm*: damals wenig angesehene Vorstadt, heute Teil des fünften Wiener Gemeindebezirks.
S. 91 *fexiren*: vexieren, ‚zum Besten halten', ‚necken', siehe I, 18.
S. 92 *Windspiel*: ‚Windhund', Hunderasse.
- *Tiegerhund*: Spürhund, ähnlich einem Dalmatiner.
- *Quo modo valemus?*: ‚Wie geht's uns?'
S. 93 *periculum Maximum*: ‚größte Gefahr'.
- *Dominus patiens*: ‚Der leidende Herr'.
- *Illius hor[r]ibilis*: evtl. *Quod est horribilius*: ‚Was schlimmer ist'.
- *Malum*: ‚Übel, Unglück'.
S. 94 *animal ratio*: ‚animal rationale'.
- *Brand*: Milzbbrand: Anthrax, vom Tier auf den Menschen übertragbare Infektionskrankheit; Lungenbrand: Lungengangrän.
S. 95 *ätherische*: ‚himmlische'.
S. 96 *Redoute*: Maskenball.
S. 97 *Tandler*: ‚Trödler', ‚Altwarenhändler'.
- *Garçon*: junger Mann, hier Hundename.
- *Pamina*: Rolle in Mozarts *Zauberflöte*, hier Hundename.
- *Concilium*: consilium, ‚Beratung'.
- *aufschnappen*: ‚sterben', siehe III, 2.
- *Senectus ipsa est morbus*: ‚Das Alter selbst ist eine Krankheit'.
S. 103 *Dictum, factum*: ‚Gesagt, getan'.
- *Semper honos nomenque meum laudesque manébunt*: ‚Immer werden (meine) Ehre, mein Name und (mein) Lob bestehen bleiben'. Vergil, *Aeneis* 1, 609.
- *Gratias ago*: ‚Ich danke'.
S. 105 *Domino*: einst Wintermantel der Geistlichen, jetzt Maskeraden-Anzug mit langem, weitem Mantel und Kapuze.
- *Sperl*: berühmtes Vergnügungslokal in der Leopoldstadt (Sperlgasse).
S. 106 *Vitrum Antimonii*: ‚Antimonglas'.
- *recitiv*: Rezidiv: ‚Rückfall einer Krankheit'.
- *Optime! Super omnen exspectationem*: ‚Bestens! Über jede Erwartung'.
- *post nubila Phoebus*: ‚Nach den Wolken Phöbus (Sonne)'.
S. 107 *Quid – quomodo – quando*: ‚Was – wie – wann'.

ERLÄUTERUNGEN 147

- *O me infelicem!*: ‚O ich Unglücklicher!'
- *Zwiefel*: ‚Zwiebel', scherzhaft für Taschenuhr.
S. 112–117 Erläuterungen zum Quodlibet: Die Reihenfolge der angeführten Opern bzw. Volkslieder (bei Hilmar, S. 73, mit Akt- und Szenen- bzw. Nummernangaben) lautet: Mozart, *Don Giovanni*; Meyerbeer, *Robert der Teufel*; Bellini, *Norma* (dazu Vermerk in Partitur: *Siehe Beylage Quodlibet aus Weltuntergang* [= *Die Familien Zwirn, Knieriem und Leim*], vgl. Stücke 8/II, S. 54 f.); Auber, *Ballnacht*; Bellini, *Nachtwandlerin*; Volkslied; Rossini, *Die diebische Elster* (dazu Vermerk in Partitur: *Siehe Beylage aus die Träume [= Müller, Kohlenbrenner und Sesseltrager]*); Hérold, *Zampa*; Rossini, *Moses*; Auber, *Ballnacht*; Volkslied von der Lenerl; Auber, *Ballnacht*.
Dazu kommt als Streichung: Auber, *Pferd von Erz*.
Zu den Opern in Wien vgl. Franz Hadamowky, *Die Wiener Hoftheater (Staatstheater). Ein Verzeichnis der aufgeführten und eingereichten Stücke mit Bestandsnachweisen und Aufführungsdaten. Die Wiener Hofoper (Staatsoper)*, Teil 2, Wien 1975.
S. 118 *Bisamberger Wein*: Bisamberg, nördlich von Wien am linken Donauufer.
S. 120 *Meerkatze*: Affengattung.
S. 121 *Brodsitzer*: ‚Brotverkäufer', verkauft für den Bäcker auf der Straße Brot.
S. 123 *Seufzer-Allee*: abgelegene Korridore der Ballsäle.
S. 124 *Pafnuzius*: Pafnuzi: verblüfft schauender Dummkopf.
S. 125 *Sakerlot*: Ausruf der Verwunderung, abgeleitet von ‚Sakrament'.
S. 127 *Pollakel*: Poularde: ‚kastrierter Hahn'.
S. 129 *Staubbesen*: mit jemandem den Staubaus machen, d. h., ihn wegjagen.
- *Zinelle*: Tschinelle: ‚Becken'.
- *Marillensalsen*: Salse: Marmelade, Frucht-Gelée.
S. 130 *embrassiren*: embrasser: ‚umarmen'.
S. 134 *in claris*: ‚im Klaren'.
O Dii immortales!: ‚O unsterbliche Götter!'
- *Periculum in mora!*: ‚Gefahr in Verzug!'
S. 135 *Obstupesco!*: ‚Ich erstarre/erstaune!'
S. 136 *abgefäumter*: ‚abgefeimter'.

(Mein Dank gebührt Herrn Dr. Clemens Weidmann für die Übersetzungen aus dem Lateinischen.)

MUSIK

Herrn a.o. Univ.-Prof. Dr. Theophil Antonicek gebührt herzlicher Dank für die vorgenommene Fixierung der textführenden Melodiestimme. Die unterlegten Texte folgen in der Schreibweise ÜBERLIEFERUNG Nr. 2.

Nr. 1. Introduction

MUSIK 149

Nr. 2. Lied

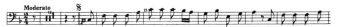

FABIAN: Wird un-s'reins alt, is gu - te Nacht, Da hat man kei-ne Freud, Die Mes-ser schnei-den
Es gibt kein Am-bos der re - belt, So stark, als die - ses Herz, Und gar kein Mes-ser

die man macht, Doch selbst hat man kein Schneid. Die al - ten Mes-ser tau-gen nit, Man
in der Welt Schneidt wie mein Lie - bes - schmerz. Die Lieb ist da was nutzt es mich, Ich

schleift s'thut s' frisch po - liern, Al - lein ein al - ter Mes-serschmied Is nit zu re - no -
gfall halt kei - ner mehr, Und das bloß aus dem Grund, weil ich Ins al - te Ei - sen

viern, Al - lein ein al - ter Mes-serschmied Is nit zu re - no - viern.
ghör, Und das bloß aus dem Grund, weil ich Ins al - te Ei - sen g'hör.

Nr. 3. Lied

SCHNEPF: A Hunds-Doc-tor sein, is schwer, da heißt's stu - diern, 's Na-tu - rell von die
Die Spiz - zeln die knau-fen, die Mop-perln die knurrn, Doch das was der

Hund das thut stark dif - fe - riern, Die Wind-spiel sein leicht - sin - nig, d'Pu - del sind
Doc - tor sagt, thun s' pünkt-lich thun. A Fleisch-hak-ker - la - kel nimmt auch Al - les

treu, Die Tie - ger - hund falsch und gar bis - sig da - bei. Die Jagd - hund sein
ein Und glaubt da - bei fest, daß' er gsund wird bald sein. Doch d'Bin-scherln belln

vif und die Dach - seln sein douce, die Dach-seln sein douce, Doch mit d'Bin-scherln da
spöt - tisch aufs Me - di - ka - ment, aufs Me - di - ka - ment, Ja man siehts gleich, die

Ritornell Da Capo

hat man den mei - sten Ver - druß, Doch mit d'Binscherln da hat man den mei - sten Ver - druß.
Bin-scherln habn Haar auf die Zähnt, Ja man siehts gleich, die Bin-scherln habn Haar auf die Zähnt.

Nr. 4. Schluß vom Iten Act

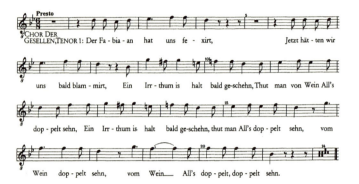

CHOR DER GESELLEN, TENOR 1: Der Fa - bia - an hat uns fe - xirt, Jetzt hät - ten wir uns bald blam - mirt, Ein Irr - thum is halt bald ge-schehn, Thut man von Wein All's dop - pelt sehn, Ein Irr - thum is halt bald ge-schehn, thut man All's dop - pelt sehn, vom Wein dop - pelt sehn, vom Wein All's dop - pelt, dop - pelt sehn.

MUSIK   151

Nr. 5. Chor

Nr. 6. Lied

SCHNEPF: Es war a-mal a schö-ne Sach, Die Hun-derln zu ku - riern, Al - lein jetzt ist bei
Eher habns 'an Hund ins Haus gegebn, Wenn's Pa ti - en - ten warn, Das war für un - ser
Da muß a - mal a so a Vieh. Das Ding ver-ra-then habn, Daß Hundsdocktorn mit

die - sem Fach Nichts mehr zu pro - fi - tirn. Ich sag's auf Eh - re uns'r - eins kunt nit
ein a Lebn, Jetzt seyn d'Leut kei - ne Narrn; Wir habn die Hund mit Hun - ger blos, Mit
Hen - deln sich Und nit die Hund thun labn, So geht's, 's lebt All's vom blau - en Dunst, Doch

lebn, gäb's nicht noch Fraun, Die mehr auf ih - re klei-nen Hund Als auf die Kin - der
gar nix sonst ku - rirt, Doch d'Hen-derln in der Ein-mach-soß Warn all - weil auf - no -
d'Leut die kom - men drauf, Sie sehn, die Kunst is ja kein Kunst Und der Ver - dienst hört

schaun, Die mehr auf ih - re klei-nen Hund Als auf die Kin - der schaun.
tirt, Doch d'Hen-derln in der Ein-mach-soß Warn all - weil auf - no - tirt.
auf, Sie sehn, die Kunst is ja kein Kunst Und der Ver - dienst hört auf.

Nr. 7. Quodlibet

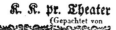

Theaterzettel zur Uraufführung der *Ballnacht* am 6. Februar 1836 im Theater an der Wien.

Ein gebildeter Hausknecht · Einführung

Auf der Jagd nach Theaterfutter und auf der Welle der von Treumann geförderten ‚Kurzwaren' reitend, nahm Direktor Nestroy 1858 David Kalischs Einakter *Ein gebildeter Hausknecht* in den Spielplan. Premiere war am 11. September 1858. Wenig überarbeitet, wahrscheinlich von Nestroy selbst, schlug das Stück ein. Knitsch wurde zu Nestroys größtem schauspielerischen Erfolg der letzten Jahre. Knitsch (den Nörgler mit weinerlicher Stimme? Vgl. *Duden*) gab es sogar als bemalte Biskuitfigur (*Nestroy im Bild* Nr. 327). Nestroy spielte ihn 60 Mal. Er stellte die Rolle noch über seine Doppelrolle in *Der Färber und sein Zwillingsbruder* (*Briefe* Nr. 172).

Kalischs *Hausknecht* bewährte sich (wie früher und immer noch Louis Angelys *Sansquartier*) als ideale ‚Unterlage'[1] für außerordentliche Schauspielkunst: Carl Helmerding[2] in Berlin, Nestroy in Wien waren die eigentlichen Schöpfer der Figur.[3] Die geistige Leere der Texte kam den großen Mimen gerade zupaß (vgl. Rommel 1952, 972 f.). Ihre Leistung ist mit ihnen gestorben. Nestroys ‚Unterlage' wird hier erstmals nach der vermutlich ältesten der heute bekannten Theaterhandschriften gedruckt. Der Apparat gestattet einen Blick auf die Vorlagen und – anhand einzelner Szenen – auf den Prozeß ihrer Veränderung. Für die Beschaffung entlegenen Materials danke ich besonders Rainer Theobald (Berlin) und meiner Tochter Angela Helmensdorfer (Bern/Zürich).

Literatur:
SW XV, 436, 333 f., 512; GW I, 177–182.
Rommel, Otto, *Die Alt-Wiener Volkskomödie*, Wien 1952, S. 881, 961, 972 f.
Gladt, Karl, *Franz Josef Korntheuer*, Diss. masch. Wien 1934.
Korntheuer, F. J., *Alle sind verheirathet*, Lokales Lustspiel in drei Akten. Bühnenmanuskript im Österreichisches Theatermuseum Wien; Signatur Thg Dr 5054.

---

1 Ausdruck Karl Kraus' in ‚Grillparzer Feier', *Die Fackel*, Nr. 588–594, März 1922, S. 12–21.
2 Carl Helmerding (29. 10. 1822 – 20. 12. 1899), als Darsteller ein Nestroy der Berliner Posse, spielte den Nitschke bei Wallner von 1858 bis 1868 271 Mal. Siehe Wischer, S. 336, und Eisenberg, Ludwig, *Großes Biographisches Lexikon der Deutschen Bühne im XIX. Jahrhundert*, Leipzig 1903, S. 412 f.
3 Vgl. Helmensdorfer, Urs, ‚Was leistet der ausübende Künstler?' in *Ufita* 2005/III, S. 811–838.

Wischer, Erika, *Das Wallner [=Königsstädtische] Theater in Berlin unter der Direktion von Franz Wallner (1855–1868)*, Diss. München 1967.
Maas, Liselotte, *Das Friedrich-Wilhelmstädtische Theater unter der Direktion von Friedrich Wilhelm Deichmann in der Zeit zwischen 1848 und 1860*, Diss. München 1965.
Kalisch, David, *Lustige Werke*, Fünf Hefte, Berlin 1869/70. Enthält in den Heften III und V Arbeiten für das Wallner Ensemble; *Ein Gebildeter Hausknecht* steht in Heft III, S. 36–55.
Kalisch, David, *Hunderttausend Taler, Altberliner Possen 1846–1851*, 2 Bde., hg. von Manfred Nöbel, Berlin 1988. Die in Bd. 2, S. 264, erwähnte Neuausgabe einer Auswahl späterer Stücke ist (noch?) nicht erschienen.
Kalisch, David, *Ein gebildeter Hausknecht, Pose [sic] mit Gesang in 1 Act, für die österreichischen Bühnen bearbeitet von Joh. Nestroy*. Bühnenmanuskript in der Wiener Stadt- und Landesbibliothek, Signatur Ib 149.430.
Pichler, Gustav (Hg.), *Zwölf Mädchen in Uniform/Ein Gebildeter Hausknecht*, Zwei erstmalig veröffentlichte Possen [...], mit Einleitung und Anhang, Wien [1]1943 und [2]1953.
Ders., ‚Echter oder unechter Nestroy?' in *Nestroy gehört den Komödianten, Salzburger Nestroy-Gespräche*, hg. von Gustav Pichler, Wien 1978, S. 51–58.
Hein, Jürgen, *Johann Nestroy*, Stuttgart 1990 (S. 91)
Yates, W. E., *Theatre in Vienna: A Critical History, 1776–1995*, Cambridge 1996 (S. 112–114).
Hein, Jürgen, und Meyer, Claudia, *Theaterg'schichten, Ein Führer durch Nestroys Stücke*, Wien 2001 (307 f.).
Helmensdorfer, Urs, ‚*Berlin wird Weltstadt*. David Kalisch – ein preußischer Nestroy?', in *Nestroyana* 21 (2001) S. 132–149.
Wagner, Renate, *Nestroy zum Nachschlagen*, Wien 2001 (S. 236 f.).
Programmheft Burgtheater Wien, *Zettelträger Papp oder Meine Frau hat eine Grille*, Spielzeit 2003/2004 (Einakterabend mit *Zettelträger Papp, Ein gebildeter Hausknecht, Frühere Verhältnisse*, Regie Robert Meyer). [Korrektur zu S. 36: In CG ist *Der gebildete Hausknecht* nicht enthalten.]
Presseberichte in *Wiener Theaterzeitung, Zwischenakt, Dresdner Allgemeine Zeitung, [Berliner] Vossische Zeitung, Berlinische Nachrichten* (= *Haude- und Spenersche Zeitung*).

Necker, Forst de Battaglia, Weigel, Kahl, Preisner, Mautner, Cersowsky, Schübler gehen auf den *Gebildeten Hausknecht* nicht ein. Zur Interpretation des Stücks steht das beste bei Rommel.

EIN GEBILDETER HAUSKNECHT[4]

Pose [sic!] *mit Gesang in 1 Act von*
D[*avid*] *Kalisch*
[*1858*]

Für die österreichischen Bühnen bearbeitet
von
Joh. Nestroy

[*Musik von Carl Binder*]

---

4 Der Titel stammt aus Korntheuer II, 10. Adam sagt zu Theres, die seinen Ärger über den neuen Gast mit einem guten Trinkgeld wegwischt: „Euer Gnaden sollten ein Buch schreiben: ‚Über den Umgang mit gebildeten Hausknechten'".

PERSONEN:

BERNHARD,[5] Gasthofbesitzer
AUGUSTE, seine Frau
FLEURY
NITSCHKE[6] [= KNITSCH], Hausknecht
FROHBERG, Kaufmann
ROSA, seine Frau
KAROLINE, deren Gesellschafterin

[*Links und rechts vom Schauspieler aus.*]

---

5 *BERNHARD*: im Text *BERNARD*.
6 Sic! Im Personenverzeichnis steht noch Kalischs Nitschke. Im Text durchgehend Knitsch. So auch im Zensurbericht.

1. Scene

(Die Handlung spielt im [sic!] *Bernhard's Gasthof.)*
(Salon im Hôtel mit mehreren Mittel- und Seitenthüren. Im Vordergrund ein Spiegel; rechts ein Tisch mit Schreibzeug.)

(AUGUSTE, FROHBERG.)

FROHBERG *(im Reiseanzug durch die Mitte links eintretend).* Ich habe die Ehre, die Frau vom Hause?
AUGUSTE. Zu dienen!
FROHBERG. Die neueste Ausgabe dieses Handbuches für Reisende empfiehlt Ihr Haus als ein sehr solides.
AUGUSTE. Ich war sonst ausgelassen, in diesem Handbuch nämlich früherer Ausgabe.
FROHBERG. Wie kommt das?
AUGUSTE. Weil ich nichts halte auf Marktschreierei.
FROHBERG. Aber Herr Bernard –
AUGUSTE. Der kümmert sich nicht drum, ob wir Gäste haben oder nicht.
FROHBERG. Ist er schon zu reich?
AUGUSTE. Er hat wohl, aber zu reich kann der Mensch nie sein.
FROHBERG. Oder ist Ihr Herr Gemahl vielleicht eifersüchtig?
AUGUSTE. Glauben Sie etwa, daß er keine Veranlassung hat?
FROHBERG. Oh!
AUGUSTE. Ich hab schon glaubt! –
FROHBERG. Man munkelt aber, daß Herr Bernard auch andere schöne Damen gern sieht.
AUGUSTE. Das weiß ich.
FROHBERG. Und Sie dulden das?
AUGUSTE. Warum soll ein verheirateter Mann keine Augen mehr haben?
FROHBERG. Dann sollten auch Sie die Ihrigen nicht immer niederschlagen!
AUGUSTE. Steht davon auch etwas in Ihrem Reisehandbuch?
FROHBERG *(nähert sich).* Schöne Frau!
AUGUSTE. Sie haben N° 4! *(Zeigt auf links.)*
FROHBERG *(will ihre Hand küssen).* Meine Gnädige!

AUGUSTE.   Ich bin Wirthin, mein Herr, weiter nichts. *(Rechts ab.)*

2. Scene

(FROHBERG, allein.)

FROHBERG.   Freund Bernard, ich gratuliere Dir! Du hast wahrlich nicht nöthig, deine Frau auf die Probe zu stellen. Dieses kalt gemessene Betragen, wo ich es doch gewiß an Liebenswürdigkeit nicht fehlen ließ. Ich wünschte, die Meine wäre ebenso brav. Was mag sie nur machen, meine liebe Rosa? Es sind gewiß schon vierzehn Tage, daß ich ihr nicht geschrieben habe.

3. Scene

(VORIGER; KNITSCH.)

KNITSCH   *(das Fremdenbuch unterm Arm, ein Album unter der Schürze verbergend, durch die Mitte rechts).* Schamster Diener! Guten Morgen, hab' die Ehre, unterthänigst!
FROHBERG.   Guten Morgen, was wollen Sie?
KNITSCH.   Sind Sie das eben angekommene braune Felleisen mit der messingbeschlagenen Hutschachtel?
FROHBERG.   Ganz recht, das sind meine Sachen.
KNITSCH   *(ihm das Buch weisend).* Dann bitte ich –
FROHBERG.   Was ist das?
KNITSCH.   Das Namenseintragungs-Protokoll der hier einkehrenden Fremden und sonstigen ·voyageurs· und ·étrangers·.
FROHBERG   *(lachend).* Vor- und Zuname – Charakter – Alter – Stand – reiset in welcher Absicht – Gesinnung überhaupt – bisheriger Lebenswandel – Zeugnisse hierüber – das sind ja eine Menge Rubriken. Müssen die alle ausgefüllt werden?
KNITSCH.   Ja!
FROHBERG.   Verlangt das die Behörde?
KNITSCH.   Nein!

FROHBERG. Wer denn?
KNITSCH. Ich!
FROHBERG. Sie und weßhalb?
KNITSCH. Aus Privatwißbegierde und zarter Aufmerksamkeit, fürs Ausland überhaupt und Frankreich insbesondere. –
FROHBERG. Wer sind Sie denn eigentlich?
KNITSCH. Wer ich bin? Da müßt' ich Ihnen erst sagen, wer ich war, sonst hat es nicht das Interesse![7]
FROHBERG. Lassen Sie hören!
KNITSCH. Sie werden wissen, auf der einen Seite liegt Straßburg, auf der andern Kehl, in der Mitten fließt der Rhein durch, schon seit längerer Zeit, und ich bin der, eines schönen Morgens auf der daselbstigen Brücke gefundene Findling. Nach einiger Unschlüssigkeit ward ich von meinem redlichen Finder ins ·maison d'orpheline français· gebracht, um dort die ersten Eindrücke von Erziehung zu erhalten.
FROHBERG. Zu Straßburg, also jenseits des Rheines, somit ist Ihre Bildung eine überrheinische.
KNITSCH. Überaus überrheinisch!
FROHBERG. Und wie kommen Sie denn hieher?
KNITSCH. Das ist Familiengeheimniß. Als ich kaum drei Jahre alt war, hat ein altdeutsches Ehepaar – die Leut waren in die funfzig – und aus Krems, das ·maison d'orpheline français· besucht, und mich aus besonderem Wohlgefallen angenommen. Ich habe mich annehmen lassen.
FROHBERG. Da war ja Ihr Glück gemacht.
KNITSCH. Anpumpt, sagt der Germane, der Gallier sagt ·rien du tout·. Ich brauche Sie wohl auf den grellen Abstand des Klanges nicht erst aufmerksam zu machen. Meine angenommene Mama ist gestorben, und bei meinem angenommenen Papa hat sich ein früherer Erbe gemeldet. Meine Existenz wurde somit als überflüssig erachtet, und, wie es schon geht, Schicksalsverhältnisse, ·evenements accidents·, so bin ich, nicht ohne Erröten kann ich's ·prononciren·, nach und nach, Hausknecht geworden.
FROHBERG. Sie waren also früher Ihr eigener Herr?

---

[7] Vgl. die Biographie von Korntheuers Hausknecht Adam in I, 4. Siehe den Abdruck S. 220 f.

KNITSCH. Ja, aber auch von jeher Sklave meiner Leidenschaft. Ich liebe die Weiber.
FROHBERG. So? und fanden Sie Gegenliebe?
KNITSCH. Mehr als mir lieb ist. Lesen Sie selbst mein Album, da stehn sie drin, Etliche, Einige. *(Zieht es hervor.)*
FROHBERG. Sie haben ein Album?
KNITSCH. Wie jeder Gebildete.
FROHBERG. Wer hat sich da eingeschrieben?
KNITSCH. Lauter Gebildete. Lesen Sie einmal dieses.
FROHBERG. Von wem ist das?
KNITSCH. Von einer Millifrau aus der Vorstadt. Das müssen Sie hören. *(Liest.)*
  Winter bringt Schnee und Eis,
  Frühling bringt Blümlein weiß,
  Sommer bringt Hitze heiß,
  Und entlockt der Stirne Schweiß,
  Herbst bringt Weinbeer', grün und blau,
  Blätter gelb in Wald und Au,
  Morgennebel bringet Thau.
  Milli bringt die Millifrau! –
FROHBERG. Charmant!
KNITSCH. Wenn man das so zusammenkombinirt, Millifrau und Morgennebel, wissen Sie, der Gebildete denkt immer weiter.
FROHBERG. Gewiß. Von wem ist denn das, dahier? –
KNITSCH. Von einer sehr Gebildeten. Von der Köchin vom hiesigen Hotel, die vergangene Pfingsten fort hat müssen wegen Dienstesvernachläßigung aus Liebe. Sie war eine Greislerstochter[8] und etwas stolz darauf, drum weiß sie das so sinnig in das Gedicht zu verweben! Hören Sie nur! *(Liest.)*
  Deinem Gedächtniß nie entwische
  Erinnerung an die Greislerische!
  In Deines Herzens Grund sei eine Nische,
  Drin steh ein Bild, die Greislerische!
  Sie liebt nicht Putz, nicht Sammt, nicht Seidenplüsche;
  Ein liebend Herz nur wünscht die Greislerische.

---

8 *Greisler*: Fragner, Klein-Verkäufer von Lebensmitteln, Gemischtwarenhändler.

Sollt welken sie zum Grab in Jugendfrische,
So pflanz' ein Blümchen für die Greislerische!
Wenn jenseits dann die Höll' auch Dich umzische,
Es naht ein Engel Dir, die Greislerische.
Ist das eins?
FROHBERG. Ausgezeichnet!
KNITSCH. Das ist keine ordinäre Poesie, das ist schon das Höhere! Gemütshauch-Seelenduft!
FROHBERG. Warum haben Sie die nicht geheiratet?
KNITSCH. Ich hätt' müssen das Geschäft übernehmen, ihr Vater war schon zu alt zum Greiseln, und ich hab' nicht greiseln mögen – so hat sich die G'schicht zerschlagen.
FROHBERG. Von wem ist denn dieses da?
KNITSCH. Das ist von der Patent-Parapluie-Fabrikantensgattin, mit Fischbeingestell und Seidenüberzug. Das ist interessant, mit welch pikanter Schärfe sie das markirt, daß sie nur um ihrer selbst und nicht des schnöden Mammons willen geliebt sein will. *(Liest.)*

Der heiratet aus Liebe bloß,
   Sie hat nix!
Betrogen werden ist sein Los,
   Das schadet nix!
Sie wart' auf ihres Mannes Tod,
   Dran liegt nix!
Er stirbt, kein Geld ist da, o Gott,
   Sie kriegt nix!

Das Abgezwickte im Versmaß, das zeigt ganz den Charakter dieser Dame.[9]
FROHBERG. So viel ich merke, haben sich da lauter verheiratete Frauen eingeschrieben.
KNITSCH. Es sind die mehrsten, wissen Sie, aus dem Grund, ich haß die Männer.

---

9 Pichler (Pichler 1943, 75) überliefert noch folgende Verse:
  Symbolicum:
    Blumen welken,
    Kühe melken,
    aber unsere Freundschaft nicht.
  Noch was:
    Festgemauert in der Erden
    steht die Form aus Lehm gebrannt.
  Dies wünscht dir dich deine dich liebende Karoline.

FROHBERG. Warum?
KNITSCH. Weil sie Frauen haben. Da denk' ich mir immer, wenn ich sie so vernichten könnt', die sämmtlichen Männer, da g'hörten dann die Frauen alle mir allein.
FROHBERG. Sie sind ja ein Teufelskerl!
KNITSCH. Das ist der allgemeine Ausdruck des schönen Geschlechtes über mich.
FROHBERG. Sie haben da wirklich ein sehr interessantes Album.
KNITSCH. Ich sag' Ihnen, wenn ich so des Abends meine Geschäfte verrichtet, meine sämtlichen Stiefel verputzt habe, und ich setz' mich dann hinten in unserem Garten bei Mondenschein nieder, und lasse alle die vergangenen Geliebtinnen an meiner Fantasie vorüberziehn, – der Mensch hat eigentlich nichts als die Erinnerung, – wie ich noch ein Jüngling war, o wer gibt mir meine Jugend wieder!
FROHBERG. Ja, die Jugend entflieht leider zu rasch!
KNITSCH. Ja, aber warum flieht sie? Es thut ihr ja niemand etwas.
FROHBERG. Seien Sie vernünftig.
KNITSCH. Nie! In so fern der Mensch mit dem Alter g'scheidter werden soll, kann ich wohl sagen, die Jahre sind spurlos vorüber an mir gegangen; aber das muß ich Ihnen sagen, aus Ihrem Diskurs erkenne ich, daß Sie kein gewöhnlicher Mensch sind, wie die meisten Passaschör. Sie müssen sich in mein Album einschreiben.
FROHBERG. Das soll geschehen.
KNITSCH. Schlagen Sie ein, wir sind Freunde. –
FROHBERG. Versteht sich! aber als Freunde müssen sie vor allem aufrichtig sein!
KNITSCH. Ein Herz und eine Seele, wie Arest und Piliardes![10]
FROHBERG. So werden Sie mir also auch sagen, ob Madame Bernard eine Liebschaft hat.
KNITSCH. Hören Sie, das ist eine Frage, die –
FROHBERG. Der Freund dem Freunde beantworten muß.
KNITSCH. Das ist wohl wahr! So muß ich Ihnen schon sagen, „sie hat Einen" –

---

10 Verballhornt für Orest und Pylades.

FROHBERG. Einen jungen, schönen? –
KNITSCH. Nicht zu jung und nicht zu schön, aber er ist ein Teufelskerl.
FROHBERG. Wer ist es denn?
KNITSCH. Dringen Sie nicht weiter in mich, forschen Sie nicht, sonst, auf Ehre, laß ich Ihnen nicht in mein Album schreiben.
FROHBERG. Sapprament, das wär' entsetzlich! *(Links ab.)*

4. Scene

(KNITSCH, allein; dann AUGUSTE.)

KNITSCH. Ich hätt' mich ihm gerne anvertraut. Man theilt sich gern mit; aber, wenn sie erfahret', daß ich plausch', die Weiber hassen das Plauschen, ausgenommen ihr eigenes. Ich kann mir mein stilles Glück nicht verderben.
AUGUSTE *(von rechts).* Na, was steht denn der Hans-Dampf wieder da?
KNITSCH *(entzückt).* Da ist sie.
AUGUSTE. Hat der fremde Herr was befohlen?
KNITSCH. Im Gegentheil.
AUGUSTE. Was heißt das? Hat Er vielleicht ihm etwas befohlen?
KNITSCH. Ja, nämlich, daß er sich in mein Album schreibt.
AUGUSTE. Wo seine Liebschaften drin stehen? Er ist und bleibt ein Dummkopf. Marschir' Er an seine Arbeit und charmir Er nicht wieder den ganzen Tag mit der Köchin.
KNITSCH [*(für sich)*]. Eine süperbe Frau, aber diese fürchterliche Eifersucht!
AUGUSTE. Na, wird's bald?
KNITSCH. Ach, Madame Bernard, seien Sie nicht gar zu bescheiden, und halten Sie das nicht für zu leicht, von Ihnen fortzugehen.
AUGUSTE. Was untersteht Er sich?
KNITSCH. Der unbedeutendste Grashalm wärmt sich im Sonnenstrahl, und die Sonne kann es ihm nicht verbieten. Ihre Schönheit ist auch ein Sonnenstrahl.
AUGUSTE. Jetzt hat es Zeit, daß Er geht! –

KNITSCH. Erlauben Sie, daß ich Ihnen meinen Respekt bezeige! *(Hand küssend.)* Eine Ohrfeige von dieser Hand muß nicht ohne Vorgeschmack der Seligkeit sein.
AUGUSTE *(für sich)*. Narr! *(Laut.)* Bring er seine Galanterien anderswo an!
KNITSCH *(für sich)*. Herrliches Weib! Wenn sie nur diese gräßliche Eifersucht nicht hätt'! *(Mitte rechts ab.)*

5. Scene

(AUGUSTE, dann FLEURY[, später FROHBERG].)

AUGUSTE. Der Mensch schnappt noch ganz über. Übrigens, manchmal scheint's doch, als ob er wüßt', was schön ist. Und verläßlich ist er, also kann man schon ein Auge zudrücken.
FLEURY *([von] Mitte links)*. ·Madame, je suis charmé de vous voir!· Ich komme schon wieder als Ihr Plagegeist. Darf ich bitten? *(Reicht ihr ein Briefchen.)*
AUGUSTE. Wieder ein Brief an meine Cousine. Werd' ich gleich hinüberschicken. Da werden wieder eine Quantität Liebesseufzer darin sein –!
FLEURY. Ich ersuche Amalien darin, heute Abends in Ihren Garten zu kommen.
AUGUSTE. Gut, ich werde aber auch dabei sein. Es heißt zwar, Verliebte brauchen keine Zeugen, indessen –
FLEURY. Sie werden uns sein ein sehr angenehmer Zeuge.
(FROHBERG erscheint Mitte rechts.)
FLEURY. Also gegen acht Uhr in Ihrem Garten. Liebe und Freundschaft werden die Stunden versüßen. ·Adieu, ma chère, adieu·! *(Mitte links ab.)*

6. Scene

(AUGUSTE, FROHBERG mit dem Album.)

AUGUSTE *(für sich)*. Liebenswürdiger Mensch!
FROHBERG *(niest)*.

AUGUSTE. Zum Wohlsein!
FROHBERG. Ich wollte nur dem Hausknecht sein Buch zurückgeben.
AUGUSTE. Legen Sie es nur dahin. –
FROHBERG. Liebenswürdige Frau!
AUGUSTE. Mein Herr!
FROHBERG. Sie haben einen Garten beim Hause?
AUGUSTE. Ja, ich liebe die Pflanzen.
FROHBERG. Insonders die ausländischen –
AUGUSTE. Mein Herr!
FROHBERG. Meine schöne Dame! *(Will ihr die Hand küssen.)*
AUGUSTE *(zieht sie zurück)*. Was wünschen Sie?
FROHBERG. Nichts!
AUGUSTE. Das ist wohl wenig! –
FROHBERG. Ich muß jetzt fort, aber in einer halben Stunde komme ich wieder, dann sprechen wir weiter.
AUGUSTE. Ich wüßte nicht, was wir zu sprechen hätten.
FROHBERG *(sich nähernd)*. Ach, reizende Frau!
AUGUSTE *(ausweichend)*. Erlauben Sie mir, mein Herr, Sie sind etwas –
FROHBERG. Krank! *(Aufs Herz.)* Hier sitzt es! –
AUGUSTE. Nehmen Sie Brausepulver! –
FROHBERG. Wollen Sie nichts für mich thun?
AUGUSTE. Wäre Ihnen gedient damit, wenn ich Sie ein wenig auslachte?
FROHBERG. O, warten Sie nur, ich werde so lange fortfahren –
AUGUSTE. Unten steht eben ein Fiaker.
FROHBERG *(pikirt)*. Sie sollen mich kennen lernen. *(Mitte links ab.)*

7. Scene

(AUGUSTE, *dann* KNITSCH.)

AUGUSTE. Der glaubt, er muß es durchsetzen, daß man ihm geneigt ist, da wird man aber eigensinnig und sagt –
KNITSCH *([von] Mitte links)*. Geh zum Teufel, Du rollender

·Rasand·!¹¹ Da könnt' man sich ja alle möglichen Händ' und Füß' brechen, wie der anrennt an alle möglichen Leut –
AUGUSTE. Knitsch, diesen Brief tragst Du sogleich zur Fräulein Amalie hinüber!
KNITSCH. Zur Fräulein Anamalie –
AUGUSTE. Und gibst ihr ihn persönlich, ohne daß es Jemand sieht. Es ist ein Geheimniß. Sprich mit Niemandem darüber!
KNITSCH. Kein I-dipfel! Aber es steht keine Adresse darauf! –
AUGUSTE. Ist nicht nöthig. Du weißt, an wen der Brief gerichtet ist. Halte Dich nicht eben wieder drei Stund' beim Stubenmädel auf! *(Mitte rechts ab.)*

8. Scene

(VORIGER; ROSA und KAROLINE [von] Mitte links.)

ROSA. Das ist doch das ·Hôtel garni· der Madame Bernard?
KNITSCH. Zu dienen!
ROSA. Können wir ein Zimmer haben?
KNITSCH. O ja, sechse!
ROSA. Das wäre zu viel, wir brauchen nur eins.
KNITSCH. Eben N° 6, sonst haben wir keines. Ich werd' gleich die Madame Bernard rufen.
ROSA. Thun Sie das, lieber Mann!
KNITSCH *(für sich)*. Lieber Mann! Schon wieder Eine, die auf den ersten Blick verliebt is in mich.
KAROLINE. Nun, was zögern Sie? Melden Sie uns lieber!
KNITSCH *(für sich)*. Die sagt auch „Lieber". Nein, wie sie's mit mir treiben, die Frauenzimmer!
KAROLINE. Langweiliger Mensch!
KNITSCH *(für sich)*. 's Will's Eine vor der Andern maskiren, drum thun s', als ob s' mich fortschaffen wollten. Mich täuscht das nicht, vor mir haben sie sich verdecouvrirt.¹² *(Mitte rechts ab.)*

---

11 *rollender Rasand*: nicht bei Kalisch, aber bei Korntheuer II, 10. Hat sich der Wiener Bearbeiter an Adams Text erinnert?
12 *verdecouvrirt*: decouvrirt, entlarvt, verraten.

9. Scene

(ROSA, KAROLINE.)

ROSA. Ich bin neugierig, diese Madame Bernard kennen zu lernen. Nach den Äußerungen ihres Gemahls scheint sie gerade nicht die liebenswürdigste Frau zu sein.
KAROLINE. Sonst würde er Dir wohl nicht auf der ganzen Reise die Cour gemacht haben.
ROSA. Ich wünschte meinen Mann bei ähnlichen Abentheuern nicht zu ertappen.
KAROLINE. Und doch ist dies der Zweck unsrer Reise.
ROSA *(sieht das Album)*. Ein Stammbuch! Das kann man ja wohl ansehen. – Was ist das? Die Handschrift meines Mannes?
KAROLINE. Er ist also hier?
ROSA *(liest)*. „Des Lebens Unverstand mit Wehmuth zu genießen, ist Tugend und Begriff.[13] – A[nni] f[uturi] August Frohberg."[14] Das hat er einem Frauenzimmer geschrieben! –

10. Scene

(VORIGE, AUGUSTE [von] *Mitte rechts.*)

AUGUSTE. Meine Damen, Sie wünschen? Was seh' ich, Rosa?
ROSA. Auguste, Du, ist's möglich? *(Umarmung.)*
AUGUSTE. Wie kamst Du denn auf einmal hierher? Seitdem ich mit meinem Alten aus unsrer Vaterstadt fortgezogen, habe ich von Dir nichts gesehen und gehört, aber wohl recht oft hab' ich an Dich gedacht.
ROSA. Auch <u>ich</u> habe über Dich keine Nachricht erhalten. Du lebst doch glücklich?
AUGUSTE. O ja, es geht mir recht gut, aber –
ROSA. Aber Dein Mann ist ein etwas lockerer Passagier!

---

13 Bei Kalisch: *... ist der Tugend schönster Lohn.* Zitat von Hans Adolf von Thümmel (gest. 1851), General und Oberhofmarschall des Kurfürsten von Hessen. Im Glauben, ein Dichter zu sein, verbrach er viele ähnliche Sprüche.
14 *A f*: des kommenden Jahrs.

AUGUSTE. Kennst Du ihn denn?
ROSA. Auf der Reise hierher machte ich seine Bekanntschaft. Er hat mir wie ein Seladon[15] die Cour gemacht.
AUGUSTE. Aber, wo ist er? –
ROSA. Er wird gleich hier sein! Er ist auf dem Bahnhof zurückgeblieben, um nicht durch gleichzeitiges Eintreffen mit mir Deinen Verdacht zu erregen. Als er nämlich von meiner Absicht, hier abzusteigen, hörte, gab er sich mir zu erkennen, und beschwor mich, Dir gar nichts zu sagen, daß er mit mir gereist sei.
AUGUSTE. Das ist ja ein charmanter Ehegemahl!
ROSA. O, ich bin auch im Besitze eines Ähnlichen. Mein Mann befindet sich ebenfalls auf Reisen. Seit drei Wochen erwarte ich Nachricht von ihm, vergebens; da reißt mir die Geduld, ich setze mich mit meiner Freundin auf die Eisenbahn, fahre hierher, steige hier ab, und habe so eben die Entdeckung gemacht, daß er hier im Hause wohnt.
AUGUSTE. Dein Mann? – Das ist doch nicht der Kaufmann? –
ROSA. August Frohberg!
AUGUSTE. Hahaha! Das ist nicht übel! Der hat mir so eben sein Herz offerirt. –
ROSA. Der Nichtswürdige, der –
AUGUSTE. Ich glaube, auch er hat sich für ledig ausgegeben, ich achtete nicht darauf.
ROSA. Und Dein Gatte behauptet, Du hättest die widerwärtigste Laune.
KAROLINE. Sie wären ein Ausbund von Häßlichkeit, hat er auch gesagt.
ROSA. Eine wahre ·Pastrana·.[16]

---

15 *Seladon*: verliebter Schäfer (ursprünglich aus dem Roman *L'Astrée* von Honoré d'Urfé, 6 Teile 1616–1626).
16 Anspielung aus Kalisch übernommen. *Julia Pastrana*: „Die häßlichste Frau der Welt" kam 1832 in Mexiko zur Welt. Sie war kleingewachsen, ihr Gesicht und Körper mit schwarzem Haar bedeckt, Ohren und Nase waren übermäßig groß. Sie wurde von einem Impresario in aller Welt gezeigt und sogar geheiratet. Nach ihrem Tod (1860) mumifiziert, wurde sie in einem Glassarg weiter vermarktet (Hinweis von Rainer Theobald). Nestroy trat in der Posse *Die Braut von Mexico* im Februar 1858 als Miss Pastrana verkleidet auf, was die Zensur zu spät zu verhindern suchte (SW XV, 394 und 512).

AUGUSTE.   Abscheulich! Das fordert Rache! Komm, Freundin, laß unsern Kriegsplan uns entwerfen!
ROSA.   Vereint wollen wir handeln! Der böse Wille muß bestraft werden, wie die böse That! *(Alle drei nach rechts ab.)*

11. Scene

(FROHBERG und KNITSCH von Mitte links.)

FROHBERG.   Also, wichtige Geschäfte hatten Sie? Was haben Sie denn hier für einen Brief?
KNITSCH.   St! Das ist Familiengeheimniß!
FROHBERG.   Gewiß ein Liebesbrief!
KNITSCH.   Wern S' still sein!
FROHBERG.   An Madame Bernard, wie?
KNITSCH.   Aber, ob S' still sein wern!
FROHBERG.   Wozu sind wir Freunde, wenn Sie Geheimnisse vor mir haben?
KNITSCH.   Sie sagen mir auch nicht Alles! Wenn Sie mir gesagt hätten, daß Sie Einer sind, der die Leut' zusammenrennt, wär' ich Ihnen ausg'wichen zuvor auf der Stiegen.
FROHBERG.   Ich hab's ja nicht gern gethan!
KNITSCH.   Das will ich hoffen!
FROHBERG.   Also Verzeihung! –
KNITSCH.   Meinetwegen. Ich hab Sympathie für Ihnen; sagen wir Du zu einander. Schlagen Sie ein!
FROHBERG.   Das hat noch Zeit!
KNITSCH.   Zu was zwischen uns eine G'spreiztheit?
FROHBERG.   Geduld! Vorerst, was ist das für ein ·billet doux·?
KNITSCH.   Du sagst Du? Na siehst, so ists's recht, Bruder! Geh her! *(Will ihn umarmen.)*
FROHBERG.   Halt! Erst muß ich wissen, von wem dieser Brief ist! Ist er von Madame Bernard, oder ist er an sie?
KNITSCH.   Das ist Familiengeheimniß! Schau, thu' mir den Gefallen, Freund, und red' gegen Niemanden ein Wort, verstehst, zu keinem Menschen darfst Du was sagen. Siehst, ich sag' nicht einmal Dir's, so delikat ist diese Angelegenheit.

12. Scene

(VORIGE. BERNARD [*von*] *Mitte links.*)

BERNARD (*im Reiseanzug*). Frohberg, Du schon hier?
FROHBERG. Seit einer Stunde.
KNITSCH. Herr Bernard!
BERNARD (*zu* FROHBERG). Hast Du meine Frau schon gesprochen?
KNITSCH. Herr Bernard!
BERNARD. Was willst Du denn?
KNITSCH. Gehorsamer Diener, Herr Bernard!
BERNARD. Sind nicht eben zwei Damen angekommen?
KNITSCH. Die eine is eine Dame, und die andere is ihre Freundin. Man kann auch die andre als Dame annehmen, dann is wieder die eine ihre Freundin.
BERNARD. Das sind sie schon! Bleib hier, ich muß Dir noch Aufträge geben. – (*Leise* [*zu* FROHBERG].) Nun, wie steht's, hast Du meine Frau gesprochen?
FROHBERG. Freund, ich bedaure Dich.
BERNARD. So werde ich betrogen?
FROHBERG. Du wirst es.
BERNARD. Meine Frau hat Deine Liebeswerbung freundlich aufgenommen?
FROHBERG. Mit Entrüstung zurückgewiesen. Sie hat sich über mich lustig gemacht.
BERNARD. Himmlisch!
FROHBERG. Verblendeter! Sie hat meine Bewerbung nur abgewiesen, weil sie einen Anderen liebt. – Sie hat einen Courmacher, einen Franzosen. Ich habe sie in einem ·tête à tête· mit ihm belauscht. Er erwartet sie heut Abends im Garten.
BERNARD. Der Franzos?
FROHBERG. Und wenn nicht Alles trügt, so ist Dein Hausknecht ihr ·postillon d'amour·.
BERNARD. Was, Knitsch?
FROHBERG. Er hat so eben wieder einen Brief von ihm an sie.
BERNARD. He, Knitsch!
KNITSCH. Herr Bernard?

BERNARD. Komm her, Du hast einen Brief an meine Frau?
KNITSCH. Fallt mir gar nicht ein; ich werd einen Brief an Ihre Frau haben!
FROHBERG. Er hat einen Brief, ich hab' es gesehen.
KNITSCH *(zu FROHBERG).* Ah! Du bist mir ein Kerl!
BERNARD. Was unterstehst Du Dich?
KNITSCH. Bist Du ein Freund?
BERNARD. Heraus mit dem Brief!
KNITSCH. Was nutzt denn das Reden, ich hab' keinen Brief.
FROHBERG. Lüge nicht!
KNITSCH. Du bist ja ein altes Weib und kein Freund!
BERNARD. Keine Umstände jetzt!
KNITSCH. In Dir hab' ich mich schön getäuscht!
BERNARD *(schüttelt ihn).* Verräther, den Brief her!
KNITSCH. Beuteln Sie nicht, Sie haben kein Recht zum Beuteln!
BERNARD. Ich erwürge Dich!
KNITSCH. Da haben S' den dalketen Brief! *(Gibt ihn.)* Er ist nicht an Ihre Frau!
FROHBERG. Das wird die Adresse zeigen.
KNITSCH. Ja, 's steht gar keine drauf!
BERNARD *(öffnet).* Das ist französisch![17]
FROHBERG *(blickt hinein).* Ja, französisch!
BERNARD. Und sehr undeutlich geschrieben!
FROHBERG. Sehr!
BERNARD. Kannst Du's lesen?
FROHBERG. Nur etwas; kannst Du's denn nicht?
BERNARD. O ja, das heißt, nicht Alles. Aber mein Hausknecht ist aus einem französischen Waisenhaus!
FROHBERG. Dann lass' ihn doch lesen!
BERNARD. Er soll laut lesen, und wir halten ihm die Ohren zu, daß er nichts hört davon.
FROHBERG. Das hilft nichts, aber schweigen muß er, sonst –
BERNARD. Weh ihm! – He, Knitsch! –
FROHBERG. Komm' her, Knitsch! –
KNITSCH *(zu FROHBERG).* Mit Dir red ich nix. Von einem alten Weib bin ich kein Freund.

---

17 Die folgende Szene folgt fast wörtlich Kalisch. Phonetische Orthographie des Französischen.

BERNARD. Du wirst diesen Brief lesen und übersetzen!
KNITSCH. Übersetzen, ja, aber lesen just nicht!
BERNARD. Thu, was man Dir befiehlt, und lies!
KNITSCH *(liest).* „·Maschir Marie·", das heißt, die Marie soll marschiren.
FROHBERG. Das kann nicht sein.
KNITSCH. Ah richtig! „·Ma chère amie·" heißt meine theure Freundin. „·Vous vous plaignez un peu de mon long silence·."
BERNARD. Was heißt das?
KNITSCH. ·Silence·! Ruhig! „·C'est que flatter extremement de mon coeur propre·."
FROHBERG. Was heißt das?
KNITSCH. „·Amour propre·", das ist eine propre Amur; eine Amur, die proper ist, heißt auf französisch ·amour propre·!
BERNARD. Es ist abscheulich! Weiter!
KNITSCH. „·Mon amour propre, d'entendre cela d'une femme comme vous·!" Infam kom ·vous·, das ist grob, impertinent!
FROHBERG. Was heißt das?
KNITSCH. Infam kom ·vous·, das heißt: „Niederträchtig wie Du!"
BERNARD. Empörend, aber weiter, weiter!
KNITSCH. „·Je vous envoye ci joint ma fille Jette!·" Ja, wo ist sie denn?
BERNARD. Wer?
KNITSCH. Na, die Jette! Hier steht's: Anbei schick' ich Ihnen meine Tochter Jette.
BERNARD. Das kann nicht sein!
FROHBERG *(sieht hinein).* ·Ma silhouette·, meine Silhouette! –
KNITSCH. Richtig, ·Silhouette· heißt's.
BERNARD. Das ist ein Portrait! Hier ist's!
FROHBERG. Das Portrait des Franzosen!
KNITSCH *(zu FROHBERG).* Red' nit so dumm! Ein Franzos, das is ja ein Mohr, ein kleiner Mohr! Jetzt glaubt der, d'Franzosen sein schwarz, nein, so einen dummen Freund!
BERNARD. Haarsträubend! Weiter! Weiter!
KNITSCH. „·Je vous attendrai aujourd'hui au soir dans le jambon près d'hôtel·", auf dem Schinken vom Hotel, – Schunken aus'm Hotel! –
FROHBERG. Das kann nicht richtig sein –!
KNITSCH. „... ·dans le jardin près d'hôtel·." Richtig! Ich

erwarte Sie im Garten beim Hotel, auf das ·attendrai· hab'
ich vergessen, ·je vous attendrai· vergißt man leicht.
BERNARD. Weiter!
KNITSCH. „·Chez votre Bernard·."
BERNARD. ·Bernard·, das ist an meine Frau!
KNITSCH. Mich hätt' der Akzeng ·circumflex·[18] bald irr' g'macht!
BERNARD. Da steht noch was.
KNITSCH. „·À sept heures et demie·."– Sieben und eine halbe Stund!
FROHBERG. Was?
KNITSCH. Sieben und eine halbe Stund soll sie bei ihm bleiben!
BERNARD. Verrathen, betrogen, es is empörend! *(Entreißt ihm den Brief und schüttelt ihn.)*
KNITSCH. Jetzt lassen S' mich aber los!
BERNARD. Ich kann mich nicht fassen!
KNITSCH. Deswegen hassen S' mich?! Wenn ich Ihnen sage, der Brief is ja –
BERNARD. Fort auf der Stelle!
KNITSCH. Machen S' keine G'schichten!
FROHBERG. Fort mit Ihm!
KNITSCH. Du sagst „Ihm" zu mir? Scham Dich! *(Zu* BERNARD.*)* Jetzt geben S' den Brief her, ich muß ihn ja abgeben.
BERNARD. O, ich werd' ihn schon selbst besorgen!
KNITSCH. Ich soll aber ein Trinkgeld kriegen.
BERNARD. Da hast du's, Schuft! *(Gibt ihm eine Ohrfeige.)*
KNITSCH. Nein, hören Sie, da laßt sich gar nichts mehr sagen. *(Ab Mitte links.)*

13. Scene

*(*BERNARD, FROHBERG.*)*

BERNARD. Jetzt rathe, Freund, was soll ich thun?

---

18 *circumflex*: in *hôtel*. Kalisch hat *circus renz*. Das Zeichen ∧ hat die Form eines Zirkuszelts.

FROHBERG. Wenn's dunkel wird, gehn wir Beide in den Garten und überraschen das Verrätherpaar.
BERNARD. Es ist entsetzlich.
FROHBERG. Du mußt Dich sammeln, Freund!
BERNARD. Sammeln sagst Du, ich wollte, ich könnt' mich zerstreuen.
FROHBERG. Schlag Dir alles aus dem Sinn!
BERNARD. Alles? Nein, Freund, das kann und will ich nicht, da ist zum Beispiel eine junge Dame, deren Bekanntschaft ich im Waggon gemacht habe, eine Inspektors-Witwe. –
FROHBERG. Also eine interessante Bekanntschaft gemacht?
BERNARD. Eine reizende Tändelei! Aber, es wird Einem ja jeder Spaß verdorben, kommt mir die Geschichte mit meiner Frau dazwischen.
FROHBERG. Ja, das Leben bietet selten reine Freuden. –
BERNARD. Ich bin in einer Stimmung –
FROHBERG. Gehen wir ein wenig ins Freie!
BERNARD. Ach ja, es ist mir, als ob ich in die Luft gehen müßte. *(Beide Mitte links ab.)*

14. Scene

(ROSA und AUGUSTE [von] Seite rechts.)

ROSA. Ganz recht, so machen wir's, ich lasse mir sofort von Deinem Mann die Cour (× machen ×) schneiden.
AUGUSTE. Und ich ermuthige den Deinigen. O, wie wir sie dann Beide demüthigen wollen!
ROSA. Die sollen daran denken, die leichtsinnigen Patrone!
AUGUSTE. Es soll ein Triumph werden!

15. Scene

(VORIGE, KNITSCH.)

KNITSCH. Madame Bernard!
AUGUSTE. Was gibt's?
KNITSCH. Ich komm', weil ich geh'! –

AUGUSTE. Was willst Du denn?
KNITSCH. Madame Bernard, ich werde nie die Stunden vergessen, die ich bei Ihnen zugebracht! –
AUGUSTE. Was soll das heißen?
KNITSCH. Muß denn Alles was heißen, was man sagt? Der Herr Bernard hat mir den Abschied gegeben. Hier bin ich, um Abschied zu nehmen.
AUGUSTE. Mein Mann, sagt Er, ist er denn schon da?
KNITSCH. Freilich! ankommen, mich packen, Seel-Ausbeuteln, das war das Werk weniger Minuten.
AUGUSTE. Hat Er den Brief abgegeben?
KNITSCH. Wegen dem dummen Brief is ja der ganze Scandal hergangen. Er hat behaupt', er is an Ihnen, und hat mir ihn abgebeutelt mit wahrer Gewaltthat! –
AUGUSTE *(zu ROSA).* Den darf ich nicht fortlassen; wir werden ihn nothwendig brauchen. *(Spricht leise weiter.)*
KNITSCH [*(für sich)*]. Der Abschied is schwer, na ja, so eine Frau is schon was Feines! *(Laut.)* Sie derfen mir glauben, Madame Bernard –
ROSA. Wo wollen Sie denn hin?
KNITSCH. Das is noch unbestimmt.
AUGUSTE. Er wird uns doch wegen so einer Kleinigkeit nicht verlassen?
KNITSCH. Kleinigkeit! Diese Ohrfeigen? Die war von der Größe! Die gewöhnlichen kriegt man paarweis, das war aber eine Soloohrfeige!
AUGUSTE. Ich werde es wieder gut zu machen suchen.
KNITSCH. Was hat der Herr Gemahl mit der Hand in meiner Gesichtsbildung zu thun? – So was kränkt den Gebildeten. Ich hab' im ·Maison d'Orpheline français· Erziehung genossen.
AUGUSTE. Bleib Er nur bei uns, Knitsch!
ROSA. Thun Sie es uns zu Liebe!
KNITSCH. Ihnen zu Liebe? –
AUGUSTE. Es ist Ihm Unrecht geschehen, indeß –
ROSA. Die Zeit heilt alle Wunden!
KNITSCH. Es is nur G'schwulst. –
AUGUSTE. Er soll entschädigt werden!
KNITSCH *(halb für sich).* Der Gebildete kennt nur eine Entschädigung –

ROSA. Was wir thun können, soll geschehen.
KNITSCH. Wenn Einem so zug'setzt wird, kann man da wiederstehn?
AUGUSTE. Wir bleiben beisammen!
KNITSCH. Ach, warum sind wir nicht Mann und Frau! –
AUGUSTE. Das sind wir ja!
KNITSCH. Ja, aber jedes für sich, nicht für einander, und im Füreinander liegt es!
ROSA. Also, wir können auf Sie rechnen?
KNITSCH. Nun, ja doch, ich bleibe! [*(Für sich.)*] Wenn die einmal dahinter kommt, daß auch die – – Meine Stellung hier ist reizend, aber furchtbar.
AUGUSTE *und* ROSA *(ihn fortführend)*. Also abgemacht!
KNITSCH. Nun ja doch, ja, ich bleibe! *(Mit Beiden Mitte rechts ab.)*

16. Scene

BERNARD *(allein d[urch] Mitte links)*. Ich weiß nicht, es treibt mich herum, als ob ich ein böses Gewissen hätte. Wo nur Frohberg hin ist? Ärgerlich, daß er mich gerade verlassen mußte! In einer Stunde, sagt er –

17. Scene

(VORIGER, ROSA [*von*] *Mitte rechts, später* AUGUSTE.)

ROSA. Ach, Herr Bernard, da sind Sie ja!
BERNARD *(für sich)*. Die Inspektors-Witwe! *(Küßt ihr die Hand.)* Schöne Frau, es freut mich außerordentlich, Sie in meinem Hause begrüßen zu dürfen.
ROSA. Ich werde nicht lange hier bleiben. – Ihre Frau benimmt sich so sonderbar gegen mich!
BERNARD. Ja, das hat sie, – schönen Damen gegenüber ist sie immer so schroff; es verletzt sie, wenn sich Jemand untersteht, schöner zu sein wie sie.
ROSA. Dieser Grund fällt aber doch bei mir hinweg!
(AUGUSTE *lauscht Mitte rechts.*)

BERNARD. Ah, da muß ich bitten, das heißt die Bescheidenheit zu weit treiben. Meine Frau ist eine hübsche, passable Frau, und Sie sind ein Engel! –
AUGUSTE *(leise)*. Wart nur, Satan!
ROSA. Sie schmeicheln mir, und wenn man so eine liebenswürdige Frau hat –
BERNARD. Was ist liebenswürdig im Vergleich mit Ihnen? Und offen gesagt, schon ihr heftiger Charakter –
AUGUSTE *(leise)*. Den wirst Du recht kennen lernen!
BERNARD. O, ich hätte Ihnen viel zu sagen, reizende Rosa!
ROSA. Sie wollen mein Herz bethören, aber ich bin nicht leichtgläubig. Indessen sprechen will ich Sie! –
BERNARD. O, bestimmen Sie Zeit und Ort!
ROSA. Kommen Sie heute Abend um acht Uhr in den Garten! Ich werde dort sein, versteht sich, in Begleitung meiner Freundin.
BERNARD. Sie machen mich zum glücklichsten Sterblichen!
ROSA. Also, auf Wiedersehen! *(Seite rechts ab.)*
BERNARD. Auf Wiedersehen, hat sie gesagt. Das ist ein Götterweib! Aber, um Acht Uhr in dem Garten, da kommt ja meine Frau auch hin, mit dem – Was ist da zu thun? Wenn nur Frohberg da wäre, ich muß ihn aufsuchen! *(Mitte links ab.)*

18. Scene

(AUGUSTE, FROHBERG *von rechts.*)

AUGUSTE. Sie verfolgen mich mit einer Beharrlichkeit –
FROHBERG. Kann ich für die Größe meiner Leidenschaft?
AUGUSTE. Sie wissen, daß ich nicht mehr frei bin, und sind es vielleicht ebenso wenig.
FROHBERG. Ich bin frei wie der Vogel in der Luft!
AUGUSTE. Wirklich? Wenn mein Mann erführe, daß ich Ihnen – nicht abgeneigt bin!
FROHBERG. Hör ich recht? Ich Überglücklicher! Darf ich also hoffen? Ihr Mann ist ein alter Freund von mir.
AUGUSTE. Wär's möglich?
FROHBERG. Auf seine Veranlassung habe ich Sie geprüft.

AUGUSTE. So? Also ist Ihnen Leidenschaft nur Prüfung?
FROHBERG. Aus dem Scherz ist fürchterlicher Ernst geworden!
AUGUSTE. Was finden Sie denn so fürchterlich?
FROHBERG. Daß Sie mich so quälen und einem Begünstigten aus Paris ein Rendez-vous im Garten gewähren!
AUGUSTE. Wer sagt Ihnen denn das? Zum Glück kann ich Ihnen sehr leicht das Gegentheil beweisen, indem ich Sie ersuche, heute Abend um Acht Uhr im Garten zu erscheinen.
FROHBERG *(entzückt)*. Himmlisches Wesen!
AUGUSTE. Still! Keine Exklamationen! Ich höre im Vorsaal Schritte – in einer halben Stunde also? *(Rechts ab.)*

19. Scene

(FROHBERG, BERNARD [von] Mitte links.)

FROHBERG *(sieht ihn)*. Hol' mich der Gukuk, er ist es selbst!
BERNARD. Ach, da bist Du ja!
FROHBERG. Ich suchte Dich überall, ich habe Deine Frau wieder belauscht.
BERNARD. Nun?
FROHBERG. Und hörte, wie sie einer Dienerin den Auftrag gab, dem Franzosen das Rendez-vous abzusagen.
BERNARD. Wirklich?
FROHBERG. Einen Mann, der so brav, so gut ist wie der Meine, sagte sie, den kann man nicht betrügen. Jetzt ist's auch ganz überflüssig, in den Garten zu gehen.
BERNARD. Freilich, ganz überflüssig. Ist mir auch lieber, ich hab wichtige Geschäfte.
FROHBERG. Mir geht es auch so – ich muß zu meinem Advokaten.
BERNARD. Wir sind wirklich sehr geplagt.
FROHBERG. Nicht einmal Abends kommt man zur Ruhe! Also leb' wohl, Freund! *(Mitte links ab.)*

VERWANDLUNG[19]

(Garten, rechts ein Pavillon, Nacht.)

20. Scene

(KNITSCH [allein].)

KNITSCH *([kommt von] Mitte links, mit einer heruntergeschraubten Lampe, schraubt sie auf, stellt sie auf die Gartenbank neben dem Pavillon; Tag.)* Ich soll ins Gartenhaus, hat die Madame Bernard gesagt, und die Lampe herunterschrauben, und nicht eher kommen als bis sie ruft. Ich weiß zwar nicht, was das bedeutet: entweder sie erwartet wen, oder es soll wer kommen, den sie hier erwartet. Ha! was kommt mir für ein Gedanke! Knitsch, kurzsichtiger Knitsch! Du selbst bist es ja, der Erwartete! Sie will einmal reden, sich decouvriren,[20] ihr Gefühl desenveloppiren[21] – ja, ja, es kann nicht anders sein! Mein ganzes Wesen, mein ·esprit·, die ·tournure·, das Alles hat den Sieg errungen. Dazu kommt noch, daß ich die französischen Worte immer zur rechten Zeit einzuflechten weiß, das macht mich erst ganz unwiderstehlich! Es liegt was Eigenes in der französischen Sprach'! Man mag was Dummes sagen, oder was Unangenehmes, es klingt halt nobel, die Klänge dieser Sprach' sind zu reizend.

·Couplet·

1.
Es macht Depensen[22] auf ·depance·
Im Winter uns die ·residence·[23],
Doch wie vorüber die ·saison·,
Läuft Alles fort, auf und davon.

---

19 Das Finale erinnert fern an den 4. Akt von Mozarts *Le Nozze di Figaro*.
20 *decouvriren*: entdecken, sich erklären.
21 *desenveloppiren*: aus dem Umschlag (*enveloppe*) nehmen.
22 *dépensen*: von *dépens*, frz., m. pl., Ausgaben, Kosten.
23 *residence*: Hauptstadt, Wien.

·Divertissement aux champs et villages·,
d'Stadt kriegt eine andere ·visage·.
Die Fadigkeit steht in ·accord·.[24]
Die ·crême· nennt das ·saison mort·.
's Französische hat halt einschmeichelnde Kläng,
·Rendre, prendre, descendre, entendre·[, Schnederedeng].[25]

2.
Ein Akzienschwindler lebt vom ·course·.[26]
Sein Wahlspruch ist: ·Vie ou la bourse·.
Er spricht von Nichts als ·hausse· und ·baisse·,
·Agiotage·,[27] ·Escompten·[28] und ·Rimesse·.[29]
Man merkt bei ihm, nie ·desperance·,
Wenn die Papier in ·decadence·.
Kredit ist immer ·mobilier·,[30]
Drum macht er ·bon mine au mauvais jeu·.
's Französische hat halt einschmeichelnde Kläng,
·Rendre, prendre, descendre, entendre·[, Schnederedeng].[31]

(Geht mit der Lampe in den Pavillon.)

---

24 *steht in accord*: ‚paßt dazu' oder ‚die Fadigkeit arbeitet im Akkord', d. h. ‚muß viel arbeiten'.
25 *[Schnederedeng]*: Ergänzung des fehlenden Reims nach dem Bühnenmanuskript B und gemäß den Triolen der Vertonung.
26 Aktien spielen im Theater der Zeit eine große Rolle: vgl. Kalisch, *Einmal 100'000 Taler*, Langer/Kalisch, *Der Aktiengreisler/Der Aktienbudiker*.
27 *Agiotage*: Börsenspekulation durch Ausnutzung von Kursschwankungen.
28 *Eskompten*: Diskont
29 *Rimesse*: Wechsel, der vom Aussteller als Zahlungsmittel weitergegeben wird.
30 *mobilier*: liquid, flüssig, verfügbar.
31 Melodie des Couplets auf S. 235 f. Für weitere Strophen siehe VARIANTE (S. 192 f.).

21. Scene

(FROHBERG, AUGUSTE.)

FROHBERG. Sie entfliehen mir, schöne Frau, statt mit mir zu promeniren!
AUGUSTE. Weil ich Ihnen noch immer nicht recht trau.
FROHBERG. Ich wiederhole es Ihnen, daß ich Sie anbete, und daß Niemand Anspruch auf mich hat.
AUGUSTE. Das Letztere vor allem ist es, was ich bezweifle.

22. Scene

(VORIGE. BERNARD und ROSA sind schon früher hinten links aufgetreten.)

BERNARD. Diese Stimme, das ist ja mein Freund!
ROSA. Still, wenn wir entdeckt würden!
AUGUSTE. Und wenn es mein Mann erfährt!
BERNARD *(leise).* Meine Frau!
AUGUSTE. Er ist so brav, so treu, der käme gewiß nicht mit einem Frauenzimmer hier zusammen!
ROSA *(leise).* Hören Sie?
BERNARD. Es ist auch dies der erste Fall! Ihre Reize sind zu unwiderstehlich!
FROHBERG. Sie haben mir Hoffnung gegeben, schöne Frau, o, nehmen Sie Ihr Wort nicht zurück!
AUGUSTE. Will ich es denn? Nehmen Sie das Geständniß, daß der tiefe Eindruck, den Sie auf mein Herz –
BERNARD *(stürzt hervor).* Nein, das ist zu arg! Hab' ich Dich ertappt, Du Ungetreue? Und Du schlechter guter Freund, was soll ich zu Dir sagen?
FROHBERG. Es war nur eine Prüfung! Du wirst doch nicht glauben?
AUGUSTE. Ach, lieber Mann, verzeihe!
BERNARD. Nichts da, einen Mann, wie mich, betrügen!
AUGUSTE. Ich weiß es, Du bist ein wahres Muster!
BERNARD. Und Du Falsche, Treulose!

AUGUSTE.   Schade, daß es dunkel ist, ich möchte das Muster gern bei Licht besehen.
BERNARD.   Auf Dein Zimmer und erwarte Deine Strafe!
AUGUSTE.   Es ist so dunkel, ohne Licht finde ich nicht zurück!
BERNARD.   Aber her hast Du gefunden?
AUGUSTE.   Ich muß Licht haben, Licht! Licht![32]

23. Scene

(VORIGE, KNITSCH.)

KNITSCH   *(mit der Lampe; es wird hell; aus dem Pavillon).* Madam Bernard, was ist denn? Sind Spitzbuben da?
AUGUSTE.   Ich glaube!
KNITSCH   *(kommend).* Richtig, zwei Stück! O ja!
FROHBERG.   Mein Herr!
BERNARD.   Verdammt!
ROSA.   Ja, mein getreuer Gemahl!
BERNARD.   Die Inspektors-Witwe ist Deine Frau?
KNITSCH.   Unsinn! Da müßt' er ein verstorbener Inspektor sein!
ROSA.   Ein lebender Taugenichts ist er!
BERNARD   *(für sich).* Und die beiden Damen kratzen sich nicht die Augen aus?
AUGUSTE.   Wie die Beiden dastehen, wie arme Sünder, und können sich die Enthüllung ihrer Thaten nicht zusammenreimen. So hört: Rosa und ich sind Jugendfreundinnen; wir haben uns gegenseitig ausgesprochen, und die traurige Erfahrung gemacht, daß wir Beide betrogen und unglückliche Frauen sind! –
ROSA.   Wir stellten Euch auf die Probe, die Ihr spottschlecht bestanden habt! Eure Treue hat fallirt!
KNITSCH.   ·Concours·! Ich bin zum Masse-Verwalter ernannt!

---

[32] Anspielung auf Polonius' Ruf in *Hamlet* III, 2: *Lights! Lights! Lights!* Korntheuers Adam verweist in III, 4 auf diese Szene. Siehe Abdruck S. 225.

BERNARD. Bruder, unser ·Status· steht schlecht!
FROHBERG. Wir müssen zu Kreuze kriechen!
BERNARD. Liebe Auguste!
FROHBERG. Liebe Rosa!
AUGUSTE. Nichts da, ich verlasse Dich! –
ROSA. Fort, Du bist ein Abtrünniger!
BERNARD. Verzeihung!
KNITSCH *(leise zu* AUGUSTE*)*. Keine Versöhnung!
AUGUSTE *(zu* BERNARD*)*. Laß mich, Falscher! –
KNITSCH *(zu* ROSA*)*. Keine Nachsicht!
ROSA *(zu* FROHBERG*)*. Du flehst umsonst! –
KNITSCH [*(beiseite)*]. Da kann man sehen, welche Gewalt ich über die Weiber habe. –
BERNARD. Ich kann nicht leben ohne Dich!
FROHBERG. Mein Tod ist's, wenn Du gehst!
KNITSCH *(zu* AUGUSTE*)*. Auf keinen Fall! *(Zu* ROSA*)*. Aus! ein für allemal! –
AUGUSTE. Wenn ich Gnade übte in diesem einen Fall –
ROSA. Wenn ich Dir verzeihe, dieses Mal?
BERNARD *und* FROHBERG. Dann werd ich ewig der treueste Gatte sein! –
KNITSCH *(verblüfft)*. Sie müssen mich alle zwei falsch verstanden haben! –
AUGUSTE *(reicht* BERNARD *die Hand)*. Nun, so sei's!
ROSA *(ebenso)*. Ich bin versöhnt!
BERNARD. Auguste!
FROHBERG. Rosa!
(Umarmung.)
KNITSCH. Am End ist es besser so! Mir bleibt ja doch das doppelte Bewußtsein, der stille Triumph des Gebildeten! Gratulire allerseits! und wenn Sie eine Freud' haben an der Versöhnung, so gewöhnen Sie sich vor Allem die Prüfungen ab.

·Schlußgesang·

Als ·très dangereux· man meiden muß
Die Treue zu prüfen der ·épouse·.
Die Treue ist grad ·comme une science·.
's Begreift's nicht Jeder, 's braucht ·patience·.

Wer streng will prüfen, der soll eh,
Nehmen sich selbst bei der ·la nez·.
Lieber zudrücken eins von die ·les yeux·,
Man sieht mit'n anderen doch ·assez·.
's Französische hat halt einschmeichelnde Kläng,
·Rendre, prendre, descendre, entendre·[, Schnederedeng].

(Ende.)

VARIANTE

Knitschs Couplet im Bühnenmanuskript B (Abschrift Gottsleben)
Das Französische ist auch hier teils absichtlich falsch, teils aus mangelnder Sprachkenntnis fehlerhaft.

1.
Es macht ·despensen· auf ·despense·
Im Winter uns die ·Residenze·
/: Doch wenn vorüber die ·Saison·
Läuft Alles fort auf und davon. :/[33]
·Divertisement au champ et village·
Stadt kriegt ein andere ·visage·
Die Fadigkeit steht im ·Accord·
Die Creme nennt das die ·saison mort·.
's Französische hat halt einschmeichelnde Kläng,
·Rendre, prendre, descendre, entendre·, Schnederedeng.

2. [=2. Strophe in Pichlers Ausgaben]
Anders ist jetzt ·Diplomatie·
Man tragt sie ganz ·à la Paris·
/: 's Gibt ·Conferenzen· stets ein Paar
Wo s' disputiren ob ·rouge ou noire·.[34] :/
Stehen auch zwei Länder in ·Alliance·[35]
Will doch Eins haben die ·Preference,
Ein ·Bagatel· oft ·ridicule·
Heißt gleich ·question grand difficile·.
's Französische etc.

3.
Im Parterre steht ein ·mauvais sujet·
So eine Art ·aventurier·

---

33 /: ... :/ : In der Vertonung werden jeweils die 3. und 4. Zeile der Strophe wiederholt.
34 *Rouge ou noire*: Das klassische Glücksspiel *Rouge et noir* mit zwei frz. Kartenspielen (104 Blatt) auf einem Tisch für drei und mehr Spieler, die in eine schwarze und eine rote Partei geteilt sind.
35 Bezieht sich wohl auf das Zusammengehen von Frankreich und England im Krimkrieg 1853/56.

/: Und in der ·Loge· oder auf'n ·fauteuille·
Sitzt eine Dame der ·Camelle·³⁶ :/
Die blückt³⁷ schmachtend ·vis a vis·
Voll ·Raffinement· und ·Coquetterrie·
Er winkt ihr, tritt zurück ·en fonde·
Sie scheint ·sujet der demi monde·
's Französische etc.

4. [=1. Strophe in Pichlers Ausgaben]
Ein Wirtschafterin führt die ·menage·
bei ein Herrn, der lebt von seiner ·Gage·.
/: Man weiß nicht sorgt sie mehr für ihn
Oder er für die Wirtschafterin :/
·Inseparable promenirn· s' als a Paar
Sie Seidenkleid ·antique noire·
In der Mitte führen s' ein Kind ein kleins
·Hony soit qui mal y pense·
s' Französische etc.

5.
Ein Herr erweißt viel ·Courtoisie·
Dem ·Oncle· seiner ·chère Marie·
/: Er macht ihm ·completement· die ·cour·
[„] Sie sind auch ·oncle· mir ·toujours·:/
Wird ·mon épouse· einmahl ·Mama·
Macht ·grande fortune mon petite enfant·,
Taufgast sein Sie ·mon chere ami·.
·Parol cestun fai a complie·[."]³⁸
's Französische etc.

Melodie von Carl Binder siehe S. 235 f.

---

36 *Camelle*: Halbwelt, zu *Kamel(l)ie* (japanische Rose, die der Brünner Jesuitenpater J. Camel um 1700 nach Europa brachte) und *Cameliendame*, nach dem Roman und dem Schauspiel von Alexandre Dumas fils *La Dame aux camélias* (1848).
37 *blückt*: affektierte Aussprache.
38 = *Parole [d'honneur], c'est un fait accompli*: Ehrenwort, das ist Tatsache.

ÜBERLIEFERUNG

Zeugen der Wiener Fassung

1. *Ein gebildeter Hausknecht. Pose* [!] *mit Gesang in 1 Act von D. Kalisch. Für die österreichischen Bühnen bearbeitet von Joh. Nestroy.* Undatiert. 60 Seiten 25 auf 19,3 cm. Bühnenmanuskript von unbekannter Hand, fast ohne Korrekturen und mit vollständigen Regieangaben, hat als einziger Zeuge einen *Schlußgesang.*
St.B. Wien; Signatur:
Ib 149.430
(alte Signatur I.N. 156.537). Aus der Sammlung Brukner (bis 1945 in der ÖNB unter der Sign. Ser. nov. 9402). In Hadamowsky, *Das Theater in der Wiener Leopoldstadt,* Kataloge der Theatersammlung der Nationalbibliothek in Wien Bd. III, Wien 1934, S. 163, nicht erwähnt: Das Bühnenmanuskript kam erst im Zuge der Arisierung in die ÖNB. 1945 den Erben Fritz Bruckners zurückgegeben, wurde es 1954 von der St.B. Wien erworben. Auf dem Titelblatt unten Stempel: „Wallishausserische k. und k. Hofbuchhandlung, Adolph W. Künast, k. u. k. Hofbuchhändler, Wien, I. Hohenmarkt Nr. 1." (= A)

2. *Der gebildete Hausknecht oder Verfehlte Prüfungen. Posse mit Gesang in einem Akte von Johann Nestroy.* Undatiert. 67 Seiten 25 auf 19,3 cm. Der Text ist fast identisch mit Handschrift A. Statt Kalisch gilt Nestroy als Autor. In der dritten Szene sind zwei mit *extempore* bezeichnete Stellen (Albumsprüche) nachträglich von anderer Hand im Wortlaut von A eingetragen. Das *Couplet* hat fünf Strophen, der *Schlußgesang* fehlt. Von fremder Hand viele Änderungen, Kürzungen (so werden die Szenen 16 bis 19 gestrichen) und Hinweise auf nicht erhaltene Einlageblätter.
St.B. Wien; Signatur:
Ib 76 067.
Nach Auskunft Walter Obermaiers ist die Handschrift ein von Ludwig Gottsleben geschriebene Kopie eines Bühnenmanuskripts. Mit zwei Zensurvermerken: „Wird dem Herrn Theaterdirektor Julius Fritsche zur Aufführung am hierstädtischen Theater bewilligt. Budweis am 22. Oktober 1875" und „Wird dem Theaterdirektor Krüger in Graz zur Aufführung bewilligt. Graz am 11. März 1881." (= B)

3. *Der gebildete Hausknecht. Posse mit Gesang in 1 Akt von Johann Nestroy*. Bühnenmanuskript, laut Peter Nics eine Abschrift aus dem frühen 20. Jahrhundert. Undatiert. 97 Seiten 29 auf 20 cm. Ohne Szenen 16 bis 19, mit Fleury und Karoline. Als Autor gilt auch hier Nestroy.
Österreichisches Theatermuseum Wien. Ohne Signatur. (= C)

4. *Ein gebildeter Hausknecht. Posse in einem Aufzug nach David Kalisch von Johann Nestroy*, hg. (zusammen mit *Zwölf Mädchen in Uniform*) von Gustav Pichler in *Unbekannter Nestroy*, Wien 1943. Erster und bisher einziger Druck. Die zweite Ausgabe von 1953 bringt den unveränderten Text. Siehe auch Pichler 1978, S. 52–56. Die Druckvorlage kann nicht mehr verifiziert werden. Pichlers Version stimmt weder mit A, B noch C überein. Seine Annahme, die (offenbar nicht mehr vorhandene) Bühnenfassung des Deutschen Volkstheaters in Wien (die ihm als Textgrundlage diente und in der Willi Thaller den Knitsch spielte) sei mit Nestroys originalem Text identisch, steht auf schwachen Füßen. Siehe Rommels Verriß der Edition in GW I, S. 180 und 182. Als Quelle für Nestroys ursprüngliche Spielfassung ist der Druck wertlos. Das Personal ohne Fleury und Karoline. Die Szenen 16 bis 19 fehlen, andere sind gekürzt. (= D)

5. Das *Zensurbuch* von 1858 ist nicht erhalten, nur der *Zensurbericht*. Als Autor des Stücks ist Kalisch genannt. Kein Hinweis auf Korntheuer, auch nicht auf einen Wiener Bearbeiter. Nitschke heißt darin Knitsch. Vielleicht hat Nestroy der niederösterreichischen Zensurbehörde (wie 1860 im Fall *Orpheus in der Unterwelt*) den unveränderten Text der Vorlage eingereicht. Zensor Hölzls Antrag zur Annahme trägt das Datum 5. Juli 1858. Das Plazet folgte am 4. September 1858, eine Woche vor der Premiere. Siehe S. 206 f. den Abdruck des *Zensurberichts*.
Niederösterreichisches Landesarchiv St. Pölten. Signatur: Zensurakt ZI 3711 ex 1858.

Musik

6. *Couplet aus der Posse „Ein gebildeter Hausknecht" als Einlage gesungen von Johann Nestroy. Couplet des Knitsch Es macht depense auf depense …* Orchesterpartitur in der fürs Carltheater üblichen Besetzung. 10 Seiten, Querformat 32,5 auf 26 cm.

Vermutlich von Carl Binder. Siehe Hilmar, 92. Nur der Text des Anfangs der ersten Strophe ist (falsch) unterlegt. Die Melodie mit den vom Herausgeber unterlegten Strophen nach A ist S. 235 f. wiedergegeben.
St.B. Wien; Signatur:
MH 5956/c

Abbildungen

Siehe *Nestroy im Bild* Nr. 324–328.

Zeugen der Vorlagen

7. *Les garçons maris.* Korntheuers heute nicht greifbare Vorlage für *Alle sind verheirathet.* Autor und Text sind noch nicht eruiert. Als Korntheuers Lustspiel aufgeführt wurde, waren sie bekannt. Leider nennen die zeitgenössischen Berichte keine Namen (siehe S. 200 ff.). Anzunehmen ist, daß auch *Les garçons maris* auf einem früheren heute unbekannten Stück beruht.

8. *Alle sind verheirathet* [*nach „Les garçons maris"*]. *Lokales Lustspiel in 3 Akten, als Seitenstück zu „Alle sind verliebt", von F[riedrich] J[osef] Korntheuer.* Bibliotheks-Vermerk unten auf Titelblatt: „6gi". Ohne Couplets. Soufflier- und Inspizierbuch (mit detaillierten Angaben zu den erforderlichen Requisiten) aus der Bibliothek des Leopold-/Carltheaters. Siehe Hadamowsky 1934, 93. Einziges heute bekanntes Manuskript des bisher ungedruckten am 6. November 1823 uraufgeführten Stücks. Undatiert. 153 Seiten 23 auf 18 cm.
Österreichisches Theatermuseum Wien; Signatur:
Thg Dr 5054.
Das Buch hat zahlreiche Kürzungen, Varianten und Verschriftdeutschungen von anderen Händen. Das Personal bleibt erhalten. Mit Besetzungsangaben zweier undatierter Inszenierungen: in einer erscheint Raimund als Adam und Therese Krones als Frau Ursel. Ob genau *dieses* Exemplar als Vorlage für Kalischs Bearbeitung gedient hat? Das wissen wir nicht. Siehe S. 213 f. die Berichte der *Wiener Theaterzeitung* und des *Zwischenakts.* Die (barbarischen) Änderungen von fremder Hand stehen in der Nähe der zweiten Berliner Fassung. Auch das im Titel genannte Seitenstück *Alle sind verliebt, Lustspiel in einem Akte von F. J. Korntheuer,* hat sich erhalten: Österreichisches Theatermuseum Wien; Signatur Thg Dr 5053. Uraufführung

am 21. Juni 1823. Es wurde auch am Tag vor der Premiere von *Alle sind verheirathet* gespielt.

9. *Ein gebildeter Hausknecht oder Verfehlte Prüfungen, Posse mit Gesang in einem Akt von David Kalisch. [Musik von August Conradi].* Zensurbuch und Zensurbericht von 1858 fehlen. Im Landesarchiv Berlin findet sich lediglich die Aufführungserlaubnis vom 29. Mai 1858 für ein nachgereichtes neues Couplet (Landesarchiv Berlin: Signatur: 109/115).[39] Aus der Zeit der Uraufführung haben sich weder Theaterhandschriften noch Manuskriptdrucke noch anderes Aufführungsmaterial erhalten (Nöbel II, 299).

10. *Eingebildeter* [sic!] *Hausknecht. Posse mit Gesang in einem Akt, frei bearbeitet nach einer älteren Posse von Korntheuer. Musik nach einem österreichischen Volkslied.* Ohne Autor- oder Bearbeiternamen. 69 Seiten 21,3 auf 16 cm. *Polizei-Exemplar* (Zensurbuch), eingereicht vom Friedrich-Wilhelmstädtischen Theater für das Gastspiel des Liliputaner-Trios Jean Piccolo, Jean Petit und Kiß Jôzsi. Bewilligt am 12. Juli 1858. Premiere ist am 13. Juli 1858 im Parktheater, der Sommerspielstädte des Theaters. Ohne Bedeutung für Nestroy, der sie gar nicht gekannt haben dürfte. Der Frage, ob und wo die Truppe damit auch in Wien gastiert hat, bin ich nicht nachgegangen.
Landesarchiv Berlin, Signatur:
A Pr.Br.Rep. 030–02, Nr. E 207.
Der *Zensurbericht* beanstandet Coupletstrophen, die französische Zustände persiflieren. Diese Stellen sind im MS gestrichen. Der Bericht nimmt keinen Bezug auf Kalischs ähnliches und früher schon bewilligtes Stück. Im Buch zwei Seiten Einlage mit Zusatzcouplets. Couplet nach Kalischs Melodie. Ironische Anspielungen auf Kalischs Fassung. Näher bei Korntheuers ‚Original' als Kalisch, umfänglicher, mit vollständigem Korntheuer-Personal, verknappt und verhochdeutscht. Siehe die Berliner Kritiken S. 210 ff.

11. *Ein gebildeter Hausknecht. Posse mit Gesang in einem Act nach Korntheuer* [*von David Kalisch, Musik von August Conradi*]. Enthalten in Kalisch, David, *Lustige Werke*, Heft III, S. 36–55, Berlin: A. Hofmann & Comp. o. J. [1870]. Erste Buchpublikation. Mit dem Vorbehalt „Den Bühnen gegenüber als Manuscript gedruckt. Der Verfasser behält sich das aus-

---

[39] Siehe S. 231, Fußnote Nr. 77 zu Strophe 7 des Couplets von Kalisch.

schließliche Recht vor, die Erlaubniß zur öffentlichen Aufführung zu ertheilen." Inwieweit dieser späte Druck vom Zensurbuch, dem 1858 gespielten Text und dem von Nestroy benützten Theatermanuskript abweicht, muß offen bleiben.

12. Spätere Drucke (unvollständig):
    Ein gebildeter Hausknecht oder Verfehlte Prüfungen. Posse mit Gesang in einem Aufzug von D. Kalisch. Soufflierbuch mit vollständiger Regiebearbeitung und dem Klavierauszug des Couplets. RUB 3007 Leipzig o. J. [1903]. Teilweise erweiterter Text. Szenen 16–19 fehlen. Kein Hinweis auf Korntheuer. Klavierauszug des Couplets von Wilhelm Sasse [?].

    Fassung als Monolog für Nitschke. RUB 2605 o. J.

    Meyers Volksbücher Nr. 1355/56, Wien/Leipzig 1903.

Musik

13. *Couplet des Nitschke "Kommt hier ins Hotel / Zum Beispiel 'ne Mamsell"*, in E Dur. Handschriftliche Partitur für Theater-Orchester (Fl, Ob, Kl, Fg, Tp, Tb, Tuba, Timp, Str), vertrieben von „Eduard Bloch, Theaterbuchhändler in Berlin, Brüderstrasse 2". Vermutlich komponiert von August Conradi, vielleicht unter Verwendung eines mir noch unbekannten österreichischen Volkslieds. Zeit? Unterlegt ist der Text der ersten Strophe. Siehe den Abdruck auf S. 235.
    Staatsbibliothek zu Berlin – Preußischer Kulturbesitz. Sammlung Wallner.

14. *Dasselbe* in RUB 3007 (siehe Nr. 12). Der unterlegte Text der ersten Strophe entspricht dem Druck von Nr. 11.

Abbildungen

Ein Rollenbild Raimunds als Korntheuers Adam ist mir nicht bekannt.

Farbiges Rollenbild Carl Helmerdings als Nitschke (kolorierte Lithographie) als Nr. 14 im ersten Band von *Eduard Bloch's Album der Bühnenkostüme. Mit erläuterndem Text von F[riedrich] Tietz*, Berlin 1859. Die Lithographie beruht, wie die meisten Blätter dieses *Albums*, auf einer Photographie von R. Marowsky (Berlin).

TEXTGRUNDLAGE

Es sind keine Autographen von Nestroy zum Stück bekannt, auch keine Abschriften von Kalischs Fassung mit Änderungen von Nestroys Hand. Es fehlt ein philologischer Beweis, daß sich Nestroy persönlich mit einem der Bühnenmanuskripte befaßt hat. Als frühester und bester Spiel-Text wirkt die undatierte Theaterhandschrift A. Ich transkribiere sie als Haupttext nach den Konventionen der HKA. A unterscheidet sich nur unwesentlich von Gottslebens Abschrift B, hat aber als einzige Quelle einen speziellen Schlußgesang. Für die von A abweichenden Coupletstrophen der Handschrift B siehe S. 192 f.

VORLAGEN, ENTSTEHUNG UND AUFNAHME

Am Anfang der Vorlagenreihe steht das lokale Lustspiel *Alle sind verheirathet* von Friedrich Josef Korntheuer. Korntheuer (15. 2. 1779 – 28. 6. 1829) war 1821–28 eine Stütze von Raimunds Ensemble des Theaters in der Lepoldstadt. Die einzige Studie über ihn ist immer noch Karl Gladts Dissertation aus dem Jahre 1934. Adolf Bäuerles *Wiener Theaterzeitung* berichtet über die Uraufführung vom 6. November 1823 (S. 551) (bei Gladt nicht abgedruckt):
Tagebuch der Wiener-Bühnen.
[...] Den 6. November. [...] Leopoldstadt. Zum ersten Mahl: *Alle sind verheirathet.* Seitenstück zu *Alle sind verliebt*, als lokales Lustspiel in drey Akten, von Friedrich Joseph Korntheuer.
Zwey Ehemänner leichten Schlages machen zwey Frauen heiterer Gemütsstimmung den Hof. Der Zufall will, daß diese Ehemänner ihren eigenen Frauen ins Netz gerathen, diese machen ein Complott gegen die Männer und, was zur Freude der Frauen auf der Bühne geschehen muß, die Ehemänner werden beschämt. Als Episode ist auch ein Hausknecht ins Stück eingewebt, der ebenfalls verheirathet, gegen eine häßliche alte Frau wirksam auftritt. Das gibt zu lustigen Situationen Anlaß, welche Herr Korntheuer mit heiterer Laune zu behandeln wußte. Das Stück gefiel sehr, wozu besonders die Rolle des Hausknechts beytrug, die mit besonderer Vorliebe vom Dichter gezeichnet wurde. Wie man sieht ist der Plan ganz einfach, um so mehr Lob gebührt dem Dichter bey so simplen Mitteln einen so wirksamen Zweck erreicht zu haben. Sein ganzes Stück ist auf lauter Situationen berechnet, und diese geben durchaus den Ausschlag. Es ist der Leopoldstädter-Bühne wiederhohlt Glück zu wünschen, einen neuen Dichter mit solchem Talent gefunden zu haben.
Die sämmtlichen Schauspieler wirkten mit Liebe mit, dem Publikum einen angenehmen Abend zu bereiten. Besonders Hr. Raimund und Dem. Ennökl *[Adolf Bäuerles spätere zweite Gattin].* Jener müßte den finstersten Hypochonder zum tollsten Lachen hinreißen, diese gewann alle Kenner durch überaus besonnenes Spiel; es ist doch in der That jede neue Rolle ein neuer Triumph dieser trefflichen Schauspielerinn. Dem. Huber zeigte nicht mindrer die bewährte Lokal-Virtuosinn. – Die andern griffen gleich kräftig nach ihrer Weise ein und bildeten ein sehr angenehmes Ensemble. Hr. Korntheuer spielte einen äußerst schwierigen Charakter, einen Gleißner und Frippon von Ehemann. Der Dichter, die Dem. Ennökl und Huber und Hr. Raimund wurden gerufen.

Korntheuers Lustspiel basiert auf einem französischen Stück mit dem Titel *Les maris garçons*. Dessen Autor und Text sind heute unbekannt. Zu Korntheuers Zeit waren sie geläufig. Das geht u. a. aus dem Bericht der *Dresdner Allgemeinen Zeitung* vom 6. November 1824 über die Reprise des Stücks hervor (zit. nach Gladt S. LIII):
Ein neues Lustspiel in 3 Akten von dem Schauspieler Korntheuer unter dem Titel *Alle sind verheiratet* gefiel in der Leopoldstadt auch ohne Zauberei und Tanz.
Es ist eigentlich nicht Übersetzung, nicht Bearbeitung, aber doch freie Nachahmung des französischen Lustspiels *Les garçons maris* (*Die Ehemänner als Junggesellen*). Herr Korntheuer hat bloß das Sujet beibehalten, alles übrige, Scenerie, Dialog (der ganz lokal gehalten ist), auch die einzelnen Situationen gehören ihm an und er darf daher das Stück füglich das seinige nennen. Der beliebte Komiker Raimund fand Gelegenheit, sich darin von einer neuen, nicht minder komischen Seite zu zeigen. Man hat ihm oft vorgeworfen, daß er in seinen Darstellungen zu lebhaft, zu rührig, zu heftig sey. Er spielt dießmal einen Hausknecht, der einst bey einem Theater als Lampenputzer angestellt war, und aus manchen Stücken einige Redensarten behalten hat, auch in dem Wahne steht, daß er ein sehr kluger, schöner und höflicher Mann sei, mit unerschöpflicher Laune. Obschon träge in Gang und Sprache, wirkt er mit Allgewalt auf die Lachmuskeln der Zuscher. Er bringt im ganzen Stücke fast nie seine Hände aus den Taschen, und dennoch drückt seine lebendige Mimik alles aus, was in ihm vorgeht. Es ist diese Rolle unbedingt eine seiner vorzüglichsten zu erkennen. Auch die Dlln. Ennökl und Huber haben sich in der Lokalkomik neue Lorbeeren gebrochen. Nur der Verfasser selbst hat sich am wenigsten bedacht, vielleicht eben, da er sich am besten bedacht zu haben wähnte. Er hat sich einen Charakter von Rührung und Naivität zusammengeknetet, der wenig Wirkung hervorbrachte. Lachen und Weinen geht selten aus einem Sack.

Costenoble hat sich an Raimunds Spiel erinnert: „Es gab in diesem Fache auf irgend einer Bühne niemals etwas Vollkommeneres!" (Zit. nach Rommel 1952, S. 881.)
Das Stück wird an vielen Bühnen gegeben. Das Königstädtische Theater Berlin z. B. eröffnet mit ihm die Spielzeit 1824/25 (Gladt S. 164). Nestroy spielt den Adam 1825 einmal in Brünn (SW XV, 436, Nr. 62). Gut dreißig Jahre später erinnert sich Franz Wallner, einst Raimunds Imitator und Nestroys Kollege, nun Direktor des Königstädtischen Theaters,[40] auch er ständig auf der Suche nach

---

40 Zur Biographie Wallners siehe Wischer, S. 22–30.

Theaterfutter, an das alte Stück, besorgt sich nach glaubwürdigen Berichten (siehe S. 213 f.) ein Exemplar aus der Bibliothek des Carltheaters[41] und gibt es David Kalisch zur Bearbeitung. David Kalisch (23. 2. 1820 – 21. 8. 1880), der Gründer und Herausgeber des *Kladderadatsch*,[42] ist seit 1847, als sein *Einmalhunderttausend Thaler!* einschlug, das Zugpferd der Berliner Posse. Kalisch zieht das abendfüllende Lustspiel auf einen Akt zusammen, gibt dem Hausknecht Adam eine neue (rudimentäre) Biographie (die Voraussetzung für die Szene mit dem französischen Brief) und macht ihn zum Junggesellen. Auch bekommt das Stück ein Couplet und einen neuen Titel, den er Korntheuer II, 10 entnimmt. Die Sprache ist ein neutrales, ‚heimatloses' Deutsch. Die Berlinische Lokalisierung überläßt er den Interpreten. Premiere ist – ohne Nennung des Autors – am Sonntag, 2. Mai 1858, im Rahmen eines dreiteiligen Einakterabends, mit dem die Sommerspielzeit des Königsstädtischen Theaters in der eben renovierten Spielstädte in Bouchés Blumengarten eröffnet wird. In der Ankündigung heißt es: „Vor und nach der Vorstellung: Großes Vocal- und Instrumental-Concert unter Mitwirkung des Janson'schen Männergesangvereins."

Vossische Zeitung von Dienstag, 4. Mai 1858:

Königsstädtisches Theater.

Der Winterfeldzug ist geschlossen und die leichten Bühnentruppen beziehen ihr Sommerquartier im Grünen. Diesmal brauchen aber die empfindlichen und an Reißen leidenden Zuschauer nicht vor dieser Veränderung zu zittern; denn Herr Direktor Wallner hat, eingedenk der Heine'schen Worte, daß der deutsche Frühling nur ein grün angestrichener Winter sei, seine Maaßregeln getroffen und sein Theater in ein vollständiges, von allen Seiten geschütztes Glashaus verwandelt. [...] Dieser Sonntag [2. Mai] war überhaupt ein glücklicher Theatertag;

---

41 Da Korntheuers Stück im Königsstädtischen Theater gespielt worden war, stellt sich die Frage: Warum nahm es Wallner nicht einfach aus der theatereigenen Bibliothek? Bei den drei Bühnen mit dem Namen „Königsstädtisches Theater" (die dritte nannte sich „Königsstädtisches Vaudeville-Theater") gab es keine klare Kontinuität. Es ist daher unwahrscheinlich, daß Wallner im Jahre 1855 bei Übernahme des kleinen Theaters in der Blumenstraße noch die Bestände der Bibliothek des großen, seit 1851 geschlossenen Theaters am Alexanderplatz vorfand. (Hinweis von Rainer Theobald.)

42 David Kalisch: nicht zu verwechseln mit dem Namensvetter Ludwig Kalisch (1814–1882), dem Reiseschriftsteller (z. B. *Paris und London* 1851) und Übersetzer diverser Offenbach-Stücke. Für Kalischs Biographie siehe v. a. Ring, Max, *David Kalisch. Der Vater des Kladderadatsch und Begründer der Berliner Posse. Ein Erinnerungs-Blatt.* Berlin 1873.

denn von drei neuen Stücken ist auch nicht ein einziges durchgefallen; was immer an einem Sonntag und selbst an einem Wochentage ein großes Wunder ist. [...]
Den Reigen dieser drei kleinen Wunderkinder eröffneten *Die lieben Schwiegereltern*, Posse in einem Akte nach dem Französischen von Sommerfeldt.[43] Das Stückchen ist so recht dem Leben abgelauscht und der Wirklichkeit entlehnt. [...] Der Schwank *Gefunden* von Rudolph Genée[44] ist ein wahrer Fund, unter Brüdern weit mehr als 10 Thaler werth. [...] Das kleine Stückchen ist aber nicht nur originell, sondern auch ein wirkliches Original, keine französische Uebersetzung, sondern ein ehrlicher ächter deutscher Spaß, was wir als Anerkennung für das Talent des Verfassers noch besonders hervorheben wollen. Wer aber ist der Verfasser von der letzten Posse *Ein gebildeter Hausknecht, oder Verfehlte Prüfungen*? Das kann doch nur der bekannte Unbekannte sein, dem Berlin seit Jahr und Tag schon so viele vergnügte Theaterabende verdankt. Man erkennt den Vogel an seinem Gesang, oder vielmehr an seinem Couplet. Auch der gebildete Hausknecht Nitschke, der seine Erziehung im französischen Waisenhause erlitten und jedem anwesenden Fremden sein Stammbuch anbiethet, wird zum Verräther an seinem geistigen Vater. Daß Herr Helmerding einen Hausknecht *comme il faut* gab, brauchen wir nicht erst zu sagen, eben so wenig, daß er beklatscht und herausgerufen wurde.

Haude- und Spenersche Zeitung (= *Berlinische Nachrichten*) von Dienstag, dem 4. Mai 1858:
Königsstädtisches Theater.
[...] Den Schluß des Abends machte eine Posse *Ein gebildeter Hausknecht*, von einem Anonymus, respective von zwei Anonymussen, denn der Componist der Musik verdient auch nicht vergessen zu werden. Was den Verfasser betrifft, so behaupten Personen, die den *Aktienbudiker*[45] und den *Doctor Peschke*[46] gesehen haben, und wir sind derselben Ansicht, daß eine über-

---

43 *Sommerfeldt*: ?.
44 *Rudolf Heinrich Genée* (12. 12. 1824 – 19. 1. 1914), Journalist, Schriftsteller, Vortragskünstler, Bruder des Librettisten und Komponisten Franz Friedrich Richard Genée.
45 *Der Aktienbudiker, oder Wie gewonnen so zerronnen*, Bilder aus dem Volksleben, nach August Langers Wiener Posse *Der Aktiengreisler*, für das Königsstädtische Theater bearbeitet. Erste Aufführung am 9. Juli 1856.
46 *Doktor Peschke, oder Kleine Herren*, Posse mit Gesang, mit Benutzung des Savetier. Erste Aufführung am 10. Februar 1857.

raschende Aehnlichkeit des Talents zwischen dem bekannten
Autor jener und dem bescheidenen Jüngling vorherrsche, der
Bedenken trägt, mit seinem Namen auf die Bretter zu treten, ja
ein persönlicher Gegner von Kalisch schmeichelt sich schon,
daß ihm der neue Rival bald den Rang ablaufen könnte. Was die
dramatische Erfindung anbetrifft, so ist der neue Autor jedenfalls auch nicht begabter, als der alte und das Stück ist von einer
jedem Andern unerlaubten Trivialität der Handlung; aber der
gebildete Hausknecht Nitschke (Hr. Helmerding) ist wieder
eine von jenen vollendeten Schöpfungen des Berliner Witzes,
die auf dem Theater Epoche machen, und das einzige Couplet,
welches ihm in den Mund gelegt ist, so voll Witz, daß Helmerding sicherlich noch heute sänge, wenn er nicht heiser geworden wäre, denn das Publikum war ganz unermüdlich *da capo* zu
rufen. [...]

Wallner kündigt den *Hausknecht* ab der vierten Vorstellung als
Original *von D. Kalisch* an. Dazu die *Haude- und Spenersche
Zeitung* vom 11. Mai:
 Der Verfasser des *Gebildeten Hausknechts* hat die Maske abge-
 nommen, die immer ein überflüssiger Luxus war und Kalisch's
 Namen wird durch diese kleine, aber niedliche Arbeit keinen
 Eintrag erleiden.

1859 publiziert der Berliner Verleger Eduard Bloch ein *Album der
Bühnen-Costüme*. Nr. 14 stellt Carl Helmerding als Nitschke dar.
Friedrich Tietz erläutert die kolorierte Lithographie (Druck gene-
rell ohne *ß*):
 Carl Helmerding behauptet auf dem Wallner'schen Theater
 durch die Kraft seiner eigenthümlichen Komik das dieser zuge-
 wiesene Terrain mit grossem Glücke und geniesst die Künstler-
 freude, die Heiterkeit epidemisch zu machen und die Lacher, d.
 h. das ganze Publikum, stets auf seiner Seite zu haben. Vorzugsweise sind es ältere Gestalten aus dem Volksleben, die er seiner
 künstlerischen Belebung unterwirft, dies aber mit einer Meister-
 schaft ausführt, welche in seinen Bilderchen auch nicht die
 kleinsten Eigenthümlichkeiten solcher possirlichen Originale
 vermissen lässt. Helmerding ist ein theatralischer Ostade und
 Teniers. Jede von ihm geschaffene Lokalfigur erscheint uns
 bekannt, veranlasst uns zum Nachsinnen, wo wir dem drolligen
 alten Burschen schon irgendwo begegnet sein mögen, wo wir
 ihn in seinem häuslichen Schaffen und Wirken belauscht haben.
 In dieser Stärke der Wahrheit ruhen die enormen Erfolge von
 Helmerding's Darstellungen.

Auf unserem Bilde erscheint der Heiterkeit verbreitende Künstler in der Maske des *Gebildeten Hausknechts*, einer seiner „klassischen Leistungen, welche bei den unzähligen Wiederholungen stets „homerisches Gelächter" erregen. Das Costüm ist das stereotype des specifisch-Berliner Hausknechts in Gasthöfen gewöhnlicheren Ranges: die grauwollene gestrickte enganliegende bis über die Hüften reichende Unterjacke, die, sonst nur ein unsichtbares Kleidungsstück, hier zum sichtbaren Hausanzug geworden ist. Darunter hervorschauend die blaue Leinwandschürze, die schwarzledernen in steifen Stiefeln sich verlierenden Beinkleider, und um den Hals ein rothes Halstuch, das in der Farbe mit der in der Regel schnapsgerötheten Nase harmonirt. Die Aehnlichkeit der Gesichtsmaske, aus der aber doch sehr erkennbar der wirkliche Carl Helmerding hervorschaut, ist trefflich wiedergegeben.

Am Montag, 31. Mai 1858 hat Nestroy die letzte Vorstellung vor der Theater-Sommerpause: *Eulenspiegel*. Am 7. Juni schreibt er Stainhauser aus Hamburg den die Krise mit Marie Weiler berührenden Brief (*Briefe* Nr. 135). In der Zwischenzeit – so ist zu schließen – reist er allein über Lundenburg–Prerau–Oppeln–Breslau–Frankfurt an der Oder nach Berlin und weiter nach Hamburg – im Unterschied zu 1844 (siehe *Briefe* Nr. 33) jetzt komfortabel durchgehend per Eisenbahn (mit Bahnhofwechsel in Berlin). Die Fahrt von Wien nach Berlin dauert um 25 Stunden, die von Berlin nach Hamburg gegen acht. Den Zwischenhalt in Berlin nützt er, laut dem Bericht der *Wiener Theaterzeitung* vom 10. Juli (den er vielleicht selber veranlaßt hat), zum Besuch einer Vorstellung von Kalischs *Ein gebildeter Hausknecht*. Er will ja für die nächste Saison „tüchtig gesattelt sein" (*Briefe* Nr. 135) – nicht nur mit Stücken Friedrich Kaisers. Im Königsstädtischen Sommertheater steht die Posse am 4., 5. (zum 25. Mal!) und 6. Juni auf dem Spielplan – jeweils am Schluß eines Bunten Abends mit wechselnden drei bis fünf Nummern und Gästen (siehe die *Vossische Zeitung* dieser Tage). Die für den 2. und 3. Juni vorgesehenen Vorstellungen müßen wegen Unwohlseins Helmerdings unterbleiben. Möglich, daß Nestroy Kalischs *Hausknecht* bereits aus dem Bühnenmanuskript kennt, das ihm Wallner oder Kalisch geschickt hat. Doch im Theater beweist nicht die Wasserprobe der Lektüre, nur die Feuerprobe einer Aufführung die Brauchbarkeit eines Bühnentextes. Während der Aufführung entschließt sich Nestroy, mit Carl Helmerding zu rivalisieren.
Die *Wiener Theaterzeitung* vom Samstag, 10. Juli 1858, S. 620, berichtet:

Director Nestroy hat während seiner Anwesenheit in Berlin einer Aufführung von Kalischs Posse *Ein höflicher Hausknecht*, welche daselbst ungewöhnliches Glück machte, beigewohnt, und soviel Gefallen daran gefunden, daß er dieselbe mit Zustimmung des Verfassers für Wien localisiert und die Titelrolle derselben, hier *Ein höflicher Hausmeister* genannt, im Carltheater spielen wird.

Noch im Juni, spätestens Anfang Juli hat er das Stück unter dem Berliner Titel als *von Kalisch* der niederösterreichischen Zensur eingereicht – möglicherweise noch ohne die für Wien beabsichtigten Änderungen. Vgl. das Zensurexemplar von Offenbachs *Orpheus in der Unterwelt*, das wörtlich Ludwig Kalischs deutsche Übersetzung wiedergibt (Niederösterreichisches Landesarchiv 1860 Nr. 222). Hölzls Zensurbericht vom 5. Juli 1858 paßt für Kalisch wie für die Fassung des Carltheaters. Immerhin heißt darin Nitschke schon Knitsch.

ZENSURBERICHT
(Zensurakt ZI 3711 ex 1858 im Niederösterreichischen Landesarchiv St. Pölten.)
Ein gebildeter Hausknecht, oder Verfehlte Prüfungen.
Posse mit Gesang in Einem Akt von [David] Kalisch. Eingereicht für das Karltheater von Nestroy. 81 Seiten.
Kaufmann Frohberg kehrt auf seiner Reise in dem Hotel des reichen Wirthes Bernhard ein, und sucht sich die Gunst Augustens, der jungen, schönen Gattin des Gasthausbesitzers durch allerlei Schmeicheleien zu erwerben, wird aber von ihr kalt abgewiesen. – Er verbindet sich daher mit dem Hausknecht Knitsch, eines einst auf der Rheinbrücke gefundenen Findlings /: der in einem französischen Findelhause einige Zeit erzogen worden war, und daher noch etwas französisch kann :/ um ihm in seiner Bewerbung behülflich zu seyn. – Dieser Bursche ist ein sehr bornirter Geck, und glaubt alle Frauenzimmer, ja sogar die Gasthofbesitzerin sey in ihn verliebt, daher führt er ein Album, in welchem seine Liebschaften stehen, und wünscht auch, daß sich der Kaufmann Frohberg einzeichne. – Dieser hat seiner Gattin Rosa schon durch 14 Tage nicht geschrieben, deshalb sie sich auf die Reise begiebt um ihren Mann aufzusuchen. Der Zufall will, daß sie in dem Hotel der Madame Bernhard, wo auch ihr Mann ein Zimmer gemiethet hatte, sich einlogirt. Sie erkennt die Wirthin als ihre ehemalige Schulfreundin, erzählt, daß ihr Mann mit ihr in einem Waggon auf der Eisenbahn gereiset sey, ihr laufend Schmeicheleien gesagt habe – überhaupt ein

etwas lockerer Zeisig seyn müsse. Jetzt erfährt auch Rosa, daß ihr Gatte dieselben Schmeicheleien an ihre Freundin Bernhard verschwendet habe – und nun beschließen beide Frauen ihre Männer – welche – durch einen Brief des Franzosen Fleury, den der Hausknecht an die Cousine der Hotelbesitzerin hätte abgeben sollen, ihre Frauen für lockere Zeisige halten – zu beschämen. Dieß geschieht Abends in einem Gartensalon, wohin sich Rosa mit Bernhard und Auguste mit Frohberg zum ·Rendez vous· bestellten u.s.w. worauf dann die Verzeihung und Versöhnung der Eheleute erfolgt.
Ein abgeschmacktes – doch unanstößiges Machwerk, und ich glaube daher auf die Erlaubniß-Ertheilung zur Aufführung anrathen zu können.
Am 5. J[u]lius 1858 [gez.] Hölzl
[Genehmigt am] 4. Sept[ember] [1]858

Im Lauf des Sommers wird öffentlich, daß der *Hausknecht* auf einer alten Wiener Vorlage beruht. Die *Wiener Theaterzeitung* schreibt am Dienstag, 13. Juli 1858, S. 627:
[…] Die im Königsstädtischen Theater bereits über fünfzig Mal gegebene Posse *Ein gebildeter Hausknecht* ist Scene für Scene das alte Lustspiel von Korntheuer *Alle sind verheirathet*. An der Spree scheint man es mit dem geistigen Eigenthum nicht so genau zu nehmen. […]

Diese Notiz dürfte auf einer Kritik im Berliner *Theater-Moniteur* beruhen, dem Informationsblatt der Bühnenagentur Ferdinand Roeder, das von F. H. Held redigiert wird. Dessen Artikel vom 9. Juli 1858 wird am 13. Juli in der *Haude- und Spenerschen Zeitung* als „Eingesandt" übernommen:
Gestern war vom Theater in Bouché's Blumengarten (es ist ein wirklicher Blumengarten geworden!) zum vierundfünfzigsten Male *Ein gebildeter Hausknecht, oder Verfehlte Prüfungen, Posse mit Gesang in 1 Akt von D. Kalisch* angekündigt. Hierbei, dachte ich, kann es sich doch unmöglich um eine jener ephemeren Novitäten handeln, mit denen die Königsstadt ihr Publikum heranzuziehen sucht; denn eine einaktige Gesangsposse, welche 54 Mal hintereinander zur Aufführung gelangt, muß am Ende etwas ganz Besonderes sein. Nun aber stelle man sich mein Erstaunen vor, als ich in diesem Stückchen, welches als eine von D. Kalisch verfasste Originalposse angekündigt worden war, Scene für Scene ein unter dem Titel *Alle sind verheirathet!* schon vor dreissig Jahren von dem Schauspieler Korntheuer, dem Zeitgenossen und Collegen Raimunds, verfaßtes Lustspiel

entdeckte! Hat man unter solchen Umständen nicht eine Art Verpflichtung, seinen Augen und Ohren zu mißtrauen! – Ich stellte daher heute eine Untersuchung an; und was fand ich? – Man höre und verwundere sich, wie weit der Theaterstück-Schwindel unserer Zeit bereits gediehen ist: Es liegt mir ein Exemplar des Stückes *Alle sind verheirathet, Lustspiel in 3 Akten von Korntheuer* vor, welches das Placet der Grazer Censurbehörde vom 19. März 1832 trägt, also schon vor sechsundzwanzig Jahren in Graz, und um jene Zeit herum so ziemlich in ganz Deutschland zur Aufführung gelangte. Wenn man das Stück regiemässig zu einem Akte mit einer Verwandlung zusammen streicht, den östreichischen Dialect in das Hochdeutsche verwandelt, und die Namen der Personen verändert: so hat man Scene für Scene, Situation für Situation, ja Gedanken für Gedanken, selbst bis auf den Titel *Gebildeter Hausknecht* und *Verfehlte Prüfungen*, welche Worte bei Korntheuer vorkommen, das Korntheuer'sche Stück *Alle sind verheirathet!*. – Das Einzige, was Kalisch verändert hat, besteht, außer der Einlegung eines Couplet nach der Melodie eines bekannten östreichischen Gassenhauers, darin: daß er den Hausknecht *Adam* (bei Kalisch *Nitschke* genannt), welcher mit lateinischen und italienischen Brocken um sich wirft, blos französische Brocken von sich geben läßt. – Nun, was sagt man dazu? Uebrigens wird das Berliner Publikum demnächst die interessante Gelegenheit haben, sich selbst von dieser größesten und unverschämtesten aller bisher betriebenen Theaterstück-Schwindeleien zu überzeugen; denn wie ich höre, wird der Director Schwarz mit seinen drei Zwergen nächste Woche auf dem Friedrich-Wilhelmstädtischen Theater das Korntheuer'sche Stück, zu zwei Acten zusammengestrichen, mit Beseitigung des spezifisch österreichischen Jargon und Hinzufügung eines Couplet auf dieselbe österreichische Melodie, unter dem Titel *Ein gebildeter Hausknecht, oder Alle sind verheirathet!* zur Aufführung bringen. – Wer sich also überzeugen will, wie sehr das Berliner Publikum im Königsstädtischen Theater mit dem *Gebildeten Hausknecht* von D. Kalisch düpirt worden ist, der sehe sich das Korntheuer'sche Stück an der Friedrich-Wilhelmsstadt mit an. Vielleicht wird dieser so eclatante Fall dazu beitragen, das Publikum aus der Indolenz zu reißen, die es bis jetzt in Bezug auf das Gebahren der Berliner Possentrödler an den Tag gelegt hat. Uebrigens bin ich es der Wahrheit schuldig zu bemerken: wie ich durch Zufall eine Gelegenheit hatte, mich zu überzeugen, daß in diesem Falle die Beschwindelung des Publikums nicht von Hrn. Kalisch ausgegangen ist; denn Hr. Kalisch, welcher

das Korntheuer'sche Stück von Herrn Wallner zur Bearbeitung erhielt, ist so ehrlich gewesen, auf das Titelblatt seines Manuskripts (was dem gemäß auch die ausgeschriebenen Rollen zeigen!) zu schreiben: „*Verfehlte Prüfungen*, Lustspiel in 1 Act von Korntheuer." Der Fehler des Hrn. Kalisch besteht nur darin, nicht dagegen protestiert zu haben und eingeschritten zu seyn, als man das Stück auf dem Zettel für eine von ihm verfaßte Originalposse ausgab, und so das Berliner Publikum mittels seines accreditirten Namens beschwindelte.
[...] Ich komme nun allen Ernstes zu der Ueberzeugung, daß die Sache vollkommen geeignet ist, von Seiten der Staatsanwaltschaft verfolgt zu werden; und da, weil die Stimme der Presse unbeachtet bleibt, diesem Schwindel auch wirklich nicht anders ein Ende gemacht werden kann, als dadurch, daß er von der Staatsanwaltschaft verfolgt wird. Da nun aber, damit dies in gesetzlicher Weise geschehen kann, der Staatsanwaltschaft eine specielle Denunciation zugehen muß, so habe ich trotz meiner Abneigung gegen Denunciationen [...] den Entschluß gefaßt, den vorliegenden Fall, für den mir alle Beweismittel vorliegen, zum Fundamente einer Anzeige bei der Staatsanwaltschaft zu machen. [...]

F. W. Held war in den vierziger Jahren politischer Agitator, wurde dann Theaterkritiker und ist ein erklärter Feind Wallners (siehe Maas S. 260, Anm. 1043, und Wischer S. 258 und 268). Er verklagt das Theater wegen Betrug des Publikums. Siehe *Berliner Gerichts-Zeitung* vom 13. Juli 1858. Zu einem Prozeß aber kommt es nicht. Denn Korntheuers Stück ist gemeinfreies Geistesgut, was die Annahme eines Plagiats im Rechtssinne ausschließt. Auch wenn rückwirkend das bundesdeutsche Aufführungsgesetz (Bundesbeschlüsse von 1841 und 1857) – analog zum Nachdrucksbeschluß von 1837 – schon 1823 bei der Premiere von *Alle sind verheirathet* gegolten hätte, wäre die Aufführungs-Schutzfrist bereits Ende 1839, zehn Jahre nach dem Todesjahr des Autors, abgelaufen. Doch selbst wenn die Vorlage 1858 noch autorrechtlichen Schutz genösse, wäre Kalischs Nachbildung als freie Bearbeitung erlaubt – ungeachtet der Rechte an der Vorlage. Denn das geltende Recht schützt nur die letzte selbständige Gestalt, wobei die Hürde zur Selbständigkeit niedrig ist. Vgl. den Fall *Aktienbudiker* 1856.[47] Im übrigen handelt Direktor Wallner nicht anders als Carl und Nestroy: Die Quellen der in ihren Theatern gespielten Stücke

---

47 Siehe Heydemann, L. E., und Dambach, O., (Hg.), *Die preußische Nachdrucksgesetzgebung. Erläutert durch die Praxis des Königlichen*

werden oft gar nicht oder dann nur ungenau genannt. Bemerkenswert aber ist, daß um diese Zeit Fragen des geistigen Eigentums schon öffentlich diskutiert werden (so auch im Zusammenhang mit Offenbach am Carltheater). 1858 findet in Brüssel der erste internationale Kongreß über Probleme des künstlerischen Autorrechts statt.[48]

Wallners Antwort auf Helds Kritik des *Hausknechts* ist eine Beleidigungsklage. Es kommt zum Prozeß, den Held in 1., 2. und 3. Instanz verliert. Siehe *Berliner Gerichts-Zeitung* vom 14. Dezember 1858, *Theater-Moniteur* vom 13. März 1859 und *Berliner Gerichts-Zeitung* vom 9. Juli 1859.

Premiere des *Hausknechts* der Zwergentruppe ist am 13. Juli im Deichmann'schen Park, der Sommerspielstätte des Friedrich-Wilhelmstädtischen Theaters. Angekündigt wird sie so: „*Ein gebildeter Hausknecht*, Posse mit Gesang in 1 Akte, frei bearbeitet nach einer älteren Posse von Korntheuer. Musik nach einem alten österreichischen Volkslied." Später heißt es verkürzt: „[...] Posse mit Gesang in 1 Akt von Korntheuer."
Vossische Zeitung von Donnerstag, 15. Juli 1858.

Neben der sich von Tage zu Tage steigernden Attractionskraft der drei kleinen dramatischen Künstler hatte am Dienstag ein alle Plätze füllendes Publikum die Neugierde herbeigezogen, die Bekanntschaft eines Doppelgängers jenes *Gebildeten Hausknechts* zu machen, den Kalisch in der Blumenstraße an fünfzig Abenden als sein leibliches Kind producirt. Und nun erscheint an der Panke ein jenem zum Verwechseln ähnlicher Zwillingsbruder, der geradezu ableugnet, daß der Nominal-Vater des Bruders sein Vater und mit einem alten hervorgesuchten Taufschein documentirt, wie ihr Erzeuger niemand Anderes, als der verstorbene Wiener Komiker und Lustspieldichter Korntheuer sei, der vor 30 und mehr Jahren ein Stück geschrieben *Alle sind verheirathet!*, dem in Physiognomie und Wort bis in die größten Kleinigkeiten hinein diese beiden Hausknechte nachconterfeit sind. Wir freuen uns die Bekanntschaft zweier österreichischer komischer Pflanzen gemacht zu haben, von denen

---

Litterarischen Sachverständigen-Vereins. Berlin 1863. Gutachten Nr. 94, S. 528–539. Zum Autorrecht der Zeit siehe Helmensdorfer, Urs, „Heilig sey das Eigenthum!" Urheberrecht in Wien um 1850' in *Ufita*, Archiv für Urheber- und Medienrecht, Bd. 2001/II, S. 457–496.

48 Vgl. Romberg, Édouard, *Compte rendu des travaux du Congrès de la Propriété Littéraire et Artistique, suivi d'un grand nombres de documents*. 2 tomes, Bruxelles et Leipzig 1859.

die in der Friedrich-Wilhelmstadt ebenso Wurzel in der Gunst des dortigen Publikums geschlagen und unter dem Regen von Lachtränen grünen und blühen dürfte, wie die im Bouchéschen Blumengarten. Alles was wir in diesem gesehen und gehört, fehlt auch im Deichmann'schen Parke nicht.
Herr Helmerding hat in Herrn Jean Petit einen Hausknecht-Rivalen gefunden, der ihm vollständig die Waage komischer Wirkung hält, so daß das Gewichtszünglein weder für den Einen noch für den Andern eine Bevorzugung nachweist. Der kleine Herr hat somit gegen den ein paar Fuß längern Nebenbuhler sich in drastischer Komik und im glänzenden Beifallserfolg künstlerisch eben so ebenbürtig bewiesen, wie ein Hausknecht dem andern. Die Couplets, die Herr Petit sang, sprudelten von Spaß und Witz und namentlich wurde die Strophe, die die Zwillingsgeburt der beiden Hausknechte berührte, mit einem Beifallsjubel aufgenommen, der gleichsam als Urtheil für die zweifelhafte Autorschaft angesehen werden konnte. [...]
F[riedrich] T[ietz].

Die *Haude- und Spenersche Zeitung* schreibt gleichentags:
Der *Gebildete Hausknecht* ist todt, es lebe der *Gebildete Hausknecht*. Fast will es auf den ersten Anblick scheinen, als ob unsere, das Possen-Genre pflegenden Theater dieses Hausknechts gar nicht entbehren könnten, denn kaum legt ihn die eine Bühne zurück, als die andere ihn aufnimmt und vorführt. Und doch sollte vermuthlich die vorgestern erfolgte Wiederauffrischung auch noch eine andere Kundgebung seyn: nämlich den Nachweis führen, daß der *Gebildete Hausknecht*, welchem unter der Glück machenden Firma D. Kalisch seit dem 2. Mai eine *tour de Berlin* gelungen, nur der Abklatsch eines bereits vor 26 *[recte: 35]* Jahren entstandenen Stückes des österreichischen Schauspielers Korntheuer sey. Nun haben wir aber nicht das eigentliche Original-Erzeugniß, sondern gleichfalls nur eine „freie Bearbeitung" desselben erhalten, so daß der unbefangene Hörer jetzt vollends nicht weiß, woran er eigentlich ist. Wir sehen allerdings, daß in der neuesten freien Bearbeitung der Scenengang fast derselbe wie im neuern ist, wir sehen aber auch, daß letztere (also die von Kalisch) von ersterer und demnach auch von dem Urbilde abgewichen ist und beispielsweise den Hauknecht ehelos läßt, während Korntheuer oder sein zweiter Bearbeiter die Frau des Hausknechts sogar in zwei Szenen erscheinen und auch den Franzosen eine ganz andere Rolle spielen lässt. Es ließe sich, wenn es der Mühe lohnte, der Nachweis noch weiter fortsetzen, doch steht bereits soviel fest, daß,

so lange nicht das Korntheuer'sche Stück, wie es eigentlich geschrieben worden, vorgeführt wird, die Acten auch nicht geschlossen werden können. Desgleichen läßt es sich nicht in Abrede stellen, daß der zweite „freie" Bearbeiter von dem ersten Nutzen gezogen. Er hat allerdings den französischen Brief des Franzosen in einen deutschen Rebusbrief verwandelt und auch recht zündende Schlagwörter angebracht, allein er hat doch auch hier nur den bereits vorgezeichneten Weg verfolgt; ferner zu der altösterreichischen Melodie (derselben, die auch in der Blumenstraße erklang) andere Liederverse gedichtet, aber auch dabei nur seinen direkten Vorgänger im Auge behalten und es auf Anzüglichkeiten auf französische Zustände nicht fehlen lassen. […]

Nestroy ist gegen Ende August wieder in Wien. Am 20. spielt er den Schnoferl. Der *Hausknecht* in der Wiener Version hat am 11. September Premiere – wie in Berlin im Rahmen eines Einakterabends. Nur ein undatierter Theaterzettel ist erhalten (siehe Abb. S. 215). Die Premiere ist eine Benefizvorstellung für Wilhelm Knaak, der im *Hausknecht* nicht besetzt ist. Nestroy kündigt das Stück an als *Posse mit Gesang in 1 Akt von Kalisch*. Die Nennung eines Bearbeiters unterbleibt. Wie in den Bühnenmanuskripten fehlt auch jeder Hinweis auf Korntheuer. Ungewöhnlich ist, daß der überlieferte Text sprachlich kaum lokalisiert ist – genau so wenig wie Kalischs Bearbeitung. Lokal geschrieben ist nur Korntheuer.
Nestroy betrachtet die Fassung des Carltheaters als keine *selbstständige*, sondern (mit dem zeitgenössischen Fachausdruck) lediglich als eine *mechanische* Nachbildung, bei der die Rechte der Vorlage gewahrt bleiben. Autorrechtlich einwandfrei zahlt er deshalb Kalisch Tantiemen. Wie aus Ernst Stainhausers Journal hervorgeht, sind es pro Aufführung 3% der Nettoeinnahme (1% mehr, als Nestroy selber für den längeren Einakter *Die Schlimmen Buben* kassiert).[49] Erst später heißt es zur Autorschaft, das Stück sei *von Nestroy nach Kalisch* (so in den Werkverzeichnissen der Nestroy-Ausgaben von Rosner und Gottsleben, bei Pichler 1943 und 1953 und bei Hein/Meyer 2001). Die Bühnenmanuskripte B und C nennen gar Nestroy als alleinigen Autor – so sehr hat sich inzwischen die darstellerische Schöpfung vor die literarische gestellt.
Als Beispiel für das große Presseecho, das Nestroys Knitsch findet,

---

49 Siehe Ernst Stainhauser, *Bilanz des Carltheaters für das Jahr 1859/60*, St.B. Wien, HS Ib 32019.

stehe hier der Bericht in der *Wiener Theaterzeitung* vom 14. September 1858, S. 839. In ihn sind die Erkenntnisse der Berliner Presse eingeflossen.
K.K. priv. Carltheater.
Dieses Theater hat abermals ein Zugstück erhalten, dem eine zahlreiche Reihe von Wiederholungen bevorsteht. Es ist dies die am 11. September [1858], zum Benefiz des beliebten Herrn Knaak, zum ersten Male aufgeführte Posse *Ein gebildeter Hausknecht*. – Diese ist eigentlich für Wien nicht neu. Ursprünglich ist sie von Korntheuer. Sie wurde unter dem Titel *Alle sind verheuratet* vor ungefähr dreißig Jahren *[6. 11. 1823]* zum ersten Male im Leopoldstädter Theater aufgeführt und Raimund gab den gebildeten Hausknecht. Zu Anfang dieses Jahres stöberte sie Kalisch *[Wallner?]* aus alten Theater-Manuscripten auf und bearbeitete sie so wirksam, daß Nestroy, als er den *Gebildeten Hausknecht* [anfangs Juni 1858] in Berlin darstellen sah, dieses neubearbeitete Stück ankaufte, es für Wien, namentlich was die Hauptrolle betrifft, abermals bearbeitete und den gebildeten Hausknecht selbst darstellte. – Es ist noch nie etwas Komischeres und Wirksameres auf einer der hiesigen Vorstadt-Bühnen gesehen worden als dieser Hausknecht. Nestroy hat neuerdings eine Rolle in sein Repertoir aufgenommen, in welcher er auf allen deutschen Theatern auftreten könnte und damit Sensation erregen müßte. Das Publikum gab förmlich Lachsalven. Bei dem Vorlesen der von Nestroy gedichteten Stammbuch-Verse applaudirte man nicht, sondern man jauchzte Beifall. Das französische Couplet Nestroys vernlaßte gleichsam ein Peloton-Feuer von Applaus. Es läßt sich mit Gewißheit sagen, daß Niemand in Wien versäumen wird, Nestroy in dieser Rolle zu sehen. Er leistet darin das Nonplusultra seiner herrlichen Begabung. – Seine Umgebung reißt er dergestalt hin, daß sie Mühe hat, sich zurückzuhalten, um nicht mitzulachen und mit zu applaudiren. Die Herren vom Orchester waren durchaus Publikum, der Capellmeister [Carl Binder] lachte, daß ihm die Thränen in die Augen traten. […]
[Folgt Bericht über die andern Einakter.]

Ähnlich begeistert äußern sich am 12. September 1858 *Die Presse* und *Der Humorist*.
Am 31. Oktober 1860 verabschiedet sich Nestroy als Direktor vom Wiener Publikum: mit Szenen aus Possen, Parodien und Operetten, auch einer aus dem *Gebildeten Hausknecht* (SW XV, 515, Nr. 870). Danach spielt er den Knitsch noch einige Male in Karl Treumanns Theater am Franz-Josef-Kai für eine Abendgage

von 200 Gulden, letztmals am 26. Februar 1862. Am gleichen Tag erscheint im *Zwischenakt* eine ‚Theaterneuigkeit', die die hier geschilderte Entstehungsgeschichte des Einakters zusammenfasst und bestätigt.

Zwischenakt vom 26. Februar 1862 – [Rubrik] ‚Theaterneuigkeiten'.

[...] Direktor Wallner aus Berlin hat während seiner Anwesenheit in Wien, wie wir hören, seinen Antheil an Castelli's Nachlaß – die Manuskripte sämtlicher dramatischer Werke, sowie die ganze dramatische Bibliothek des Verstorbenen – bereits übernommen.[50] Vielleicht gelingt Herrn Wallner noch irgend etwas Bühnengerechtes aufzufinden. Wir erinnern uns hierbei an das Schicksal des *Gebildeten Hausknecht*, welche aus der Feder Korntheuer's stammende Posse unter dem Titel *Alle sind verliebt [sic! Verwechslung mit dem ‚Seitenstück' Alle sind verheirathet]* einst Glück gemacht hat und vergessen in der Bibliothek des Carltheaters vergraben lag. Herr Wallner, der in solchen Sachen den Vortheil eines guten Gedächtnisses für sich hat, suchte das Manuskript dort wieder auf, entlehnte es von Herrn Nestroy, nahm es mit nach Berlin und ließ es durch Kalisch bearbeiten. Das Resultat dieser Umwandlung kaufte Nestroy unter dem Titel *Der gebildete Hausknecht* wieder zurück, nahm es jetzt selbst in Arbeit, fügte ein neues Kouplet dazu, erhöhte den Reiz der Stammbuchzitate durch Hinzufügung des bekannten Sonettes *[sic!]* an die „Greißlerische", kurz, schrieb sich eine seiner besten Rollen, war aber generös genug, die Tantième für dieses Stück – Herrn Kalisch zu überlassen, welcher bis zum Schluß der Nestroy'schen Direktion 1100 fl. dafür eingenommen haben soll.

Die Zahl ist glaubwürdig. 1100 fl. Tantiemen für 56 Vorstellungen – das sind pro Vorstellung 19 ½ fl. = 3 % einer durchschnittlichen Nettoeinnahme von 650 fl.[51] Ein Gulden im Jahre 1860 entspricht etwa 10 Euro im Jahre 2005.[52] *Generös*: Hinter dieser Formulierung scheint die (irrige) Ansicht zu stehen, Nestroys Einrichtung wäre so *selbständig*, daß sich eine Tantiemezahlung eigentlich erübrigt hätte.

---

50 *Ignaz Franz Castelli* (6.3.1781–5.2.1862), verfaßte rund 200 Stücke für das Wiener Kärntnertortheater und war Herausgeber der Zeitschrift *Der Sammler*. 1861 erschienen die *Memoiren meines Lebens* (4 Bde.).
51 Siehe Stainhauser Anm. 49 und Hüttner, Johann, ‚Machte sich Nestroy bezahlt?' in *Nestroyana* 1 (1979), S. 2–15. Die Angabe in *Nestroyana* 21 (2001), S. 144, ist zu korrigieren: Die 1100 fl. sind keine einmalige Pauschale für die Bearbeitungserlaubnis, vielmehr die Summe der bezahlten Tantiemen.
52 Umrechnung von Karl Zimmel.

Die Fassung des Carltheaters wird nach Nestroys Tod immer dann hervorgeholt, wenn Komiker nach Vorlagen suchen, die ihnen große darstellerische Freiheit geben. Pichler 1943, S. 14, nennt Willi Thaller (1854–1941) und Josef Bergauer (1880–1947). 2004 hat Robert Meyer den *Hausknecht* an der Burg in einen Einakterabend *Zettelträger Papp, oder Meine Frau hat eine Grille* eingebaut. Im Programm: *Zettelträger Papp, Ein gebildeter Hausknecht* (nach der Fassung von Pichler mit Branko Samarovski als Knitsch) und *Frühere Verhältnisse*.

Undatierter Theaterzettel des Carltheaters zu *Ein gebildeter Hausknecht*.

AUSGEWÄHLTE SZENEN DER VORLAGEN

Anhand einzelner Passagen aus Korntheuer, Kalisch und Jean Petit kann sich der Leser selbst überzeugen, daß es sich bei der Fassung des Carltheaters um keine *selbstständige*, sondern um eine beinahe *mechanische* Nachbildung, auf weite Strecken sogar um wörtlichen ‚Nachdruck' handelt. Wirklich neu sind nur einzelne von Knitschs Albumsprüchen und das Couplet. Pichlers Behauptung, „daß alles, was noch heute an der Posse erheiternd und witzig ist, nur von Nestroy stammen kann", erweist sich als Unsinn (Pichler 1943, S. 11). Will man sich auf eine literarische Wertung der verschiedenen Bühnentexte einlassen, so gebührt Korntheuer die Krone. Er allein hat Witz *und* Herz. Der Erstdruck seines Lustspiels ist ein Desiderat.

PERSONAL DER VERSCHIEDENEN FASSUNGEN

KORNTHEUER	JEAN PETIT	KALISCH	CARLTHEATER
Beigl, Weinhändler	Bügel, Gasthofbesitzer	Bernhard, Gasthofsbesitzer	Bernhard, Gasthofbesitzer
Susanne, seine Frau, Zimmervermietherin	Madame Bügl	Auguste, seine Frau	Auguste, seine Frau
Flacker, Kaufmann von Krems	Flacker, Kaufmann	Frohberg, Kaufmann	Frohberg, Kaufmann
Therese, seine Frau	Madame Flacker	Rosa, seine Frau	Rosa, seine Frau
Eva, Freundin der Mad. Flacker	Eva, Flackers Hausmädchen	Caroline, Gesellschafterin	Karoline, deren Gesellschafterin
Herr von Lefort	Lefort	Fleury	Fleury
Adam, Hausknecht bei Beigl	Adam, Bügels Hausknecht	Nitschke, Hausknecht	Knitsch, Hausknecht
Frau Ursel	Frau Ursula		

Als erstes Beispiel die Eingangsszene bei Korntheuer (in diplomatischer Transkription) und bei Kalisch (nach dem Druck von 1870):

KORNTHEUER:

I. ACT
(Zimmer mit zwey Seitenthüren rechts, einer links, einer Mittelthür und einem Fenster.)

Scena 1
(SUSANNE.)

SUSANNE *(steht am Fenster).* Schon wieder ein Reisewagen! Das ist wahr, bey mir steht doch nie ein Zimmer leer, und das

Schönste dabey ist, daß ich von den Fremden zehn Mahl so viel einnehm, als mich der ganze Zins für den Hausherrn kostet.

Scena 2
(FLACKER. VORIGE.)

FLACKER *(in Reisekleidern).* Ich bin doch da bey Madame Beigl?
SUSANNE. Man nennt mich Frau von Beigl, wenn's Ihnen nicht genirt.
FLACKER. Also Frau von Beigl! Ich bin Kaufmann in Krems und mein Freund, der Fabrikant Jachmann hat mich an Sie g'wiesen.
SUSANNE. Ah der lustige Jachmann, ja hat lang bey mir g'wohnt, wie er hier war, ist ein wahrer Spaßvogel.
FLACKER. Er hat Sie mir als brave Frau g'schildert.
SUSANNE. Ja, d'Leut foppen ist sein Passion.
FLACKER. Er hat mir g'sagt, daß Sie so gefällig sind.
SUSANNE. Was halt recht ist.
FLACKER. Verzeihen Sie, daß ich mit der Thür ins Haus fall. Auch hab ich durch ihn erfahren, daß Sie in Ihrer Eh nicht ganz glücklich sind.
SUSANNE. Da hat er g'logen. Mein Mann ist zwar nicht der Feinste, man könnt sogar sagen, er ist ein bissel gröblich, aber er ist grundehrlich und genirt mich eben nit in mein weiblichen Affairen. Das Einzige pikirt mich an ihm, daß er von bon ton nix wissen will; aber mein Himmel! wo soll das auch herkommen? Er ist ein geborener Pfalzer, ist als Bub auf der Donau herunter kommen, ist Hausknecht in ein Einkehrwirthshaus worden, später Oberkellner und hernach Wirth und Hausherr. Da hat er mich g'heirath, ich hab aber kein Wirthin bleiben wollen – ich bitt Ihnen, wer wird den ganzen Tag in der Kuchel stehn, und sich alle Augenblick von ein Gast ein Rostbratel oder sonst ein Speis z'ruckschicken lassen? Nein, da hat mein Mann ein Weinhandler werden müssen, und ich verlaß Zimmer.
FLACKER. Also Sie sind mit Ihrem Mann zufrieden?
SUSANNE. Warum denn nicht? Schaun S', er verreist oft in sein G'schäft, er ist grad jetzt wieder aufn Weinkauf und ist schon acht Tag aus. Da kann ich thun was ich will.
FLACKER. Ich hab aber g'hört, daß er so eifersüchtig auf Sie ist.
SUSANNE. Soll er's etwan nicht seyn? Ist's vielleicht nicht der Müh werth?
FLACKER. Ah das schon und wie!
SUSANNE. Ich hab etwa glaubt –
FLACKER. Aber ich hab auch g'hört, daß er andern schönen Weibern nicht feind ist.

SUSANNE. Ja, d'Madeln hat er gern, der Tausendsasa.
FLACKER. Und Sie leiden das?
SUSANNE. Ich leid's, weil ich muß. Ich weiß ja doch, daß er nicht Ernst macht.
FLACKER. Sie sollen es auch so machen, wie er.
SUSANNE. Jetzt gehn Sie, Sie G'spaßiger! Glauben Sie denn, auf Ihren Rath hab ich g'wart? Ich spaß genug mit andern Mannsbildern, laß mir tausend Dummheiten, will sagen Schönheiten sagen, lach sie aber auf d'letzt brav aus. Aber wir reden da ein Langes und Breites und vergessen auf d'Hauptsach. Sie wollen bei uns wohnen?
FLACKER. Freylich.
SUSANNE. Das Zimmer links ist leer, schauen Sie's an. *(Macht die Thür auf.)*
FLACKER. Ich bin schon voraus zufrieden und frag gar nicht nach dem Preiß.
SUSANNE. Sie sind gar galant. Schaun Sie, jetzt g'fallen Sie mir erst.
FLACKER *(will sie küssen).* Weiberl!
SUSANNE. Halt er an, schön langsam – pomali.[53] Ich muss gehn, ich hab noch mehr zu thun. *(Naiv.)* Nu adieu, Sie schlimmer Mann.
FLACKER. Schöns Weiberl! ein einziges Busserl.
SUSANNE. Sind Sie ledig oder verheirathet?
FLACKER *(etwas verlegen).* Ich?
SUSANNE. Nu das werden Sie doch wissen.
FLACKER. Ey versteht sich, ich bin ledig.
SUSANNE *(fühlt ihm auf die Stirn).* Hätte Ihnen für verheirathet g'halten. Es sey wie es sey, aber ein Busserl, was man sagt ein Busserl kriegen Sie nicht, von mir aus nähmlich.
FLACKER. Weiberl! Engel! ich lieb dich, du mußt mein seyn. Sieh diesen Beutel voll Gold, diese volle Brieftasche – *(Hält beides hin.)* –
SUSANNE. Obs aufhören? – Meine <u>Zimmer</u> sein für Geld zu verlassen, aber <u>ich</u> nicht. Merken Sie sich's, ein Weib kann recht lustig seyn, kann mit andern Mannsbildern g'spaßeln, aber ihr Herz und ihre Lieb müssen ihrem Mann g'hören. Stecken Sie ihr Geld ein, und lernen Sie, daß es bey uns wohl lustige, aber auch brave Weiber gibt. *(Ab.)*

---

53 *pomali*: langsam, zärtlich, leise, heiklich, mit Überlegung in einer Angelegenheit vorgehen (Hügel).

Scena 3
(FLACKER.)

FLACKER (*allein*). Freund Beigl ich gratulir, dein's Weib scheint wirklich brav. Wüßt ich nur ob die Meinige auch so ist – eifersüchtig ists freylich, aber wer weiß ob das Lieb ist?
[…]

Diese Szene verkürzt Kalisch so:

KALISCH:

(*Salon im Hôtel mit mehreren Mittel- und Seitenthüren. Im Vordergrund ein Trümeau.*[54])

1. Scene
(AUGUSTE, FROHBERG *im Reiseanzuge.*)

FROHBERG (*durch die Mitte*). Ich habe die Ehre, die Frau vom Hause –?
AUGUSTE. Zu dienen!
FROHBERG. Die neueste Ausgabe von Bädeker empfiehlt Ihr Hotel als ein sehr solides.
AUGUSTE. Ich war sonst ausgelassen – im Bädeker nämlich.
FROHBERG. Wie kommt das?
AUGUSTE. Weil ich nichts darauf gebe –
FROHBERG. Aber Herr Bernard –
AUGUSTE. Dem ist es erst recht gleichgültig, ob wir Gäste haben oder nicht.
FROHBERG. Er ist schon zu reich.
AUGUSTE. Das kann man nie sein.
FROHBERG. Dann ist Ihr Herr Gemahl vielleicht eifersüchtig?
AUGUSTE (*blickt in den Spiegel*). Meinen Sie, daß er keine Veranlassung hat?
FROHBERG. Oh!
AUGUSTE. Ich glaubte –
FROHBERG. Ich habe im Gegentheil gehört, daß Herr Bernhard auch andere schöne Damen gern sieht.
AUGUSTE. Das weiß ich.
FROHBERG. Und Sie dulden das?
AUGUSTE. Eine Gastwirthin muß hören, sehen, – schweigen! Ue-

---

54 *Trümeau*: großer schmaler Wandspiegel an einem Pfeiler zwischen zwei Fenstern.

berdieß – warum soll ein verheiratheter Mann keine Augen mehr haben?
FROHBERG. Dann sollten Sie aber auch die Ihrigen nicht immer niederschlagen!
AUGUSTE. Empfiehlt dies auch Herr Bädeker?
FROHBERG *(sich ihr nähernd)*. Schöne Frau –
AUGUSTE. Sie haben N° 5. *(Oeffnet eine Thür.)* Wollen Sie sich Ihr Zimmer nicht ansehen?
FROHBERG *(erwartet, daß sie vorangehen wird)*. Bitte –
AUGUSTE. Pardon, ich bin beschäftigt.
FROHBERG *(will ihr die Hand küssen)*. Meine Gnädige –
AUGUSTE. Ich bin Wirthin und durchaus keine G n ä d i g e ! *(Ab.)*

2. Szene
(FROHBERG.)

FROHBERG *(allein)*. Freund Bernhard, ich gratuliere Dir. Du hast wahrhaftig nicht nöthig, Deine Frau auf die Probe stellen zu lassen.
[...]

Bei Korntheuer ist der Hausknecht Adam ein ehemaliger ‚Statistiker' am Theater. Kalisch gibt ihm eine neue Biographie, die die Szene mit dem französischen Brief und das zweisprachige Couplet ermöglicht. Ich gebe den Auftritt von Korntheuers Adam und Kalischs Nitschke wieder. Man beachte die allmähliche Abwandlung der Albumsprüche.

KORNTHEUER:

Scena I, 4
(FLACKER. ADAM.)

[...]
FLACKER. Was ist er denn eigentlich?
ADAM. Eigentlich bin ich, was man sagt: Hausknecht.
FLACKER. Das ist eine schöne Kunst.
ADAM. Nicht so voreilig, mein Freund. Die Hausknechtigkeit ist freylich keine große Kunst, obwohl sie zu dem gymnastischen Fach gehört; aber ich war früher beim Theater und bey der Mahlerkunst.
FLACKER. Er war gewiß Lampenanzünder beym Theater?
ADAM. Das wär schmutzig – nein beym Theater war ich Statisti-

ker und bey der Mahlerey Farbenreiber und Modelsteher. O, ich hab da viel g'lernt, aber auch viel ausg'standen – ich hab manchen Brocken schlucken müssen, bis ichs so weit bracht hab.
FLACKER. Wie weit hat er's denn gebracht?
ADAM. Nu bis daher. – O hören Sie, ich hab viel golten beym Theater.
FLACKER. Warum ist er denn hernach weggangen?
ADAM. Wegen plötzlicher Unpäßlichkeit konnte das bereits angekündigte Stück nicht gegeben werden.
FLACKER. Was heißt denn das?
ADAM. Sehen Sie, das verstehen Sie nicht. Das heißt gar viel in unserer Kunstsprach. Eine Sängerinn hat sich krank melden lassen. Der Rehschießer *[Regisseur]* schickt mich hin und sagt zu mir: Adam, du bist ein g'scheider Mann, schau ob das wahr ist. Na ·Dictum factum·, ich geh hin mit meiner eigenen Person und frag sie ·franchement·: „Mamsell, sind Sie wirklich krank?" Sagt sie: „Ja, ich hab eine Heiserigkeit im Ellbogen." „Im Ellbogen?" sag ich, „gehens, das wird schier eine Lug seyn." – Was thut sie? Sie spendirt mir einen Backenstreich und sagt: „Flegel! bring die Nachricht dem, der dich g'schickt hat." Ich trag mein Backenstreich ruhig und ordentlich fort, und weil die Posten in unserm Fach müssen pünktlich ausg'richt werden, gib ich dem Rehschießer Eins in seine Phisiognomie, daß ihm alle Zähn g'wackelt haben. Er, ein hitziger Heldenspieler, tritt mich mit Füßen und sagt: „Ha Elender, verhauche deine schwarze Seele!" Ich weiß zwar nicht, was meine Seel für ein Farb hat, aber ich hab nicht verhaucht, sondern hab mich z'samm klaubt und hab quittirt. Danach bin ich zu mein G'vatthern dem Herrn Beigl gangen, und hab mein jetziges G'schäft antreten.
FLACKER. Und ist er jetzt zufrieden?
ADAM. So, so. – Meine schön Bekanntschaften muß ich halt jetzt vernachläßigen. Es ist ein Kreuz, wenn mich nicht dann und wann mein Stammbuch aufheiterte, wurde ich völlig melancholerisch.
FLACKER. Was? Er hat ein Stammbuch?
ADAM. Das versteht sich, das muß ja jeder gebildete Mensch haben.
FLACKER. Wer steht denn da eing'schrieben?
ADAM *(zieht ein großes Buch heraus).* Lauter Menschen. Sehn Sie, das Blattel ist von der Kräutlerinn gegenüber, die hat mir ein Kelchpletschen *[=Kohlblatt]* hinein g'nadelt, die ist so lang grün blieben, bis [s'] dürr worden ist – das ist das Sinnbild der

Freundschaft. D a s Blatt ist von der Tabakkramerinn, das von unserer Köchin –

FLACKER. Er hat ja lauter Damen.

ADAM. Ich thus nicht anders. Ah das muß ich Ihnen lesen, das ist von unserm Milchweib. *(Liest.)*
  Grün, o Freund, ist Laub und Gras,
  Wenn es regnet ist es naß,
  Wenn es schneibet ist es weiß,
  Wenn es g'frieret gibt es Eis.
(Wischt sich die Augen.) Das ist g'wiß eine schöne Moral. Jetzt kommt der Schluß:
  Sey stets froh an Seel und Leib,
  Ewig nur dein Miliweib.
Das ist rührerisch. Es dürft frey im Don Carlus stehn.

FLACKER. Das ist wirklich schön.

ADAM. Geltens, völlig 's G'müth kehrts ein um.

FLACKER. Ja, es ist ganz was Außerordentliches.

ADAM. Schaun Sie, das g'fallt mir von Ihnen, daß Ihnen das Heldengedicht so g'fallt, Sie sind ein Mann von Fühlung, Ihnen heb ich mir auf.

[...]

Die Verse des Miliweibs werden von Kalisch wie Nestroy übernommen, allerdings sprachlich verwässert. Bringt Korntheuer nur den einen Stammbuchvers, so gibt es bei Kalisch und Nestroy drei. Im Laufe der Vorstellungen werden die Komiker die Reihe ad libitum weiter verändern und verlängern. Siehe den Druck RUB Nr. 3007 [1903] und Pichler 1943, 75.

KALISCH:

3. Szene
(FROHBERG. NITSCHKE.)

NITSCHKE *(mit dem Fremdenbuch, an der Brust unter der Schürze das Album).* Ju'n Morgen!

FROHBERG. Guten Tag!

NITSCHKE. Sind Sie der eben angelangte braune Koffer mit der messingbeschlagenen Hutschachtel?

FROHBERG. Das sind nicht meine Sachen.

NITSCHKE *(reicht ihm das Fremdenbuch).* Dann bitte –

FROHBERG. Was ist das ?

NITSCHKE. Das Fremdenbuch.

FROHBERG *(nimmt's und liest).* Müssen alle diese Rubriken ausgefüllt werden?
NITSCHKE. Ja.
FROHBERG. Verlangt das die Polizei?
NITSCHKE. Nein.
FROHBERG. Wer denn?
NITSCHKE. Ich.
FROHBERG. Sie? Weshalb?
NITSCHKE. Aus Rücksicht gegen Frankreich. Bitte, schreiben Sie –
FROHBERG. Aber wer sind Sie denn eigentlich?
NITSCHKE. Ich bin der Knecht des Hauses.
FROHBERG. Der Hausknecht?
NITSCHKE. Durch freie Wahl, nicht durch Geburt oder Glücksumstände. Aber bitte, schreiben Sie, ich unterhalte mich nur mit Personen von meiner Erziehung.[55]
FROHBERG. Wo haben Sie denn Ihre Erziehung genossen?
NITSCHKE. Im französischen Waisenhause, ·maison d'orpheline·.
FROHBERG. Wie kamen Sie denn dahin?
NITSCHKE. Ein Familiengeheimniß. Ich bin ein Kind der Liebe.
FROHBERG. Achtung ist die Mutter der Liebe –
NITSCHKE. Dann war Achtung meine Großmutter. *(Mit tiefem Seufzer.)* Ich war nicht immer Hausknecht.
FROHBERG. Sie waren früher Ihr eigner Herr?
NITSCHKE. Ja, aber auch Sklave meiner Leidenschaft. *(Sieht sich um, dann leise.)* Ich liebe die Weiber.
FROHBERG. So? Und Sie fanden Gegenliebe?
NITSCHKE. Mehr als mir lieb ist. Lesen Sie selbst mein Album. *(Zieht das Album hervor.)*
FROHBERG. Sie haben ein Album?
NITSCHKE. Wie jeder Gebildete.
FROHBERG. Wer hat sich denn da eingeschrieben?
NITSCHKE. Lauter Gebildete. Sehen Sie mal dieses hier.
FROHBERG. Von wem ist das?
NITSCHKE. Von der Milchfrau aus Schöneberg. Hören Sie mal das. *(Liest.)*
Grün, Freund, ist Laub und Gras,
Wenn es regnet ist es naß,
Wenn es schneit, dann ist es weiß,
Wenn es friert, dann giebt es Eis.
Sei an Seel' und Leib stets glau,[56]

---

55 Hier geht die Fassung des Carltheaters mehr ins Detail.
56 *glau*: hell, scharf, frisch, aufgestellt (Grimm 7, 7772).

Das wünscht Ihre Sie achtende Milchfrau.
Symbolium:⁵⁷
   Blumen welken, Kühe melken,
   Aber unsere Freundschaft nicht.
Ist das nicht schön gedacht? – Und das hier von die möblirte Dame, die sich für eine Predigerwitwe ausgab:
   Die Tugend im Herzen,
   Ein Mädchen im Arm,
   Das Eine macht selig,
   Das Andre macht warm.
Motto:
   Häßlichkeit entstellet immer.
   Auch das schönste Frauenzimmer.
   Auch schön empfunden!
FROHBERG. Gewiß. *(In das Buch sehend.)* Von wem ist denn das hier?
NITSCHKE. Von der Baumwollen-Regenschirmwittwe mit Fischbeingestell aus der Prenzlauerstrasse.
FROHBERG. Sie haben darin wohl nur verheirathete Frauen?
NITSCHKE. Es sind die Mehrsten. Es sind aber auch von andern welche bei. Sehen Sie mal hier, das ist von der schwarzäugigen Köchin, die vor'ge Ostern von uns abgezogen ist. *(Liest.)*
   Wer sich der Einsamkeit ergiebt,
   Und hat nischt,
   Ach, der ist bald allein
   Und kriegt nischt.
   Ein Jeder lebt, ein Jeder liebt,
   Das hilft nischt.
   Dann läßt ihn seine Pein,
   Das schadt' nischt. ⁵⁸
Symbolium:
   Der Mensch kann noch so arm
   sein, wenn er nur Geld hat.
Das ist doch gewiß tief empfunden.
FROHBERG *(ironisch)*. Ein erhebender Gedanke!
[…]

Bei Korntheuer ist Adam verheiratet. Ich transkribiere die zweite Szene mit seiner Frau Ursel. Auch bei diesem Paar geht es ums Verzeihn.

---

57 *Symbolium*: Motto, ‚Gedenkemein‘, Nutzanwendung.
58 Zynische ‚Umspielung‘ von Goethes *Lied des Harfners*.

KORNTHEUER:

Scena III, 4
(Es wird dunkel.)

(ADAM.)

ADAM *([allein, kommt] mit Lichtern).* Wenn ich nicht Licht bring, so bleibts alleweil finster. Ah mit'n Licht bringen kann ich gut umgehn, wenn der König in Hamlet g'ruft hat: Lichter! *[III, 2]* hab immer ich's Licht bracht, nu ja vermög mein Anstand, und da habens pascht *[applaudiert]*, no! und jetzt glauben die Leut ich bin nix, weil ich Hausknecht bin, ah fehl'gschossen! Ein Hausknecht ist viel, er ist wie der Antoni in der Octavia, eine Fackel, die sich selbst verzehrt, indem sie Andern leuchtet.[59] Ja auf dem liegt Alles – ich bin ja auf d' Nacht allezeit so müd wie ein g'hetzter Has, und heut schon gar, wo ich die Gemüthsbewegung mit meiner Gattin g'habt hab *[Szene II, 20]* – es war mir nicht anders, als wenn ich den Mephistofeles im Doktor Faust säh – und wild ists worden, und alt, ui ja! Ich verzeih ihr nit, ja wanns sauber wär, aber so lacheten einm ja d'Leut aus, und ich kanns schon nicht thun wegen der gnädigen Frau, die eiferte sich grün, die hat mich zu lieb, die gute Seel.

Scena III, 5
(ADAM. URSEL.)

URSEL *([kommt]).* Ah da bist du ja, liebs Mannerl.
ADAM. Was wollest du von mir? von wannen kommst du?
URSEL. Verzeih lieber guter Adam.
ADAM. Leere Worte – Versprechungen mit Luft g'füllt sagt Hamlet.[60]

---

59 *Octavia*: Trauerspiel in fünf Akten von August von Kotzebue (1801), Zitat aus II, 6: Der alte Diener Eros sagt von Antonius:
  Sind das die Glücklichen, die wir beneiden? –
  Ein großer Mann, nur eine Fackel, die
  Sich selbst verzehrt, indem sie Andern leuchtet,
  Er ragt hervor, ein Pharus aus dem Meere,
  In sichern Hafen jeden Schiffer leitend,
  Indessen Well' auf Welle um ihn tobt,
  Den festen Grundstein unterwäscht, bis endlich
  Im Sturm den Trotzigen das Meer verschlingt. –
60 Abgewandeltes Zitat aus *Hamlet* III, 2: „I eat the air, promise-

URSEL. Was weiß denn der von meiner Lieb.
ADAM. O der weiß Alles.
URSEL. Hör mich an. Sey so gut, ich hab dich verlassen, weil du gar so grob mit mir warst. Aber ich hab Alles bereut, ich hab indeß die Welt kennen g'lernt.
ADAM. Wo warst du?
URSEL. In Brünn.
ADAM. Da war ich auch schon. Da gibts gute Kolatschen.[61]
URSEL. Ich war Kindsweib bey ein Akteur.
ADAM. Der muß jung g'wesen seyn, wenn er noch ein Kindsweib braucht hat. Was spielt er für ein Fach?
URSEL. Nicht bey ihm, bey sein Suhnerl war ich Kindsweib.
ADAM. Also hat er Väter g'spielt?
URSEL. Nein Tyrannen. Er hat mich oft prügelt.
ADAM. Das ist mein Leibfach. Schon das freut mich, daß du bey der Kunst blieben bist. Er hat dich g'schlagen? Das beweist, daß der Mann sein Kunst liebt, weil er sich zu Haus exerzirt hat. Mir hat nicht [nur] einmahl der Heldenspieler ein Rippenstoß geben, das war Feuer der Leidenschaft, das hab ich gern g'litten, und die Königin Elisabeth hat die Ohrfeigen, die sie dem Essex zu geben hat, wohl zwanzig Mahl auf mein G'sicht probirt.[62] Ja Kunstgefühl muß der Mensch haben. Hingegen weiß ich halt jetzt auch, wie man eine Watschen mit Anstand geben kann.

---

crammed." F. L. Schröder hat „Ich esse Luft, mit Versprechungen gefüllt." Schlegel/Tieck: „Ich esse Luft, ich werde mit Versprechungen gestopft."

61 *Golatschen*: ein mit verschiedenartigem Mus gefülltes Gebäck (Hügel).
62 Aktuelle (?) Anspielung auf *Essex*, ein älteres englisches Stück, das 1776–1822 in der Übersetzung von Ch. H. Schmid, seit dem 16. Oktober 1823 (also wenige Wochen vor der Premiere von *Alle sind verheirathet*) in einer neuen Bearbeitung von Matthäus von Collin auf dem Spielplan der Burg stand (mit Sophie Schröder als Elisabeth). Collins Bearbeitung ist gedruckt in *Matthäus Edlen von Collin's nachgelassenen Gedichten, ausgewählt und mit einen biographischen Vorworte begleitet von Joseph von Hammer*. 2 Bändchen in einem Band, Wien: Gerold 1827 (Hinweis von W. E. Yates). Der Text von *Essex* steht in I, 1–128. Die große Auseinandersetzung zwischen Elisabeth und Essex gipfelt in einer Ohrfeige. Collin III, 8 (S. 79 f.):
  ESSEX [...] So scheid ich denn, doch wie ein Mann, der furchtlos,
  Wo er auch sey, sich selbst vertrauen darf. *(Entfernt sich.)*
  ELISABETH *(schlägt nach ihm).* Halt Sir, nehmt euren Lohn mit!
  ESSEX *(halb das Schwert entblößend).* Tod und Hölle!
    (Stößt das Schwert rasch in die Scheide zurück.)
  Wer that es? war's nicht deine Königin? [...]
Zum Stoff und zur Zulässigkeit einer Ohrfeige in der Tragödie siehe Lessing, *Hamburgische Dramaturgie*, 22., 25. und 54.–68. Stück.

URSEL. Gib mir eine mit Anstand, aber verzeih. Kannst du das nicht?
ADAM. Kann ich Armeen aus der Erde stampfen? Wachst mir ein Kornfeld auf der flachen Hand?[63]
URSEL. Du bist mir nicht treu blieben, das weiß ich.
ADAM. Von wannen kommt euch diese Wissenschaft?[64]
URSEL. Aber ich bin dir treu blieben, obwohl ich die schönsten Liebesanträg g'habt hab.
ADAM. Du?
URSEL. Ja ich.
ADAM. Nu ich empfehl mich, das muß schon ein schöner Schabel[65] seyn, der sich in dich verlieben kann. *(Sieht sie an.)* Ah! ist ja kein Möglichkeit.
URSEL. Nu warum?
ADAM. Solche Nasen sind ja schon lang aus der Modi, und so ein Maul findt man höchstens am Tandelmarkt unter dem alten Eisen. Deine ganze Person g'hört schon unter 's alte Graffelwerk[66]; also mach du mir keine Ocasionen[67] dahier.
URSEL. Du stellst mich schön am Glanz her, aber thut nix, schimpf aber verzeih, schlag aber verzeih.
ADAM. Ich bin jetzt nicht aufg'legt zum Prügeln, frag dich später an. Laß mich gehn sag ich. Du bist zu alt für mein Herz.
URSEL. Denk du wirst auch alleweil älter. Du mußt jemand haben, der dir ein Süpperl kocht, ein Wein hohlt, dich auszieht, wenn du ein Dampf[68] hast.
ADAM *(etwas weich)*. Ja das brauchete ich notwendig.
URSEL. Den du prügeln kannst, wenn du in kein guten Humor bist.
ADAM *(wie oben)*. Das ist alles wahr.
URSEL. Und wer ist dazu tauglicher als ein liebendes Weib?
ADAM. Sey still Ursel! sey still! *(Weint.)* Mein Herz ist butterweich, ich werd melancholerisch. *(Weint laut.)* Ich muß –
URSEL *(breitet die Arme aus)*. Was mußt du?
ADAM *(schluchzt)*. Ich muß – mein halbe Wein trinken. *(Geht ab.)*

---

63 Zitat aus Schiller, *Die Jungfrau von Orleans* I, 3. Karl VII. sagt: „Kann ich Armeen aus der Erde stampfen? / Wächst mir ein Kornfeld in der flachen Hand?"
64 Ebenda I, 10. Karl fragt Johanna: „Von wannen kommt dir diese Wissenschaft?"
65 *Schabel*: kurioser Galan (zu *schäbig*?).
66 *Graffelwerk*: altes, abgenütztes Mobiliar.
67 *Ocasionen*: Umstände.
68 *Dampf*: Kurzatmigkeit, auch Rausch.

URSEL. Dein Herz ist g'rührt – nun laß ich ihn nimmer aus, bis er mich wieder aufnehmen will. Jetzt hab ich erst g'sehn, er ist doch ein schöner Mann. Ich muß ihm nach. *(Ab.)*

Höhepunkt der Fassungen von Kalisch, Jean Petit und dem Carltheater ist das Couplet des Hausknechts in der Gartenszene (*Verwandlung*). Korntheuer hat kein Couplet – sein Stück ist ein Lustspiel *ohne*, keine Posse *mit* Gesang. Er liefert aber die Vorlage für den einleitenden Monolog.

KORNTHEUER:

Scena III, 8
(ADAM.)

ADAM *(mit einer Flasche Wein)*. Ein melancholerischer Mensch sucht die Einsamkeit. Ich bin wie der Unbekannte in Menschenhaß und Reue[69], denn ich kenn mich selber nimmermehr, bin mir selber unbekannt. Wie der Mainau, so hab ich bey mir nix als mein Weinel, *(trinkt)* akurat wie der Mainau, so ganz phihlosophihisch. – Die gnädige Frau hat mir durch die Köchin sagen lassen, ich soll ins Gartenhaus gehn, soll dort ein Licht machen und nicht eher kommen, als bis sie ruft. Ich weiß zwar nicht, was das bedeut. Entweder sie erwart ein Dieb oder sonst wem. Jetzt ists mir schon ein Bettel – ich bleib halt auf der Paß und gib Acht, denn für die Frau thu ich Alles – ja das sag ich, wer ihr was thun will, dem helf ich – *(Geht gegen das Gartenhaus, kehrt um.)* Was? hat wer was g'sagt? Ist vielleicht ein Dieb da, so soll ers sagen, daß man ihn kann einführen lassen. – [*(Horcht.)*] Alles still und stad. Ah es war nur der Wind. *(Ab ins Gartenhaus.)*
[...]

Hier folgt bei Kalisch und Nestroy das Couplet. Nitschke singt es „nach einem österreichischen Gassenhauer", den August Conradi für Kalisch arrangiert hat (siehe S. 235). Für das Couplet des Carltheaters (mit anderm Metrum) schreibt dann Carl Binder eine neue Musik (siehe S. 235 f.).

---

69 *der Unbekannte*: d. i. Herr von Mainau in August von Kotzebues Schauspiel *Menschenhaß und Reue* (1789), der am Schluß seiner jungen, ihm einst untreu gewordenen Gattin verzeiht. Vom Tröster Wein ist bei Kotzebue nicht ausdrücklich die Rede.

KALISCH:

VERWANDLUNG
(Garten. Nacht.)

17. Scene
*(*NITSCHKE.*)*

NITSCHKE *([allein,] mit der Lampe, schraubt sie auf, es wird hell und er kommt vor).* Ich soll ins Gartenhaus gehen, hat Madame Bernhard gesagt, und die Lampe runterschrauben, und nicht eher kommen, bis sie ruft. Ich weiß zwar nicht, was das bedeuten soll. Entweder sie erwartet einen — oder – Was – Was kommt mir da für ein Gedanke! Nitschke, – wenn Du es wärest, dem sie ihre Gefühle mittheilen wollte und den sie herbestellt – Ja! Es kann nicht anders sein, – mein ganzes Wesen – mein Esprit, – meine Taille, – das ·eau de mille fleurs·, die Tornüre und das Französisch, – das Französisch, – ja, das hat sie für mich eingenommen. – Es ist doch was Schönes um so ein Bischen Französisch.

Couplet

[1]
Kommt hier in's Hotel
Zum Beispiel 'ne Mamsell,
Frag ich gleich: ·Comment
Des appartements?·
Sagt darauf die Mamsell:
Ich bin ganz ·toute seule·,
Dann sag ich galant:
·C'est bien, très charmante!·
So'n Bischen Französisch, das macht sich gleich wunderschön,
·Très aimable, très aimable·,
Mit 'nem Bischen Französisch da kann man nicht untergehn,
Sagt schon Schnabel, Schnengderdeng![70]

[2]
Geh' Sonntags ich aus,
Nach M o a b i t[71] raus;
Dann giebt's allemal

---

70 *Johann Gottfried Schnabel*, 1692–1750, Romandichter.
71 *Moabit*: Quartier im Berliner Verwaltungsbezirk Tiergarten, 1718 als Hugenottensiedlung gegründet.

Gleich etwas Scandal.
Werden die aber dann grob
Und hau'n auf'n Kopp,
Still' ich gleich den Allarm
Ruf' blos: ·Le gensd'arm!·
So'n Bischen Französisch u. s. w.

[3]
Wächst mir mein ·toupet·,
Geh' ich zu ·Lohsé·;[72]
Kaum sieht mich ·Lohsé·,
Ruft er gleich: ·Ah monsieur!·
Drauf sag' zu ·Lohsé·
Ich ·dito: monsieur·,
Und das ist ·assez,
Pour couper les cheveux·.
So'n Bischen Französisch u. s. w.

[4]
Als Gesellschaft jüngst war
Bei Herrn Zwickoir,[73]
Ruft er sein'n kleinen Sohn,
Was Vocabeln lernt schon.
Dem Kind wird ganz heiß.
Geb'n Sie Acht, was er weiß:
Wie heißt der Hund? Sag's geschwind?
·Caro·, sagt das Kind.
So'n Bischen Französisch u. s. w.

[5]
Vor 'nem Vierteljahr
Im Theater ich war,
Da gab'n sie Narziß,[74]
Was ein schönes Stück is.
Der Narziß läuft herum
Und weiß nicht warum.
Bis es endlich wird klar,
Was sein Kummer stets war:
Seine Frau war nämlich die Pompadour,
Madame Pompadour, Madame Pompadour,

---

72 *Lohsé:* vermutlich ein bekannter Berliner Friseur.
73 Ev. Anspielung auf den Börsenspekulanten Zwickauer in diversen Stücken Kalischs (Nöbel I, 74, 126).
74 *Narziß* (1857), Drama von Albert Emil Brachvogel (1824–1878).

Seine Frau war nämlich die Pompadour,
Madame Pompadour, Schnengderdeng!

[6]
Eine jede Nation
hat ihre eigene Passion:
Frankreich liebt den Kaffee
Und England den Thee.
Doch jetzt die ·Alliance·[75]
Verändert das ganz:
Frankreich ·peu à peu·
Will auch lieber Thee (·liberté·)[76].
So'n Bischen Französisch u. s. w.

[7]
Ein Gen'ral, der verbannt
Aus dem französischen Land,
Zu dem sagt der ·l'empereur·:
Kommen Sie wieder her!
Ich erlaub's Ihnen ·monsieur·!
·Entrez s'il vous plait!·
Doch der ruft höflich ihm zu:
·Monsieur après vous!·[77]
So'n Bischen Französisch u. s.w.

---

75 *Alliance*: Frankreich und England waren im Krimkrieg (1853/56) verbündet.
76 Die Erklärung in der runden Klammer von Kalisch.
77 Diese Strophe stand im Couplet, das der Zensur nachgereicht wurde. Vgl. den Zensurbericht vom 28. Mai 1858, der tags darauf genehmigt wurde:
Königsstädtisches Theater.
Das hierneben angeschlossene neue Couplet zu der bereits früher genehmigten Posse *Ein gebildeter Hausknecht* erscheint trotz seiner auf Frankreich bezüglichen Anspielungen wohl nicht als bedenklich. Obzwahr Vers 2 *[Vers=Strophe?]* anstößig erscheinen dürfte, wird [der Bericht] zum höheren Ermessen nur mit der Bemerkung gehorsamst verstellt *[=weitergeleitet]*, daß es sich dabei um ein ganz altes, zuerst durch den *Kladderadatsch* verbreitetes Reitzwort bei Gelegenheit der bekannten Ablehnung der Generale Changarnier und Bedeau, nach Frankreich zurückzukehren, handelt.
Die Stelle im *Kladderadatsch* habe ich nicht gesucht.
Reitzwort: eine aktuelle Frage berührendes, Emotionen weckendes Wort.
Changarnier, Nicolas-Aimé-Théodule, 1793 bis nach 1867, und *Bedeau, Marie-Alphonse*, 1804 – 1863, waren Generale in teilweiser Opposition

[8]
Auch im Kartenspiel
Leisten die Franzosen sehr viel,
Das beliebteste ·jeu·
War sonst ·écarté·![78]
Auch ·onze et demie·[79]
Spielten sonst häufig sie,
Doch jetzt ist ·en France·
Nur beliebt noch ·patience·.[80]
So'n Bischen Französisch u. s. w.

Melodie des Couplets auf S. 235.

Die Liliputaner brachten das Couplet im gleichen Metrum und nach derselben Melodie. Besonderen Beifall erhielten die Verse, die die Arbeit der *mopsenden* – der Wiener sagte: *schnipfenden* (SW XV, 721) – Theaterautoren aufs Korn nimmt. Hier – als Anhang – einige der von Jean Petit als Hausknecht Adam gesungenen Strophen:

JEAN PETIT:

Couplet

Will heut man florir'n,
Sich groß präsentir'n,
Thut Bildung sehr Noth,
Denn Bildung ist Brod.
Wer heut nicht zu Tag
Von jeglicher Sprach
'N Bissel was kennt,
Ist nicht intell'gent.
Ja die Wissenschaft ist 's Lebenslicht –
Sagt schon Bullrich, sagt schon Bullrich.[81]
Und wenn ihm Einer widerspricht,
Wird er kullrich – Schnedderengdeng!

---

zum ‚prince-président' Louis Napoléon Bonaparte. Nach dessen Wahl zum Erbkaiser (Plebiszit vom 2. Dezember 1852) wurden sie festgenommen und verbannt. Erst nach der Amnestie von 1859 kehrten sie nach Frankreich zurück.

78 *écarté*: Kartenspiel mit 32 Blättern der Pikettkarte für zwei Spieler.
79 *onze et demie*: Kartenglücksspiel mit Whistkarten (52 Blatt).
80 *patience*: Geduld erforderndes, i. d. R. von einer Person gespieltes Kartenspiel (52 Blatt) mit vielen Variationen.
81 *Bullrich:* Figur aus Kalischs *Einmal Hunderttausend Taler!* Es gab auch

Daß in England 's Gesetz
Auch niemand verletz',
Hat man ein ganz Heer
Consta – bibulör.
Bei all'n Scandali's
Kommt gleich der Police,
Sagt: Hau du ju du –
Und gleich haut er zu.
Ja die englische Sprache ist wunderschön:[82]
God seef thee quine – seef the quine.
(Sich den Rücken reibend.)
In's Wörterbuch braucht man nicht zu sehn –
'S leid't *[= liegt]* an Spleene (Spliene) – Schnedderengdeng!

Ich ging über'n Rhein
Nach Frankreich hinein.
Mein Paßformular
War richtig aufs Haar.
Ich wollt zur Conf'renz;[83]
Man fragt an der Grenz':
„Verstehst Du auch: couche;
Und taisez la bouche?"
Ja in Frankreich ist die Freiheit jetzt
veritable – veritable,
Da heißt's, in's Deutsche übersetzt:
Halt den Schnabel – Schnedderendeng![84]

Es macht oft ein Stück
Gewaltig viel Glück.
Man nennt's Original.
Der giebts Hundertmal,
Der Kompositeur.
„Wo nimmt er's nur her?
Dies Riesentalent –?"
So fragt man ohn' End'.
A Bissel mopsen ist doch gar zu schön
Und auch praktisch, und auch praktisch.

Bullrich's auf wissenschaftlicher Basis hergestelltes *Universalreinigungssalz*, das von A. W. Bullrich, Berlin, gegen Blähungen empfohlen wurde.
82 Anspielung auf den Refrain in Kalischs Couplet.
83 Welche? Wohl allgemeine Spitze gegen die von Napoleon III. unterdrückte Meinungsfreiheit, vielleicht auch Anspielung auf den von Frankreich dominierten *Pariser Frieden* (1856).
84 Diese Strophe wurde von der Zensur unterdrückt.

Und daß <u>manche</u> Dichter es sehr verstehn –
Das ist factisch – Schnedderengdeng!

  Da capo ich hör'.
  Gern sing ich noch mehr,
  Gibt nur der Souffleur
  Von unten was her.
  O weh, das ist dumm,
  Der Flüst'rer bleibt stumm.
  Da mach' ich links um,[85]
  Adieu Publikum!
Ich mach' es, wie <u>Hamlet</u> es auch gemacht:
Erst verneigen – erst verneigen –
Dann hat er beim Abgange noch gesagt:
„D'r Rest ist <u>Schweigen</u> *[V, 2]*." – Schnedderengdeng!

---

85 Das heißt fürs Publikum: *ab nach rechts.*

MUSIK

Nitschkes Entreelied nach der Melodie von August Conradi (nach RUB 3007)

Knitschs Couplet nach der Partitur von Carl Binder

TEXTE (MONOLOGE, LIEDER, COUPLET-STROPHEN) ZU STÜCKEN ANDERER DRAMATIKER

EINFÜHRUNG

Das erste Nestroy-Zitat, das in Büchmanns *Geflügelte Worte* Eingang fand (die Titel von *Lumpacivagandus oder Das liederliche Kleeblatt* und *Einen Jux will er sich machen* wurden erst später aufgenommen), war der Refrain zu einem Couplet, das er nicht einmal für eines seiner eigenen Stücke geschrieben hatte:

> Aus des Wieners Friedrich Kaiser Posse „*Verrechnet*", deren Couplets von Nestroy sind, ist
> Es muss ja nicht gleich sein,
> – es hat ja noch Zeit,
> in der Form bekannt:
> Muss es denn gleich sein?[1]

Nestroy mußte schon früh Couplets zu Stücken anderer Dramatiker schreiben. Im folgenden finden sich jene Liedtexte, die unter seinem Namen veröffentlicht wurden, in seinen Rollenheften eigenhändig erhalten sind oder deren Autorschaft auf andere Weise glaubwürdig belegt ist. Von besonderer überlieferungsgeschichtlicher Bedeutung ist ein erstmals von Wolfgang Neuber mitgeteilter Fund von Rollenbüchern und -heften mit eigenhändigen Eintragungen Nestroys,[2] die aus dem Archiv des Carltheaters stammten und nach einem Bombenangriff auf Wien im September 1944 auf einem Dachboden aufgefunden und der Wiener Stadtbibliothek übergeben wurden.[3] Mehrere dieser musikalischen Rollenhefte sind dem „Hrn. Director" Nestroy zugewiesen. Einige davon weisen allerdings keine eigenhändigen Zusätze oder Änderungen Nestroys auf,[4] aus anderen

1 Georg Büchmann, *Geflügelte Worte. Der Citatenschatz des Deutschen Volkes*, 13. vermehrte und umgearbeitete Auflage, Berlin 1882, S. 166.
2 Siehe Hermann Böhm, ‚Funde und Verluste. Zu Johann Nestroys Nachlass', in: *Bis zum Lorbeer versteig ich mich nicht. Festschrift für Jürgen Hein*, hg. von Claudia Meyer, Münster 2007, S. 57–62, hier S. 61; vgl. Wolfgang Neuber, ‚Ein Fund unbekannter Nestroy-Handschriften', *Jahrbuch des Wiener Goethe-Vereins* 81–83 (1977–79), S. 315–320.
3 Wolfgang Neuber, *Nestroys Rhetorik. Mit bislang unveröffentlichten Handschriften*, Diss. Wien 1980, S. 275.
4 MH 9036/c *Paperl* (Carl Elmar/Adolf Müller), MH 9055/c *Eine Posse als Medicin* (Friedrich Kaiser/Michael Hebenstreit), MH 9057/c *Der verwunschene Prinz* (Adolf Bäuerle/Wenzel Müller).

hingegen geht hervor, daß er noch in seiner Direktionszeit Strophen zu Stücken von Dramatikern wie Friedrich Kaiser geschrieben hat. Der Schreiber, der das Rollenheft verfertigte, pflegte nach den bereits feststehenden Strophen Platz für weitere Strophen zu lassen und nur die Singstimme einzutragen, sodaß Nestroy dann den Text nachtragen konnte, wobei er den bereits festgesetzten Refrain übernahm. (Worte, die Nestroy in dieser Weise übernahm, aber nicht selbst ausschrieb, stehen im folgenden im Text in Kursivschrift.) Aus der Überlieferung eines Couplets zu Theodor Flamms Posse *Die Hetzjagd nach einem Menschen* (1858), zu dem nicht nur das von einem Schreiber verfertigte Rollenheft erhalten ist, sondern auch die Originalhandschrift Nestroys mit eigenhändigen ‚Vorzensur'-Änderungen, auf der das Rollenheft beruhen muß, läßt sich wahrscheinlich schließen, daß auch andere Couplets, die nur in Kopie erhalten sind, von Nestroy gedichtet wurden, das läßt sich aber nicht beweisen.

Daß Kaiser mehrmals derartige Nachtragsstrophen in die Druckausgabe seiner Stücke aufnahm, ohne die Autorschaft Nestroys anzugeben, mag darauf zurückzuführen sein, daß die Couplets zur Theaterroutine gehörten und keinen Anspruch auf Selbständigkeit hatten. Tatsächlich kommen Standardthemen wie etwa das Übel des Wuchers wiederholt vor: In einer Coupletstrophe zu Kaisers *Unrecht Gut!* wird es ausdrücklich mit jüdischen Wucherern verbunden (*So hat einer der Urväter von uns're Leut' / 's erste Wuch'rerg'schäft g'macht in der damahlig'n Zeit*). Auch Nestroy läßt sich zu fadenscheinigen trivialen Witzen (etwa über Schwiegermütter als „Drachen" in einer Strophe zu Kaisers *Ein Bauernkind*) herab. Im folgenden werden um der Lesbarkeit willen die Wiedergabe von *s'*, *'s*, *S'* und *ss/ß* und die Apostrophsetzung bei Partizipien wie *g'habt* den Konventionen der HKA gemäß vereinheitlicht. Die Zeichensetzung hingegen ist durchwegs unverändert. Eigenhändige Korrekturen Nestroys werden, sofern sie leserlich sind, mit Ausnahme von Sofortkorrekturen angegeben.

Coupletstrophen, die sich nicht mit Sicherheit Nestroy zuschreiben lassen,[5] sowie von Nestroy eigenhändig eingetragene Korrekturen zu Texten anderer Autoren, die aber nicht über kleine Änderungen hinausgehen, sodaß die Lieder grundsätzlich noch zum Œuvre des jeweiligen Autors gehören, blieben unberücksichtigt.[6] Eine Liste

---

5   Z. B. Zusatzstrophen zu Ferdinand Raimund, *Das Mädchen aus der Feenwelt* [1827] (SW XV, 706–708; GW VI, 607 f.).
6   Zu dieser Kategorie gehören die folgenden in der Wiener Stadt- und Landesbibliothek erhaltenen Manuskripte:
    Musiksammlung: Rollenhefte:
    MH 9035/c zu Carl Meisl/Adolf Müller, *Julerl, die Putzmacherin*

weiterer Manuskripte mit eigenhändigen Korrekturen und Änderungen Nestroys findet sich in der Dissertation Wolfgang Neubers (siehe Fußnote 3), S. 274–284.[7] Im Jahr 1860 ist eine von Leopold Rosner zusammengestellte Sammlung *Wiener Couplets, aus Stücken von Berg, Berla, Bittner* [...] *Nestroy und Anderen* erschienen (Wien: Wallishausser'sche Buchhandlung [Josef Klemm]). In seinem mit 16. 9. 1860 datierten Vorwort erklärt Rosner, daß ihn der Verlag beauftragt habe, die Couplets zusammenzustellen und daß „das Zustandekommen" der Sammlung „hauptsächlich der liebenswürdigen Bereitwilligkeit unserer Theaterdichter" zu verdanken sei. Daß Nestroy die meisten von ihm vorgetragenen Couplets möglicherweise nicht nur vorgetragen, sondern auch geschrieben hat, liegt auf der Hand, läßt sich aber nicht beweisen; die Liste der betreffenden Couplets findet sich im Anhang am Schluß dieses Abschnitts (S. 295–297).

MONOLOGE, LIEDER, COUPLETSTROPHEN ZU STÜCKEN ANDERER DRAMATIKER: TEXT

1. Monolog und Arie zur komischen Oper *Der Dorfbarbier* (Text: Joseph Weidmann, Musik: Johann Schenk), 1. Akt, 4. Szene.

Die erhaltenen Dokumente zeugen von Nestroys Beschäftigung mit der Rolle des Barbiergesellen Adam, die ihn sein Leben lang begleitet hat. Er hat sie zum ersten Mal 1825 in Amsterdam

---

MH 9040/c zu Friedrich Kaiser/Carl Binder, *Verrechnet* (1851): Couplet „Daß ein' d'Fiaker einladen"
MH 9047/c zu Theodor Flamm, *Die Rekrutierung in Krähwinkel*
MH 9049/c zu Anton Bittner/Binder, *Die Schnackerl-Noblesse* (1856)
MH 9050/c zu Morländer/Binder, *Der electrische Telegraf.*
Handschriftensammlung:
H.I.N. 94.435: eigenhändige Korrekturen Nestroys zu einem von fremder Hand geschriebenen Couplet („Das Konzertprogram wär wirklich lockend verfaßt", Refrain: „[...] aber (× 's is ×) (+ ich hab' +) einmal (× der ×) (+ den +) Verdacht") (siehe GW VI, 703–705), dessen Autorschaft unbekannt ist. Rommel stellt fest, Nestroys Änderungen seien „als Eintragung von Zensurstrichen zu erkennen" (GW VI, 746).
7 Siehe ferner: Jürgen Hein, ‚Grabbes *Don Juan und Faust* in Wien. Ein Vorstadttheater-Spektakel im Vormärz', in „*Und nichts als nur Verzweiflung kann uns retten!*" (*Grabbe-Jahrbuch*, II), Bielefeld 1992, S. 31–61. Neuber kommt zu dem Schluß, die von Nestroy in seine Rollenbücher eingetragenen Korrekturen und Änderungen hätten „primär schauspielästhetische Intentionen" (Diss., S. 275): Zu beobachten sei ein „sprachliches Bearbeiten eines Textes, das ihn oft erst spielbar macht" (S. 274).

gespielt. In Nestroys Rollenverzeichnis vom 24. 8. 1822 bis zum 6. August 1826 (WSLB–Handschriftensammlung, H.I.N. 135.821) hat er am 3. Dezember 1825, nachdem er den Adam im *Dorfbarbier* gesungen hatte, eingetragen: „Ich wurde nach der Arie im 1sten Act, und am Schlusse hervorgeruffen. Mußte aber den folgenden Tag auf der ·Polizey· erscheinen, wegen neuen ·Censur·-wiedrigen Text in meiner 1sten Arie. Über diesen Punct wurde noch ein Paar Tage hintereinander ·Protockoll· aufgenommen."

Die VORLAGE, wie sie im Druck erschienen war (Joseph Weidmann, *Der Dorfbarbier. Ein komisches Singspiel in einem Aufzuge. Die Musik ist von Herrn Schenk*. Wien: J. B. Wallishausser 1820), enthält die folgende Fassung der Szene (S. 11–14):

Vierter Auftritt

ADAM *(allein)*.

Ja, ja, deine Dankbarkeit kenne ich. – Viel Geschrey, wenig Wolle. – Versprechen ist herrisch, das Halten bäuerisch, das ist der Zechmeister von allen Kalmeisern.[8] – Schlechter Lohn, magere Kost, hätte ich nicht so kleine Nebenaccidenzeln,[9] von denen der Schinkendocter nichts weiß, so müßte ich baarfuß herumlaufen, und Wasser saufen wie die Frösche – Aber leider, auch die Sporteln[10] werden alle Tage weniger. Es will nicht recht fort mit der Kunst. Vor ungefähr acht Wochen bekam die Frau Richterin rasende Zahnschmerzen; und das war gut. Ich sollte ihr den Zahn ausreißen, und das war gut. Es war schon Abend und ein wenig dunkel. Ich fange an zu reißen und riß ihr sechs gute Zähne heraus, bis ich den schlechten erwischte, und das war gut. Zur Bezahlung gab sie mir ein paar Dutzend Ohrfeigen, und das war gut; und die Kundschaft war beym Teufel. – Vor einem halben Jahr kriegte der Gerichtsschreiber eine Lungenentzündung, und das war gut – ich wurde schleunig zum Aderlassen berufen, und das war gut, ich setzte mein Schnapperl in der Geschwindigkeit an, und schlug ihm die Pulsader wurz[11] entzwey, und das war gut. – Er wurde freylich glücklich kurirt, er geht jetzt mit zwey Krücken, mir

---

8   *Kalmeisern*: eigentlich: Kalmäuser, ‚Stubenhocker', ‚Geizhals', ‚Schmarotzer'.
9   *Nebenaccidenzeln*: Akzidenzl: ‚Nebeneinkommen' (Hornung).
10 *Sporteln*: ‚Gebühren' (für Amtshandlungen).
11 *wurz*: ‚ganz'.

nichts, dir nichts, daß es eine Freude ist, aber der Kredit ist halt doch beym Teufel. Und so ein Unglück auf das andere. Was geschieht mir mit dem bucklichten Schneider. Der läßt mich holen, ich soll ihm seine Hühneraugen ausschneiden, und das war gut. – Ich fang' dann an, ein Hühneraug um das andere mit meinem Barbiermesser herauszukitzeln, und das war gut. – Wenn aber ein Unglück seyn soll, pfleg ich zu sagen, so geht eine Butten los, und das war gut. Auf einmahl fällt die Ofenröhre herunter, und ich erschrack, und schnitt ihm alle fünf Zehen wurz weg, und das war gut. Der Schneider in seiner Desperation ergreift mich, und wirft mich über den siebenten Stock herunter, und so ein Unglück auf das andere. Erst neulich ist mir mit dem dicken Hanns, dem Fleischselcher, just so ein fataler Casus passirt.

Arie.

Jüngst sprach mein Herr, der Bader,
    Frisch, fasse Muth,
Geh laß den Hanns zur Ader,
    Und das war gut.

Bey Adern, gleich den Blunzen,[12]
    Dacht ich, gibts Blut,
Ich ließ ihm hundert Unzen,
    Und das war gut.

Mein Hanns fiel zwar in Ohnmacht,
    Wie wunderlich;
doch der sich flugs davon g'macht,
    Das war dann ich.

Mein Hanns zwar mußte wandern,
    Wohl ihm – er r u h t !
Sein Weib nahm ein andern,
    Und das war gut.

Einst mußt ich zween Soldaten
    Putzen den Bart,
Es wollt mir nicht gerathen,
    Es ging mir hart.

---

12 *Blunzen*: ‚Blutwurst'.

Mach fort, verzagter Haase,
　　Schrien sie voll Wuth;
Ich schnitt sie in die Nase,
　　Und das war gut.

Sie packten mich beym Kragen,
　　Und würgten mich,
Ich durft kein Wort nicht sagen,
　　Ein Esel war ich.

Halb waren sie geschoren,
　　Und voller Blut,
Sie zaußten mir die Ohren,
　　Und das war gut. *(geht ab.)*

In Brünn wurde Nestroy im Dezember 1825 polizeilich bestraft, weil er „einige in der zensurierten Rolle nicht enthaltene Zusätze erlaubt" hatte (zit. nach SW XV, 366); er versuchte sich damit zu entschuldigen, daß er den Text schon „früher in Amsterdam" gesungen hatte (SW XV, 368). Der von Nestroy eigenhändig geschriebene Text ist im Moravský zemský archiv v Brně (Mährisches Landesarchiv Brünn), Policejní ředitelství (Polizeidirektorium) erhalten (B 26, 75, Theater 1925, Fasc. XXXIII). Der ganze Akt hat ca. 25 Seiten, die einzelnen Blätter des Aktes dürften nicht mehr ganz in der ursprünglichen Reihenfolge liegen; er wird vollständig im *Dokumentenband* wiedergegeben. Auf dem ersten von zwei gleich großen (4°) Doppelblättern ist der Text des Couplets, auf dem anderen der des Monologs von Nestroys Hand geschrieben. Für selbstlose Hilfe bei der Erforschung der Dokumente gebührt Herrn Dr. Jozef Tancer (Comenius-Universität Bratislava) unser aufrichtiger Dank.

1ster ·Act·
·Scene· 3.
·Adam· (allein)

Ja die Danckbarkeit kennt man. wenn ich nicht so meine Neben-·Accidenzeln· hätte, so müßte ich Wasser sauffen wie die Frösche. Aber auch mit der Kunst will's nicht mehr vorwärts. Es passirt einem alle Augenblicke ein ·Malheur·, und da ist gleich das ganze ·Renomée· beym Teufel.
Neulich, zum Beyspiel ist (× unterweg ×) eine Fremde Sängerinn hir durchgereist, die hat unterwegs ihre Stimme verloren. Kein Mensch konnte ihr helfen. Endlich hohlt man mich. Ich gehe an der Stelle zum Schulmeister, lasse mir verschiedene

Noten geben, verbrenne und pulvrisiere sie, und gib sie dieser Sängerinn ein. Eine Stunde drauf fängt sie zu singen an, die Leute schauen wie die Narren; was war's? Ich habe mich in der Geschwindigkeit beym Schulmeister vergriffen, und hab ihr die Arien vom Sarastro eingegeben; jetzt singt sie immer den tiefsten Baß.

Dann giebt es auch wieder bisweilen, so verwutzelte[13] Krankheitsfälle, wo man nicht recht weiß was man ihnen für einen Nahmen geben soll.

Da ist neulich erst ein vornehmer Herr durch unser Dorf gefahren, der Kutscher war besoffen, fahrt an, nimmt ein halbes Bauernhaus mit, und wirft um. Der gnädige Herr steht auf, gibt den Wagen zum ·reparieren·, nimmt aber den Kutscher, und wixt[14] ihn so lange durch, bis der Wagen ·repariert· war. Der Kutscher ein boshafter Kerl, geht her und stierbt. Jetzt läßt man mich kommen zur Beschau, ich soll das Todtenzettel schreiben. Was kann man aber da für eine Kranckheit angeben? Ich aber besinn' mich nicht lang, und schreibe hin: Dieser Kutscher ist an einer langwierigen Wagen-·Reperatur· verschieden.

·Arie·

1.

Es schlief jüngst unser Richter
Mit offnem Mund
Und schnitt verzwickte G'sichter
Und schnarcht recht g'sund.

Da springet von der Erden
Eine Maus ihm in den Hals,
Man ruft gleich die Gelehrten,
Mich, ebenfalls.

Sie gaben ihm Klystieren
Nach altem Brauch,
Doch, konnt' man nichts prästieren,[15]
Die Maus blieb ihm in Bauch.

---

13 *verwutzelte*: ‚verwickelte'.
14 *wixt*: ‚schlägt'.
15 *prästieren*: ‚leisten'.

Da denck' ich, kan[n]st es wagen
Ja, was die Kunst nicht thut,
Ich lass' ihm eine Katz' in Magen,
Und (× das ×) (+ gleich +) war's gut.

2.

Es hat jüngst existieret
Ein Eh'paar hier,
Im Haus war einlogieret,
Ein junger Offizier.

Der Eh'mann kriegte Schmerzen
Im Kopf', ganz fürchterlich,
Und denckt 's is nicht zu scherzen,
Man hohlet mich.

Ich sag': „Aus dem Gehirne
Muß was hervor."
Und setz i[h]m auf die Stirne
Eine ·Vesicator·.[16]

Da wuchsen ihm zwey Knochen
G'rad' hier, unterm Hut,
Sein Weib kam in die Wochen
Und so war's gut.

J. Nestroy

In der Handschriftensammlung der WSLB ist ein schwer zu datierendes, wahrscheinlich um die Mitte des 19. Jahrhunderts entstandenes Manuskript von fremder Hand erhalten: *Der Dorfbarbier. Komisches Singspiel in einem Akt von Herrn Josef Weidmann k. k. Hofschauspieler. Musik von Herrn Schenk* (Signatur: Ib 81.262, Tinte, auf dem Einband und dem Titelblatt Stempel: „Eigentum des Direktors Carl Blasel"), das diese Szene in der folgenden Form festhält:

4. Scene (+ Adam allein +)

Ja, deine Dankbarkeit kenn' ich – Viel Geschrei, wenig Wolle. Versprechen ist herrisch, das halten ist bäurisch. Hätt' ich nicht

---

16 *Vesicator*: lat. ‚vesicatorium', ‚Zugpflaster'.

so kleine Nebenakzidenzeln, von denen der Schinkendocktor nichts weiß, so müßte ich barfuß herumlaufen, und Wasser saufen, wie die Frösche; Aber leider, auch die Sporteln werden alle Tage weniger[.]

<u>Lied</u>.

Einst sprach mein Herr der Bader
Frisch fasse Muth
Geh' laß dem Hanns zur Ader
Und das war gut.
Bei Adern, gleich den Plunzen
Dacht ich, gibt's Blut.
Ich ließ ihn hundert Unzen
Und das war gut. –
Mein Hanns fiel nun in Ohnmacht
Wie wunderlich!
Doch wer sich flugs davon macht
Das war dann ich.
Mein Hanns zwar mußte wandern
Mein Hanns zwar mußte wandern
Wohl ihm, er ruht
Sein Weib nahm einen Andern
Und das war gut.

<u>2</u>.

E G'schwuf[17] klagt über Hitzen
Hm! hm! Schau! schau!
Im Blut thut 's Uibel sitzen
Er schmacht' auf eine Frau –
I denk' verliebter Gimpel
Na, ich kourir dich schon.
d'Method is äußerst simpel
I sag's der Frau ihr'n Mann.
Der Mann sagt: Ah der Teufel!
Und paßt mit Etwas auf d'Nacht.
's Lavoir war's ohne Zweifel
Und wie der G'schwuf unt' schmacht'
Wirft er ihm's sistematisch
Am Kopf als wie ein Hut

---

17 *G'schwuf*: ‚Liebhaber'.

Die Kur war hidropatisch
Und d'Hitz war gut.

3.

Es schlief jüngst unser Richter
Mit offnen Mund –
Und schn[i]tt verzwickte G'sichter
Und schnarcht recht g'sund.
Da springet von der Erden
A Maus ihm in den Hals
Man ruft gleich die Gelehrten
Mich ebenfalls.
Sie gaben ihm Klistieren
Nach altem Brauch
Doch konnt man nix praxstiren
Die Maus blieb ihm in'n Bauch
Da denk ich, kannst es wagen
Ja was die Kunst nicht thut
I lass' ihm a Katz' im Magen
Und gleich war's gut.

4

Der Kopf thut weh' dem Binder
's sticht ihm wie Dorn,
Im Uibrigen is er g'sünder
Nur da sitzt's vorn
Schaut an man seine Kinder
Er is d'ran sehr reich,
's schaut kein's aus wie der Binder
Sie sehen wem gleich –
I hab' ihm a Salben verschrieben,
Die er auch brauchen thut
's Weib hat er damit g'rieben
Und das recht gut.
Sie is g'schwoll'n und das nicht übel
Und ob's wohl weh' ihr thut
Dem Binder bleibt sein Dippel
Der wird nicht gut.
(Ab.)

In der Musiksammlung der WSLB ist schließlich ein Rollenheft (MH 9058/c) mit eigenhändigen Eintragungen Nestroys (in der Arie Bleistiftstriche und -korrekturen und Numerierung der Strophen) erhalten. Vor der „Aria 3" sind die ersten beiden Blätter eines Rollenheftes eingebunden: „Rolle des Adam, Barbiergesell", darunter die Notiz Carl Carls: „*H. Nestroi d. 12/3 {auff}*". Der von fremder Hand geschriebene Text endet mit dem Anfang von Adams Monolog I, 4:

> Ja ja, deine Dankbarkeit kenne ich. – Viel Geschrey, wenig Wolle. – Versprechen ist herrisch, das Halten ist bäurisch. Das ist der Zechmeister von allen Kalmeisern. – Schlechter Lohn, magere Kost. – Hätte ich nicht so kleine Nebenakzidenzeln, von denen der Schinkendoktor nichts weiß, so müßte ich barfuß herumlaufen, und Wasser saufen wie die Frösche – aber leider, auch die Sporteln werden alle Tage weniger. Es will nicht recht fort mit der Kunst. – Vor ungefähr 8 Wochen bekam die Frau Richterin rasende Zahnschmerzen, und das war gut. Ich sollte ihr den Zahn ausreißen und das war gut. Es war schon Abend, und ein wenig dunkel. Ich fang an zu reißen und reiß ihr 6 gute Zähne heraus, bis ich den schlechten erwischte und das war gut. Zur Bezahlung gab sie mir ein Paar Dutzend Ohrfeigen, und das war gut, und die Kundschaft war beym Teufel. – Vor einem halben Jahr kriegte der Gerichtsschreiber eine Lungenentzündung, und das war gut – ich wurde schleunig zum Aderlassen berufen, und das war gut. Ich setzte mein Schnapperl in der Geschwindigkeit an, und schlug ihm die Pulsader wurz entzwey, und das war gut. – Er wurde freylich glücklich kurirt,
> *[Rest fehlt]*

Danach ein halbes bleistiftbeschriebenes Blatt von fremder Hand mit Musik und Text zu einem Duett:

> (Grois) Nur durch Sanftmuth und durch Güte (Nestroi) Nimmt man Weiberherzen ein (Grois) Nur durch Sanftmuth (Nestroi) Nur durch Güte (Grois) nimmt man Weiberherzen ein (Nestr) Nur durch (Grois) Sanftmuth und durch Güte nimmt man Weiberherzen ein (Adam will singen Lux hält ihm den Mund zu) (Grois) Freund bewache ihre Schritte und ich werde dankbar sein und ich werde dankbar (Nest) sein[.]

[Es folgt:]

Nr. 3. Aria.

[Originaltext, vom Schreiber des Rollenheftes mit Bleistift geschrieben:]

1

Einst sprach mein Herr der Bader, frisch fasse Muth,
geh laß dem Herrn zur Ader, und das war gut,
bei Adern gleich den Plunzen, dacht ich giebt's Blut,
ich ließ ihm hundert Unzen, und das war gut.
Mein Hans fiel nun in Ohnmacht, wie wunderlich,
Doch wer sich flux davon macht, das war dann ich,
mein Hanns zwar mußte wandern, mein Hans zwar mußte
                                          wandern, wohl ihm er ruht.
Sein Weib nahm einen Andern, sein Weib nahm einen Andern,
und das war gut, und das war gut. und das war gut.

(× Einst sollt ich ein Soldaten, putzen den Bard,
es wollt mir nicht gerathen, es ging mir hart,
macht fort verzagter Hase, schrie er voll Wuth,
ich schnitt ihm in die Nase, und das war gut,
er packte mich beim Kragen, und würgte mich,
ich durft kein Wort nicht sagen, ein Esel war ich,
halb war er nun geschoren, halb war er nun geschoren, und
                                            voller Blut
er zaußte mir die Ohren, er zaußte mir die Ohren,
und das war gut, und das war gut, und das war gut. ×)

[Nestroys Text, über und unter den Originaltext mit Tinte eingetragen, die Strophen mit Bleistift numeriert:]

2 *[über dem Originaltext]*

Ein G'schwuf klagt über Hitzen hm, hm, schau schau
Im Blut thut 's Übel sitzen, er schmacht auf eine Frau.
I denk' verliebter Gimpel na dich kurier' ich schon,
d'Method is äußerst simpel i sag's der Frau ihr'n Mann[.]
Der Mann sagt „ah der Teufel"! und paßt mit was auf d'Nacht,
's ·Lavoir· war's ohne Zweifel, und wie der G'schwuf unt
                                            schmacht,
wirft er ihm's systematisch, wirft er ihm's sistematisch aum
                                            Kopf als wie ein Hut[,]
die Kur war hydropatisch, die Kur war hydropatisch,
und d'Hitz war gut und d'Hitz war gut und d'Hitz war gut.

<u>1</u> *[unter dem Originaltext]*

(× *[mit Bleistift gestrichen]* Ein Bauer thut mir klagen, er hat
                                            was Weh's im Aug,

ich denck' da kann[n]st es wagen und leg ihm Eis au'm Bauch,
der Bauer kriegt das Zwicken in allerhöchsten Grad,
wie s' wied'r um mich thun schicken, da war er schon ganz
    matt.
Doch plötzlich umgewandelt da fahrt er auf geg'n mich:,
„Sie hab'n mich falsch behandelt, sie seyn ein Viech,"
„Was schreyst denn so du Limmel, was schreyst denn so du
    Limmel" sag' i mit kalten Blut,
„um so früher kommst in Himmel umso früher kommst in
    Himmel
Das is ja gut, das is ja gut, das is ja gut. ×)

    3 [über dem Originaltext]

Es schlief jüngst unser Richter mit offnem Mund,
und schnitt verzwikte G'sichter, und schnarcht recht g'sund,
da springet von der Erden a Maus ihm in den Hals
man ruft gleich die Gelehrten – mich ebenfalls.
sie gaben ihm Klystieren nach alten Brauch,
doch konnt man nix ·praestieren·, die Maus blieb ihm in
    Bauch,
da denck' ich kannst es wagen, da denck ich, kannst es wagen,
ja was die Kunst nicht thut, i lass' ihm a Katz in Magen, lass'
    ihm a Katz in Magen,
und gleich war's gut, und gleich war's gut und gleich war's gut.

    4 [unter dem Originaltext]

Der Kopf thut weh' dem Binder 's sticht ihn wie Dorn,
im Übrig'n is er g'sünder, nur da sitzt 's vorn;
schaut an man seine Kinder, er is dran sehr reich,
's schaut kein's aus wie der Binder, sie seh'n wem gleich,
i hab' ihm a Salb'n verschrieben, die er auch brauchen thut,
's Weib hat er damit g'rieben und das recht gut,
sie is g'schwoll'n und das nit übel, sie is g'schwoll'n und das
    nit übel und weh es ihr thut,
dem Binder bleibt sein Dippel, dem Binder bleibt sein Dippel
    (× und so war's ×) (+ *[Bleistift]* der wird nicht +) gut,
    (× und so war's ×) (+ *[Bleistift]* der wird nicht +) gut,
    (× und so war's ×) (+ *[Bleistift]* der wird nicht +) gut.

2. Strophen zu Carl Meisl, *Die Fee aus Frankreich* [1822] (Musik: Wenzel Müller). Nestroy ist zum ersten Mal 1828 in Graz in der

Rolle des Hagestolzes Spindelbein aufgetreten, in Wien zum ersten Mal am 27. September 1831 im Theater an der Wien, zum letzten Mal am 15. Jänner 1860 im Carltheater.

Nestroy hat das Lied „Dum da[ß 's] in Wald finster ist Dum" um drei Strophen (2–4) mit Bleistift ergänzt (WSLB-Musiksammlung, MH 9056/c).

[*Dum*] döß machen d'Bam,
[*Dum*] daß i a Schönheit bin,
[*Dum*] das glaub i kam
daß i in[18] Ganzen so garstig bin dös sag i nit
aber wann i a wenig säub'rer wär' schaden that's nit.

[*Dum*] dös is schon wahr,
[*Dum*] Krieg' i nit bald a Weib,
[*Dum*] wart' i no a Zehn Jahr',
und kommt dann d'Verzweiflung erst recht über mi,
nacher geh' i als Kadett unter Kavallerie.

[*Dum*] dös is mein Tod,
[*Dum*] schau' mi um a Mohrin um,
[*Dum*] streich s' an weiß und roth.
und wann a kan Schwarze mit mir sich verbind't,
so such' i so lang bis i a G'scheckete find'.

3. Liedeinlage zu Ignaz Kollmann, *Carl von Österreich oder Der Wundertag im Erzberge* (29. Februar 1832, Theater an der Wien).

LIED, gesungen von H<u>rn</u> SCHOLZ (Das Dumm is a Sprichwort) aus dem vaterländischen Schauspiele: Carl von Oesterreich. *TEXT VON H<u>n</u> NESTROY.* Musik von ADOLPH MÜLLER, Kapellmeister. Diabellis *Neueste Sammlung komischer Theater-Gesänge*, Nr. 237 (Anzeige in der *Wiener Zeitung*: 17. März 1832).

SCHILDHAHN.
1. Das Dumm is a Sprichwort, das pickt schon auf mir,
und d'Leut' bleib'n dabei, wann i a raisonir.
I könnt' wohl was sag'n d'rauf, doch i gieb gern Fried,

---

[18] Die Bögen in den Liedtexten dienen als Ligaturen für den Gesangsvortrag.

's giebt viele die dumm seyn, sie glaub'n's aber nit,
   's sagt Mancher: Mei Weiberl, o Je! die is fromm,
   derweil sagt der Liebhaber: Der Mann is dumm, aber der
   　　　　　　　　　　　　　　　　　　　　　　Mann is dumm.
   Und doch sag'n die Leut all'weil: ich nur wär' dumm,
   　　　　　　　　　　　　　　　　　　　　dudlde,
   　i mag mi nit zürnen, i wüßt nit warum.

2. Der Mensch kommt auf d'Welt, ganz natürlich:
   　　　　　　　　　　　　　　　　　　　blitzdumm,
   man wachst in die Höh, und man weiß nit warum;
   jetzt schaut man sich so unter d'Madeln hübsch um,
   da macht ein' die Lieb nachher g'wöhnlich strohdumm,
   dann führt 's Deandl ein' bei der Nasen herum,
   da mag man dann woll'n oder nit – man wird dumm, ja da
   　　　　　　　　　　　　　　　　　　　wird man erst dumm.
   Und doch sag'n die Leut all'weil: ich nur wär' dumm,
   　　　　　　　　　　　　　　　　　　　　dudlde,
   　i mag mi nit zürnen, i wüßt nit warum.

3. Dann heißt es g'schwind g'heurath, nur d'Hochzeit
   　　　　　　　　　　　　　　　　　g'schwind g'macht,
   na das is a Leb'n jetzt, o Jeges, dö Pracht,
   acht Tag drauf, da kratzt sich der Mann hinter d'Ohr'n,
   er darf sich nit muxen, sonst is er verlohr'n;
   er kriecht untern Heerd, sie schlagt drein, er is stumm,
   jetzt sag'n S' amal selbst ist der Mann nit viehdumm, ist der
   　　　　　　　　　　　　　　　　　　　　Mann nit viehdumm?
   Und doch sag'n die Leut' all'weil: ich nur wär' dumm,
   　　　　　　　　　　　　　　　　　　　　dudlde,
   　i mag mi nit zürnen, i wüßt' nit warum.

4. Liedeinlage zu F. X. Told, *Der Naturmensch oder Der Zweikampf im Schubladkasten*, Posse mit Gesang (Theater an der Wien, 13. März 1832).

ARIETTE, gesungen von Mad: KNEISEL. (Ein Liebhaber beim Militär) aus der Posse Der Naturmensch, Text von Hrn Nestroy. Musik von W. WÜRFEL. Diabellis *Neueste Sammlung komischer Theater-Gesänge*, Nr. 243 (Anzeige in der *Wiener Zeitung*: 24. Mai 1832).

ROSEL.

1. Ein Liebhaber beim Militär,
   das ist schon das wahre Malheur, Malheur, Malheur,
   Malheur,
   das ist schon das wahre Malheur,
   veränderlich ist der Soldaten ihr Sinn,
   von einer gehn s' weg, zu der andern gehn s' hin.
   Für Treu und Beständigkeit seyn s' viel zu wiff,[19]
   und d'Madeln betrüg'n, na das hab'n s' schon im Griff, im
   Griff, im Griff, im Griff,
   na das hab'n s' schon in Griff, in Griff, in Griff, na, das habn
   s' schon in Griff, tra la la la *[etc.]*

2. Nichts fangt so g'schwind Feu'r, ohne Scherz,
   als wie ein Soldaten sein Herz, sein Herz, sein Herz, sein
   Herz,
   als wie ein Soldaten sein Herz,
   ein Blick, wie ein Funken in's Pulverfaß fallt,
   in Flammen seyn s' gleich, doch 's vergeht wieder bald.
   Und das hab' ich von meiner Mutter schon g'hört,
   d'Lieb' ist ohne Treu kein Schuß Pulver nicht werth, nicht
   werth, nicht werth, nicht werth,
   kein Schuß Pulver nicht werth, nicht werth, nicht werth,
   kein Schuß Pulver nicht werth, tra la la la *[etc.]*

3. Verlaßt einer sein Station,
   was hat denn sein Liebchen davon, davon, davon, davon,
   was hat denn sein Liebchen davon,
   d'Soldaten sind an das Feuer schon g'wöhnt,
   natürlich, sonst wär'n s' Alle längst schon verbrennt.
   Doch nur um uns Madeln, um uns ist mir leid,
   wir sterb'n oft vor Kränkung, na da hat's noch Zeit, noch
   Zeit, noch Zeit, noch Zeit,
   na da hat's wohl noch Zeit, noch Zeit, noch Zeit, na da hat's
   wohl noch Zeit, tra la la la *[etc.]*

5. Liedeinlage (Fiakerlied) zu Benedikt von Püchler, *Die Brigittenau*. Dramatisches Gemälde in drei Abteilungen, III: *Der Kirchtag in der Brigittenau im Jahre 1832* (Uraufführung am 25. September 1832 im Theater an der Wien, mit Nestroy als

---

19 *wiff*: ‚klug‘, ‚schlau‘ (von frz. vif ‚lebhaft‘).

Fiaker, eine Rolle, die er noch am 19. September 1857 im Carltheater spielte (SW XV, 473).

Rollenheft mit Zuweisung *Herr Nestroy* [nachträglich mit Tinte gestrichen und (eigenhändig?) durch *H. Lang* ersetzt] (WSLB-Musiksammlung, MH 9028/c, Bl. 1ʳ–1ᵛ). Das Papier stammt wahrscheinlich aus dem ersten Drittel des 19. Jahrhunderts, wann Nestroys Neubearbeitung eingetragen wurde, läßt sich aber nicht feststellen.

Über den mit Tinte gestrichenen Originaltext (1 Strophe) hat Nestroy drei neue Strophen eingetragen, die sich infolge der Streichungen und der kleinen Schrift teilweise nicht mehr eindeutig lesen lassen.

Der Brandwein das is schon ein reiner Genuß,
Der schwabt am recht abi, {all'n} Gall und Verdruß
's is für ein Fiacker irzt[20] ohnedem hart
Unter Hundert Leut' find't ma nit ein oft der fahrt,
Weil s' kein Geld hab'n so sagn s' die Bewegung is g'sund,
ja, da kommen d'Fiacker von Bock auf'n Hund
weil s' kein Geld hab'n, so sagn s' die Bewegung is g'sund,
ja, da kommen d'Fiacker von Bock auf'n Hund.

In d'Brül[21] rennen s' z'Fuß irzt, es mag kein Mensch fahrn
daß s' nur die Paar Zwanzg'r an Fiacker ersparn.
Oft fahrn drey Familien in ein Parutsch;[22]
und mach'n a weng Strach[23] {derweil} seyn s' schon lang pfutsch;
da laß i d'Roß schießen, und fahr ihnen vur
Daß vor Staub alle d'Strauchen[24] krieg'n das is a Tour
da laß' i d'Roß schießen, und fahr' ihnen vur
daß vor Staub alle d'Strauchen krieg'n das is a Tour.

Ein vifer Fiacker is vor a 10 Jahr'n
nit unter 7 Staner[25] auf Hitzing[26] h'naus g'fahrn

---

20 *irzt*: ‚jetzt'.
21 *Brül*: Brühl, romantisches Tal im südlichen Wienerwald (vgl. Realis, *Curiositäten- und Memorabilien-Lexicon von Wien* (1846), 1. Bd., S. 248–250.
22 *Parutsch*: ‚Barutsche', ‚Birutsche' (zweirädrige Kutsche).
23 *Strach*: ‚Aufsehen'.
24 *Strauchen*: ‚Schnupfen'.
25 *Staner*: ‚Silbergulden'.
26 *Hitzing*: Hietzing, Vorort, südwestlich von Wien (heute 13. Bezirk).

[Irzt] muß ma's schon leichter geb'n, d'Stellwag'n²⁷ seyn da,
die fischen eim d'noblesten Kundschaften a
da povelt²⁸ All's eini 's is völli a Schand
da fahrn s' um 8 Groschen drey Meil'n weit auf's Land.
da povelt All's eini 's is völli a Schand
da fahrn s' um 8 Groschen drey Meil'n weit auf's Land.

Die erste und die dritte Strophe finden sich mit kleinen Abweichungen auch im Druck in Diabellis *Neuester Sammlung komischer Theater-Gesänge*:
FIAKER-LIED. gesungen von H<u>rn</u> NESTROY. aus dem Zeitgemählde: Die Brigittenau. *TEXT VON J. NESTROY*. Musik von ADOLF MÜLLER, Kapellmeister. Diabellis *Neueste Sammlung komischer Theater-Gesänge*, Nr. 253 (Anzeige in der *Wiener Zeitung*: 1. August 1832).
Der ausdrücklich Nestroy zugeschriebene Text hat hier vier Strophen:

DER FIAKER.

1. Der Brantwein, das ist schon ein reiner Genuß,
   der nimmt so mit h'nunter all'n Gall und Verdruß.
   's Ist für ein' Fiaker jetzt ohne dem hart,
   unter hundert Leut findt man nit Ein' oft der fahrt,
   weil s' kein Geld hab'n so sag'n s': die Bewegung is g'sund,
   ja, da kommen d'Fiaker vom Bock auf'n Hund.
   Haladarata, ta, ta, haladarata, ta dui duie duie
   haladarata ta ta, haladarata ta dui duie.

2. A wiefer Fiaker is vor a zehn Jahr'n,
   nit unter 7 Staner auf Hitzing h'naus g'fahrn,
   jetzt muß man's schon leichter geb'n[,] d'Stellwag'n seyn
   da,
   Die fischen ein'm d'nobelsten Kundschaften a,
   da pofelt all's eina, 's is völli a Schand,
   da fahr'n s' um acht Groschen drei Meil'n weit aufs Land.
   Haladarata, ta, ta, haladarata, ta dui duie duie
   haladarata ta ta, haladarata ta dui duie.

---

27 *Stellwag'n*: von zwei Pferden gezogener Gesellschaftwagen, ‚Omnibus', der um die Mitte des 19. Jahrhunderts den regelmäßigen Verkehr zwischen der Inneren Stadt und den Vororten vermittelte, vgl. beispielsweise *Eine Wohnung ist zu vermiethen*, III, 7 (*Stücke 12*, 62/20–26); *Das Mädl aus der Vorstadt*, III, 6 (*Stücke 17/II*, 77/1).
28 *pofelt*: ‚wimmelt'.

3. Von ein Haus zum andern, das seyn noch die Fuhr'n,
   die jetzt die Fiaker erhalten noch thun,
   doch 's wird nit lang dauern, wir wer'n sehn, was g'schieht,
   es wer'n in der Stadt a noch Stellwag'n errricht,
   der Eine, der wird jetzt die Tag schon erwart'
   der vom Schottenthor[29] bis auf'm Hadenschuß[30] fahrt.
   Haladarata, ta, ta, haladarata, ta dui duie duie
   haladarata ta ta, haladarata ta dui duie.

4. Ein offnes Pirutsch hab'n die Streichmacher gern,
   ein viersitzg'n woll'n die verheurathen Herrn;
   da kommen s' allein, daß [s'] den Wag'n wohlfeil krieg'n,
   derweil wart' die Frau mit fünf Töchter auf der Stig'n.
   Bei wahrhaft Verliebten, da schaut noch was h'raus,
   die sparen kein Geld, und fahr'n halt recht oft aus.
   Haladarata, ta, ta, haladarata, ta dui duie duie
   haladarata ta ta, haladarata ta dui duie.

6. Liedeinlage zu Friedrich Hopp, *Der Goldkönig, Vogelhändler und Pudelscherer*. Romantisch komisches Zauberspiel in 2 Acten (Musik: Adolf Müller; Aufführung: 11. Dezember 1833, Theater an der Wien), II, 7.

Bibliothek des Österreichischen Theatermuseums (= Theatersammlung der ÖNB): Alte Bibliothek des Theaters an der Wien, 173. Ms. von fremder Hand, Tinte. Auch im beiliegenden Rollenheftkonvolut findet sich das Lied mit dem Hinweis, daß es von Nestroy sei.

Lied.
(eingelegt. Der Text von Herrn Nestroy)

Man woiselt[31] so fort,
Doch 's geht schlecht mit ein' Wort.
D'Leut schaun z'viel auf's Geld,
Für d'Wirth ist's jetzt g'fehlt!
Wenn der Wirth sonst die Zech hat g'macht, was er hat
             g'schrieb'n,

---

29 *Schottenthor*: Das erst 1839–1840 demolierte ‚alte Schottentor'.
30 *Hadenschuß*: Heidenschuß, eine in den dreißiger Jahren des 19. Jahrhunderts noch enge Gasse in der Inneren Stadt, verbindet die Freyung mit dem Platz Am Hof; die Distanz zwischen Schottentor und Heidenschuß beträgt nur etwa 300 m.
31 *woiselt*: ‚jammert', ‚winselt'.

Das war für'n Gast heilig, dabei ist's geblieb'n.
Ab'r jetzt, wenn man ein' Kreutzer nur z'viel z'samm addirt –
Sagt der Gast: [„]rechnen S' nochmal, Sie hab'n Ihnen g'irrt![“]
    Es ist a Malheur jetzt mit unserm Metié;
    Die goldenen Zeiten für d'Wirth seyn ·passée·.[32]

    Ein Wirth bei der Zeit,
    Das ist schon ein' Freud!
    Es ist nicht zum b'steh'n;
    Frei z'Grund muß man geh'n!
Denn hat einer keine Gäst, da ist's a Kunst,
Da zahlt man die Kellner und brennt d'Lichter umsunst!
Und hat man auch viel Gäst, was hat man davon?
D'Leut' essen von Allem nur ein' halbe Portion
    Es ist a Malheur ·etc·.

    's Beste ist, man sperrt zu,
    Da hat man a Ruh';
    Denn wie d'Sach jetzt steht
    's eigne Gerstel[33] d'rauf geht!
Hat einer ein Pfiff[34] Wein, und so zählt er erst 's Geld,
Ob er noch auf ein' hat? – ja wohin mit der Welt!
Die Mäßigkeit jetzt! das ist wirklich ein Graus!
Jahr und Tag hat ein Wirth oft kein' B'soffnen im Haus!
    Es ist a Malheur ·etc·.

    D'Wirth seyn hint und vorn
    Ehmals reich alle wor'n;
    Jetzt kommt alle Stund
    Wo ein Wirth auf'n Hund!
Hat sonst ein G'schwuf eine Geliebte g'habt oder a Braut,
So hat er im Wirthshaus 20 Gulden nit ang'schaut!
Aber jetzt führen s' die Geliebten im Mondschein spatziren,
Und thun s', statt mit Hendeln, mit Seufzern traktiren!
    Es ist a Malheur ·etc·.

    Ein' ledigen Wirth
    Die Köchin anschmiert;
    Ein verheirat'er muß
    Erst recht schlicken Verdruß.

---

32 *passée*: frz., ‚vorbei'.
33 *Gerstel*: ‚Geld'.
34 *Pfiff*: sehr kleine Maßeinheit für ein Getränk (meist 0,1 l).

Hat ein Wirth ein schön's Weib eh' g'habt, da war kein' G'fahr;
D'Gäst habens nur ganz ehrfuchtsvoll grüßt, es ist wahr,
Aber jetzt – thut sich einer zwei G'selchte spendiren,
Glaubt er gleich, er kann auch mit der Wirthin scharmiren.
Es ist a Malheur ·etc·.

7. Monolog des Thomas Bleyfuß zum 3. Akt von Karl Schikaneder, *Der Vetter Michel aus dem Ratzenstadel*, Lokalposse [1812].

WSLB-Handschriftensammlung, I.N. 217.103. 1 Blatt, ca. 22,5 x 28,5 cm. Vermutlich um 1841 entstanden; Nestroy hatte die Rolle bereits 1831 und 1834 im Theater an der Wien gespielt, gab sie dann 1841, 1842 und 1846 insgesamt fünfmal im Theater in der Leopoldstadt (vgl. *Nestroyana* 15/1–2 [1995], S. 11).

III ·Act· ·Einlage·

Bleyfuss.

Schau, schau, die Katherl, schnipft die Löffeln. Und wie meine Frau mit der Katherl gut war, zu gut. Aber so machen's die Frauen, da schauen s' den Dienstbothen alles durch die Finger, vertrauen ihnen alle ihre Heimlichkeiten an, brauchen s' zum Posten tragen, dann übernimmt sich so ein Dienstboth und greifft zu sehr um sich. – So is es in einen Ort verdierbt die Frau den Dienstbothen, in andern der Herr, und so kann man nie einen guten Dienstbothen haben. – Meine Frau hat ihr gwiß auch alle ihre Techtlmechtl[35] anvertraut; – na, ich kümmre mich da nicht drum, ich bin gar nicht eifersüchtig auf die Meinige, erstens – und dann schaut bey der Eifersucht überhaupt nix heraus, weil m[a]n[36] doch nie recht weiß ob man eigentlich Grund dazu hat, oder nicht.

·Lied·

8. Couplet-Strophen zu Karl Hickl, *Ein Gaukler*, Original-Charakterbild mit Gesang und Tanz in zwei Abtheilungen (Musik: Carl Franz Stenzl; Aufführung am Carl-Theater vom 20. April 1850 bis 29. Mai 1860 28mal, Nestroy als Specht).

---

35 *Techtlmechtl*: ,Liebschaften'.
36 *m[a]n*. Hs.: *mein*.

Am Beginn des von Kopistenhand geschriebenen Entreeliedes I, 3 („Ich weiß nicht wie ausschaut ein Gulden") hat Nestroy in seinem musikalischen Rollenheft (WSLB-Musiksammlung, MH 9062/c, Zuweisung: *Hr: Nestroi*) mit Bleistift 5 Stichworte notiert:

Madl {Mensch}

{Germanische Adel}

(× Ausländische {Orde[n]} ×)

{Burgtheater}

{Richten}

Zu zwei Strophen des Liedes mit dem Refrain „Er wär froh wenn'r an seiner Stell wär" (II, 3) hat Nestroy die folgenden weiteren Strophen unter dem Text der 1. und 2. Strophe eigenhändig mit Bleistift hinzugefügt (Bl. 4^r–7^v):

Zum Bürgermeister da haben sie wo
Einen gwählt das war ganz ·apropos·
's war ein Mann schon in reiferen Jahren
Theorehtisch und praktisch erfahren
drum war über die Wahl auch a Freud
Und Alles hat gsagt das is gscheidt
Drum war über die Wahl auch a Freud
Und Alles hat gsagt das is gscheidt[.]
Aber es is halt doch Einer der sagt So eine Wahl is kurios
Auf ein Zufall beruhet sie bloß
Auf ein Zufall beruhet sie bloß
Hätt ich g'habt die Stimmen von Allen
(× Wär mir diese Stell zuge ×) (+ Mir g'schähet damit gar kein
G' +)fallen
(× doch so is's mir lieber auf Ehr ×) (+ Meiner Seel' so is's mir
lieber auf Ehr', +)
Ich möcht nicht (× die Stell habn ×) (+ den Postn +) wie der[.]
Der [*wär froh, wann's an seiner Stell wär'.*]
Der [*wär froh, wann's an seiner Stell wär'.*]

In d'Güterlottrie setzt a Herr
Gwinnt achtzgtausend Gulden der Herr
Es kauft sich a Haus dieser Herr
Halt sich Equipage dieser Herr
Lebt seelig vergnügt dieser Herr
Lacht aus d[']ganze Welt dieser Herr
Lebt seelig vergnügt dieser Herr
Lacht aus d[']ganze Welt dieser Herr[.]
A anderer Herr sagt: Ich hab so oft in d'Lottrie
schon gesetzt und gewinne halt nie
Schon gesetzt und gewinne halt nie
Ich hab zu viel Hirn noch da drinnen
Nur die Dummen die können gewinnen
Nur ein Esel kann Glük habn wie der
Um kein Preis möcht ich sein dieser Herr!"
[Tinte] E[r] wär froh wann so a Esel er wär[.]

Die 5. Strophe, in der es um den Direktor einer „Kunstanstalt" geht, hat Nestroy durch Veränderungen der letzten 4 Zeilen vor dem Refrain dezidiert auf einen Theaterdirektor bezogen. Darunter steht von fremder Hand: „den 3 April 1856 in Pesth Hr. Nestroy als Gast". – Zur Einleitung dieses Couplets findet sich im Nestroy zugewiesenen Rollenbuch (WSLB-Handschriftensammlung, Ia 115.957 bzw. I.N. 92.971, S. 33)[37] ein bleistiftgeschriebener Entwurf (vor Lied II, 3):

Jetzt hab' ich so lang ·practicirt·, und bin nix (+ als ein Bajazzo +) worden, (× und jetzt – ×) 's is (× aber ×) eigentlich a Schand (× , daß ich auf so a Art zu einer Anstellung komm' – Macht nix ×) (+ und a Spott {Ach warum denn} +) es giebt in der Welt so Manches wovon die Leut' sagen, „das widerstreitet der Ehre" – und heimlich dencken s' „wenn ich nur an dem seiner [Stelle wär".][38]

In diesem Rollenbuch findet sich neben kleineren Einschüben und Korrekturen sowie nahezu unleserlichen Bleistiftentwürfen auf der letzten Seite (S. 34) auch ein Textentwurf von der Hand Nestroys (Seite 2), der nicht genau einzuordnen ist. Wie das

---

37 Hier auch zwei kurze Notizen zu Aufführungs- und Probendaten: mit der Zuweisung an Nestroy wird auf eine Aufführung an einem 13. April mit Probe am 11. April (1850?, vielleicht war die Premiere ursprünglich für den 13. geplant), später mit Tinte auf die Aufführung am 18. Jänner 1853 (nach über einjähriger Pause) mit Probe am 17. Jänner hingewiesen.
38 Textverlust durch Beschneidung des Rollenheftes.

Theatermanuskript des Stückes (ÖTM, Signatur Cth G 4) zeigt, hat Nestroy *Ein Gaukler* für sich eingerichtet. Die ersten beiden Szenen hat er durch einen neuen verknappten Text (im Theatermanuskript eingeklebt) ersetzt, der rascher zum Entreelied führt. Zum Unterschied von einem Lied der Rosa fehlen die Lieder des Specht, und es heißt jeweils nur „Lied". Bei einem offenbar vorgesehenen dritten Lied des Specht (II, 12) hat Nestroy das Wort „Lied" durchgestrichen und durch „Quodlibet-Arie" ersetzt. Wohl zu dieser, vielleicht aber auch zu einer späteren Szene, in der Specht als Zwerg verkleidet „eine Stelle aus einem Trauerspiele"[39] deklamiert, gehört dieser Textentwurf:

Eher in die heiße Hölle
Als zurük an diese Stelle[40]
Einen Finger dürft' ich rühren
Um Elviren[41] hinzuführen
[Ö]ffne dich du stille Klause
Denn die Ahnfrau geht nach Hause[42]
Der schwere Panzer wird zum Flügelkleide
{Kurz} ist der Schmerz und ewig ist die Freude[43]
{Marielli, Marielli} war das letzte Wort
Der sterbenden Gräfin[44] – Ha, Fluch, d{[*Rest des Wortes unleserlich*]}
Tod (+ weh mir +) ich bin verloren!

9. Zu Friedrich Kaiser, *Das Geheimniß des Forsthauses*. Original-Charakterbild mit Gesang in 3 Akten. (Musik: Carl Franz Stenzl. Uraufführung: 12. Oktober 1850, Carltheater, mit Nestroy in der Rolle des Forstschreibers Basilius Hänfling).

---

39 Nestroy fügt dies im Theatermanuskript an das von Schreiberhand geschriebene „deklamiert" hinzu und wenig später zu „singt": „ein Motiv aus ‚Elisir'"; gemeint ist Gaetano Donizettis Oper *L'elisir d'amore* (*Der Liebestrank*).
40 Franz Grillparzer, *Die Ahnfrau*; im Anfangsteil des 2. Aktes sagt Jaromir zu Bertha: „Eher in die heiße Hölle, / Als noch einmal auf die Stelle!"
41 *Elviren*: vermutlich Anspielung auf Donna Elvira in Mozarts Oper *Don Giovanni*.
42 Grillparzer, *Die Ahnfrau*, 5. Akt, die Schlußverse der Ahnfrau: „Öffne dich, du stille Klause, / Denn die Ahnfrau kehrt nach Hause."
43 Schlußverse der Johanna aus Schillers *Die Jungfrau von Orleans* (V, 14): „Der schwere Panzer wird zum Flügelkleide. / Hinauf – hinauf – Die Erde flieht zurück – / Kurz ist der Schmerz und ewig ist die Freude!"
44 In Lessings *Emilia Galotti* sagt Marinelli zu Odoardo (V, 5): „Fragen Sie nur Ihre Gemahlin. Marinelli, der Name Marinelli war das letzte Wort des sterbenden Grafen".

Rollenheft mit Zuweisung: *Hr: Nestroi* (WSLB-Musiksammlung, MH 9060/c). Zum Lied mit den Refrains „Da merkt man den Hauch einer neueren Zeit" und „Da glaubt man in aschgrauer Vorzeit zu sein" (II, 9) hat Nestroy die vom Schreiber des Rollenhefts ausgeschriebene erste Strophe („Sieht man wie am Land draußt der Bauer sogar / doch z'denken anfangt ob {den[n]} Alles ist wahr […]") durch zwei neue Strophen, zu der die Singstimme bereits eingetragen war, ergänzt (Bl. 5ʳ–7ʳ) und eine neue 5. Strophe (Bl. 11ʳ–12ʳ) hinzugefügt. Die Strophen *Hört man uns're Damen in G'sellschaft ·discrier'n·* und *Betracht't man, wie selber bey Bauer'n au'm Land)* hat Kaiser in den Druck (Wien: Prix o. J. [1850], S. 24 f.) als 5. bzw. 4. Strophe aufgenommen.

Wenn jetzt wo ein Ritterstuck aufgeführt wird,
wo ein Edler recht kräftige Handstreiche führt,
so g'fallt das kein'm Menschen, – was geht das uns an,
was ·anno· so viel so a Raubritt'r hat than.
(× Jetzt will man nur Stoffe mit Intressen von heut', ×)
(+ *[Bleistift]* Wann man dann bey ein'n solchen Stuck zischen
 hört d'Leut' +)
[*da merkt man den Hauch einer neueren Zeit* […]]
Doch sieht man dagegen recht groß ·annonciert·,
daß sich ein ·Athlete· in Rauff'n ·produciert·,
daß sich ein ·Athlete· in Rauff'n ·produciert·,
und andre auffordert sich z'messen mit ihm,
daß sie sich dann packen mit Wuth und mit Grimm –
und daß die Leut jubeln wann Einer besiegt
mit z'scheschbenblau'n⁴⁵ G'sicht auf die Erd' g'worffen liegt –
Wann zu so was die Leut' jetzt noch rennen hinein –
da [*glaubt man in aschgrauer Vorzeit zu sein* […]]

Hört man uns're Damen in G'sellschaft ·discrier'n·,
's thut Keine mehr ausrichten und ·medisier'n·;
jetzt reden s' nur von Werck'n in ausländischen Sprachen,
und viele thu'n gar Politik allweil machen;
's redt Manche schon fast wie a Staatsmann so g'scheidt.
[*da merkt man den Hauch einer neueren Zeit.*]
Doch geht man den Frauen dann nach in ihr Haus, –
wie's in ihrer eigenen Wirthschaft schaut aus!
wie's in ihrer eigenen Wirthschaft schaut aus!
Die erst in Gesellschaft hat Staaten ·regiert·,

---

45 *z'scheschbenblau'n*: ‚zwetschgenblauen'. Zur Schreibung vgl. *Stücke 17/II*, 71/32 (*Das Mädl aus der Vorstadt*, III, 2) *Zwetschben.*

hat oft ka Idee, wie a Suppen kocht wird.
Is d'Köchin nicht z'Haus, und d'Frau selbst muß an Heerd,
weiß [s'] nicht was in Topf, was ins's Reindl[46] h'nein g'hört,
und kocht den Kaffee in a Gabrisoß[47] ein, –
[da glaubt man in aschgrauer Vorzeit zu sein.]

Betracht't man, wie selber bey Bauer'n au'm Land,
die Aufklärungssonne erhellt den Verstand,
so daß sie sich losreißen von viel'n Finsternissen,
von Hexen und Druden nix mehr wollen wissen;
und daß deßwegen nimmer die Häuser wer'n g'weiht –
[Alternativwortlaut mit Bl. über der Zeile: das nix halten aufs
  Schatzgrab'n u[nd] Zauber'n die Leut']
da merkt man den Hauch einer neueren Zeit,
da merckt man den Hauch einer neueren Zeit.
Doch sieht man manchmahl und g'rad mitt'n in der Stadt,
wie Eine so oft sie ein'n Traum gehabt hat,
wie Eine so oft sie ein'n Traum gehabt hat,
gleich 's Traumbüchel nimmt um daraus zu erseh'n,
was für so ein'n Traum denn für Nummern drinn steh'n.
Und wie manche Dam' nimmt die Karten zur Hand,
um aufz'schlag'n, und z'seh'n mit Profeten-Verstand,
was ihr Alles in's Haus steht, ob der s' liebt nur au'm Schein, –
da glaubt man in aschgrauer Vorzeit zu seyn,
ja da glaubt man in aschgrauer Vorzeit zu seyn.

Auf der ersten Seite des Liedes hat sich Nestroy die Reihenfolge
von fünf Strophen mit Bleistift zusammenfassend notiert:

4   Aufklärungssonne
2   ·Journal·
1   (× *[mit Tinte gestrichen]* Juden ×) (+ *[Tinte]* ·Amtsschef· +)
5   Ritterstuk
3   Damen

Die Druckfassung, in der die erste Strophe Nestroys (*Wenn
jetzt wo ein Ritterstuck aufgeführt wird*) fehlt, hat fünf Strophen,
die ansonsten dem Rollenheft und Nestroys Zusammenfassung
entsprechen:
1. Strophe [Rollenheft: 2. Strophe]: „Hört man, daß ein Amts-
   schef bei Besetzung von Stellen / Sich d'Leut nur thut nach
   ihrer Fähigkeit wählen [...]"

---

46 *Reindl*: ‚(kleiner flacher) Kochtopf'.
47 *Gabrisoß*: ‚Kapernsauce'.

2. Strophe [Rollenheft: 3. Strophe]: „Daß man jetzt nicht mehr in die Päß hinein setzt / Unter andern Rubriken d'Religion auch zuletzt [...]"

3. Strophe [Rollenheft: 4. Strophe]: „Sieht man in Journalen von libralen[48] Tendenzen [...]"

Zu einem zweiten Lied mit dem Refrain „Da seufzt er: Der höllische Fortschritt der Zeit / Hat mir noch mein einzigs Vergnügen verleidt" (III, 5) hat Nestroy zur Singstimme der „5te[n] Stroffe" die folgende neue Strophe eingetragen (Bl. 13r–14r), die Kaiser als 5. Strophe des Liedes in den Druck (S. 35) aufgenommen hat:[49]

Ein Junker der just nicht gebor'n war zum Held,
hat einst nicht d'ran denckt, daß er h'naus müßt' in's Feld,
denn wenn s' auch seyn kommen um zu ·recrutier'n·,
so durft' er nur g'schwind sein ·Diplom· ·producier'n·;
wie groß auch die G'fahr für das Vaterland sey,
der Adlige war von den Kriegsdiensten frey
war Einer ein junger Herr-von,
so war das für ihn a Passion
so war das für ihn a Passion[.]
Doch jetzt is das anders, 's wird d'Losung ausg'schrieb'n.[50]
Da muß dem Herrnvon es so gut auch belieb'n,
da muß dem Herrnvon es so gut auch belieb'n,
sich z'stell'n mit dem Bauernsohn in eine Reih',
ihn trifft's, und der Bauer mitunter wird frey,
statt daß er jetzt lieg'n könnt' bequem in sein'n Bett,
er mitt'n in der Nacht oft als Schildwach dasteht –
[*Da seufzt er: Der höllische Fortschritt der Zeit*
Hat mir noch mein einzigs Vergnügen verleidt.]

---

48 Über der Zeile hat Nestroy hier das Wort *soliden* mit Bleistift eingetragen.
49 Eine weitere Zusatzstrophe im Rollenheft (*Ehmals wie die Doctor Recept'r hab'n verschrieb'n* [...]) ist wahrscheinlich nicht von Nestroys Hand. – Auf der letzten Seite finden sich flüchtige Bleistiftnotizen Nestroys, die sich auf Varianten des Refrains beziehen: *Da spricht er, da seufzt er, da flucht er, da schimpft er.*
50 *'s wird d'Losung ausg'schrieb'n*: „Auf Initiative von Windisch-Grätz und Schwarzenberg wurde im Dezember 1848 die Befreiung des Adels aufgehoben und die Rekruteneinberufung nach dem Los eingeführt, um der Willkür der Gemeindebehörden vorzubeugen" (Walter Wagner, in: *Die bewaffnete Macht* (= *Die Habsburgermonarchie 1848–1918*, hg. von Adam Wandruszka und Peter Urbanitsch, Bd. 5), Wien 1987, S. 240–243, hier S. 242).

10. Zu Friedrich Kaiser, *Verrechnet!* (Original-Charakterbild mit Gesang in 3 Akten), im Carl-Theater vom 5. Juli 1851 bis zum 28. August 1857 insgesamt 45mal aufgeführt (Nestroy-Rolle: Martin [Bettler]).

In sein Rollenheft (WSLB-Musiksammlung, MH 9040/c, Zuweisung: *Hr: Nestroi*) hat Nestroy zu einem Couplet mit dem Originalrefrain „Ja das muß ja net glei sein, da hat's ja no Zeit" (II, 10), der später zum „geflügelten Wort" geworden ist, sieben neue Strophen eigenhändig mit Tinte eingetragen (Bl. 6^r–8^r), zwei davon wurden aber – vermutlich von Nestroy selbst – mit schwarzer Tinte gestrichen. Eine weitere Strophe hat Nestroy gründlich neu bearbeitet.

Fünf der neuen Strophen wurden mit kleinen Abweichungen in den Druck (Wiener Theater-Repertoir, Nr. 93, Wien: Wallishausser: 1862, S. 36 f.) ohne Angabe der Autorschaft Nestroys aufgenommen; zwei davon sind auch in einem für die Zensur in Ofen und Pest von fremder Hand fertiggestellten Blatt mit sieben Strophen erhalten, das dem Rollenheft unter der Signatur MH 9640 beigelegt ist und die folgende Überschrift aufweist: *Strophen des Bettlers Martin zu „Verrechnet!" wie sie von der hohen k: k: Statthalterei bewilligt wurden.* Die Bewilligung (*Wird zum Vortrage Zugelassen.*) datiert vom 5. Juli 1851; neben dem Siegel der „[K.] K. POLIZEI-[DIRE]CTION ZU OFEN-PEST" findet sich die Unterschrift *Worafka k. k. P.Rath*, darunter auch der Vermerk „Gesehen" und eine zweite Unterschrift mit dem Datum 30/7[1851].[51]

---

51 Eine Transkription dieses Zensurmanuskripts, die besonders im Text der 6. Strophe Ungenauigkeiten im Vergleich zum Original aufweist, findet sich in Otto Rommel, ‚Unbekannte Couplets von Johann Nestroy', *Jahrbuch der Gesellschaft für Wiener Theaterforschung* 1951/1952, S. 132–146 (S. 138–140). Nestroy spielte im Juli 1851 im Sommertheater im Pester Stadtwäldchen (Városliget) als Gast (siehe Wolfgang Neuber, *Nestroys Rhetorik. Wirkungspoetik und Altwiener Volkskomödie im 19. Jahrhundert*, Bonn 1987, S. 194; zum Sommertheater siehe Wolfgang Binal, *Deutschsprachiges Theater in Budapest. Von den Anfängen bis zum Brand des Theaters in der Wollgasse (1889)* (*Theatergeschichte Österreichs*, Bd. X, H. 1), Wien 1972, S. 227 f.) und ist dort in *Verrechnet!* aufgetreten, wie aus den folgenden mit „C.M." unterzeichneten und vom 13. Juni 1851 datierten „Correspondez-Nachrichten aus Pesth" hervorgeht:
Nestroy gastirte hier bereits 10 Mal mit besonders glücklichem Erfolg […] Eine Novität von Kaiser wurde uns mit dem Charakterbild „Verrechnet" vorgeführt, worin Hr. Nestroy den Bettler Martin mit vortreff-

Die Strophen, die im Rollenheft gestrichen sind, sind die 3. (*Wer ·Cigarr'n· will rauchen, / ·Capitalien· thut brauchen* […]) und eine nicht numerierte Strophe, die mit den Worten *Ärger als die, die stehlen, / seyn d'Wucherer-Seelen* […] anfängt; diese Strophe findet sich stark verändert auch im Text des Wiener Theater-Repertoirs als 5. Strophe. Fassungen von zwei Strophen finden sich auch mit kleinen Abweichungen im Pester Zensurmanuskript.

[Rollenheft: 1. Strophe]
So a Bruck'n a steinalti[52]
is noch fest und noch g'walti,
erst 's Pulver muß s' sprengen
daß ausanand d'Steiner gengen,
jetzt is dort kann man sagen
d'Welt mit Brettern verschlagen,
denn sie müss'n erst studieren
wie sie s' schmück'n und verzieren,
derweil thut d'andern Brucken
Der Wienfluß verschlucken;[53]
das sollt' doch zur G'schwindigkeit antreib'n die Leut' –
aber 's muß [*ja net glei sein*], es hat [*ja no Zeit*]
aber 's muß [*ja net glei sein*] es hat [*ja no Zeit.*]

[Rollenheft: gestrichene 3. Strophe]
Wer ·Cigarr'n· nur will rauchen,
·Capitalien· thut brauchen,
doch kriegt man oft schlechte,
und doch heißen s' ächte,
um fingerdicke Stingeln,

---

lichen Farben zeichnete. Hier fanden wir eine neue Seite seiner seltenen Befähigung, er wußte mit den drollig-komischen Nüancen auch den sentimental-gemüthlichen Theil des Charakters zu verbinden, welche glückliche Lösung sein Talent als Volksschauspieler vollkommen rechtfertigte. […] (*Theaterzeitung*, 17. Juli 1851 [Nr. 164], S. 658).
Rommel argumentiert, daß Nestroys „Eigentumsrecht" an diesen Strophen „nicht von der Hand zu weisen sei" (S. 138), es läßt sich aber auch nicht mit Sicherheit bestätigen.
52 *Bruck'n a steinalti*: Gemeint ist die später so genannte Elisabethbrücke, deren Baufälligkeit 1846 konstatiert und die am 16. September 1850 abgebrochen und durch eine hölzerne Interimsbrücke ersetzt worden war (Felix Czeike, *Historisches Lexikon Wien*, 5 Bde., Wien 1992–1997, 2. Bd., S. 170).
53 Anspielung auf die Wienfluß-Überschwemmung vom 18. Mai 1851, bei der Brücken (Fokanedisteg, Karolinenbrücke) weggerissen wurden (Felix Czeike, *Historisches Lexikon Wien*, 5. Bd., S. 497).

thun s' Krautpletschen⁵⁴ ringeln,
und s'Aroma a das kennt man,
wie a Huf a verbrennta,
's giebt übrall Beschwerden,
doch anders würd's werden
wenn 's nur nicht gar so g'schwind wollten haben die Leut
es muß ja nicht glei seyn, es hat ja noch Zeit,
es muß ja nicht glei seyn, es hat ja noch Zeit.

[Rollenheft: über der Zeile der gestrichenen 3. Strophe; Druck: 4. Strophe]
Verschönert wird d'Stadt jetzt,
doch 's fallt mir ein g'rad' jetzt,
der Markt von alt'n G'wandeln,
der All's thut verschandeln,
Barak'n zum Entsetzen,
ganz ang'füllt mit Fetzen,
für's Feuer auch gefährlich,
und sie wär'n doch entbehrlich , –
wie lang hat's schon g'heißen,
sie müssen s' wegreißen,
seit Zehn Jahren warten darauf schon die Leut',
na 's muß ·ectr·

[Rollenheft: unter der Zeile der gestrichenen 3. Strophe; Zensurmanuskript: 6. Strophe]
A Theater a neues,⁵⁵
der Himmel verleih' es,
vor Jahr'n schon hab' g'hört ich,
die Pläne seyn schon fertig;
auch Stimmen schon laut werd'n,
über'n Platz wo's soll baut werd'n;
a Kleinigkeit fehlt nur,
wie ich hör is es 's Geld nur,
doch laßts öng's⁵⁶ nicht verdrüßen,
wenn wir's auch nicht g'nießen,
uns're Urenkeln werd'n schon erleb'n noch die Freud',

---

54 *Krautpletschen:* ‚Krautblätter'.
55 Während sich die Bevölkerungszahl Wiens in der ersten Hälfte des 19. Jahrhunderts verdoppelt hatte, hatte es keine neuen dauerhaften Theatergründungen gegeben. Die vieldiskutierte Gründung eines neuen kommerziellen Theaters verwirklichte sich erst 1859/60 mit dem Bau von Treumanns Quai-Theater.
56 *öng:* ‚euch'.

so was muß ja nicht glei seyn, es hat ja noch Zeit,
so was muß ja nicht glei seyn, es hat ja noch Zeit.

[Rollenheft: 4. Strophe; Druck: 1. Strophe; Zensurmanuskript: 7. Strophe]
In Vorstädt'n in fernen,
da habn s' noch Laternen,
a Flammerl a klanes,
wie bey ein'n Johannes,[57]
brennt allein in der Gassen,
man sieht kaum sein' Nasen,
's Gas[58] wär a Bedürfniß,
doch's giebt stets Zerwürffniß,
bis d'Gemeinde wird einig,
das geht nicht so schleunig,
's soll'n stolpern im Dunkeln noch zehn Jahr die Leut',
es muß ja nicht gleich seyn, (× es hat ja ×) (+ *[Bleistift]* mit'n Licht hat's +) noch Zeit,
es muß ja nicht gleich seyn, es hat ja noch Zeit,

[Rollenheft: über der 4. Strophe nachgetragen; Druck: 2. Strophe]
Kunstverein'[59] seyn jetzt Zweye,
da alte und der neue,
's heißt sie werd'n sich vereinen,
aus Zweyen zu Einen[.]
Die Kunst wird dann blühen,
bey vereintem Bemühen,
schon lang is a G'red' das,
in all'n Zeitungen steht das,
d'·Comitee's· aber werden
nie einig auf Erden.
Die Künstler wünsch'n alle a End' von dem Streit,
aber's muß …
aber's muß …

---

57 *Johannes*: d. i. Johanneskäfer, ‚Glühwürmchen'.
58 *Gas*: Zur Einführung der Gasbeleuchtung in der Mitte des 19. Jahrhunderts, zunächst in der Inneren Stadt, dann in den Vorstädten und Vororten, siehe Czeike, *Historisches Lexikon Wien*, 1. Bd., S. 312 f.
59 *Kunstverein'*: Anspielung auf die erfolglosen Bemühungen Rudolf von Arthabers, den von ihm im Jahr 1850 gegründeten Österreichischen Kunstverein mit dem älteren Verein zur Beförderung der bildenden Künste zu vereinigen.

[Rollenheft: 2. Strophe; Druck: 3. Strophe]
[*Am hohn Markt in der Mitten,*]
war [*a hölzerne Hütten*]
war [*recht*] schön *[diese Hütten,]*
aum hoh'n Markt [*in der Mitt'n*]
d'Leut' hab'n sich schon g'stritten,
was d'rinn g'schieht in der [*Hütt'n*]
nach drey Jahr'n nach viel'n Bitten,
is [s'] jetzt weg – in der Hütten
hab'n s' 3 Jahr' sich befleißingt,
a Paar Statuen g'weißingt!
und deßtweg'n die Hütten, Drey Jahr! sag'n die Leut' –
das müßt' wirklich nit glei seyn, das (× *hat* ×) (+ hätt' +)
  schon [*noch Zeit*]
Das müßt' wirklich [*nit glei sein Es*] (× *hat* ×) (+ hätt' +) no
  Zeit.

Der Text der von Nestroy eigenhändig unter der 4. Strophe eingetragenen, dann gestrichenen Strophe, die als 5. Strophe des gedruckten Textes von *Verrechnet!* erhalten ist, lautet dort:

[Rollenheft: gestrichene unnumerierte Strophe]
  Ärger als die, die stehlen,
  seyn d'Wucherer-Seelen,[60]
  es treiben 's ganz straflos
  diese Nothhelfer[61] maßlos,
  Familien geh'n unter,
  's ganze Land leidet drunter,
  doch wie man betheuert, man wird schon was finden,
  wenn auch Jahre entschwinden,
  derweil laßt's öng s' Blut nur aussaug'n von die Leut'
  es muß ja nicht gleich seyn, es hat schon noch Zeit,
  es muß ja nicht gleich seyn, es hat schon noch Zeit.

Über das Zensurmanuskript hinaus liegt dem Rollenheft ein Einzelblatt (MH 9040, 21,4 x 16,8 cm) mit eigenhändigen, in roter Tinte geschriebenen Notizen Nestroys bei. Es handelt sich dabei anscheinend um Notizen zu einem nicht überlieferten Lied oder wahrscheinlich eher einem Monolog des Bettlers Martin, vermutlich entweder einer erweiterten Neufassung des

---

60 Ein Wucherergesetz (auf welches die Druckfassung anspielt) wurde in Österreich erst am 14. Dezember 1866 erlassen.
61 Als Alternative hat Nestroy *Leutschröpfer* notiert.

kurzen Monologs in II, 10 (Druck, S. 35 f.) oder einer Variante zum Auftrittsmonolog (I, 5; Druck S. 9).

Bitt gar schön um a Bisserl was kleines. (Bettlerformel)

Wechselformel (·Tratta·)

Es wird nichts austheilt.

Heurigen

Zwanziger

in die g'wisse Mess' gegangen

·Deputat·

Schanckgerechtigkeit – über die Gassen.

Glasln

z'sammg'führt

ausg'richt't.

ganzen ·Conduct·

11. Zu Friedrich Kaiser, *Ein Lump*. Original-Posse mit Gesang in drei Akten (Musik: Karl Binder; Uraufführung: 7. Juni 1852, Carltheater, mit Nestroy in der Rolle des Hubert Ledermann): Strophen zu drei Liedern.

Rollenheft mit Zuweisung *Hr: Nestroi* (WSLB-Musiksammlung, MH 9041/c).

a) Zum *Entre-Lied* „Da bin ich jetzt wieder, und das ist die Stadt …" (I, 3) hat Nestroy mit schwarzer Tinte eine 2. Strophe eingetragen (Bl. 3ʳ–3ᵛ), die mit kleinen Abweichungen in den Druck (Wiener Theater-Repertoir, Nr. 91, S. 3) aufgenommen wurde:

Denn wenn vor ein'n Buch so als Tietel·vignett·'
a Figur, wie die meine vorangedruckt steht,

da braucht man nit umz'blatteln, man merkt es schon,
daß es keine Novelle ist aus dem ·Salon·.
Drum werden wohl manche auch mich liegen lass'n,
·Prole·tarierg'schichten die thut Mancher hass'n,
der nobl thut, und dessen Leben doch g'wiß
nix anders im Grund, als a Rauberg'schicht' is,
nix anders im Grund als a Rauberg'schicht is.

b) Zum *Couplet* mit dem Refrain „... da braucht man am hellichten Tag a Latern" (I, 8) hat Nestroy mit schwarzer Tinte vier neue Strophen (2–5) eingetragen (Bl. 7ʳ–12ʳ). Alle vier Strophen wurden mit kleinen Abweichungen in den Druck (Wiener Theater-Repertoir, Nr. 91, S. 8–10) aufgenommen, allerdings in anderer Reihenfolge; die Umnumerierung ist auch im Rollenheft von fremder Hand mit Bleistift eingetragen worden:

[2.] *[entspricht Druck, 4. Strophe]*
   Heut hab' ich a Roll' ich hab s' g'wogen.
   A halb's Pfund schwer, es seyn Fufzehn Bogen,
   und Abgänge d'rinn und Momente,
   das paßt so zu meinem Talente;
   da giebt's ein'n Applaus, Ihr werdt's sehen *[über dem* h
                                                eingetragen: g]
   wie ich bey der Roll' werd' loslegen,
   nur bey großen Rollen da wend' ich was d'ran –
   ·Comoedian·ten der Art trifft man dutzendweis an.
   ·Comoedian·ten der Art trifft man dutzendweis an.
   Ein and'rer der denckt sich,
   meine Rolle beschränckt sich
   nur auf anderthalb Seiten,
   kein Applaus is z'bereiten,
   doch steh' ich auch nicht im Glanze,
   's is doch nöthig für's Ganze,
   drum will ich studieren,
   sie gut durch zu führen *[aus* zu durch *berichtigt]*,
   ich thu's um den Dichter,
   und auch meine Richter,
   das ·Publicum· z'ehren –
   's hat a Recht das z'begehren
   Im Theater beym Gaslicht find't ma schwer so ein'n
                                                      Herrr'n,
   da braucht ma beym hellichten Tag a Latern,
   da braucht man beym hellichten Tag a Latern.

[3.] *[entspricht Druck, 1. Strophe]*
Solche Leut', die wohl mit vollen Händen
zu mildthätig'n Stiftungen spenden,
auch selber dafür sammeln gehen
um nur in der Zeitung zu stehen,
(× und ×) (+ um +) dann wenn s' selbst was ·aspirieren·,
im Bittgesuch groß anzuführen
„Das und das hab' ich All's für die Armen gethan" –
solche Wohlthäter trifft man wohl dutzendweis' an,
solche Wohlthäter trifft man wohl dutzendweis' an.
doch Ein'r, ganz vermummter,
daß'n Niemand kennt kummt er,
in die Hütten, wo d'Noth is,
(+ wo +) schon z'weni das Brod is,
dort heilt er die Wunden,
is, eh s' dancken verschwunden;
ihn in d'Zeitung zu setzen
thät ihn selber verletzen;
Armen 's Kreutz abzunehmen
is sein' Lust aber schämen
thät er sich z'begehren
bekreutzt dafür z'wer'n –
um aufz'finden s ein'n wohlthätigen Herrn –
da braucht man beym hellichten Tag a Latern,
da braucht man beym hellichten Tag a Latern.

[4.] *[entspricht Druck, 2. Strophe]*
Warum der ein'n Wagen hab'n muß,
und ich – ich muß geh'n allweil z'Fuß;
i bin schuldig den Zins schon Zwey Jahr
und der hat Zwey Häuser sogar –
da liegt gar ka G'rechtigkeit drinn –
Gütertheilung das wär' nach mein'n Sinn.
da kom[m]et zum Genieß'n auch der Arme einmahl
                                                    dran –
Filosofen der Art trifft man dutzendweis an,
Filosophen der Art trifft man dutzendweis an.
Doch Ein'r der so predigt,
wird plötzlich entschädigt,
ein Gut, das sehr groß is,
wird g'wonnen, – sein Loos is's –
a Herschaft und Felder,
und Gärten und Wälder, –
sein thut das All's g'hören,

doch, treu seinen Lehren,
sagt er: „Nicht allein nehm' i's,
weil's geg'n mein System is["],
und thut sich beeilen, mit Ärmer'n zu theilen –
(× Sie möchten gewiß wissen wo S' finden den ×) (+ um zu
finden so ein'n filosofischen +) Herrn,?
Ja da brauchen S' beym hellichten Tag a Latern,
da brauchen S' beym hellichten Tag a Latern.

[5.] *[entspricht Druck, 3. Strophe]*
„Das Rindfleisch is theuer an Ort,
und nacher bis Wien der Transport,
und nacher erst was so a Viech
all's für Beinerwerk noch hat in sich,
und dan[n] Fufzehn Kreutzer das Pfund –
wir Fleischhacker kommen au'm Hund –"
so reden s' und spiel'n d'Cavaliere sodann –
solche Fleischhacker trifft man wohl dutzendweis an,
solche Fleischhacker trifft man wohl dutzendweis an.
Doch jetzt, das is prächtig,
die Ochsen großmächtig,
werd'n nicht strappizirt,
auf der Eisenbahn g'führt,
der Zoll is auch g'fallen,
für's Rindvieh vor Allen –
jetzt müß'n wir's erleben,
daß sie's billiger geben
die rinderne Atzung,
man wart't nur noch auf d'Satzung,
es mengen sich drein auch
die Ausschüss, die Gmein[62] auch –
doch sucht man ein'n Ochsen, der billig thät wer'n –
da braucht ma beym hellichten Tag a Latern,
da braucht man beym hellichten Tag a Latern.

c) Zum Couplet mit dem Refrain „No das, das gehört auf ein anderes Blatt" (III, 8) hat Nestroy mit schwarzer Tinte fünf neue Strophen (2–5) eintragen (Bl. 17ʳ–21ʳ), von denen eine teilweise gestrichen ist und die im Rollenheft von fremder Hand mit Bleistift umnumeriert sind. Die vier anderen sind

---

62 *die Ausschüss, die Gmein*. Druck, S. 9: *Die Ausschüss' der Gemeind'*. Das Rollenheft weist die Änderung (× *die* ×) (+ *der* +) auf, die (wohl von fremder Hand) mit Bleistift eingetragen wurde.

alle in anderer Reihenfolge in den Druck (Wiener Theater-Repertoir, Nr. 91, S. 38 f.) aufgenommen worden; die letzte findet sich auf einem zwischen Bl. 19 und Bl. 20 des Rollenhefts eingeklebten Blatt (ca. 28,2 x 21,7 cm, 1 S. Text).

[2.] *[Bleistift: N° 2][entspricht Druck, Strophe 4]*
Für östreich'sche Kunst ein Verein
is nöthig, das sieht jeder ein
je mehr als sich bilden, 's is gwiß
desto besser für d'Künstler is dieß
Ob 's Jahr einmahl, ob permanent
's hat jeder sein Gutes am End. –
Daß aber die beyden Verein'
in Haar'n sich schon d'längste Zeit seyn,
daß einer ·Journale· sich halt't,
die den andern verreissen mit G'walt –
und daß statt dem Künstler dabey
mehr g'winnt noch die Kunsttandlerey
Ob das All's zur Fördrung der Kunst gehört grad –
na jetzt wissen S', das g'hört auf ein anderes Blatt,
na jetzt wissen S' das g'hört auf ein anderes Blatt.

[3.] *[Bleistift: N° 1][entspricht Druck, 1. Strophe]*
Es war'n schwere Zeiten für's Land,
man braucht noch Geld für allerhand –
und die Beyträg',[63] das ist g'wiß sehr g'scheidt,
die treffen nur d'reicheren Leut';
denn wer viel hat, kann auch viel geb'n,
d'rum trifft es die Hausherren eb'n.
Jetzt daß so ein Hausherr,
wenn er um Hundert Guld'n jährlich zahlt mehr,
gleich hernimmt d'Partheyen im Haus,
mit der Steigerung keinen läßt aus
und so für das, was ihm g'fordert wird
er doppelt sich dann ·regressirt· –
und daß so der Ärmre für ihn zu zahl'n hat,
Na jetzt wissen S' das g'hört auf ein anderes Blatt,
na jetzt wissen S' das g'hört auf ein anderes Blatt.

---

63 *Beyträg'*: Vermutlich eine Anspielung auf die ab 1850 in einer Reihe von Kronländern eingeführte neue Einkommenssteuer, die bis Ende 1851 im gesamten Kaiserstaat Gültigkeit erlangte (vgl. Johann M. Chlupp, *Systematisches Handbuch der direkten Steuern im Kaiserthume Österreich*, 2. verm. Aufl., Prag 1856).

[4.] (× *[mit Bleistift gestrichen]* 's Hat g'heißen schon immer

„Gott geb's
daß wir kriegen die ·Cab's· oder ·Cebs·;[64]
dann krieg'n die Fiaker ein'n Klaps, ×)
wenn wir fahr'n mit die ·Cebs· oder ·Cab's·.
jetzt hab'n wir s' die ·Cebs· oder ·Cab's·,
die fahren gewöhnlichen Trab's
doch bis d' auffindst ein'n ·Cebs· oder ·Cabs·
so renn' erst drey Stund und erschnapp's!
Jetzt rumpelt von Weit'n einer her –
doch, o weh! 's Fahndl liegt über queer;
und kann man es dennoch erleb'n
(× *[mit Bleistift gestrichen]* zu erwisch'n so ein ·Cab'n·
oder ·Cäb'n·
ob's nach'r nicht so hoch kommt, wie ·per· Fiaker
·acc'rat· –
na jetzt wissen S' das g'hört auf ein anderes Blatt,
na jetzt wissen S' das g'hört auf ein anderes Blatt. ×)

[5.] *[Bleistift: N° 4][entspricht Druck, 3. Strophe]*
A wällisch Oper! o mein!
wie mich d'wällische Oper thut freu'n!
die Säng'r aus dem Lande des Lied's
dringen recht in die Tiefe des G'müth's,
drum sey mir gegrüßt ·o stagione·[65]
mit ·basso, tenore buffone·!
jetzt daß oft ein ·tenore assoluto·
schon fertig mit der Stimme is ·tutto·,
und daß manche Sängrin die schon
nicht g'fall'n hat in der deutschen ·saison·,
in's Wällische sich übersetzt,
und schlecht aber wällisch singt jetzt,
und daß doppelt für's G'stoppelte man zu zahl'n hat –

---

64 *Cab's oder Cebs*: engl. [taxi]cab, ‚Droschke'. Am 4. März 1852 hatte die Stadt die Bewilligung zur Aufstellung von 100 „einspännigen, zweirädrigen Lohnwagen nach dem Muster der in London bestehenden safety cabs" gegeben (Programm und Instruktion der Unternehmung des Cab-Fuhrwerkes, Wien 1852, S. 3 f.); diese waren für 2 Personen zugelassen und sollten hauptsächlich dem Verkehr zwischen Stadt und Vorstädten dienen. Die Cabs verfügten über eine Uhr, um den Tarif entsprechend der Fahrzeit messen zu können. Mit der Uhr war ein Fähnlein verbunden, dessen aufrechte Stellung anzeigte, daß der Wagen frei sei; es mußte, sobald ein Fahrgast einstieg, vom Cabführer umgelegt werden.
65 *stagione*: ital., ‚Saison'; mit dem Begriff wird vor allem die Opernspielzeit, aber auch das dabei mitwirkende Ensemble verstanden.

>   na jetzt wissen S' das g'hört auf ein anderes Blatt,
>   na jetzt wissen S', das g'hört auf ein anderes Blatt.
>
> *[eingeklebt, mit Bleistift numeriert: N° 4, entspricht Druck, Strophe 5]*
>   Bey den <u>Mädl</u>n in der Stadt find't man nur
>   Toi<u>let</u>tkünste statt der Natur;
>   Was <u>nutzt</u> mich der rosige ·taint·,
>   Auf Zwey <u>Bus</u>seln thut d'Farb schon weg geh'n;
>   Die <u>Gold</u>locken wär'n auch nicht schlecht,
>   Doch man <u>weiß</u> nicht, seyn s' falsch oder ächt;
>   Da <u>krax</u>elt auf d'Alpen man h'nauf,
>   Und <u>sucht</u> si͡a Naturschäfrin auf, –
>   Man <u>find't</u> eine, 's G'sicht kugelrund,
>   Und <u>Al</u>les so voll und so g'sund.
>   Doch <u>daß</u> s' gar so patschet⁶⁶ d'rein schaut,
>   Auf <u>d'Händ</u> hat [s'] Rhinoceroshaut –
>   Und daß man'n <u>Kuh</u>stall-Parfüm schon auf Zwanzig
>   Schritt' hat –
>   Jetzt das – das g'hört auf ein anderes Blatt.

12. Coupletstrophe zu Carl Haffner, *Die Wiener Stubenmädchen, oder Der Ball in der Schusterwerkstatt*, Lokalposse mit Gesang (Musik: Michael Hebenstreit), am 7. Juli 1840 im Theater in der Leopoldstadt erstaufgeführt (vgl. Hadamowsky 1934, S. 259). Nestroy ist erst am 9. September 1854 im Carltheater in dem Stück aufgetreten, und zwar in der Rolle des Straßenkehrers Wenzel Pflastermann (SW XV, 507).

Das in der Musiksammlung der WSLB erhaltene Rollenheft (MH 9053/c) mit der Zuweisung an *H. Grois* dürfte – nach dem Papier zu urteilen – in den vierziger Jahren entstanden sein, Nestroy hat den Text aber vermutlich erst in den fünfziger Jahren bearbeitet. Im *Lied* (Metierlied) des Pflastermann hat er die Schlußzeilen der 1. Strophe mit Bleistift überarbeitet, dann den Text einer neuen zweiten Strophe, zu der die Singstimme bereits ausgeschrieben war, eingetragen:

>   Und sollt's a schönes Wetter gebn
>   Mein Gschäft das geht nit ein
>   Denn wo viel Pflastertretter lebn

---

66 *patschet*: ‚ungeschickt', ‚verlegen'.

da muß's a staubig sein
da muß's a staubig sein
Doch stekt der Schmutz im saubern Kleid
is's Putzen nit für unsre Leut
denn was ein rechter Schmutzian ein Schmutzian
Bei den greift gar kein Besen an.

13. Couplet-Strophen zu Friedrich Kaiser, *Unrecht Gut!* (Charakterbild mit Gesang in drei Akten und einem Vorspiele, Musik: Carl Franz Stenzl, im Carl-Theater vom 20. Jänner 1855 bis zum 8. Dezember 1858 24mal aufgeführt).

Rollenheft mit Zuweisung *Hr. Director* (WSLB-Musiksammlung, MH 9061/c, Bl. 5^r–12^v)

Nestroy hat vier Strophen zu einem Couplet Baldrians mit dem Refrain „Das gibt's nimmer mehr, das gibt's nimmer mehr" (II, 7) (Druck: Wiener Theater-Repertoir, Nr. 81, 1862, S. 34–36) mit Bleistift in sein Rollenheft eingetragen. Der Schreiber des Rollenhefts hatte fünf Strophen eingetragen:
1. Als Josua jüdischer Feldmarschall war ... [entspricht Strophe 4 des Drucks]
2. Als Rom sich in völliger Sicherheit meint ... [entspricht Strophe 5 des Drucks]
3. Wer kennt nicht die Gschicht von dem gordischen Knoten ... [entspricht Strophe 7 des Drucks]
4. Ulysses war Held, und auch Ehman[n] dabei ... [entspricht Strophe 1 des Drucks]
5. (× *[mit Tinte gestrichen]* Apollo, die goldene Lei'r in der Hand ... ×) [entspricht Strophe 3 des Drucks]

Über die erste hat Nestroy in das Rollenheft die neue Strophe „Als die Deutschen zum erstenmahl ...", über die dritte die neue Strophe „Von Zwey Brüdern der Vorzeit ..." und über die fünfte die neue Strophe „Socrates war zuständig ..." eigenhändig eingetragen; alle drei Strophen hat Kaiser in den Druck aufgenommen, ohne aber auf die Autorschaft Nestroys hinzuweisen. Schließlich hat Nestroy mit Bleistift in das Rollenheft eine neue 6. Strophe: „In großer Gefahr war der römische Staat ..." eingetragen, die in den Druck nicht aufgenommen wurde.
Das Couplet ist, wie Rommel feststellt, „deutlich vom Wunder-Couplet in Nestroys *Judith und Holofernes*[67] beeinflußt" (Rommel 1951/1952, S. 136).

---

67 *Judith und Holofernes*, 15. Szene: *Stücke 26/II*, 98–100.

Als die Deutschen zum erstenmahl uneinig war'n,
im alten ·Germanien· vor Zweutausend Jahr'n,
da zog'n in den Krieg stets auch Sängrinnen mit
die sangen im ·Chor· ein begeisterndes Lied;
und dieses beseelte die Streiter mit Muth,
um freudig zu wagen ihr Leben, ihr Blut, –
die Feinde entflohen entsetzt aus dem Land,
„Walkyren" so wurden die Säng'rinnen g'nannt,
„Walkyren", so wurden die Säng'rinnen g'nannt.
Von den jetzigen Säng'rinnen [wird]
recht oft eine neue probiert,[68]
und manche davon wär' wohl g'macht,
zu zieh'n als Walkyre in d'Schlacht,
(× denn g'wiß wann sie hör'n laßt ihr Stimm,
vertreibt sie die Russ'n aus der Krimm,[69] ×)
(+ *[Tinte]* denn wie sie angeht ein'n hoh'n Ton
i parir jeder Feind lauft davon +)
doch wie man auch h'rumsucht schon lang,
a solche die durch ihr'n Gesang
's Männerheer thät begeistern in Log'n und ·Parterre· –
[*das gibt's*] jetzt nit [*mehr, ja das gibt's*] jetzt nit [*mehr,*]
[*das gibt's*] jetzt nit [*mehr.*]

[Tinte, mit Bleistift gestrichen:]
Von Zwey Brüdern der Vorzeit, Jakob und Esau[70]
sitzt der Eine, frißt Linsen – kommt der And're sagt: „Schau,
gib her d'ganze Schüssel!" – „Was giebst mir dafür?" –
„Meine Erstgeburt-Rechte ·cediere· ich Dir!" –
So hat einer der Urväter von uns're Leut'
's erste Wuch'rerg'schäft g'macht in der damahlig'n Zeit.
Schad', über die Linsen is nicht zu erfahr'n,
ob s' mit Essig und Öhl od'r ob s' Einbrennte war'n,
ob s' mit Essig und Öhl, od'r ob s' Einbrennte war'n.
Es findt auch jetzt öfters Statt,
daß Einer verputzt 's Majorat,
bevor er's noch antreten hat,
die Wucherer, die Nimmersatt, sag'n: „Nehmen Sie Fufzig
                                                    Prozent,
wir zahl'n Ihnen's baar in die Händ'" –

---

68 Rollenheft: *Von den jetzigen Säng'rinnen* (× *wird, alle Tag' eine andre* ×)
   (×+ *manches mal eine neue* +×) (+ *[*Tinte*] recht oft* +) *probiert,*
69 Anspielung auf den Krimkrieg.
70 *Jakob und Esau*: Anspielung auf 1. Mose, 25,31–34.

Und wie er die Wechs'l unterschreibt
ihm nur 's halbe Vermögen mehr bleibt. –
Es is arg, doch 's verschwind't geg'n die Linsen-·Affair· –
so was giebt's jetzt nicht mehr, so was giebt's jetzt nicht mehr,
das giebt's jetzt nicht mehr, nein das giebt's jetzt nicht mehr.

·Socrates· war zuständig[71] im griechischen Land,
er machte in Philosophie, wie bekannt
prüfen wollt'n ihn d'Professer mit Fragen mit schwer'n,
doch er sagt,: „wozu woll'n wir uns täusch'n meine Herrn?,
's Resultat meiner Studien in Mühe und Schweis
is daß ich jetzt weiß, daß ich gar nix noch weiß." –
Schnupfend sagten die Griechen, „die Antwort ist gut."
D'rauf man ihm den Doctorhut aufsetzen thut,
drauf man ihm den Doctorhut aufsetzen thut.
Jetzt thut auch so Mancher studier'n,
und kommt es dann zum ·rig'rosier'n·,
d'Professor sitz'n alle herum,
da könnt' der auch sagen: „Warum?
was woll'n wir uns täuschen? dös Jahr
hab' ich mich nur verlegt auf's Billard.
drum pr[o]bier'n Sie's, und thun Sie mich frag'n,
ich weiß gar nix, sonst kann ich nix sag'n" –
daß s' zum Doctor den thäten ·graduieren· nachher,
das giebt's jetzt nicht mehr ja das giebt's jetzt nicht mehr
ja da[s] giebt's jetzt nicht mehr.

In großer Gefahr war der römische Staat,
da spaltet die Erd' auf dem Hauptplatz sich grad',
d'raus raucht es, und blitzt es, und donnert und dröhnt,
und die Stimme der Götter gar mächtig ertönt:
„Nur der soll der Retter der Römerstadt seyn,
der sich freywillig stürzt in den Abgrund hinein."!
„Ich thu's!" – so rief ·Curtius·[72] und noch in der Stund,
stürzt er g'stiefelt und g'spornt sich hinab in den Schlund,
stürzt er g'stiefelt und g'spornt sich hinab in den Schlund.
Wenn man so dagegen betracht't,
wie's jetzt manche Ärzte hab'n g'macht,
wenn d'Stadt eine Seuche bedroht,

---

71 *zuständig*: ‚wohnhaft'.
72 *Curtius*: Marcus Curtius, der sich 362 v. Chr. geopfert haben soll, indem er sich auf dem Forum in Rom mit Pferd und Rüstung in einen großen Erdspalt („lacus Curtius", hier: *Schlund*) stürzte.

da sollten s' doch rett'n in der Noth,
doch Mancher, der Doctor sich nennt,
der is gleich vor All'n davong'rennt,
nach Baden[73] z'erst, dann gar nach ·Grätz·,[74]
denn dass er wie ·Curtius· stets
·pro bono communi·[75] zu sterb'n bereit wär', –
das giebt's jetzt nicht mehr, ah das giebt's jetzt nit mehr
das giebt's jetzt nicht mehr.

14. Zusatzstrophe zu Theodor Scheibe, *Das Mädchen aus dem Fremdenblatt*, Posse mit Gesang (Musik: Carl Binder; Uraufführung: 20. Oktober 1855, Carltheater, mit Nestroy in der Rolle des Wirtschaftsbeamten Thaddäus Fußfall).

Rollenheft mit Zuweisung: *Hr: Director*, WSLB-Musiksammlung, MH 9048/c. Zum Couplet mit dem Refrain „Ja die Männer von Eisen sind ganz aus der Zeit" hat Nestroy in der 1. und 2. Strophe einzelne Wörter mit Bleistift verbessert und die 4. und die 5. Strophe z.T. ausführlicher bearbeitet; die 3. und die 6. Strophe sind mit Bleistift gestrichen, und über den Originaltext der 6. Strophe hat Nestroy eine neue Fassung eingetragen.
Die Posse, deren Uraufführung laut Theaterzettel eine Benefizvorstellung für Karl Treumann war, wurde nur dreimal (20.–22. Oktober 1855) am Carltheater aufgeführt. Ein in der Bibliothek des Österreichischen Theatermuseums (= Theatersammlung der ÖNB) erhaltenes „Inspicierbuch" (Signatur: CTh M3) hat leere Seiten für zwei Lieder, das erste in I, 3 für Treumann (Zimmerputzer Lorenz), das zweite in II, 5 für Scholz in der Rolle des Privatagenten Damian Bäuchel, keinen Hinweis aber auf ein Lied für Nestroy. Die *Theaterzeitung* (zu dieser Zeit das *Wiener Conversationsblatt für alle Tagsbegebenheiten, für öffentliches Leben, Gesellkeit, für Industrie, Kunst, Handel, Communicationen, für Erfindungen aller Art, für Musik, Mode und Luxus. (Theaterzeitung)*) berichtete am 23. Oktober 1855 (49. Jg., Nr. 244) über den Mißerfolg: Dem Stück habe es sogar an „bessern Couplets" gefehlt.

---

73 *Baden*: vielbesuchtes Städtchen ca. 30 km südwestlich von Wien.
74 *Grätz*: Graz.
75 *pro bono communi*: lat., ‚für das allgemeine Wohl'.

Die Minnesänger hab'n g'sungen mit Stimmen mit klar'n,
man hat s' g'hört, selbst wann d'Ritter schon b'soff'n alle war'n,
Richard Löwenherz hat auf'n Bergschloß ob'n g'hört,[76]
was Blondell g'sungen hat unt'n im Thal z'ebner Erd'.
selbst vor 30, 40 Jahren ich denke noch drann,
hat manch Ten'rist g'sungen wie a eiserner Mann,
hat manch Ten'rist g'sungen wie a eiserner Mann[.]
Die jetz'gen Tenore bey jeden hoh'n Ton,
sieht man Drey Tact vorher ihnen d'Ängsten schon an,
und es zahlet sich aus, denn 's wird höher die Gag',
je höher der Ton ohne Gikser·blammag·;
in's ·G· und ·A· singen s' noch manchmahl recht nett,
doch mit'n ·B· und mit ·H·, da is's ewig a G'frett,[77]
Es is kein Metallklang, selbst wann Einer schreit,
die Te·nore· von Eisen sind ganz aus der Zeit
die ·Tenore· von Eisen sind ganz aus der Zeit.

15. Strophe zu Friedrich Kaiser, *Die Frau Wirthin*, Charakterbild in drei Akten (Musik: Karl Binder; Uraufführung: 5. Jänner 1856, Carltheater, mit Nestroy in der Rolle des Lohnbedienten Vinzenz Preller; in dieser Rolle ist er bis 1861 insgesamt 59mal aufgetreten [SW XV, 509]).

Rollenheft mit Zuweisung *Herr: Director*, WSLB-Musiksammlung, MH 9043/c. Zum *Entreè Lied* („Es dreht sich die Erd um sich selbst ...") des Vinzenz sind zwei Strophen vom Schreiber mit dem Refrain „Die Welt ist verkehrt die Welt ist verkehrt" eingetragen worden, zur 3. Strophe nur die Singstimme ohne Worte. Nestroy hat mit schwarzer Tinte den Text um die folgende Strophe (Bl. 2ᵛ) ergänzt, die in den Druck (Wiener Theater-Repertoir, 67. Lfg., S. 4) nicht aufgenommen wurde:

---

76 Anspielung auf die Gefangennahme des englischen Königs Richard I. („Richard Löwenherz") durch den österreichischen Herzog Leopold V. im Dezember 1192. Richard Löwenherz war kurze Zeit auf der Burg Dürnstein inhaftiert, ehe er im März 1193 an den deutschen König Heinrich VI. ausgeliefert wurde. In der hoch gelegenen Burg Dürnstein soll der Sage nach der Sänger Blondel, der von Burg zu Burg zog, um seinen Herrn zu finden, Richard Löwenherz entdeckt haben, indem er das Lieblingslied des Königs gesungen und dieser darauf aus dem Fenster des Burgverlieses geantwortet habe.
77 *G'frett*: ‚Mühe'.

Einen Künstler[78] so lang er noch war auf der Welt,
hat Bosheit und Neid ihn zu Tod fast gequält,
jetzt weil er im Grab liegt, thut man ihn erheb'n,
und Fest-Essen für den der verkümmert is geb'n,
Dabey lassen s' den leb'n der längst unter der Erd,
die Welt is verkehrt, verkehrt, verkehrt,
die Welt is verkehrt, die Welt is verkehrt.

16. Couplet-Strophen zu Theodor Flamm, *Die Hetzjagd nach einem Menschen* (Posse mit Gesang in drei Akten, vom 7. Juli 1856 bis zum 13. September 1858 im Carltheater 19mal aufgeführt).

Dem Rollenheft mit Zuweisung *Hr: Director* (WSLB-Musiksammlung, MH 9045/c) liegt ein eigenhändiges Couplet bei: ·Couplet· / „ *Quäle nie ein Thier zum Scherz* ". 4 Blätter (8 Seiten Text), 26,5 x 21,0 cm. Auf der ersten Seite findet sich unter dem Titel der folgende gestrichene Entwurf von Nestroys Hand:
[...] es sind auch schon a Paar Naturforscher übereinander gekommen deßtwegen. Der sagt zu dem,: „Es is besser, ein klein'n Kopf z'haben als wie die Azteken, als gar keinen und ein Gelehrter seyn wolln"; drauf sagt der dem ·retour·: „Seyn S' froh, wenn Ihnen kein Gelehrter untersucht, sonst kommt's auch noch auf, daß Sie in's Thierreich g'hören." – Da bin ich versöhnend dazwischen getreten, und sag': „Meine Herrn Gelehrten statt sich gegenseitig zu maltraitiern, würde es für beyde Theile am (× ersprißlichsten ×) (+ zwekmäßigsten +) seyn, Sie beherzigen den weisen Spruch. [...]

Der Couplettext ist auch im Rollenheft MH 9045/c in Kopie vorhanden. Nestroys eigenhändiger Text (sieben Strophen mit dem Refrain „Quäle nie ein Thier zum Scherz / denn es fühlt wie du den Schmerz") lautet:

1

Bey ein'n Theaterdirector meld't ein Dichter sich an,
Ob er ihm sein neues Stück vorlesen kann
Der Director sagt: „Ja", denn sonst hätt' er ka Ruh',
„Ich bitt' Sie Herr Stuckdichter, lesen S' nur zu."
Der Dichter lest vor, doch das ausz'halten, ach!

---

78 Da sich die Entstehung der Strophe nicht genau datieren läßt, is es nicht möglich, die Anspielung mit Sicherheit zu verfolgen.

Dazu is die festeste Viehnatur z'schwach;
Dem Director wird üb'l, er knickt z'samm' wie ein Schilf,
Der Theaterdiener *[im Rollenheft mit Bleistift geändert zu* und
ein Theaterdiener*]* der eilt ihm zu Hilf –

(·Prosa·) und sagt mit vorwurfsvoller Miene zum Dichter: „Daß
Sie Stuck schreiben, das kann Ihnen kein Mensch verbiethen,
aber lesen Sie s' in Stillen für sich, nicht daß Sie andere Leut
damit – dencken Sie an den alten wohlweisen Spruch:

(·Gesang·)
Quäle nie ein Thier zum Scherz,
Denn es fühlt, wie Du, den Schmerz.

2.

Der Nanni hab' ich meine Liebe gestanden,
Theils mündlich, theils kam sie ihr brieflich zu Handen
Sie ließ sich erweichen, sie gieng auch mit mir
Theils in Tanz·local's·, theils wo man bloß trinkt Bier;
(× *[drei Zeilen ausgeringelt]* ×) Doch konnte ich niemah[l]s,
  wenn stark auch der Dus'l,
Oder glühend Tanzaufregung war, kriegen ein Buss'l,
Sie spreitzte sich stets, und entwandte sich mir, ×)
(+ *[über der Zeile eingetragen]* Und wenn ich recht lustig war
  mit meiner Gspusi,[79]
Konnt' ich doch nicht erhaschen ein einziges Bußi
Ein unschuldigs Bußerl versagte sie mir, +)
Da wurde ich fuchtig und sagte zu ihr:

(·Prosa·) Erlauben Sie mir, wenn Sie meine heiße Liebe und
aufopfernde Tractierung nur mit ganserlhaft schüchterner
Sprödigkeit erwidern, wenn Sie (× *[ausgeringelt]* mich nur
auf stockplatonisch ·goutieren· ×) (+ mir kein Bußerl geben +) wollen, da müßt ich Ihnen den alten weisen Spruch
in's Gedächtniß rufen:

(·Gesang·)
Quäle nie ein Thier zum Scherz,
Denn es fühlt, wie Du, den Schmerz

---

79 *Gspusi*: ‚Geliebten' (von ital. sposa, ‚Braut').

3.

Mich habn s' eing'lad'n einmahl, ma hat kriegt bey der ·Soirée·
A schwere Menge Musik, und ein'n ganz leichten Thee;
Die Tocht'r hat Clavierstück' g'spielt, nicht zum erleb'n,
Dann hat s' ang'fangen, Arien von sich zu geb'n;
Nach Drey Stund sagt d'Mama: „B'stimmen Sie, meine Herrn,
Was soll s' jetzt noch singen, was höreten S' gern?"
Ich (+ sag +) giftig, (× sag' ×): „(× d' ×) (+ a +) Arie vom
           Beerischen Meyer,
(+ Od'r +) aus ·Oberon·,[80] „·Ocean·, du Ungeheuer –"

(·Prosa·) Wie aber die Arie auch überstanden war, hab' ich mir die Mama bey Seite genommen, und sag' ihr unter Vier Augen,: „Wenn Sie die Drey Stundlangen schaafsgeduldigen Zuhörer Ihrer Tochter, statt mit ·réelem· Kälbernen und Schunken, abermahls nur mit einem zweifelhaften Ohrenschmaus tractieren wollen, dann müßt ich Ihnen den alten weisen Spruch in's Gedächtniß rufen:

(·Gesang·)
Quäle nie ein Thier zum Scherz,
Denn es fühlt, wie Du, den Schmerz.

4

's Hat d'·Sennora· ·Pepita·[81] ein'm Verliebten ein'n Alten
Vom Fenster ein'n Schuch zeigt, zum Narr'n ihn zu halten,
D'r Alte fleht: „Göttin, wirf den Schuch h'rab, ich bitt d'rum!"
Doch sie thut's nicht. „Ha," sagt er, „jetzt bring' ich mich um"!
Da riskier' i ein'n Betrug, um ihm z'retten das Leb'n,
Und hab' von meiner Schwäg'rin ein'n Schlapfen[82] ihm geb'n;
Doch der Alte hat's g'merkt, ruft: „Man täuschet mich
        (× *[ausgeringelt]* keck ×) (+ nur +)"
Wend't sich an Zimmerkelln'r (× und erreicht seinen Zweck
[ausgeringelt] ×) (+ [„]verschaffen S' mir ein Schua["] +)

(·Prosa·) Denn der Zimmerkellner, der alle Sprachen spricht, sagt gleich zu ihr: „·Sennora·, non foppa piu (× *[ausgeringelt]*

---

80 ·Oberon·: Diese Oper, aus der die zitierte Arie stammt, ist nicht von Giacomo Meyerbeer, sondern von Carl Maria von Weber.
81 *Pepita*: Pepita di Oliva, spanische Tänzerin, die 1853 im Carltheater gastierte, vgl. *Stücke 33*, 352 f., Anm. zu 73/1.
82 *Schlapfen*: ‚Pantoffel'.

los rossgottos[83] x) (+ questo +) untra vostra fenestra, schenkate amabile il vostro Schuchio a los asinos (x *[ausgeringelt]* aldos x) (+ Verliebtos +), e non vergessa il Spruchio weiso·:

(·Gesang·)
Quäle nie ein Thier zum Scherz,
Denn es fühlt, wie Du, den Schmerz.

<u>5</u> *[der Prosateil der Strophe mit senkrechter Linie gestrichen]*

Die <u>Ausland</u>-Ge<u>lehrten</u>, 's is <u>fast</u> zum Er<u>schrecken</u>,
Was <u>die</u> Alles z'<u>sammg</u>'schrieb'n hab'n über d'Az<u>teken</u>; [84]
Statt <u>einfach</u> zu <u>sagen</u>,: „Wir <u>wiss'n</u> nicht, was s' <u>sind</u>["],
Sagt <u>Ein'r</u>: „Es sind <u>Gött'r</u> aus Iximaja[85] dort hin[t],

---

83 *rossgottos*: ‚Roß Gottes'; ein Esel (in Anspielung auf den Einzug Jesu in Jerusalem, z. B. Joh 12, 14).

84 Diese Strophe bezieht sich wohl auf die von dem Besuch zweier „aztekischen Liliputaner" im Jahre 1853 in London, wo eine Ausstellung in den Hanover Square Rooms stattfand (vgl. http://www.bl.uk/catalogues/evanion/RECORD.ASP?EvanID=376 [Zugriff 14. 10. 2005]) ausgelöste Debatte unter Anthropologen und Historikern; die Anspielung war 1856 in Wien aktuell, weil die beiden Azteken Maximo und Bartola vom 2. Mai 1856 an im Saal der Gesellschaft der Musikfreunde (Tuchlauben), dann vom 24. Juni bis Mitte Juli 1856 im Sperl-Garten erschienen. Diese Attraktion wurde regelmäßig im Inseratenteil der *Wiener Theaterzeitung* abgekündigt; Abb.: 27. Mai 1856 (Nr. 120), S. 480. – Am 12. Juli 1856 (Nr. 160, S. 651 f.) brachte sie eine Glosse mit dem Titel: *Die Götter von Yxymaja werden furchtbar*. Darin wird geklagt, daß allüberall Plakate hängen und man sich vor Zettelträgern innerhalb und außerhalb der Häuser kaum erwehren kann, welche auf das Auftreten der beiden Azteken hinweisen.

85 *Iximaja*: Eine fiktive ummauerte, allen Fremden bislang unbekannte Götzenstadt im mexikanischen Gebirge, die in einer erstmals 1850 in englischer Sprache in New York erschienenen, auf teilweise betrügerischen Quellen beruhenden Broschüre beschrieben wurde. Ein Londoner Nachdruck, wohl aus dem Jahr 1853, ist in der Universitätsbibliothek Exeter erhalten: *Illustrated Memoir of an eventful expedition into Central America resulting in the discovery of the idolatrous city of Iximaya, in an unexplored region; and the possession of two remarkable Aztec children, Maximo, (the man), & Bartola, (the girl), descendants and specimens of the sacerdotal cast, (now nearly extinct), of the ancient Aztec founders of the ruined temples of that country, Described by John L. Stephens, Esq., and other travellers. Translated from the Spanish of Pedro Velasquez, of San Salvador* (s. l. s. a., viii, 38 S.). Diese Broschüre beschreibt die Einwohner von Iximaya als ein primitives, von der Außenwelt abgeschnittenes Volk (S. 19); sie enthält Abbildungen von einer Aussicht auf die Stadt (gegenüber S. 13) und einem großen Tempel (gegenüber S. 26). Sie erschien in den fünfziger Jahren auch in französi-

Ein And'rer dageg'n sagt: 's sind Aff'n unverhohl'n,
Die beym ·Casanova· was lernen erst soll'n;"
Ein Dritter sagt wieder: „Von Affen ka Spur,
G'rad ihr patschet's⁸⁶ Benehmen zeigt Menschennatur."

(·Prosa·)⁸⁷ (× Da hab' ich (+ zu +) so ein'm Gelehrten (× einen Brief g'schrieb'n ×) (+ gesagt +): „Euer (× Wohlgeboren thu'n sich blamieren, und die Leserwelt ·ennuyieren· ×) lassen Sie die Azteken ungeschoren (+ wenn s' auch kleine Köpf' hab'n +), es [ist] immer noch besser (+ man hat +) ein'n klein'n Kopf (× hab'n, ×) (+ habn, +), als gar kein'n, (+ drum +) (× seyn S' froh, wenn Ihnen kein Gelehrter untersucht, Sie (× sind ×) (× (+ gehör'n +) vielleicht auch (× kein richtiger Mensch ×) (×+ über die Hälfte in's Thierreich +×), und 's nur nicht bekannt; übrigens die Azteken mögen jetzt Menschen oder Affen seyn, ×) ehe Sie (× wieder ×) (× eine ×) (+ mit einer +) gelehrte(+ n +) Abhandlung (× schreiben ×) (+ aufwarten +), beherzigen Sie ×) den weisen Spruch:

(·Gesang·)
Quäle nie ein Thier zum Scherz,
Denn es fühlt, wie Du, den Schmerz

> (× *[die ganze Strophe mit senkrechter Linie gestrichen]*
> (× {2} ×) (+ 6 +)

Ein Freund von mir is der Geliebte von Einer,
Was die dem All's anthut, 's lasset sich's anthu'n Keiner,
Sie betrügt'n hint und vorn', mit der größt'n ·Nonchalence·
Und er fallt nie aus der Rolle des zart'sten ·Galan's·
Vormittag bringt er ihr zum Präsent eine ·Proche·
Nachmittag a neu's Kleid, und au'm Ab'nd eine ·Loge·;⁸⁸
Mich gift't die Behandlung, i geh hin, frag s': „Warum

---

scher und deutscher Übersetzung (1857 in Wien bei Klopf und Eurich unter dem Titel *Illustrirte Denkschrift einer wichtigen Expedition im Central-Amerika, aus der die Entdeckung der Götzenstadt Iximaya hervorgeht und der Besitz von 2 merkwürdigen Azteken-Kindern. Uebersetzt aus dem Spanischen von Pedro Valesquez von San Salvator*).

86 *patschet's*: ‚ungeschicktes'.
87 (·*Prosa·*): Zur Prosa gibt es noch eine schlecht lesbare quer geschriebene Randnotiz Nestroys: (× Meine Herrn was maltraitirn Sie sich gegenseitig beherzigen Sie lieber ×).
88 *Loge*: teuerster Theaterplatz, vgl. *Stücke 33*, 337, Anm. zu 17/12.

Sind Sie <u>so</u> mit mein'n <u>Freund</u>?" „(× *[ausgeringelt]* Mein
Gott, ×) (+ {Ach mein!}]["] +), <u>sagt</u> s', „er is <u>dumm</u>."

(·<u>Prosa</u>·) Erlaub'n Sie, sag' ich, (× *[ausgeringelt]* dafür danken
Sie Gott ×) (+ da können Sie froh sein +), denn wenn er nicht
ein Esel wär', so wär' er nicht verliebt in Ihnen; Sie haben
auch die Geistreichigkeit nicht erfunden, Sie – ich will den
hieherpassenden Ausdruck nicht gebrauchen, sondern rufe
Ihnen nur warnend den weisen Spruch in's Gedächtniß:

(·<u>Gesang</u>·) Quäle nie ein Thier zum Scherz,
  Denn es fühlt, wie Du, den Schmerz ×)

(× <u>5.</u> ×)

Zu <u>Bacherl</u> dem <u>Schullehrer</u> gieng Herr von <u>Schorn</u>,[89]
Und <u>setzt</u> ihm den <u>Floh</u> weg'n sein'n „<u>Fechter</u>" in d'<u>Ohr</u>'n;
Sagt,: „Ich <u>bin</u> über<u>zeugt</u>, mög'n d'<u>Leut</u> <u>sag'n</u>, was sie <u>woll</u>'n,
Selbst Shea<u>que</u>s<u>pe</u>are hat Sie, <u>Bacherl</u>, schon <u>geis</u>tig be<u>stohl</u>'n."
Das ver<u>wirrt</u> den Herrn <u>Bacherl</u> sein'n <u>einfachen</u> <u>Sinn</u>,
Er wird <u>grimmig</u> vor <u>lauter</u> poëtischen ·<u>Spleen</u>·;
Da gieng <u>hin</u> Paar und <u>Paar</u>, d'<u>Großen</u> <u>hint</u>, d'<u>Kleinen</u> <u>vorn</u>,
·In co<u>rpo</u>re· (× *[ausgeringelt]* d'<u>Schuljugend</u> ×) (+ gingen s' +)
  zum <u>weis'n</u> Herrn von <u>Schorn</u>.

(·<u>Prosa</u>·) und (× *[ausgeringelt]* sagte: ×) (+ sagten: +) Sie hätt'n
auch was G'scheidteres thu'n können, als unsern guten
Herrn Bacherl, weil er ein kleines „Fechterl" g'schrieben hat,
als großen Fechterdichter auszuschrey'n; jetzt is er fuchtig
über sein Jahrhundert, und läßt den Zorn an uns (× *[ausgeringelt]* junge Jahrhunderterer ×) aus; Sie haben dem Bacherl
und uns nix Gutes gethan durch Ihre (× *[ausgeringelt]* abgeschmackte Ratzerey ×) (+ Schreiberei +), drum beherzigen
Sie künftig den weisen Spruch

---

[89] Der Schriftsteller Otto von Schorn hatte gegen Friedrich Halm die
Beschuldigung erhoben, Halms *Fechter von Ravenna* (Uraufführung am
18. Oktober 1854 im Hofburgtheater), sei ein Plagiat an einem bayrischen Schullehrer namens Bacherl. Ein Vorkämpfer Bacherls, Wilhelm
Gärtner, hatte eine 1855 in Pest vorgelesene Studie mit der Apostrophe
geschlossen: „So möge denn eine Reihe von Dramen kommen, die,
gleichwie die Shakespeareschen mit Fug und Recht ‚das Buch der Könige' heißen, genannt zu werden verdiene: ‚das Buch der Kaiser'" (zit. nach
Wurzbachs *Biographischem Lexikon*, Bd. 19 [1868], S. 432).

(·Gesang·)
   Quäle nie ein Thier zum Scherz,
   Denn es fühlt, wie Du, den Schmerz.

17. Zu Friedrich Kaiser, *Ein Bauernkind*, Charakterbild mit Gesang in drei Akten von Friedrich Kaiser (Musik: Carl Binder; Uraufführung: 25. Oktober 1856 im Carltheater mit Nestroy als Johann Birker).

Rollenheft mit Zuweisung *Hr. Director* (WSLB-Musiksammlung, MH 9042/c).

Das *Entré Lied* „Lernt man die Naturgschicht so stellt sich's heraus / Es stirbt manches Thiergeschlecht fast gänzlich aus" hat Nestroy um eine zweite Strophe, zu der der Kopist nur die Singstimme eingetragen hatte, mit Bleistift ergänzt:

Was in Zeitungen man von der Seeschlange lest,
's zeigt sich jetzt diese Schlang'n is a Enten nur g'west;
wollt' jetzt Ritter St Georg ein'n Drachen erleg'n,
wenn er ka Schwiegermutter hat, bringt er's nicht z'weg'n,
d'Vampyre thu'n jetzt auch nicht mehr ·existier'n·,
ihr G'schäft, nehmlich 's Blutsaug'n thu'n d'Wuch'rer
                                                fortführ'n;
vom Einhorn is jetzt nichts mehr z'seh'n, und zu hör'n,
und warum nicht? das laßt sich ganz einfach erklär'n,
d'Natur is a Weib, und wie d'Weiber schon seyn,
wenn s' schon Hörndln aufsetzen so bleibt's nicht bey <u>ein</u>,
wenn s' schon Hörndln aufsetzen so bleibt's nicht bey <u>ein</u>.

18. Strophen zu Morländer (Pseudonym für Moritz Engländer [1819–1898]), *Ein Ecksitz im Parterre*, Originalposse mit Gesang in drei Akten (Musik: Carl Binder; Aufführung: 28. und 29. März 1857, Carltheater).

Ins Rollenheft (WSLB-Musiksammlung, MH 9051/c) hatte der Schreiber die erste Strophe eines Couplets mit dem Refrain „Nur wan[n] s['] sauber sind, da bin ich gut" eingetragen; Nestroy hat vier weitere Strophen mit Bleistift nachgetragen:

   2. Wann d'Herrschaft nicht zufrieden is

·raisonniert· der Trampel (× das is g'wiß ×) (+, schneidt a
G'fries,[90] +)
und wird s' wegen Schlamperey ausg'macht,
so heult s' und weint s' die halbe Nacht,
[„]in Vierzehn Täg'n is s' aus die G'schicht
mich so behandeln lass' ich nicht["] –
Am Sonntag da wird s' von ihr'n Schlosser ausg'führt,
und der merkt's, wie sie auf ein'n Friseur kokettiert,
da kriegt s' alle Titeln mitunt'r auf ein'n Hieb,
doch das thut ihr nicht weh' meint s', das g'schieht ja aus
Lieb'.
Drum geg'n d'Dienstbothen hab' ich a Wuth –
nur wann s' sauber sind, da bin ich gut,
nur wann s' sauber sind, da bin ich gut.

3. Ich kenn' a Köchin die beschwert
sich über d'große Hitz' bey'm Herd,
„denn" – sagt sie – „komm' i in d'Kälten h'naus,
Wird leicht ein ·Rheumatismus· d'raus,
ich werd' mich nicht da strappizier'n,
mein' G'sundheit in den Dienst ·ruinier'n·.
Wann s' ab'r ihr Amant auf'n Sperlsaal[91] führt,
tanzt s' Galopp, daß s' so roth, wie a Piperhahn[92] wird,
nachher schlendern s' durch'n Schnee noch, von
z'Hausgeh'n ka Spur,
und das vertragt prächtig ihr' zarte Natur.
Drum geg'n d'Dienstbothen hab' ich a Wuth –
nur wann s' sauber sind, da bin ich gut
nur wann s' sauber sind da bin ich gut.

4. Und beym Essen Saprawalt hinein,
wie die Trabanten[93] heiklich seyn,!
a Weibsbild, wie a Granadier,
sagt: „Erdäpfeln die schaden mir,
i hab' überhaupt ein'n zarten Mag'n
kann die zehnte Zuspeis nicht vertrag'n.["]
doch wann s' vor der Linie[94] mit'n Schatz Jausen halt't,

---

90 *G'fries*: ‚Gesicht': „Schneid' kani solchen G'frieser (d. h. schau nicht so trotzig drein)" (Hügel).
91 *Sperlsaal*: Beliebtes Tanzlokal in der Leopoldstadt.
92 *Piperhahn*: ‚Truthahn'.
93 *Trabanten*: ‚Trabant', Schimpfwort für weibliche Dienstboten (ähnlich wie ‚Trampel').
94 *Linie*: befestigter Linienwall, trennte die Wiener Vorstädte von den Vororten.

und der schundige G'schwuf Savaladi[95] nur zahlt,
da schwärmt sie: „Ich fühle nicht Hunger nicht Durst,
nur a Hüttn, dein Herz und a Preßburgerwurst!"[96]
Drum auf Dienstbothen hab' i a Wuth –
nur wann s' sauber sind, da bin ich gut,
nur wann s' sauber sind da bin ich gut.

5. Auf die Ammel, die das Kind aufziegt,
schaut d'Frau mit Sorgfalt, daß s' All's kriegt;
doch d'Ammel sagt: „Ich kenn' schon d'Frau'n,
und weiß, wie lang s' auf d'Ammeln schau'n,
fangt so a Fratz zum lauffen an,
da jagt eim d'Frau so weit als s' kann.
Da sind d'Herren viel besser geg'n d'Ammeln gesinnt,
die schmeicheln auch uns, nicht bloß all'weil dem Kind,
und braucht 's Kind d'Ammel nimmer, da fragn s': „liebe Seel',
wo wirst denn ·logier'n· jetzt, weg'n künftige Fäll'?" –
drum auf d'Dienstbothen hab' ich a Wuth –
nur wann s' sauber seyn, da bin ich gut,
nur wann s' sauber seyn, da bin ich gut.

19. Strophen zu Friedrich Kaiser, *Etwas Kleines*. Charakterbild mit Gesang in drei Akten (Musik: Karl Binder; Uraufführung 27. April 1857, Carltheater, Nestroy als Steinmetzgeselle Peter Schartig).

Rollenheft *Part: des Peter* (WSLB-Musiksammlung, MH 9044/c) mit Zuweisung: *Hr: Director*. Vom *Entré Lied* mit dem Refrain „Was ich thu, was ich treib geht kein Menschen was an" (I, 2) hatte der Schreiber nur die erste Strophe („Man sagt 's ist nicht gut, daß der Mensch ist allein" eingetragen, dazu aber auch die Singstimme zur 2. und zur 3. Strophe, zu denen Nestroy den Text mit Bleistift eingetragen hat. Alle drei Strophen wurden mit kleinen Abweichungen in den Druck (Wiener Theater-Repertoir, Nr. 69, 1862, S. 2 f.) aufgenommen und finden sich auch in Nestroys Rollenbuch (WSLB-Handschriftensammlung, Signatur Ib 115.986 [Ms. von fremder Hand]).[97]

---

95 *Savaladi*: ‚Zervelatwurst'.
96 *Preßburgerwurst*: ‚eine einfache, ungeräucherte Wurst'.
97 Das Rollenbuch weist mehrere Bleistifteintragungen im Text auf, die sich aber auf kleine, z. T. mit Kürzungen verbundene Änderungen beschränken, sowie (auf der Titelseite) eine Liste von Requisiten.

Ich thu' nie die Zeit mit der Arbeit verläppern,
so lang in mein'n Sack[98] noch Papirzehnerln scheppern,
der Wirth is mein Wechsler, zu dem trag' ich s' h'nein,
der giebt für's Papir flüßig's Gold, nehmlich Wein;
und trink' ich ein Seitel nach'n andern stad[99] aus,
kommt Niemand, der penzt:[100] „Du, 's is Zeit, geh' nach
Haus["],
und fall ich z'letzt gar untern Tisch dann und wann,
na so lieg' ich halt da, 's geht kein'n Menschen was an,
na so lieg' ich halt da, 's geht kein'n Menschen was an.

Ich wüßt nicht zu was ich sollt' z'sammspar'n mein Geld,
ich hab' ja für Niemand zu sorg'n auf der Welt;
und wann ich einmahl nicht mehr arbeiten kann,
so nährt ja der Bettelstab auch noch sein'n Mann;
und geht's dann auf d'Neig' und mach' ich 's Testament,
beding ich als Grabschrift mir das vor mein'n End':
„Geh' Wand'rer nur weiter, denn hir liegt ein Mann,
was er war, und wir alt, 's geht kein'n Menschen was an,
was er war, und wir alt, 's geht kein'n Menschen was an.["]

ANHANG

20. Einlage zu Adolf Bäuerle, *Der verwunschene Prinz* (Uraufführung 1818): Couplet für Sandelholz.[101]

Soufflierbuch zu den Aufführungen am Carltheater, 8.–12. November 1856. Bibliothek des Österreichischen Theatermuseums (früher Theatersammlung der ÖNB), Signatur: CTh. Z7. Einlage: 2 Blätter (4 Seiten Text), ca. 25 x 19,6 cm, Tinte.

Diese Einlage wurde vor mehr als fünfundvierzig Jahren von Peter Branscombe entdeckt, der den Fund im Aufsatz ‚An old Viennese opera parody and a new Nestroy manuscript', *German Life & Letters,* N.F. 28, H. 3 (April 1977), S. 210–217 bekanntgab (Text S. 214 f.). In der Zeit zwischen dem Fund und

---

98 *Sack*: ‚Tasche'.
99 *stad*: „still, schweigsam, langsam" (Hügel).
100 *penzt*: ‚drängt'.
101 Der Originaltext Bäuerles (Neudruck in: *Raimunds Vorgänger,* hg. von Rudolf Fürst, Schriften der Gesellschaft für Theatergeschichte, Bd. 9, Berlin 1907, S. 93–171) enthält kein entsprechendes Lied für Sandelholz allein.

der Fertigstellung des Aufsatzes war das Manuskript verschollen, sodaß Branscombe weder die Transkription noch die Schrift des Schreibers überprüfen konnte. Das Manuskript wurde erst im März 2005 von Othmar Barnert, Bibliothekar des Österreichischen Theatermuseums, wieder gefunden. Es stellte sich heraus, daß die Einlage nicht von Nestroys Hand ist. Das Lied fehlt auch in einem in der Musiksammlung der WSLB erhaltenen Rollenbuch Nestroys (MH 9057/c).[102] Dennoch scheint es kaum vorstellbar, daß ein neues Lied für eine Rolle, die Nestroy jahrelang und auch als Theaterdirektor noch 1856 spielte, nicht von ihm selbst geschrieben wurde. Die Autorschaft läßt sich nicht beweisen; die Einfügung einer derartigen Einlage ins Souflierbuch entspricht aber genau dem gleichen Muster wie die undatierte Einlage zu Hopps Zauberspiel *Der Goldkönig, Vogelhändler und Pudelscherer* (siehe oben, S. 255).

I.

Ich kenn einen Docktor der nie Krancke hat
Doch fahrt er im Wagen tagtäglich durch d. Stadt
Laßt halten wo nur a Portier steht heraust
Als hätt er was z'thun in an herschaftlichen Haus
Derweil geht er auf der Stiegen spatzieren auf und ab
Tragt dreimal so hoch als wie früher die Nasen
Als hätt er just Einen a neues Leben einblaßen
Der kurirt a Bauchzwicken als Lungendefeckt
Doch die Equipage macht Effeckt.

2.

Sieht man ein Virtuosen in einem ·Concert·
Er kom[m]t mit ein Gsicht fast von Weltschmerz verzehrt
Die Haare wild sträubend die Augen ganz stier
So sinckt er gebrochen hin an das Clavier
Da werden die Damen gleich alle nervös
Und lispeln halb ohnmächtig, schön ach famös
Darauf haut er wahnsinnig in d'Tasten hinein
Er laßt nicht nach bis d['] Saiten abgesprungen sein

---

[102] Auch die in diesem Rollenheft mit Zuweisung „Hr: Director" erhaltene Zusatzstrophe zum Duett „Adie mein künftiger Schwiegersohn" ist entgegen der Behauptung Neubers (Diss. 1980, S. 280) nicht von Nestroys Hand.

Was schöns an den G'hatz[103] is hat Niemand en[t]deckt
Aber es macht halt Effekt

3

Zu mir darf kein männliches Wesen ins Haus
Es wär sonst mitn Ruf meiner Tochter schon aus
Bedenken Sie doch nur er is a Marquis
O nein meine Theure das dulde ich nie
Drauf schreibt der Marquis einen Brif volle[r][104] Gluth
Wo er schwört daß die Tochter er anbethen thut
Zum Beweis wie er sie inbrünstig anbeth
Schickt er ihr a wunderschönes goldnes Braclett
Und siehst du's da hast du's 's geht alles perfeckt
So a Bracelett macht Effekt

4.

Eine Schwärmerin klagt oft mit schmachtenden Schmerz
Ich trag in der Brust ein gebrochnes Herz
Ach einmal nur liebet ein treues Gemüth
Wo einmal im Maimond die Rose nur blüht
Derweil aber kegelt s' die Augen sich fast aus
Ob s' nicht aus den Männern noch einen findt hraus
Dem s' ihr z[']brochenes Herz für a Ganzes könnt geben
Sie weiß schon wie oft man kann lieben im Leben
Ja die Schwermuth die bleich Ihre Züge bedeckt
Is rein auf'n Effect.

5.

Ein Windbeutel steigt einer Frau allweil nach
Und steht vor ihrn Fenster oft halbete Tag
Um 11 Uhr so kundschaftet er endlich aus
Is täglich die Frau ganz alleinig zu Haus
Um halb zwölfe geht aufi er und läutet an
Hinter seiner schleicht über die Stiegen der Mann
Der's schon gemerckt hat, da[s] G'schwuferl wird blaß wie
                                                  die Wand
Der Mann zeigt ihm die Stiegen und zeigt ihm die Hand

---

103 *G'hatz*: ‚Gehetz'.
104 *volle[r]*. Manuskript: *vollen*.

Der empfiehlt sich, ich bitt' mein ergebsten Respeckt
So Hand macht Effeckt.

21. Couplet mit dem Refrain „Ma sieht, er is doch zum Bajazzo gebor'n".

In der Sammlung Trau soll sich auch die Handschrift eines Couplets gefunden haben, die jetzt verschollen ist (sie ist in der Münchner Mappe nicht erhalten und ist im Auktionskatalog zur Versteigerung der Manuskripte aus der Sammlung Trau [Gilhofer & Ranschburg, Auktion LXII, 7.–10. November 1934, S. 64 f.]), sodaß der Text hier nach SW X, 719–721 gedruckt werden muß. (Die kleinen Änderungen, die Rommels spätere sechsbändige Ausgabe aufweist [GW VI, 707 f.], werden nicht berücksichtigt, weil der Herausgeber die Originalhandschrift bei der Vorbereitung von GW sicherlich nicht mehr eingesehen hat.) Im Fall dieses Textes wissen wir ausnahmsweise nicht, für welches Stück Nestroy das Lied geschrieben hat: Möglicherweise ist es sogar im Zusammenhang mit einem seiner eigenen Stücke entstanden, es ist aber unter den Vorarbeiten und Varianten zu keinem der erhaltenen Werke belegt.

Die Anspielung auf den „Bajazzo" in der ersten Strophe erinnert an *Gegen Thorheit giebt es kein Mittel*, das einzige Nestroystück, in dem das Wort einigemale vorkommt – „Manchesmal werd ich völlig desperat, denn glaub mir, der Bajazzo hat auch Stunden", sagt Simplicius (III, 5: *Stücke 15*, 75) –, dieses Lied dürfte aber, wie die in der Münchner Mappe erhaltenen Lieder, wesentlich später entstanden sein, und zwar in den fünfziger Jahren: Das Stehlen von Zucker und Obers kommt als Motiv auch in der zweiten Strophe des Couplets in *Alles will den Prophet'n seh'n*, I, 19 (*Stücke 29*, 25) vor; das Bild vom Stückeschreiber als „Schnipfer" entspricht einem Couplet zu *Der gemüthliche Teufel* (*Stücke 30*, 555; zur Überlieferung siehe *Stücke 30*, 511 f.); auch die Anspielung auf den Wucher in der 4. Strophe ist bezeichnend für die Couplets der fünfziger Jahre. Auch in *Ein Gaukler* (vgl. Nr. 8) trat Nestroy/Specht als Bajazzo auf.

1

Der Poldl mit'n Schottenblusl,
Bis über's Knie das nackte Fußl,
Die lange Feder auf'n Hut,
Das steht dem kleinen Wurstl gut,

Wie a an'zogns Afferl hupft er her,
Wer da nit lacht, lacht nimmermehr
Und seine Spaß, die muß man hörn,
A Komiker wird der gwiß wer'n.
Wie er älter wird, sieht man ihn unten im Prater,
Ein Glasl ins rechte Aug' einizwickt hat er,
Ein schwarzer Frack, weit wie ein Schlafrock kommod,
Und a ganz enge Narr'nhosen, 's ist jetzt so Mod'.
  (den G'schwufengang nachahmend)
Er windt sich und draht sich, macht allerhand Sachen,
Jeder g'scheite Mensch muß über die Dummheiten lachen –
|: Ma sieht, er is doch zum Bajazzo[105] gebor'n :|

2

Der Trudl ihre größte Freud
Is, wann draußt waschen tun die Leut',
Sie stellt sich hin dann auch zum Trog,
Wascht bald a Strumpferl, bald an Rock,
Ka Schlaf, ka Hunger kommt ihr an,
Wenn sie nur allweil rippeln[106] kann,
Das Madl – na – ma könnt's beschwör'n,
Wird g'wiß nix als a Waschrin wer'n.
Doch kaum kommt das Madl aus der Kindsstub'n heraus,
Wird sie a Baronin und macht a groß Haus,
Alle Tag kommen d'Freund' immer hin zum Kaffee,
Nur bloß weg'n an Tratschen, das weiß man ja eh.
Da wird ausg'richt't und durchg'hechelt alles in der Stadt
Und darinnen die Hausfrau die größte ·Force· hat.
Jetzt wenn die Trudl auch aus Zufall a Baronin is wor'n,
|: Man sieht, sie is halt zum Waschen gebor'n :|

3

Dem Franzi seine Genäschigkeit
Wird immer größer mit der Zeit,
Da hilft ka Strafen und ka Wixen,
Wenn er krappst[107] aus der Zuckerbixen.[108]
Bald schleckt er d'Haut vom Obershefen,

---

105 *Bajazzo*: ‚Spaßmacher', bes. im Zirkus (vgl. *Stücke 15*, 242, Anm. zu 8/19).
106 *rippeln*: ‚reiben'.
107 *krappst*: ‚stiehlt' (so auch *stibitzt*).
108 *Zuckerbixen*: ‚Zuckerbüchse'.

Bald fehl'n die Äpfeln auf die Öfen,
Der Kleine – na – wir wer'n's schon hör'n,
Das wird a rechter Spitzbub wer'n.
Doch hat auf einen andern Weg g'führt ihn sein G'schick,
Für d'Volkstheater schreibt er die neuesten Stück'.
Den Stoff nimmt er von einer französischen Piece,
Aus alten Komöd'jen bald dies und bald des,
Und wenn hie und da ein Gedanken aufblitzt,
Hat er g'wiß ihn wo g'hört – abg'schrieb'n oder stibitzt.
Jetzt, wenn der auch aus Zufall a Dichter is wor'n
|: Mer sieht, er is doch zu an Schnipfer gebor'n :|

4

Der Peterl is a hartes Kind,
Das gar ka Mitleid nit empfindt,
Auf d'Nadeln spießt er d'Schmetterling',
Die Flügel reißt er aus den Flieg'n,
Maikäfer bind't er an an Zwirn,
Die Zeiserln laßt er Wagerln führ'n –
Na, dieser Bub, 's wird sich bewahr'n
Wird a Tyrann, a rechter, werd'n. –
Doch erweist sich nach Jahren sein Herz hart wie Stein,
Er wird Mitglied von alle wohltät'gen Verein'
Sein' Reichtum, den teilt er sehr gern mit die Leut',
Und jedem, der's braucht, a paar Gulden er leiht –
Nur tut er 200 Prozente begehr'n,
Wer zur Stund' nit glei zahlt, den laßt er pfänd'n und einsperr'n –
No jetzt, wenn der ein reicher Agent auch is wor'n,
|: Man sieht, er is doch nur zum Martern gebor'n! .|

22. [Leopold Rosner], *Wiener Couplets, aus Stücken von Berg, Berla, Bittner [...] Nestroy und Anderen*. Wallishausser'sche Buchhandlung (Josef Klemm), Wien 1860.
Ein Exemplar in der Bibliothek des Österreichischen Theatermuseums (Signatur: 781.779–B.Th) besteht aus zwei getrennt paginierten, aber in einen Band zusammengebundenen Teilen (ohne separate Titelblätter); ein Exemplar in der WSLB (Signatur: A 26.909) besteht aus 5 (von 6) separaten Heften mit Umschlägen, die auf die anderen Hefte der Reihe, aber auch auf das Wiener Theaterrepertoir Nr. 1–Nr. 185 verweisen. Bei nahezu allen Couplets ist angegeben, wer sie gesungen hat. Bei den folgenden heißt es: „Gesungen von Herrn Nestroy" (bei Nestroys eigenen Stücken ist das nicht angegeben).

Erstes Heft:
O. F. Berg
    Nr. 7 Falsche Benennungen (*Einer von unsere Leut*)
    Nr. 8 Dann ist sie da die bessere Zeit (*Die Wölfe im Schafspelz*)
    Nr. 8 'S gibt halt doch gute Leut' (*Der Modeteufel*)
Anton Bittner
    Nr. 27 Chronique scandaleuse (*Nur keine Protektion*)

Zweites Heft:
Louis Grois
    Nr. 52 Na, das kennen wir schon! (*Kein Jux*)
    Nr. 53 Pfui Teufel, das ist selbst dem Teufel zu schlecht! (*Der gemüthliche Teufel*)
    Nr. 54 Wir bedanken uns sehr! (*Der gemüthliche Teufel*)[109]
Karl Juin
    Nr. 63 Wozu Mancher eigentlich geboren (*Ein Wiener Bürger*)
    Nr. 64 Fiaker-Lied (*Tolle Streiche*)
Friedrich Kaiser
    Nr. 68 Ich bitt' meine Empfehlung – es wäre schon gut (*Die Oesterreicher in Amerika*)

Drittes Heft:
Friedrich Kaiser
    Nr. 69 Es muß ja nicht gleich sein – es hat noch Zeit! (*Verrechnet*)
    Nr. 70 Da braucht man beim hellichten Tag a Latern (*Ein Lump*)
    Nr. 71 Das gehört auf ein anderes Blatt (*Ein Lump*)
    Nr. 72 Die sind halt gscheidt! (*Die Frau Wirthin*)
Johann Nestroy
    Nr. 83 Und 's ist Alles nicht wahr! (*Die verhängnißvolle Faschingsnacht*)
    Nr. 84 Kometen-Lied (*Lumpacivagabundus*)
    Nr. 85 Auf was sich Mancher hinauswachsen kann (*Theaterg'schichten*)
    Nr. 86 Das wär' ganz etwas Neu's (*Der Unbedeutende*)
    Nr. 87 Und man kommt auf kein' Grund! (*Der Erbschleicher*)
    Nr. 88 Es ist Alles uralt, nur in anderer G'stalt (*Kampel*)
    Nr. 89 Hat denn die Sprach' da kein anderes Wort? (*Mein Freund*)

---

[109] *Stücke* 30, 152–154. Zur Zuschreibung an Grois vgl. *Stücke 30*, 516 (Zur Verfasserfrage).

Viertes Heft:
Anton Bittner
   Nr. 9 Das is a Malheur (*Schnackerl-Noblesse*)

Fünftes Heft:
Friedrich Kaiser
   Nr. 39 Da hört's halt auf Unterhaltung zu sein (*Die Wirthstochter*)
Morländer
   Nr. 57 Gegen die Dienstboten hab' ich a Wuth (*Ein Ecksitz im Parterre*)
Johann Nestroy
   Nr. 60 Tarock-Lied[110] (*Zu ebener Erde und im ersten Stock*)
   Nr. 61 Teufels-Lied[111] (*Höllenangst*)
   Nr. 62 Die heimliche Eisenbahn[112] (*Eisenbahnheiraten*)

Sechstes Heft:
Karl Juin
   Nr. 83 Moderne Uebersetzung (*Ein lediger Ehemann*)

---

110 Fußnote: „Ist im Buchhandel vergriffen".
111 Fußnote: „Nicht gedruckt worden".
112 Fußnote: „Ist nicht im Buchhandel erschienen".

„IDEEN", „NOTIZEN", REFRAINS UND ENTWÜRFE ZU LIEDERN

EINFÜHRUNG

Es ist bezeichnend für Nestroys Schaffensprozeß ab Mitte der vierziger Jahre, daß er Listen mit witzigen Gedanken und geglückten Formulierungen führte, die in vielen Fällen Lesefrüchte festhalten und die er aufbewahrte, um sie bei Gelegenheit in einen Monolog oder eine passende Dialogstelle einzufügen. Die umfangreichste und wichtigste Liste dieser Kollektaneen ist die im Deutschen Theatermuseum, München, erhaltene *Reserve* mit ihren 254 numerierten Notizen. Zwei Bogen tragen die Überschrift „·Notizen·". Diese Handschrift gehörte nachweislich von 1844 (*Die beiden Herrn Söhne*) bis 1853 (*Heimliches Geld, heimliche Liebe*) zum Grundstock der Produktion Nestroys. In den Vorarbeiten zu seinen Stücken aus dieser Zeit kommen häufig Hinweise auf die *Reserve* vor; meistens zitiert Nestroy einzelne Eintragungen stichwortartig und führt die jeweilige Zahl als Verweis auf die *Reserve* an. In der Handschrift der *Reserve* strich er eine Eintragung meistens durch, wenn er sie in den Vorarbeiten zu einem Stück verwendet hatte.

In vergleichbarer Form weisen seine Vorarbeiten und Entwürfe häufig auch Listen möglicher Refrains auf, die er sich überlegte: Er hatte also immer eine Auswahl von Refrains zur Verfügung, die er bei Bedarf in einem satirischen Lied verwenden konnte. In vielen Fällen – nicht zuletzt in der *Reserve* selbst – finden sich Refrains und aphoristische „Notizen" nebeneinander, so daß es nicht praktisch ist, Handschriften, die sich auf Lieder beziehen, und Handschriften, die sich auf den gesprochenen Text der Stücke beziehen, systematisch zu unterscheiden.

Im folgenden werden jene Handschriften und Teilhandschriften abgedruckt, die Listen von „Ideen" und Refrains sowie Entwürfe zu Liedern enthalten, welche sich nicht auf einzelne Stücke beschränken. Um der Übersichtlichkeit willen werden fünf Handschriften aus der Wiener Stadt- und Landesbibliothek mit Listen von Refrains und „Ideen" (I.N. 33.356, I.N. 33.372, I.N. 33.453, I.N. 94.422 und I.N. 162.724) sowie eine Seite aus den in München erhaltenen Handschriften aus der ehemaligen Sammlung Trau (Inv.-Nr. VIII 6000, S. T 10)[1] berücksichtigt, die bereits in anderen Bänden der Ausgabe

---

1 Zur Geschichte der Mappe siehe Birgit Pargner, ‚Die Wiederentdeckung verschollener Original-Handschriften von Johann Nestroy im Deutschen Theatermuseum in München', in: „*Bei die Zeitverhältnisse noch*

unter den Vorarbeiten zu einzelnen Stücken behandelt wurden,[2] die aber das Aufzeichnen von Formulierungen dokumentieren, deren Relevanz über den unmittelbaren Kontext hinausgeht. Weitere Handschriften mit Entwürfen zu Versen oder Dialogen finden sich im Abschnitt VARIA, so z. B. die Seiten T 4–6 der ‚Nestroy-Mappe' des Deutschen Theatermuseums (Inv.-Nr. VIII 6000). (Die in SW XV, 730 gedruckte Überschrift „Notizen für Couplets" geht nicht auf die Handschrift zurück.)

Es ist unmöglich, die chronologische Reihenfolge der verschiedenen Handschriften mit Sicherheit festzustellen. Der früheste Beleg für die Verwendung einer Eintragung ist wohl in einem Zitat aus Paul de Kocks Roman *Moustache* zu finden, das sich in der Handschrift I.N. 33.453 findet und 1844 in *Der Zerrissene*, II, 2 verwendet wird; weitere auf Kocks Roman zurückgehende Formulierungen aus dieser Handschrift fanden in der ebenfalls 1844 entstandenen Posse *Die beiden Herrn Söhne* bzw. in den Vorarbeiten dazu Verwendung. Auch die längere Liste I.N. 162.724, die großteils aus Zitaten aus einer Übersetzung von Charles Dickens' Roman *Martin Chuzzlewit* besteht, muß 1844 angelegt worden sein, da auch einige Formulierungen aus dieser Handschrift in *Die beiden Herrn Söhne* wiederkehren. Im folgenden werden daher zunächst diese beiden Handschriften abgedruckt, gefolgt von der *Reserve*, deren Anfänge in die gleiche Zeit fallen. Es folgt dann das Couplet „Ein Zwanz'gjähr'ger Laff", zu dem ein Entwurf in einer Handschrift der Wiener Stadt- und Landesbibliothek und eine Reinschrift in der Münchner ‚Nestroy-Mappe' erhalten sind. Die anderen Handschriften werden in der numerischen Reihenfolge ihrer Inventarnummern aufgeführt: zuerst die weiteren Blätter aus der Münchner ‚Nestroy-Mappe', dann die weiteren Handschriften der Wiener Stadt- und Landesbi-

---

solche Privatverhältnisse": Nestroys Alltag und dessen Dokumentation, hg. von W. Edgar Yates (Wiener Vorlesungen: Konversatorien und Studien, Bd. 10 [2001]), S. 82–86.

2 I.N. 33.356 in *Stücke 23/II*, 334; I.N. 33.372 in *Stücke 24/II*, 313 f.; I.N. 33.453 in *Stücke 22*, 335 f.; I.N. 94.422 in *Stücke 25/II*, 261 f.; I.N. 162.724 in *Stücke 25/II*, 195–203; T 10 in *Stücke 30*, 415. – Die Handschriften I.N. 33.453, I.N. 94.422 und I. N. 162.724 sowie die *Reserve* sind in der Edition *Reserve und andere Notizen*, hg. von W. Edgar Yates (²2002) abgedruckt und in verkleinerten Faksimiles wiedergegeben. Weitere kurze Listen von Refrains finden sich in den Vorarbeiten zu anderen Stücken, vgl. beispielsweise *Stücke 18/I*, 171 (I.N. 162.925), *Stücke 27/II*, 161 f. (I.N. 33.392) und *Stücke 26/I*, 274 (I.N. 33.378). 25 von Peter Huppert-Sturmbusch mitgeteilte „Aphorismen" (Peter Sturmbusch, ‚Unbekanntes von Johann Nestroy. (Aus unveröffentlichten Tagebuchblättern des Dichters.)', *Neue Freie Presse*, 26. November 1922 [Nr. 20912], S. 29) sind mit Sicherheit nicht von Nestroy.

bliothek und schließlich zwei Couplets, die in SW XV, 719–721 und 724 überliefert sind und laut Rommel in der Sammlung Trau erhalten waren, aber in der Münchner ‚Nestroy-Mappe' nicht enthalten und auch in keiner Handschrift der Wiener Stadt- und Landesbibliothek erhalten sind.

Nur bei der *Reserve* wird versucht, den handschriftlichen Text mit allen Änderungen sowie allen Siglen und Zeichen, die Nestroy am linken Rand eingetragen hat, möglichst genau wiederzugeben: Es handelt sich bei diesen Kürzeln nicht nur um die für Nestroys Entwürfe typischen Abkürzungen „·Rf·" oder „·Rfr·." (‚Refrain') und „·Mlg·" (‚Monolog') oder um Hinweise auf den „Selbstmord·mlg·" in der Posse *Der Schützling*, sondern auch um Sonderzeichen, die auf das jeweilige Werk hinweisen, in dem er die betreffende Eintragung verwenden wollte: So weist das Zeichen ✕ auf *Der Unbedeutende* hin, ein doppeltes Kreuz # auf *Der Schützling*, ℺ auf *Zwey ewige Juden für einen*, ein durchgekreuzter Kreis ⊗ auf den Plan für *20 und 60*, eine Vorstufe zu *Der alte Mann mit der jungen Frau*. Noch nicht identifiziert sind die in der *Reserve* weniger häufig vorkommenden Zeichen ✺, ⊗ und ⁄. Neben dreißig Eintragungen stehen die Buchstaben „Ch", ein Hinweis auf *Die lieben Anverwandten*, für die Nestroy anscheinend das Kürzel „Chuzzlewit" verwendete.

Bei den anderen Handschriften werden, um die Lesbarkeit des Textes nicht zu beeinträchtigen, nur jene Streichungen und Verbesserungen berücksichtigt, die sich eindeutig lesen lassen.

Die Rechtschreibung des jeweiligen Überlieferungsträgers ist durchwegs beibehalten worden, so auch alle Bögen über der Zeile, die die Betonung beim Vortrag eines Liedes kennzeichnen; Geminationsstriche wurden aufgelöst.

Der Text der *Reserve* weicht im Vergleich zur Ausgabe *Reserve und andere Notizen* (^{2}2003) nur in der Eintragung Nr. 51 ab, die um das Sonderzeichen ℺ ergänzt wurde; im Text der Handschrift I.N. 162.724 wurde in Nr. 56 das letzte Wort in *befeuchtet* geändert.

Nach den Texten folgt ein Verzeichnis der bisher identifizierten Quellen der einzelnen numerierten Eintragungen in den beiden Listen I.N. 33.453 und I.N. 162.724 sowie der *Reserve* mit Querverweisen auf die Stellen in den Stücken und anderen Handschriften (Vorarbeiten und Entwürfe), wo die Formulierungen vorkommen. Dieses Verzeichnis erhebt keinen Anspruch auf Vollständigkeit, sondern will weitere Forschungen über Nestroys Arbeitsweise erleichtern. Von grundlegendem Wert bei der Erforschung der Quellen und der Verwendung der Eintragungen sind die Angaben in den *Stücke*-Bänden dieser Ausgabe, insbesondere die Analysen von Urs Helmensdorfer (*Stücke 27/I*, 364–372) und Friedrich Walla (*Stücke*

25/II, 195–221). Für die Handschrift I.N. 224.087 mit der Überschrift „·R. P. J. Ideen·" ist keine Quelle bekannt; möglicherweise sind die Buchstaben „R. P. J." ein Hinweis darauf.

ÜBERLIEFERUNG

Deutsches Theatermuseum, München, Handschriftensammlung (= DTM):
Autographen-Inventarnummer VIII 6000: ‚Nestroy-Mappe' aus der ehemaligen Sammlung Trau (Bleistift, unterschiedliche Maße):
   T 1–2, 27–61: *Reserve*. Auf der ersten Seite des 3. und des 5. Bogens Überschrift „·Notizen·"; auf T 38 vor Nr. 192 ein Briefentwurf (siehe *Sämtliche Briefe* [2005], Nr. 41, S. 62 f. und 370 f.). Die Zählung der Notizen ist fehlerhaft: Sie geht direkt von 155 auf 166 über.
   T 7 ·Couplet· Ein Zwanz'gjähr'ger Laff (Reinschrift)
   T 10 (4. Seite eines Bogens mit der Überschrift ·*Couplet*· [Entwürfe zu *Mein Freund*, II, 22, vgl. *Stücke 30*, 411–415]): l. o.: Refrains
   T 11, 13, 14 Wir Gelehrte hab'n der Welt […]

Wiener Stadt- und Landesbibliothek (= WSLB-Handschriftensammlung):
   I.N. 33.356 (2. Bogen und 1 Einzelblatt; Refrains auf S. 4 des 1. Bogens. Bleistift, 39,4 x 24,8 cm)
   I.N. 33.372 (Bleistift, 39,7 x 25,2 cm)
   I.N. 33.448 (Bleistift, 17,9 x ca. 22,0 cm)
   I.N. 33.453 (Bleistift, 42,3 x 26,2 cm, 1 Seite)
   I.N. 35.036 (Bleistift, 21,2 x 17,2 cm)
   I.N. 94.382 (Bleistift, 36,3 x 22,3 cm, 1 Blatt [1 S. Text])
   I.N. 94.422 (22,1 x 27,5 cm)
   I.N. 94.424 (Bleistift, 34,1 x 22,2, 1 Bogen [1 Seite Text, 3 Seiten leer]). Entwurf zum Couplet „Ein Zwanz'gjähr'ger Laff" (Reinschrift· DTM, VIII 600, S. T 7) mit vielen Korrekturen, Streichungen und Umstellungen.
   I.N. 94.436 (Bleistift, ca. 17,3 x 22,5 cm)
   I.N. 94.437 (Bleistift, 27,4 x 21,1 cm)
   I.N. 99.276 (Bleistift, 37,8 x 19,3 cm, 1 Blatt, doppelt gefaltet. Ursprünglich wohl Teil der oberen Hälfte eines Bogens mit dem Titelblatt zur Posse *Zeitvertreib*. Auf der Rückseite der Titel *Zeitvertreib* (eigenhändig) und eine Echtheitsbestätigung von fremder Hand: „Autograph v. J. Nestroy, verbürgt durch

dessen Schwiegersohn Major v. <u>Sluka</u>". (In GW VI, 746 fälschlich „I.N. 29.276" genannt.)

I.N. 162.724[3] (Bleistift, 37,3 x 22,9 cm, 1 Blatt, doppelseitig beschrieben)

I.N. 224.087 (Tinte [die 12. der 14 Eintragungen mit Bleistift gestrichen], 34,2 x 22,3 cm, 1 Blatt [1 Seite Text]). Überschrift „*R. P. J. Ideen*"

SW XV, 719–721 und SW XV, 724: Zwei Lieder, die sich laut Rommel (SW XV, 716; GW VI, 746) in der ehemaligen Sammlung Trau befanden.

---

3   Die Hss. I.N. 162.724 und 162.925, die früher zum Konvolut I.N. 94.321 gehörten (vgl. GW VI, 746), wurden 1965 umsigniert.

TEXT

1. WSLB-Handschriftensammlung, I.N. 33.453

Aus ·Moustache·

Verdoppeln läßt sich das Glück nur wenn man es theilt.
Wenn wir ihm's zurückgeben, wo bliebe dann das Verdienst des Leihens
Mir nie die Kotletten der Freundschaft, die ·Chocolade· der Liebe verweigert
Alles hermetisch verschlossen was auf Bällen zur Schau getragen wird
IV (× Wenn man lange nicht geliebt hat, ist es wie wenn man lange nicht gegessen hat, man findet alles gut ×)
(× Die Zukunft biethet Hoffnung dar, aber wie zur Zukunft gelangen ohne ·ect· ×)
(× Über Armuth braucht man nicht zu erröthen, weit mehr haben Ursache über ihren Reichthum zu erröthen. ×)
Wohlthätigkeit findet man meistens im Gefolge von Eitelkeit und Prahlerey
(× So freundlich aufgenommen wie ein neunter Passagier in einem ·Omnibus· ×)
Wenn ich gefehlt habe, so habe ich nur mir allein Unrecht zugefügt, das kann nicht Jeder sag'n.
Man verzeiht einem Menschen, wenn er sich Vermögen, aber nie wenn er sich Ruhm erworben
Um im Glück nicht ein anderer Mensch zu werden, das braucht weit mehr ·Character·stärke, als die Schläge des Schiksals zu ertragen.

2. WSLB-Handschriftensammlung, I.N. 162.724

1 Menschheit in zwey Partheyen getheilt, die Offensiven und die ·Deffensiven·.
2 Ich muß mich an was anhalten, sonst steig' ich wie ein Rakettl gegen Himmel
3 Prozesse wachsen aus den Gräbern reicher Leute
4 Geldborgungsscene ·pg· 97 II Heft
5 Von poetischer Leibes·constitution·
6 (× Sie will jetzt jung seyn, ist aber in ihrem Leben schon mal jünger gewesen. ×)
7 Die Sonne beleuchtet den heutigen Tag als ob sie für diese Gelegenheit funkelnagelneu erschaffen worden wäre.
8 Lemonisaft in den Nektar ihrer Laune gepreßt.
9 (× In einer so furchtbaren Lage, wie sie in den socialen Zuständen des 19ten Jahrhunderts nur möglich ist. ×)
10 Ich hasse Sie und bewahre mir so die Achtung vor mir selbst.
11 Alte Grämler die behaupten wollen, die Tugend ist mit dem Haarpuder verloren gegangen, und die (× Größe ×) Menschenwürde mit den Friseuren in Verfall gerathen
12 hat seine ehliche ·Cariere· schnell abgebrochen, ungesetzlicher Weise seinem Glück entflohen.
13 ein in der Geburt ersticktes ·Compliment·
14 der wird nicht eher gut thun, bis er einmahl aufgehenkt wird
15 (× Ich habe meinen verletzten Gefühlen Genugthuung verschafft. ×)
16 (× Wenn ich nur wüßte, Schwester, wie du es anfängst, daß du von den garstigen Männern nicht so gequält wirst. ×)
17 (× Der Mensch schaut aus, als ob man ihn vor einem halben ·säculum· verlegt, und vergessen hätte, jetzt hat man ihn in der Rumpelkammer gefunden ×)
18 Allein auf der weiten Welt, und habe nicht den Schlüssel zu ihr
19 (× Die Welt ist (+ scheint +) sehr glatt unter euren ×
   Wagenrädern, (+ fahrt (+ scheint +) {nicht} uneben
   unter guten Stiefeln ({betritt}) +) aber sehr rauh, das spürt
   man (+ erst +), wenn man mit bloßen Füßen auf ihr herum geht. ×)
20 Ich bin Ihr natürlicher, geborner Diener, vom Schiksal für Sie gemiethet.
21 Unter allen 365 Anzügen in der Garderobe des Jahres hat der heutige Morgen, den abscheulichsten ang'legt.
22 (× Bald wird er in Grab liegen als Pasquil auf seinen Groll ×)
23 (× Die Nacht ist schwarz weil sie trauert um ihren Vatern um den gestrigen Tag den sie eben begraben ×)

I.N. 162.724

24 Die Hoffnung ist die Amme junger Wünsche, folglich ist sie Dinstboth, andererseits –
25 (× ist Flügelmann des Fortschrittes, steht in der ·Avantgarde· der ·Civilisation· ×)
26 Sein Gesicht ist ein ungeschikter Versuch {traurig} auszusehen.
27 Schauerliche ·Fidelität· bey Leichenmahlen
28 Nur der Wiederhall einer für ewig verstummten Stimme klingt in seinem Herzen.
29 Er schüttelte den Kopf, das war Alles was er unter so ×
bewandten Umständen thun konnte, und er that es bedeutend.
30 (× Sein ·Compas· war gebrochen, seine Himmelskarte war zerrissen, seine Masten (× {ge} ×) über Bord, sein Anker losgerissen. ×)
31 Es schadet der Frische meines Herzens, es zieht die Schwingen meiner Seele zusammen.
32 (× Geht allein, aber wie eine Prozession, die aus einer einzigen Person besteht. ×)
33 Während die Wirklichkeit heult wie Sturm, schlummert das stille Ideal in den flüsternden Kammern der Phantasie.
34 Tief hinten in ihrem Herzen in einem einsamen Winkel war eine geheime Pforte mit der Überschrift „ " – sie nur berühren, fliegt sie auf, und öffnet ihr schützendes Asyl.
35 Er wird es erst einsehen, wenn eine gewisse Stunde schlägt, daß alle Weisheit nur Blödsinn und Thorheit war, gegen die Reinheit eines einfältigen Herzens
36 (× Landsmännin, in dir küss' ich mein Vaterland. ×)
         II ·Act· ×
         2te ·Scene·
37 Macht einen verzweifelten Versuch, liebenswürdig zu seyn.
38 Im Herzen muß Sommer seyn, soll man den   I ·Act·
irrdischen Sommer genießen.
39 (× Nicht nur der Körper wird von Würmern gefressen, *
auch der Geist – denn auch die Bibliotheken werden von
Würmern aufgezehrt, manch Unsterblichkeit verdienender
Gedanke ist schon das ·Diner· einer Mottenfamilie geworden. ×)
40 Skelettartige Tänze, wenn der Wintersturm die laublosen Äste untereinander treibt.
41 Erfindung des Nebenmenschen   ·NB·   *
42 Anwendung des Wortes „beruhigend".
43 Um eine Welt zu sanft
44 Das verkörperte Nichts
45 Es giebt Toaste welche nur mit Blut ausgebracht werden müssen.
46 ·Character· – ich bin zu etwas besserem geboren.
47 (× Er ist ·Mysantrop· geworden um doch etwas zu seyn. ×) *
48 Kopf gegen die Wand stoßen als vernünftiges Auskunftsmittel *

49 (× Meine Stiefeln werden {gegessen} ×)
50 (× Ich muß gestehen, daß ich nie früher in der   2ter {·Act·}
Stadt war, ausser jetzt wo ich das erstemahl hier bin. ×)
51 Die Weiber sind doch etwas prächtiges, wenn je et- II^{ter} {·Act·}
was besseres erfunden wird, so nehme ich ·Actien·   {vom}
drauf.   {·Balg·} *
52 (× *[ein Wort unleserlich]*×) Immer hat es einen Geschmack gegeben nur von 800 bis 815 gar keinen[.] Schau'n {wir} ein {Diener}
ein {Ritter} ein Jeder – es hat seinen Geschmack, wer aber {ein
Mannsbild} *[unleserlich]* {anschaut} der muß an {der} Menschheit
{verzweifeln}
53 (× {Ehre} aufheben will Jeder, gut daß mit der Ehre so viel
herumgeworffen wird ×)
54 Die *[unleserlich]* wie ein Orakl-Spruch
55 (× *[unleserlich]* {Mittel[n]} Leberer ×)
56 Boden der Erfindungen mit ·Actionär· Thränen befeuchtet.
57 Unterhalt kost wenig, aber die Unterhaltung
58 {Warum} sollen wir nicht Gäste sehen, sind wir denn blind.
59 Schleppkleid mit Strupfen
60 (× {Jugend} {sind} die alten Tag, die jungen Tag sind die kommenden, die Alten. ×)

                                ·Ende·

3. *Reserve* (DTM, Inv.-Nr. VIII 6000, T 1–2, 27–34)

·Reserve·

		1 <u>Nicht die Nacht die Stunde des Gewissens, der and're Morgen.</u> Geld durchgebracht im Spiel[,] Verbrechen oder Lächerlichkeit begangen, so steigt das Gespenst unwiderbringliche Vergangenheit am andern Morgen auf – der Kirchhof der Erinnerung schikt seine gräulichen Todten herauf, der Morgen ist die Stunde wo uns der böse Feind am wenigsten verführen aber am meisten quälen kann.
⊠ II ·Act·	✗ #	2 <u>Gewissen</u> der elastischeste Stoff, heut' kann man's kaum über Maulwurfshügel spannen, Morgen deckt man Berge damit zu
		3 Über die <u>Seufzerbrücke</u> geht man über die schmale Kluft zwischen Jugend und Mannesalter
	ℚ	4 Man grinset immer wenn man neue Bekanntschaften macht.
		5 (× Wo die Welt eine <u>Grazie</u> findet da schreyt sie gleich die ·<u>Venus</u>· aus ×)
	ℚ	6 (× Die <u>Liebe</u> sammelt die zerstreuten Strahlen des Herzens in einen <u>Brennpunct.</u> ×)
	ℚ	7 Wer <u>bewundern</u> will findet immer etwas zu bewundern, denn <u>die Bewunderung</u> ist eine Art Aberglaube, der Wunder erwartet.
		8 Wir sollen unser Herz nicht so an vergängliche Kreaturen hängen; sagt der Wittwer beym Tode seiner Frau.
II ·Act· III ·Act· ⊠	✗ ·Pf· {u.} ·P·.	9 Der (Backfisch im ungebakenen Zustande) hält seinen böhmischen Teich für die große Welt, so giebt's keinen so kleinen Ort, der für die Bewohner nicht eine große Welt hätte.

·J· III ·A·	# 10	(× Zur Liebe geboren, zur Gleichgiltigkeit verdammt ×)
III ·Act· ·G·. zu ·J·.	# 11	Lange Abwesenheiten löschen falsche Lichter aus. die Lampen sind erstorben im Bankettsaal von gestern, aber nach Jahrtausenden werden die Sterne glänzen.
	# 12	(× Täuschung ist die feine aber starke Kette, die durch alle Glieder der Gesellschaft sich zieht; betrügen oder betrogen werden das ist die Wahl, (und wer glaubt es giebt ein Drittes der betrügt sich selbst) ×)
	# 13	Jugend ist die Zeit des Lebensgenusses, die Triumphe des Mannesalters und der Reichthum vorgerükter Jahre bi[e]then keinen Ersatz für eine in genußloser Anstrengung vergeudete Jugend.
	14.	Zartheit ist das Wesentlichste an der Stärke des Weibes
	15.	Wenn man sich einbildet edlere Wünsche und höhere Zweke zu haben als Andere, das heißt das (× W ×) wache Leben an krankhafte Träume setzen.
	✗ 16.	(× Den Räuber der mir mein Geld nimmt kann ich als Nothwehr niderschießen, wer mir nie zu ersetzende Schätze entreißt, den muß ich freyausgehen lassen. Gräßliche Inkonsequenzen einer falschen Sittenlehre, die das Geschöpf von Fleisch und Blut nie unterschreiben kann. ×)
(× *[2 Wörter]* ×) 1 ·Mlg· #	17.	Als nomadischer Geist, das Universum durchstreifen, wie der Araber die Wüste
·Chj· 1 ·Mlg· # IV ·Act·	18.	Ich habe auch meine Stunden der Empörung, aber ich verstecke sie, weil ohnmächtige Empörung lächerlich ist. Da ich nicht stolz seyn konnte bin ich demüthig geworden, um mir die Schaam zu ersparen erniedrigt zu werden
	19	Es giebt gute Geschöpfe, bey denen selbst die Wünsche den Stämpel ärmlicher Einbildungskraft tragen. Einen

Prinzen können sie sich träumen, der sie mit Gold Equipag und Dienerschaft überschüttet, können sie sich träumen, aber nie einen Engel der ihnen die Hälfte seines Sternes anbiethet; ihre Träume können sich bis zum Feenmährchen, doch nie bis zum Gedicht erheben.

(× ·Ch· ×) ✗ 20. Es giebt eine Menschengattung die sich's zur einzigen Beschäftigung gemacht zu haben scheint, denjenigen den Wagentritt herunterzulassen, die in das Fuhrwerk des Glückes steigen.

·Ch· ✗ 21. Zweifel der Eremitische Wurm, der sich in unserm Innern nährt, und seine (+ beengenden +) Ringe schlingt um unser Herz.

22. Seine Zärtlichkeit ist eine anständige Melancholie, seine Ruhe schmeckt nach Resignation.

23. (× Die Morgenröthe zur Feuersbrunst geadelt. ×)

✗ 24. (× Großmuth, für ein kleines Vermögen kostspielige Tugend, ist die Verschwendung der Gutherzigen ×)

⊠ {·Ml· 1} # # 25. Man redet gegen die Lotterie, ohne zu bedenken, daß sie die einzige Spe·culati-on· der Armen ist. Die Lotterie verbiethen, heißt dem das Reich der Träume verwehren, dem die Wirklichkeit ohnehin nichts gebothen.

✗ 26. (× Die Mehrzahl der Menschen ist so,:
{·Ptr·} III ·Act· macht man ihnen bescheiden Platz, so
werden sie unverschämt seyn; versetzt man ihnen aber Ellbogenstöße und tritt ihnen auf die Füße, so ziehen sie den Hut (× ab. ×) vor euch ab. ×)

27. (× Ich betrachtete die Welt vom Gipfel eines kahlen Felsens, so aus dem grünenden Thal. ×)

⊠ 28. Über die (× o ×)(+ O +)fenhokrigen Gewo[h]nheiten.

✗ 29. Es giebt einen Glauben, dessen wier zu

			sehr bedürfen um ihn den ·Chancen· eines ·Examens· zu unterwerfen.
		# 30.	(× Die Falten der Seele sind früher gekommen als die des Gesichts. ×)
		31.	Die schlecht eingeschläferte Vernunft, ließ ihren Ruf mehr als (× e ×)(+ E +)inmahl immitten der Orgie des Herzens ertönen.
		32.	(× An dem Tag als ich arm und Sie reich geboren wurden, wurde ich Ihr Feind. ×)
#		33.	Leidenschaft läßt sich nicht in geometrische Figuren zwängen, ebensowenig als Poesie im Quadrat der Hypotenuse zu finden.
	Q	× 34.	(× Die Welt ist eine ·apprehensive· Dame, die selbst für ihre lächerlichsten Vorurtheile eine Art Verehrung fordert. ×)
⊗	III ·Act· ·Ptr·. ·Franz·	× 35.	Es gehört ein Gedächtniß dazu, daß man immer fleißig denkt an den Abstand, – eine Vergessenheit gehört nur dazu, was wier uns früher waren.
		× 36.	(× Glücklich seyn ist auch bey Weitem nicht das, als aufhören unglüklich zu seyn. ×)
	Q	37.	die Zufriedenheit die er früher nur in {de[m]} ·Prisma· des Ruhens erblikt, durch das ·Conservations·glas der Häuslichkeit zu suchen
	Q	×38.	(× Großmuth ist die Tugend die am wenigsten einen Wettstreit zu befürchten hat. ×)
		39.	(× Eine halbkindliche halbdämonische Phantasie. ×)
		40.	Sein Nahme hat keinen Wiederhall ausser dem in deinem Herzen gefunden.
(× III ·Act· ·G· zu {·J·}. ×)		# 41.	(× Ein herrlicher Schwärmer der seiner Geliebten den Antrag macht sich zu tödten, wenn er keine Aussicht mehr hat, sie zu ernähren ×)
V ·Act· {·Edlst·}zu ·Vict·		42 #	(× Ich will nicht der Schatzmeister des Lasters seyn ×)

	✗	43. (× Zwey Wölfe können sich bege[g]nen ohne sich zu fürchten, aber zwey Menschen im Walde sich begegnend denken immer, „Das ist ein Räuber". ×)
II ·Act· ⊠		44. Mein Leben ist nichts mehr[,] aber denen, die (+ noch +) eine Zukunft haben, will ich sie verschließen.
		45. (× Wer keine Kammerjungfer mit eine[m] grünen Schleyer hat, der muß sich mit eine[m] Paperl behelfen. ×)
		46. Dichter ·frivol· (früh wohl) denen geht's Abend's nacher schlecht.
⊠	Q	47. (× Wohlgeboren is das dümmste Wort, denn jeder Sterbliche is Wehgeboren ×)
	III ·Act· ·Pf·{.} ·Pet·	48. (× Dencken und bedenken ×)
Q	#	49 ·Ld·. Str (× Über das Alter, wie man es ehrt, keine Bedinstung, Bedauern, Spital, und Vorwürfe warum hat er seine Zeit nicht benutzt. ×)
✏	Q	# 50 Man glaubt nicht was jeder Mensch glaubt, was er für ein Mensch is
	II Q	51. (× Ich habe das Herz ·mio caro·, und werde den Pik, den Sie auf mich haben mit Treff erwidern ×)
		52. (× Rede, wie albern der Grundsatz über die Unbeständigkeit des Glückes, es giebt gar nix Beständigeres. ×)
⊠	·Rf·	# 53. ·Rf· Wenn man wüßt was sich der dabey denckt ·Rf· Es is nicht der Müh werth
	Q	54. (× Aberglaubologie ×)
		55. (× Über ein altes Weib geht nix, als ein Mann, der ein alt's Weib is. ×)
	·R· #	56 ·Rtr·. Es geht nix zusamm.
		57. Neugierde in den Kneippen der Vorstädte die weindünstigen Freuden des sonntä[g]ig angezogenen Handwerkers zu überrumpeln.
⊠	Q # IV ·Act· {·G·}. zu ·Nny·	58. In einem liebenden Herzen gewinnt man einen (+ fruchtbaren +) dankbaren Boden, wo man mehr Glück

		(× ärndtet ×) erndtet, als man Hoffnungen hineingesät
	Q	59. (× Mit Goldglanz füttert er seine hungrigen Augen. ×)
⊠	Q	60 Die Erfahrung ist nur die Frucht begangener Irrthümer, drum muß man sich etwas verirren
·Ch· (× III ×) ·M·. mit ·Hel·		61. (× Zu viel Vertrauen ist häufig eine Dummheit, zu viel Mißtrauen ist immer ein Unglück. ×)
		62. Ich habe elende Milionär's und glückliche Taglöhner geseh'n.
·Ch·		63. (× Ich hab ihm den Hut herabgeschlagen, und damit er mit dem Aufheben sich nicht zu bücken braucht ihn niedergeworffen. ×)
⊠		64. Dumm, wenn man sagt das Alter ehren, denn es kommt auf das Benehmen an. (Matrone, alte Kokette)
·Ch·	#	65. (× Im Liebes·drama· heißt die 1ste Abtheilung Sehnsucht, die 2te Besitz, und die (+ ungestümme +) Jugend duldet da gar keinen Zwischen·act·. ×)
(× IV ·Act· ·G·. zu {·Z·}. ×)	#	66 (× Geistes-Pony ×)
		67. (× Zweyte Vergleichungsstaffel von ·rococo·: rökököer ×)
		68 Mann verspricht an Frau Spitzenkragen. <u>Sie</u> Ich nehme dich beym Wort. <u>Er</u> Ich nehm' dich beym Kragen
	✸	69 (× Sein Geist war aufgeregt durch das Erlebniß wie ein Sumpf in den man einen Stein geworffen ×)
	✸	70 Die wilden Ranken seiner gemeinen Natur schißen plötzlich empor unter dem Sonnenschein eines unerwarteten Glück's
	✸	71. Es giebt Leute deren Herzen gerade in dem Grad einschrumpfen, als ihre Geldbörsen sich erweitern
(× { # } III # {·G·}. zu {·J·}. ×)		72 (× Eine Taube die in ängstlicher Ungewißheit über dem weiten Meere des Lebens flattert ×)

	(× # ×)73	(× Selbstverläugnung, wenn einer zum Fenster herausschaut, und sagt: Ich bin nicht zu Haus! ×)
·Ch· ⊠	#	74 Die Moral mit den Ereignissen in Einklang bringen wie man neue Worte auf ein[e] alte Melodie
	# ·Rf·	75. (× Man bleibt nicht dabey ×)
	(× # ×)	76. (× Über das Sprichwort: [„]Wer nicht arbeitet soll auch nicht essen"; dadurch die Reichen zum Hungertod verdammt. ×)
III ·Act· ·G·. und Freund	#	77. Erinnerung an reine Liebe diese Oase in der Lebenswüste eines Weltmannes
(× ·G·. als er von {·Pauline·} spricht ×)	#	78. (× Augen, die sagen: Wieder steh mir, wenn Du kannst ×)
		79. Ich kann mir diese gerade als Frau denken, aber als die meinige nicht.
		80. Fassen Sie Muth, schonen Sie sich, das sind die albernen Gemeinplätze die keine[n] Seufzer erstiken, keine Thräne trokenen, – Worte ohne Überzeugung an wiederstrebende Herzen gerichtet, können nie das große Vorrecht haben, welches nur der Zeit zukommt (Trost)
⊠		81 Es gibt Augenblicke im Leben, in welchen man nicht würdig ist Mensch zu heißen, wenn man nicht Alles andere vergißt als nur Mensch zu seyn
		82 In der Trennungsstunde wollen wir nicht um Vorurtheile streiten, die der Welt aber nicht uns angehören.
{bey[m] Werkel} {·G·}. I ·Act· aufdringliche Kunst nach der Wand hin	#	83. Die Musik ist eine recht unbescheidene aufdringliche Kunst. Vor andern Kunsten kann man doch wenn man es wünscht Ruhe haben. Man kann Bilder umkehren daß sie nach der Wand hinstarren, man kann sich vor Leuten, die einem Gedichte vorlesen wollen verläugnen lassen, aber die Musik dringt durch Mauern und Balken

#	84. Nur da, wo kein Auge mich sieht, trau' ich mich das meinige aufzuschlagen.
#	85 Ein Mondscheinstrahl der We[h]muth in die Gewitternacht – (Erinnerung)
(× # ×)	86. (× (+ Heißt +) Geschmeide –, weil es Weiberherzen so geschmeidig macht ×)
II ·Act· ⊠	87. In's Himmelsnahmen – zu was der liebe Himmel allen seinen Nahmen hergeben muß!
	88. Nur recht eilen den Willen des Bösen zu erfüllen, bevor noch der alte Gott einen Engel schicken kann.
·Ch· {·G·}. #	89. Hat alle Vorzüge, die ausgenommen, welche das blinde Glück verschenkt.
	90. Alle Morgen habe ich die anmuthige Gestalt mit einer Knospe weniger von den Rosen des Lebens erblickt.
# ·Mlg· 1	91. (× Die Jugend ist nicht so glüklich als man glaubt, die Seele ist in diesen Jahren, allen Schrekbildern der Phantasie, den Schmerzen der Sehnsucht, Reue, (+ Wehmuth +) offen, ohne sich der Kraft der Vernunft zu erfreuen, die Affecte zu lenken. ×)
·Ch·	92. Uneigennützige Liebe, ist doch nur Egoismus in edlerer Form
	93 Zur ernsten Besserung, wie zum totalen Bösewicht zu schwach wandelt er den breiten Weg zwischen Reue und Verstoktheit
(× ·Ch· ×) ⊠	94. Der Mensch ist mit der Gewo[h]nheit verwachsen, das Athemholen ist auch nur eine Gewohnheit, wenn man sich's aber abgewöhnt, ist man hin.
	95. Die Alltäglichkeit übt über Alles ihre Rechte aus.
(× 3ᵗ ·A· ·G·. nach der {Wiederfindungsscene} vor ·Lied· ×) #	96. (× Epheuseelen die sich anranken müßen, (× {wenn} ×) und in dieser Anrankungssucht, jeden Stock für eine Ceder anschauen ×)
#	97. Wenn Zwey Epheuseelen sich aneinanderranken, das is so, wie wenn zwey Be-

		soff'ne einander (× *[ein Buchstabe gestrichen]*×) nach Haus führen wollen.
(× #	98.	(× Tiefe Niedergeschlagenheit und Kleinmuth setzen ihre scharfen Zähne in sein Bewußtseyn und zernagen es. ×)
I ·Act· <u>Selbstmord</u> ·Mlg· ×)		
IV ·<u>G</u>·. über ·Z·. #	99.	(× Jene ·Race· welche mit einem ·Cacadu· anfangt und sich in einem Sporn verliert. ×)
(× ·G·. als er beschließt sich der Baroninn zu nahen ×)	#100.	(× Eine Frau hält ihren Namen zärtlich ausgesprochen für die schönste Rede ×)
	101.	(× Ihr Grab war (× das ×) *[das statt war versehentlich gestrichen]* (+ ist +) Piedestal seiner Eitelkeit. ×)
(× Stolz ist der ×)	102.	Stolz ist der Löwe der leicht erwacht, weil er immer nur mit einem Auge schläft
·G·. # (× {Selbstmord·mlg·} ×)	103.	(× Der Körper ist der hartnekige Anbeter des Lebens und lehnt sich auf gegen die Grabeswünsche der Seele ×)
	104.	(× Er hat einen Sohn, wie das so vielen Vätern ·passiert· ×)
	105.	Das Volk hängt an jede Missethat der Vorzeit einen moralischen Geister·appendix an
	106.	(× Ungezwungen, (× {onh} ×) ohne ·Convenienzcontrolle· ×)
·<u>Ch</u>·. # {am Schluß}	107.	(× Die Fehler an ihr sind wilde Blumen und nicht Giftgewächse ×)
{·<u>Ch</u>· 2} #	108.	(× Ein königliches Paar beherrscht die Welt. Der Mann heißt Egoismus, die Frau heißt Eitelkeit. ×)
·G·. # ·<u>Mlg</u>· # ·<u>Mlg</u>·	109.	(× Die Astrologen glaubten[,] die Sterne haben Einfluß auf das Schiksal des Menschen. Und gewissermaßen haben sie Recht. Sie haben sich nur geirrt darin, daß nicht die Sterne (× des ×) (+ am +) Himmel(× s ×) sondern die die die Leute auf dem Frak tragen (Orden) auf unser Schiksal Einfluß haben[.] Die Protection solcher und nicht der Auf- und Niedergang des Mars oder Uranus oder Kakranus entscheiden ×)

„IDEEN", „NOTIZEN", REFRAINS UND ENTWÜRFE ZU LIEDERN

(× Wesen von denen man geglaubt hat die ewige Gerechtigkeit hängt ihnen auf 300 Jahr 's Leintuch übern Kopf, und is versöhnt, wenn's allmitternächtlich Wauwaug'spielt haben.

110 (× Wir glauben nicht mehr daß die Todten mit frischgewaschenen Leintüchern den Lebenden um Mitternacht erschrekken, und daß die ewige Gerechtigkeit, durch einige Jahrlange Wauwauspielerey versöhnt ist. ×)

(+ all +)mitternächtliches Wauwauspielen 100jähriges Umgehn mit'n Leintuch über'n Kopf. ×)

	·Mlg· #	111 (× Gespenster wo der (+ abgestreifte +) Leib in der Erde ruht und der Geist (× {umzieht} ×) (+ daherwallt +) sind nicht so schreklich, aber es giebt (+ unzählige +) Gespenster die den Geist bestattet haben, die ihr besseres Selbst in's Irrdische vergraben, und deren (+ geistloser +) Leib herumspukt beym hellichten Tag – die sind schreklich. ×)
	# ·Mlg· 1	112 Die ganze Welt ist das größte Wunderwerk, aber weil alles so in der Ordnung geht, und weil wir es täglich vor Augen haben, kommt uns jedes Feenmährchen wunderbarer vor.
		113 Unglük macht immer interessant; ein glüklicher Alletagsmensch ist immer das Uninteressanteste.
·Ch· ·Edl·	Liebeserklär[un]g	114. (× Seine Blicke sind die Noten nach welchen die Nachtigallen in Persien die Rosen besingen. ×)
·Ch·	#	115 Der Traumgott durchwebt den Schleyer der Nacht mit den seltsamsten Arabesken.
		116 Nicht grün, roth sollte die Farbe der Hoffnung seyn, (·Aurora·) grün Neidesfarbe
(× {I ·Act· ·G·} Selbstmord·Mlg· ×)	#	117 (× Die Würmer können nicht reden, sonst thäten's vielleicht erzählen, wie

	langweilig den Todten, das Todtseyn vorkommt x)
1ster ·Mlg· # 118.	(x Der Anzug scheint sich überlebt zu haben. x)
	119. Der ·Geniale· Mensch ist ein Spatz mit gelben Flügeln, den die andern Spatzen gern todtpecken (+ möchten +)
·G· # 120. ·Mlg·	Wenn wir auch nichts Großes {sind}[,] nur was Solides, das ist der *[sic]* die schwankende Selbstberuhigung mit der sich die große Menschenwoge der Ewigkeitsküste entgegenwälzt.
·Ch· 121	(x Sehnsucht ist mein Tagewerk, Reiselust mein Kopfpolster. x)
# 122	(x Man wirft den Kindern mit Unrecht oft Mangel an dankbarer Anerkennung dessen vor was die Ältern für sie thun, denn sie können das gar nicht früher erkennen, als bis sie selbst Ältern werden. x)
·Ch· # ·bl· 123 Abschied ·Chj· I ·Act· (x Selbst- mord x)·Mlg·	(x Hoffnung füttert den Ring der Sclavenkette mit Sammt, und schreibt Gnade auf das blanke Henkerschwerdt. (ı [und lispelt Wiedersch'n] im Trennungskuß +) {Scheide[n]} x)
	124. So wie bey einer Landparthie die Erinnerung[en] wie man sich verirrt hat immer die schönsten sind, so geht's auch beym Leben; sie sind das Salz in der Speise.
·Ch· 125 I ·Mlg· I ·Act· # (x Selbstmord ·Mlg· x)	Mir war der verlorne Sohn immer verächtlich, aber nicht deßwegen weil er ein Schweinhirt war, sondern weil er wieder nach Haus gekommen ist.
126	(x Der Reiche hat Gwächshäuserblumen vor dem Fenster, der Arme nur die Eisblumen, die ihm (x der Winter x) (+ die Kälte +) auf die Fenster zeichnet. x)
127.	(x Die glühenden Augen, und die schlappen fahlen Züge verrathen daß in den Ruinen des K[ö]rpers die Seele nur wie eine Fledermaus herumfliegt. x)

{mit} {1ster} ·Mlg· # ·bl· (× {mit} ×) (+ zugleich +) 108	128. (× Was hat den[n] die Nachwelt für uns gethan? Nichts. Das nehmliche thue ich für die Nachwelt ×)
	129. Ich fühle mich nie weniger einsam, als wenn ich allein bin.
#	130. (× Der Zwerg bleibt Zwerg säß er auf Alpenhöhen, indeß im Thal noch groß die Pyramide. ×)
	131 Andeutungen und Winke sind für einen Dum[m]kopf das, was Hammerl auf Granitblok
	132 Wo die Form herrscht, wird das Gefühl in den Staub getreten.
	133 Sie ist die Seele des ·N·*** genannten Körpers.
(× III Act {·G·}. beym Ball # ×)	134. (× Die Gerichtshöfe erwegen nur die (× Wunden ×) (+ Verletzungen +) die der Chirurg (× de ×) als dem Körper beygebracht ausweist, die tödtlichen Wunden die (× man ×) dem Geiste bey(× bringt ×)(+ gebracht werden +) überläßt man der Beurtheilung einer andern Welt. ×)
# ? III ·Act· G. Jul.	135. Die ersten Ergüsse gegenseitiger Neigung sind gewiß die lieblichste Quelle, von allen, denen (+ die +) wir auf unserer langen Reise durch die Wüste des Lebens begegnen.
	136 Ein Blick von Kindern, den man die Morgenröthe des Denckens nennen kann.
	137. Er befand sich an der Spitze von 30,000 ·fl· Schulden
·G·. (× III ·A· Wiederfindungsscene # ×)	138. (× Sich auf Ahnungen über den Abgründen der Zukunft schaukeln. ×)
	139. Einen Vertrag mit sich selbst machen.
·Ch· III ·Act·	140. (× Spioniren ist eine schöne Sache, man verschafft sich die Genüsse des Diebes, und bleibt dabey ein ehrlicher Mann. ×)
·G· #	141 Die Liebe trägt wie jedes andere lebende

		Wesen den Instinct der Selbsterhaltung in sich.
	142	Es ist ein Triumph für den Sclaven der sich nicht zu seinem Herrn erheben kann, ihn zu sich herabzuziehen.
#	143.	(× Die Zeit schreitet vorwärts und Änderungen sind ihr zahlloses Gefolge. ×)
	144	Aberglaube und Furcht sind die Musen schwacher Geister
⊗ ·Baron· IV ·Act· zu ·Baronin· #	145.	Wir sind kein junges Paar, wo das Übermaaß der Liebe keinen Raum für die Nachsicht läßt.
	146.	Die Stellung in der Gesellschaft macht es zur Pflicht (× das H ×) (+ den Geist +) zu erweitern und das Herz zusammenzuzieh'n.
	147	Künstler erschaffen nicht, (× {ihr} ×) die schönsten Ideen der trefflichsten Meister sind nichts als Erinnerungen an Wirklichkeiten, die sie kunstvoll zusammen(× stell ×)(+ füg +)en, – geistreich miteinander verbinden.
⊗ ·G·. II ·Act· #	148.	Unsere Kümmernisse können wir in Schweigen begraben, aber die rebellische Regung geheimer Freude zu unterdrücken, das bedarf einer furchtbaren Tyranney über unsere Gefühle.
	149.	(× Aus Mangel an Antwort stirbt unsere Unterhaltung eines natürlichen Todes. ×)
	150.	Was hir Interessantes gesponnen ward, wird bald in den Sonnenschein der Öffentlichkeit auf die Bleiche gelegt.
{·Act·} III (× Wiederfindungsscene ·G· zu ·J·. ×)	151.	(× Sie ·Julie· sind bestimmt die Ahnfrau künftiger Soundsoe zu werden ×)
⊗ 1ster ·Mlg· #	152	Man sagt die Gebirgsbewohner bekommen vorzüglich das Heimweh. Jeder Mensch ist Gebirgsbewohner; seine Gewohnheiten sind seine heimathlichen Berge denen man ihn nicht entreißen darf.

·Ch·	153 Galanter Alter lobt die schönen Au-
IV ·Act·	gen eines Mädchens. sie antwortet: Für
	(× s ×)(+ S +)ie können meine Augen
	nie schön seyn, denn wenn Sie hineinse-
	hen so strahlen (× S ×) sie als getreuer
	Spiegel Ihr häßliches Bild zurück
IV ·Act· (× # ×)	154 (× Ihre Ahnen waren Räuber meine nur
	Beraubte (auf Ritter die den Handelsleu-
	ten Zoll abgenommen[)] ×)
(× III ·Act· #	155. (× Sehr gut daß über Wittwen der
·G·	Schleyer ruht, denn er hat wirklich viel
Wiederfindungsscene ×)	zu decken. ×)
#	166. (× Es sagt so vieles das gemeine Volck
	was mit der Gemeinheit gar nichts ge-
	mein hat. ×)
(× ·G· IV ·Act· #	167. (× Sie scheinen das Wort Wichtigkeit
zu ·Z· ×)	von Wicht herzuleiten und da haben Sie
	Recht wenn Sie {sich}. ×)
·Ch·	168 (× Heut' ·Jour fix· bey der Schuste-
(× # ·Pap·. IV ·Act· ×)	rinn ×)
	169. Ich bin der Kolumbus einer neuen Me-
	thode.
(× # ×)	170. (× Das Glück is das neue Thor vor dem
	der Unglückliche als Kuh dasteht. ×)
⊠	171 (Ein Häßlicher klagt über den Verlust
	seiner Treulosen, und sagt zu seinem
	Freund) Und wenn Du den Kerl sähest.
	172 Der Mensch hat viel Haar, schade daß
	er keine Wolle hat, drum schreyt er so
	viel, denn nur wo wenig Wolle ist, ist
	viel Geschrey
·Ch··{·M·}	173. Klugheit ist die Tochter des Verstandes
	(+ (Vater) *[über der Zeile eingefügt]* +)
	und der Täuschung (+ (Mutter). +)
·Ch Mlg·	174 (× Es giebt Dinge, wo die einfache Zahl
	mehr als die vielfache ist. Tugend,
	Recht, Freyheit (mehr werth als Tugen-
	den, Rechte Freyheiten) ×)
	175. Wer zählt die Grabschriften meiner
	Hoffnungen?
·Ch·	176. (× Die Lavaströme des vulkanischen Ge-
	müths waren bereits Erdreich gewor-
	den, das entweder mit Reben oder Oli-

	ven neuer Hoffnung, oder mit Cypressen der Erinnerung bepflanzt war. ×)
	177. Die große Welt ist intolerant, sie verlangt uniforme (× Gesichter ×) Sitten und duldet keinen ·Character·, Selbstständigkeit ist ihr ein Gräul der Anmaßung; so will man auch uniforme ·entrée·fähige Gesichter (gleiche Bartform) (+ (sein Gesicht soll sich ja nicht unterfangen einen ·Character· zu zeichnen.[)] +)
	178. Der Geist hat dem Herzen das Ehrenwort abgefordert nicht blindlings –
·Ch·	179. Der Ehstand verwandelt die Feenhafte ·Villa· des Ideals in einen ergiebigen Mayerhof.
⊠	180 Man soll den Teufel nicht an die Wand mahlen, (bey dem ·Portrait· eines bösen Weibes)
	181 (× (weibliche Nahmen) Wer kann sich ein[e] ·Clara· anders als fromm [vorstellen], eine ·Julie· geistreich und etwas leichtsinnig, eine Auguste ernst und stolz, eine Amalie sanft und hingebend, eine Rosa kindlich, eine ·Anna· wirthschaftlich, eine ·Louise· ·sentimental·{?} Marie ernst, schwermüthig oder unglüklich. ×)
	182 Könnt' ich den Täuschungen dieser unter der Freudenschminke so blassen Zeit entflieh'n.
⊠ III ·A· Schluß	183. Es ist nur ein Vorrecht der (×+ {ge} +×) Jugendkraft über die Grabhügel der Vergangenheit Blumen der Gegenwart zu streuen.
(× {·Sch·}×) ·Ch·	184. (× Badeörter, wo einem der Anblick krancker Menschen den der gesunden Natur verleidet. ×)
	185 (× Ein Mädchen, das in ihr Tagebuch bereits Nachtgedanken eingetragen ×), oder ein Herz, das schon halb gebrochen unter den unerhörten Leiden, die man täglich hört.

	186 In seinem Kopf liegt alles durcheinander, wie in einem Auctionszimmer wie in einer vom Wirbelwind mitgenommenen Jahrmarktzeile.
	187 Das ·Interregnum· der Langweile aufheben, und den Geist wider auf (× seinen ×) (+ den +) Thron setzen.
·Ch·	188. (× Der Geist ist der große Unbekannte in seinem Kopf. ×)
⊠	189. Das Schiksal nimmt manchmahl um nicht zu schrecken, die launige Miene des Zufalls an
·Ch Mlg·	190 Der kleinste Gewinnst freut uns mehr als das durch Arbeit Erworbene, weil wir ihn als eine Gunstbezeugung des Glückes ansehen
	191 (× Auf dem Lande sind wir die Figuren eines großen Familiengemähldes, in der Stadt kehrt jede in den ihr von den Verhältnissen geschnitzten goldnen oder schwarzen Rahmen zurük, und wird selbstständiges Bild höher oder niederer gehengt, in besserm oder schlechterm Licht. ×)
	192 Meine äußere Armuth ist Reichthum gegen den entsetzlichen Jammer in meinem Innern, ich bin so gränzenlos elend, daß mir dieses Dachkämmerchen oft wie ein Pallast erscheint, gegenüber dem Trümmerschutte meines zerstörten Herzens.
⊠	193 Die Wohlgerüche Indiens vertilgen nicht den grauenerregenden Moderduft in der Familiengruft meiner Gefühle
	194. O, wär ich nur ausser mir, – in mir ist die ganze Sippschaft der Hölle los, und die wilde Jagd ist ein Menuet gegen den Tanz meiner Gedanken.
	195 Antiquar (Todtengräbergeschäft der Litteratur.)
·Ch·	196. Der armseelige Ertrag von Lectionen im Italienischen und Fra[n]zösischen sollten *[sic]* einen Magen befriedigen der nur Deutsch versteht

		197. Drücken Sie die Lippen des Vertrauens an das Sprachgitter der Freundschaft
⊠	II ·Act·	198. Die Flam[m]en des Herzens schlugen so gewaltig über den Kopf zusammen, daß die Löschanstalten der Vernunft zu Schanden wurden.
⊠		199. Die Schlange Leidenschaft liegt vor mir mit dem bezaubernden unwiderstehlichen Blick, und zieht mich in den Rachen hinein.
⊠		200. Die Nachtigall der Liebe schlägt am liebsten im dunklen Hain des Verbotes, selten an der Herrstraße der Pflicht.
		201. Diesem Gefühle[,] an Nacht gewohnt, ist das Licht der Rede schmerzlich, das Auge der Seele brennt, als sollte es erblinden.
		202. Nur das unglükliche Gemüth ist großer Gedanken fähig, so wie der (+ nur +) durchdonnerte Boden reiche Früchte trägt. (+ Thränen der Vergangenheit befruchten den Boden der Gegenwart +)
		203. (× Kaum ist die Ernte einer Erfahrung glücklich eingebracht, so wird der Aker vom Schicksal neu umgepflügt. ×)
		204. Die Pfeiler der Verhältnisse, erschüttert vom Erdbeben des Herzens brechen, und das Gebäude der Existenz stürzt in Trümmer.
		205 Stern, der sich im Meere spiegelt, einer stürzt sich hinein. (Anwe[n]dung auf Ruhe im Jenseits[)]
		206 Ich hasse nicht das Einzelne, ich hasse Alles wo sich die Erbärmlichkeit auf Kosten des Verdienstes erheben will, es heiße Geldstolz, Adelstolz, Gelehrten[-] oder Künstlerstolz
		207 Vergangenheit ist mein ·Capital·, Erinnerung die Intresse[n] die ich verzehre.
·Ch· ⊠		208 Der Mensch hat wenig vom Vater, wenn wirklich der Himmel sein Vater ist, desto mehr von der Mutter (Erde)
		209 Da droben ist kein Ohr, zu hören meine

	Klage, kein Herz wie meines, sich zu erbarmen, des Bedrängten.
	210 (× Oft und schwergeprüfte Beinkleider. ×)
	211 Er suchte in seine[m] leeren Schädl etwas zusammen, was bey günstigen Umständen wie ein Witz herauskommen dürfte.
	212 Ich bin es mir selbst schuldig (sprichwörtlich)
·Ch·	213 Herannahende Unglüksfälle werfen ihre Schatten vor sich her.
	214 Der Genius der Trostlosigkeit schwebt über gesunkener Größe.
	215 Er sieht die Leut' an, als ob sie sich bey ihm entschuldigen müßten, daß sie auch aus Leib und Seele bestehen
	216. Muselfrau
·Rf·	217 Da muß (+ man +) den Glaub'n an die Menschheit verlier'n
	218. Moralische Zöpfe (+ Moralität ist groß und dauernd +)
·Ch Mlg·	219. (× Hebamme – die Geburt keinen Werth mehr hat ×)
	220. (× Volkvertreter – und kann nichts vertreten als seine Stiefeln. ×)
⊠ II {·Act·}	221 (× Sein Herz macht dann und wann noch Zuckungen, als wie ein galvanisirter Froschschenckel, is aber doch schon todt ×)
⊠ II {·Act·}	222 (× (+ in Winter möcht' ich Ihnen kennen lernen, denn +) Sie sind ein schlechter Kerl so weit Sie warm sind, und in Winter werden Sie doch öfters Kalte Füß haben ×)
	223 Sie geben mir Brod, deßwegen haben Sie noch kein Recht mein Fleisch und Blut zu begehren
⊠	224 Die Greise gleichen darin den Kindern, daß sie sich von einem neuen Glück schnell hinreissen lassen, allein wenn sie es verlieren so vermögen sie nicht sich darüber zu trösten wie die Kinder, sondern werden wieder Greise u. sterben.

225. Je tiefer ich in meinen Ideen das Senkbley auswerffe, desto mehr finde ich in mir den Abgrund der Widersprüche

226 Ein Mensch in schwarze[m] Frak in einer schönen Gegend

227. Die Liebe ist ein Traum, die Ehe ein Geschäft

228 Wir haben das Unsrige auf rühmlichere Weise verloren als Sie das Ihrige gewonnen

·Rfn· 229. Und das All's weg'n der Welt

230 ·Lied· über die ·Farben·

231 (× ·Lied· über den Aberglauben ×)

232 ·Lied· über die ·Furcht·

233 Ein Mädchen von Familie

234 Die Vernunft is im Kopf der Zopf aussen, drum wo die Vernunft aufhört, da fangt der Zopf an

235 (× Geister rufen ·W. W·. (Wienerwährung[)] ×)

236 (× Mit Allem zufrieden seyn – Ja, wenn man Alles hat ×)

237 Nichts ist das Wahre weil gar nichts wahr is. ·Nihilismus·

238. (× H ×)Die Menschen muß {man} hassen ehe man sie kennt; verachten, wenn man sie kennt

239 Das Geld ist der Punct den ·Archimedes· suchte, um die Welt zu bewegen.

240 Liebe ist ein Beweis von Schwäche, den man einem (× Wesen ×) (+ noch schwächeren Wesen +) giebt

241. Die Illusionen verlassen nur langsam in einzelnen Tropfen das Herz

242. Man soll die Verirrungen des Geistes nicht für ein Bedürfniß des Herzens halten.

243. Es giebt Erinnerungen die sich nie verwischen, es giebt Thatsachen, die man nicht mit der Kraft des Willens aus dem Gedächtnisse zu bannen vermag.

244. Zwey Thränen, wovon eine auf seine

(× T ×) todte Vergangenheit, (× ei ×) die andere auf seine vernichtete Zukunft fiel.
245. Wie er fortgieng war mir, als ob in seiner Person die Nacht hinweggienge.
246. Es läßt sich nichts finden, man muß den Dingen beystehen, daß sie sich finden lassen.
247 Es sollte anders mit mir stehen, das fällt auf die Gsellschaft zurück, daß ein Mensch wie ich – ·ect· es ist Sache der Gesellschaft {·ect·}
248. Schwärmerin schaut den Mond an, und erinnert sich an die alten Zeiten, wo sie und die Erde noch Etwas gemein hatten.
249. Der Papa ist nicht zu Haus – Schade! – wir ertrugen es jedoch mit Fassung.
250. Viele haben schon geliebt, aber so wie ich noch Keiner.
251. Eine Alte sagt von einem reitzenden Mädchen, so habe ich ausgesehen.
252. Glückliches Talent und glückliche Gelegenheit sind die beyden Seiten der Leiter[.] Die Sprossen müssen Fleiß und fester Wille seyn
253. Es giebt Leute, (alte Frauen,) welche sehr viel Zerstreuung ertragen können.
254. Ich werd' wild – Ich wollte Sie wären ein Wilder und wären in Ihrem Vaterlande
255. Ich konnte meinem Mitmenschen ein Puff geben, wenn er mich beleidigte, mein Mitmensch und ich stehen nicht länger auf diesem glorreichen Fuße.
256. Eine lange und schwarze Nacht hüllte mich ein, bewohnt von den Geistern vieler Hoffnungen, vieler theurer Irrthümer, mancher vergeblicher Sorge, u. mancher Reue.
257. Ganz (× *{ein kurzes Wort gestrichen}* ×) wie damahls wie der noch Knabe war, wenn er jemahls ein Knabe war, – was mir unwahrscheinlich erschien.

258 Er is gerad' so ehrlich, daß man ihn nicht aufhängen kann.

259. Er hat lang genug gelebt, um einsehen zu lernen, daß man dann u. wann, anstandshalber etwas Gutes thuen muß

260 Ein ächter Handeltreibender ist eine großartige Merkwürdigkeit, – der sein ganzes Seyn in ein Trattenbuch eingezwängt hat – wie so ein Mensch sich zu einem künstlichen RechenMenschen macht – mühesam das Herz hinauswirfft aus der Brust[,] ·Illusionen· zertritt wie die Blumen des Lebens, seinen irrdischen Theil vom Paradiese mit Sand anschottert um die Waarenballen zu schichten – dann ein Künstlicher Mensch geworden – nicht mehr lauschen dem Gesang der Nachtigall ·ect·

261 Die an einen Liebesbund geknüpfte [Ö]ffentliche Feyer unstatthaft – Anschlagzettel – Grabschrift auf eine Blume – diese mit dem Nahmen Heurath bekleidete officielle Orgie hat eine beschimpfende Unlauterkeit.

262 Der Weg zur Hölle ist mit lauter guten Vorsätzen gepflastert. – Gute Vorsätze sind grüne Früchte die abfallen ehe sie reif sind.

263 Alles kann sich ändern[,] nur die Liebe nicht. Haß kann Freundschaft, Verschwendung kann Geiz, Muth kann Feigheit werden, aber eine abgestorbene Liebe ersteht nicht mehr aus dem Grabe; sie gehört einer ·antediluvianis·chen Periode der Seele, eine neue Welt bluht nach und nach über der verschütteten, aber dieselbe erscheint nie mehr. Bringt auch eine Umwälzung in ferner Zeit einst ein Denkmahl jener früheren Periode wider an das Tageslicht, so erblickt man nur eine kaum erkennbare Versteinerung.

264. Wem der Gegenstand seiner Liebe nicht

zugleich seine Zukunft, sein Gewissen, und sein[e] ewige Seeligkeit ist, der hat nie geliebt

265

4. Couplet „Ein Zwanz'gjähr'ger Laff"

i) Entwurf: WSLB-Handschriftensammlung I.N. 94.424

2) Mit ein'n G'sicht wie a Aff
1) Ein Zwanzigjäh[r]iger Laff
   (× {Achr} {...}kt nix{davon} ×) Zieht sich an nach'n ·bonton·
   Hält sich für ein ·Lion·
   Rennt statt z'lernen (× aus ×) (+ in +) sein Büchl
   Aum Bahnhof mit ein'n weißen Tüchl
   (× Wo die schwarze Fräule steht ×) (+ Denn +) dort thut
                                    d'schwarze Fräule steh'n
   (× Nach'n ·Waggon· voll Freyer späht ×) (+ Und wartet auf
                                    ein Frey{er} ·train·. +)
   Zwanz'gtausend Guld'n reitzen manch windig'n Zierbengel
   Scharnweis strömens aussi zum Zeitungsblattengl
   Der mit'n Affng'sicht glaubt er allein wird ihr g'falln,
   Dieser Wahn, das is <u>schon</u> 's ·Nonplusultra· von All'n

's (× Komt ×) (+ Lebt +) ein uralter Herr
Lang lebt er g'wiß nit mehr
(× 's Madl ×) (+ Und a Madl +) ·logiert· gar hoch
Er kraxelt {auffi} doch
  (ı Und s Madl +) Weil sie (× recht gut ×) weiß
  (× 's ×) (+ Fünf Häuser +) Hat (× drey Häuser ×) der Greis
  (× Stellt {sich voll Liebesgluth}
  Er sie heurathen thut ×)
  (+ Affectirt Liebesgluth
  Sich verstell'n kann's sehr gut +)
Und bringts dahin daß er's heurathen thut
  Später nach a Paar Tagen
  Krallt er {außr} aus ein Wagen
  (+ I +) Glaub er geht zum Advokaten
  (+ Sich +) Weg'n Testament z'brathen
Daß sein Weiberl Alles irb't
's Kan jede Stund seyn daß er stirbt
Ka Spur in a Pfadlrg'wölb geht'r und kauft Hauberln
Und Deckerln und {Windeln} und Hemderln und Leiberln

Nach'n Dutzend für'n künftigen ehlichen Seeg'n –
Dieser Wahn – (+ {Da} +) verschwindet Alls Andre dageg'n

(ii) Reinschrift (gestrichen): DTM, VIII 6000, T 7:

·Couplet·

Ein Zwanz'gjähr'ger Laff
Hat ein G'sicht wie a Aff
Zieht sich an nach'n ·bon ton·
Halt't sich für ein ·Lion·
  Rennt statt z'lernen in sein Büchl
  Au'm Bahnhof mit ein weißen Tüchl
  Denn dort thut d'schwarze Fräule steh'n
  Und wartet auf ein'n Freyer-·train·.
Zwanzigtausend Guld'n reitzen manch wind'gen Zierbengel
Schar'nweis' strömen's aussi zum Zeitungsblattengel –
Der mit'n Affeng'sicht glaubt, er allein wird ihr gfalln –
Dieser Wahn –! das is schon 's ·nonplusultra· von All'n
  's Lebt ein uralter Herr
  Lang lebt er g'wiß nit mehr
  Und a Madl ·logiert· gar hoch,
  Er kraxelt auffi doch.
    Und 's Madl, weil sie weiß
    Fünf Häuser hat der Greis
    ·Affectirt· Liebesgluth
    Sich verstell'n kann sie gut
Und bringt's dahin daß er's heurathen thut.
  Später nach a Paar Tag'n
  Krallt er auß'r aus ein'n Wag'n –
    I glaub', er geht zum Advokaten,
    Sich weg'n Testament z'brathen,
    Daß sein Weiberl Alles irb't
    Er g'spürt die Stund' schon, wo er stirbt –
Ka Spur! in a Pfadlerg'wölb geht'r und kauft Hauberln
Und Deckerln, und Fratscherln, und Hemderln und Leiberln.
Nach'n Dutzend für'n künftigen ehlichen Seeg'n –
Diese Wahn –! da verschwind't Alles And're dageg'n.

5. Blätter aus der ‚Nestroy-Mappe' aus der ehemaligen Sammlung Trau (DTM, Autographen-Nr.: VIII 6000)

T 10 *[links oben]*
·Rf· Wenn man wüßt, was sich der dabey denkt

    Es is nicht der Müh werth

    Es geht nichts zusamm

    Da müßt man den Glauben an die Menschheit verlieren

    Und das All's weg'n der Welt

    Lied über die Kunst

    Es kommt Alles anders als wie man sich's denkt.

T 13
Wir Gelehrte hab'n der Welt
Die Theorie aufgestellt
Wenn Ein'r Eine heurath't, so g'hört's Weib dem Mann,
Und ein'n Andern sein Weib geht kein'n Andern was an.
    Jetzt wenn d'Leut' sich so liebeten,   5
    Sich nie betrübeten,
    Jed'r thät bey Seiner bleib'n,
    Keine G'spassetteln treib'n
    Kein Verdruß Tag und Nacht –
    Das wär' a helle Pracht!   10
        Ja zum Texel hinein!
        So sollt' es halt seyn.
Kaum hat Ein'r Eine g'heurath't, und denkt „die g'hört mein!"
So richt't sich a G'schwuf ein, möcht Hausfreund gern seyn
    Der Mann macht a G'sicht,   15
    Keiner weiß nicht was g'schicht
    Er sitzt wie verdammt
    Fest drin in sein'n Amt
Muß heimli allweit[1] zittern und beb'n –
Hol' der Teufel das practische Leb'n.   20

Auf T 11 findet sich ein erster Entwurf dieser Strophe, der zwei von Nestroy schließlich nicht verwendete Varianten aufweist:
V. 11 f.   Aber nein, aber nein
        D'Leut gehn nicht drauf ein.

---

[1] Bögen über der Zeile in den Liedtexten dienen als Ligaturen für den Gesangsvortrag.

V. 13–17 Kaum is kopulirt so a Paarl gewordn
Schaut Eines nach Süden das andere nach Nordn
Der Gatte geht aus thut die Madl'n ·lorgnettiern·
's Muß Jed's hab'n a G'spusi darneb'n

Auf der rechten Blatthälfte hat Nestroy rechts oben zum dazugehörigen Monolog notiert:

·Einltg Mlg· {Uns} macht {man} den Vorwurf, daß es nicht so is
wie es seyn soll, da können wir nix d{avor}
die Theorie is so schön, nur die ·Praxis· is der Teufel

Auf T 14 findet sich auch der sehr flüchtig geschriebene und nicht leserliche Entwurf einer 2. Strophe des Liedes.

6. Handschriften aus der Handschriftensammlung der WSLB

I.N. 33.356 (1. Bogen, S. 4)

·Rf·   Wenn man wüßt, was sich der dabey denkt.

·Rf· X Es is nicht der Müh werth

·Rf·   So thut man sich Luftschlösser baun

          Fromme Wünsche

          Freyheit

·Rf·   'is a dalkete Frag

X ·Rf·   Ob's aber auch wirklich so is
          Jetzt da weiß man nix gwiß

  X ·Rf· Das halt' ich nicht aus

·Rf·   Wann's ihm recht is mir liegt nix dran

·Rf·   Dem helfet ich gern

·Rf·   Dem helfet ich gern ab'r er nehmets nicht an

·Dop[pe]lRf· 2) Woher nehm'n und nit stehl'n!
              1) Das kann man bald krieg'n

·Rf·   Wohin mit der Welt

Doppel-·Refrain·
          Da bring man's nicht weit
          Da geht's als wie g'schmirt

·Rf·   Über das ist man noch nicht in Klar'n

·DpRf· 2) Etwas is alleweil dran
         1) So kommen die Lug'n unter d'Leut
    oder
         1) 's is a ausg'sprengte Sach

          Verläumdung

I.N. 33.372

·Rf·   Wenn man wüßt' was sich der dabey denkt

·Rf·   Es geht nichts zusamm

·Rf·   Man bleibt nicht dabey ·NB·

·Rf Idee·	Die Welt is voll trauriger {Gegenstände} die {einen} {ein} Lacher kosten und voller lustiger Sachen wo man mit Gusto weinet dabey
·Rf Idee·	Das ist das Werk des Augenblicks Dazu gehört sich Zeit.
·Rf Idee·	Drüber schreyt d'ganze Welt Kein Mensch redt davon
·Rf Idee·	Das is z[']wenig – das is z'viel, – das wär recht
·Rf Idee·	Über ·Industrie· Das is Lauf der Natur Das is schon ·Industrie·
·Rf Idee·	Da sind sie enthusiastisch entzückt Dann findens den Fehler
·Rfr Idee·	In der Nähe betrachtet 2 In der Ferne betrachten 1 mit Mittelsatz
·Rfn Ide·	Da irrt man sich {gwiß} {Denn} (× {es} ×) (+ {das} +)'s niemahls g'fehlt
·Rf Ide·	Da glaubt man Alles? Da halts man's nicht für möglich
(× ·Rf·	Man findt sich in All's ×)
·Rf Idee·	Das halt man für ein Wunder 's Geht All's sein natürlichn Gang
·Rfr Id·	Das is Zivilisirung (mit Gegensatz)
·Rf Id·	's Wird gleich All's übertrieb'n.
·Rf Id·	Jenachdem
·Rf Id·	Das heisst der Mensch Unglük, derweil is er dumm
·Rf Id·	Über Fortschritt und Rückschritt
·Rfr Id·	Da kann Niemand davor
·Rf·	Die Ansichten sind halt ·contrair·

I.N. 33.448

Lied über den Zahn der Zeit[2]

---

2 Siehe *Praktisch und Unpraktisch*, *Nachträge I*, S. 566.

Ja wenn das so fortgehet, (× wo kommen ×) was wird das noch wer'n Rfr

Wier sind alle Delinquenten die der Scharfrichter Tod mit dem Rad der Zeit zerschmettert Idee

Das is Ernst – Das is G'spaß ·Rf·

In dem Punct bin i eig'n, {Vor} die Leut' nur nix zeig'n ·Rfr·

I denck mir mein Theil ·Rf·

Es giebt gar ka G'fahr in der ich nit schon war. ·Rfr·

Zu was diese G'schichten es Zahlt sich nicht aus

Soll ich das reskieren? – nein justament nit

      ⎡ Sie lachet mich aus
      ⎢ Ich müßt {rufen} – Schritt vor Schritt
      ⎢ Daß ihr doch ein andrer {besser} gfallet
      ⎣ Kugel vorn Kopf?

Phisiognomisch Lavatrisches Lied

Alte Runckunckeln, die Augen von Liebsf[ra]uen funckeln. Reim

Über die Albernheit, wie man etwas als Geheimniß behandeln will. Lied

Soll ich mich da kränken o nein! Für was denn ⎤ es muß ja nicht
                                          Ich denk mir ⎦ seyn

Sie hat nix zum beissen. – Was? also arm? – Nein keine Zähn hat's

I.N. 35.036

[auf der linken Blatthälfte:]

's Kommt ein'r in a Haus wo zwey Ältern drin sind
Diese Ältern hab'n a Tochter ein bildsauberes Kind
Sie is 17 Jahr zeichnet Landschaften und Thier'
Sie spielt auf der Guitarre, und spielt auf'n Klavier
Sie benimmt sich beym Walz'r und Galopp höchst gewandt
's Is ihr G'sicht schön, der Wuchs schön, und schön Fuß und Hand
Jetzt verlangt der sie sollt' auch noch hab'n ein Verstand
Solche Fordrungen find' ich seyn halt überspannt

[auf der rechten Blatthälfte:]

·Rf·   Das kennt man doch glei

·Rf· 's {Zhaus} {mit} {Armenhaus}
·Rf· Da schaut nix heraus
·Rf· Drum sag' i 's kom[m]t All's auf a Auslegung an.
·Rf· Es hat halt zwey Seiten jed's Ding auf der Welt
·Rf· Es kommt halt drauf an
·Rf· 's Is was Eigen's daß man allweil auf d'Hauptsach vergißt
·Rf· Solche Fordrungen find' ich seyn halt überspannt
·Rf· 1 Was will der Mensch {mehr}
·Rf· 2 Ja {wohin} mit der Welt.
·Rf· ᴗ | – ᴗ ᴗ | (+ Da denk i mir +) laßt man ein jeden sein' Freud[3]

I.N. 94.382

[obere Blatthälfte]

Das kann man nur sag'n das is fad.

W{ann} man's beim Licht betracht {is} {nacher} nicht so viel dran

Es fallt nix so aus wie mein *[sic]* meint

Der Schiller hat recht g'habt, 's is g'wiß
Das *[sic]* der Güter höchstes das Leben nicht is.

Das is a Nagel zu mein Sarg
Es macht mir ein Bremsler, und is (× wider gut ×) gleich vorbey

Zu wenig u. zu viel

Da schaut er daß er weiter kommt, denn jetzt is grad noch Zeit.

Das muß ich mir erst überleg'n

Es g'schieht das, da kann man drauf parieren.
Das hätt' man sich schon gar nicht denk[t]

Da hätt man viel z'thun

Über das kindisch seyn der Menschen

Vorsicht u{nd} drein tappen

---

3   Vgl. die Notizen zur Metrik, I.N. 33.415 (zu *Mein Freund*: Stücke 30, 390) und Münchner Mappe, DTM VIII 6000, T 219.

[unmittelbar darunter:]

Alte Grämler find'n Alle(× e ×)(+ ' +)s jetzt schlecht; (× aus was is
    der ×) (×+ {denn der} +×) (+ was is der +) Grund?
Ehmals war'n (× S ×)(+ s +)ie gnußfähig jetzt sind's aum Hund
's Thut's nicht mehr im Parterre mit den Mädln kokettier'n
Drum wern's kritisch thu'n über (× 's {Quartir} ×) (+ All's +)
                                            raisonier'n
Da denkt man sich halt wenn man so was {hörn} muß

I.N. 94.422

·Rf· Der Mensch kann gar viel wenn er will

Es geht nix zusamm

Wenn man wüßt', was sich der dabey denkt

Es ist nicht {der} Müh werth – daß man {redt}.

Da muß man den Glaubn an die Mensch[h]eit verliern

·Mlg· Zeitgeist {sagn} d'Leut aber die Leut hab'n {kein} Geist
    und die Zeit {*[1 Wort]*} ?

·Rf· 's gibt (+ viel +) gspaßige Leut
    In der ernsthaften Zeit

·Rfn· Die Leut wissen selbst nicht was [s'] {wolln}

·Rf· Sehr ernst ist die Zeit
    Aber g'spaßig sind d'Leut

·[R]f· 's gibt auch in der ernstesten Zeit
    Noch allweil g'spasige Leut

·Rf· So giebts für die ernsthafte Zeit
    Noch allweil recht g'spasge Leut.

·Rf· Auf Ehr für die ernsthafte Zeit,
    Gibt's noch immer viel g'spasige Leut.

I.N. 94.436

[links:]

·Rf· Das kennt man doch glei

·Rf· 's Schaut nit darnach aus

·Rf· (× {Da schau } ×) D'rum sag' ich 's kommt All's auf a Auslegung an

·Rf· Es hat halt zwey Seiten jed's Ding auf der Welt.

(× ·Rf· Es kommt halt drauf an

·Rf· 's Is was Eign's, daß man allweil auf d'Hauptsach' vergiß

·Rf· Solche Forderungen, find' ich, seyn halt überspannt

{·Rf·} 1) Was will der Mensch mehr
{·Rf·} 2) Ja wohin mit der Welt

·Rf· Wie sich das oft schickt {oder} trifft

·Rf· {Rechten Zeitpunct} erhaschen.

·Rf· Da gibt's mir ein Riß

·Rf· Doppl Wann ich das g'wußt h[ä]tt
         Gut daß man nicht Alles weiß.

·Rf· Es is schon was Alts
     oder Das is nix Neu's

·Rf· 's Gibt Leut denen nix recht is – überall {Aber}

·Rf· Das is eine {Ferne} ohne ·Lotterie· ×)
     [Die untere Hälfte des Blattes ist hier weggerissen]

[rechts:]

{...} Rindfleisch in den Kopf gestiegen.

Bis dahin ist {die halbe Wein lang verschmerzt}

Ob die Träumereyen in Hoffnungen oder Erinnerungen besteh'n, als Unterschied zwischen ·etcr·

Durch wenigen Wiederstand lassen einem die Frauenzimmer gar nicht {recht} Zeit ernsthaft in sie verliebt zu werden

Es is Demüthigung genug daß ich vo[n] einem Freund was zu leihen nimm, daß Du mir aber das noch in's Gedächtniß zurückruf[s]t, ist unedl.

Rf Über hat halt ein gut's Herz

·Lied· über die pragmatische Geschichte der Liebe
·detto·   ·dto·   Ehe

Es liegt nur an meinem Willen, und heut' will ich es wollen.

Erhalt ich Geld von meinen Verwandten so tracktir ich dich –
„Du hast aber keine" – Nein ·ectr·

I.N. 94.437

Wie's noch kein Stadt gegeb'n hat
Da war'n Wildnisse da statt der Stadt

Die gnusamgstrafte (× H ×)
{Hyäne} die {sch...fte}

I.N. 99.276

1. Blattdrittel [gestürzt geschrieben]:
„Bankrott's Östreich" nennen uns die ·Journal· von ·Berlin·
(×+ Und +×) (× Aum Theatr is {noch} ärger, was dort (×+ {sagn
　　　　　　　über} +×) (×+ grob sind +×) (× {gegen} +) ·Wien· ×)
(Impertinenter noch redn's (+ dort +) aum Theater über ·Wien·)
(× {Doch} ×) (+ Und +) hörn {eim} hir a Paar Preusse über Preussen
　　　　　　　　　　　　　　　　　　　　　　　was sag'n
(×+ *[über der Zeile]* Sind gekränkt {gleich} +×)
(× Ha rennens ×)　　　　　　　　(× die {Streichmacher} ×)
(×+ *[unter der Zeile]* Spielens d['] Gekrankten +×)
(+ Rennens gleich als d'Gekränkte[n] +), und thu'n eim verklag'n

2. Blattdrittel:
Bey Wasserg'fahr heißts schnell handeln sonst kommt All's zu spät
A halb's Schinakl is mehr werth als d'rührendste Red
(× Und is {man} so leicht {g'reist}, nur Brett'r {hattens} braucht zu
　　　　　　　　　　　　　　　　　　　den Zwek ×)
(+ Stützen hätten(× s ×) sie's können mit die selbstgmachte {Bök}. ×)
Und sie habn's (+ so +) leicht g'habt, nur Brett'r habn's {braucht}
　　　　　　　　　　　　　　　　　　　hinz'fahren aufn Fleck
Stützen hätten sie's können mit die selbstg'machten {Bök}.

[3. Blattdrittel leer]

I.N. 224.087

·R. P. J. Ideen·

1.	·Leben eines Mannes·		Sein Leben hatte nicht mehr Wolcken, als zu einem schönen Abendroth vonnöthen ist.
2.	·Leben·		Weinend kommt man (+ *[über der Zeile:]* Jeder +) in dieses Leben, lächelnd soll man (+ *[über der Zeile:]* können nur Wenige +) in jenes übergehen.
3.		·Herz·	Das Menschenherz ist eingeklemmt und voll schweren Menschenblutes.
4.	·Tod·.		Der Tod schickt oft seine sanftere Tochter die Ohnmacht voraus.
5.		·Todesblässe·	Todesblässe ist der bleiche Schnee, unter welchem der Frühling der Ewigkeit grünt.
6.		·Wege zum Glück·	Zum Glück giebt es nur zwey Wege, entweder sich so hoch erheben (in Phantasie) daß einem die Welt winzig klein erscheint, oder sich niederlassen in eine tiefe Furche, wo einem jeder Grashalm unserer Umgebung als etwas großes erscheint.
7.	·Dünne Füsse·	·Pluderhosen·	Die Parzen haben den Lebensfaden von den Spindeln seiner Füsse bereits abgewickelt.
8.	·Vergnügen·	·Schönheit·	Das Vergnügen an Schönheit gewinnt durch Unwissenheit in der Anatomie derselben.
9.	·Gelehrte Köpfe·		Gelehrte Köpfe wohnen meistens auf schlechten Unterleibern.
10.	·Seele·		Zarte Seelen, werden von 3 Räubern ihrer Freuden angefallen, vom Volck, vom Schicksal und vom eigenen Herzen.
11.		·Melancholische·	Sie ist eine reine vom Schmerz durchborthe Perle.
12.	·Erinnerung·	·Schneeschaufeln·	(× Den Schnee des Lebens wegschaufeln, und sich am Wintergrün der Erinnerung zu laben. ×)

13.	·Hoff- nungen, Wünsche·	In der Jugend hat man für gränzenlo- se (× Hoff ×) Wünsche noch gränzen- lose Hoffnungen, später bleiben die gränzenlose[n] Wünsche, aber die Vernunft löscht die Hoffnung aus, und die ungestümmen Wünsche müs- sen sich nach und nach an der schrof- fen Wand der Hoffnungslosigkeit den Schädl einstoßen.
*14.	·Erinne- rung Herz·	Der ist erst ganz unglücklich, der die kahlen Wände seines Herzens nicht einmahl mit Bildern der Erinnerung schmücken kann.

7) Strophen aus der ehemaligen Sammlung Trau

SW XV, 719–721

1.
Der Poldl mit'n Schottenblusl,
Bis über's Knie das nackte Fußl,
Die lange Feder auf'n Hut,
Das steht dem kleinen Wurstl gut,
Wie a anzognes Afferl hupft er her,
Wer da nit lacht, lacht nimmermehr
Und seine Spaß, die muß man hör'n,
A Komiker wird der gwiß wer'n.
Wie er älter wird, sieht man ihn unten im Prater,
Ein Glas'l ins rechte Aug'n einizwickt hat er,
Ein schwarzer Frack, weit wie ein Schlafrock kommod,
Und a ganze enge Narr'nhosen, 's ist jetzt so Mod'.
    (den Gschwufengang nachahmend)
Er windt sich und draht sich, macht allerhand Sachen,
Jeder g'scheite Mensch muß über die Dummheiten lachen –
|: Ma sieht, er is doch zum Bajazzo gebor'n :|

2.
Der Trudl ihre größte Freud
Is, wann draußt waschen tun die Leut',
Sie stellt sich hin dann auch zum Trog,
Wascht bald a Strumpferl, bald an Rock,
Ka Schlaf, ka Hunger kommt ihr an,
Wenn sie nur allweil rippeln kann,
Das Madl – na – man könnt's beschwör'n,
Wird g'wiß nix als a Waschrin wer'n.
Doch kaum kommt das Madl aus der Kindsstub'n heraus,
Wird sie a Baronin und macht a groß Haus,
Alle Tag kommen d'Freund' immer hin zu Kaffee,
Nur bloß weg'n an Tratschen, das weiß man ja eh.
Da wird ausg'richt't und durchg'hechelt alles in der Stadt
Und darinnen die Hausfrau die größte ·Force· hat.
Jetzt wenn die Trudl auch aus Zufall a Baronin is wor'n,
Man sieht, sie is halt doch zum Waschen geborn.

3.
Dem Franzi seine Genäschigkeit
Wird immer größer mit der Zeit,
Da hilft ka Strafen und ka Wixen,

Wenn er kappt aus der Zuckerbixen.
Bald schleckt er d'Haut vom Obershefen,
Bald fehl'n die Äpfeln auf die Öfen,
Der Kleine – na – wir wer'n's schon hör'n,
Das wird a rechter Spitzbub wer'n.
Doch hat auf einen andern Weg g'führt ihn sein G'schick,
Für d'Volkstheater schreibt er die neuesten Stück'.
Den Stoff nimmt er von einer französischen Piece,
Aus alten Komöd'jen bald dies und bald des,
Und wenn hie und da ein Gedanken aufblitzt,
Hat er g'wiß ihn wo g'hört – abg'schrieb'n oder stibitzt.
Jetzt wenn der auch aus Zufall a Dichter is wor'n
|: Mer sieht, er is doch zu an Schnipfer gebor'n. :|

4.
Der Peterl is a hartes Kind
Das gar ka Mitleid nit empfindt,
Auf d'Nadeln spießt er d'Schmetterling',
Die Flügel reißt er aus den Flieg'n,
Maikäfer bindt er an an Zwirn,
Die Zeiserln laßt er Wagerln führ'n –
Na, dieser Bub, 's wird sich bewähr'n
Wird a Tyrann, a rechter, werd'n. –
Doch erweist sich nach Jahren sein Herz hart wie Stein,
Er wird Mitglied von alle wohltät'gen Verein'
Sei Reichtum, den teilt er sehr gern mit die Leut',
Und jedem, der's braucht, a paar Gulden er leiht –
Nur tut er 200 Prozente begehr'n,
Wer zur Stund' nit glei zahlt, den laßt er pfänd'n und einsperr'n –
No jetzt, wenn der ein reicher Agent auch is wor'n,
Ma sieht, er is doch nur zum Martern geborn! –

SW XV, 724

1.
Im Loch unt hab' ich Glockenzüg,[4]
Wenn ich dran läut', verwandelt sich
Die Nacht in Tag, der Tag in Nacht,
Aus festem Land wird Meer gemacht,
Auch Blitz und Donner ich regier',
Und einschlag'n tut's a u'm Wink von mir.

---

4 SW: *Glockenzug*; berichtigt GW VI, 710.

's Wettermachen is schwer, 's macht's der Himmel oft konträr,
Und das all's und noch mehr
Begehren s' von einen Souffleur.

2.

Und komm' ich nach'n Theater z'Haus,
Und denk' mir, no, jetzt ruhst dich aus,
Fangt d'Gattin an zu disputirn,
Sie hat mich g'heurat't zum Sekkier'n.
Und ich begreif' nicht in mein Zorn
Bin ich Vater von 6 Kindern wor'n [Und ich kann steigern meinen Zorn].
So ein Leben, auf Ehr', is ein neues Malheur,
Und das alles und noch mehr
Muß ertrag'n ein Souffleur.

ERLÄUTERUNGEN

DTM VIII 6000, T 11–13
G'schwuf: ‚Stutzer'.
G'spusi: „eine frivole Unterhaltung, ein Jux" (Hügel)

I.N. 33.453
Omnibus: Zum ‚Stellwagen', dem in Wien von zwei Pferden gezogenen Vorläufer des motorisierten Omnibus, vgl. Mauriz Schuster, *Alt-Wienerisch*, Wien 1951, S. 156 f.

I.N. 162.724
5 *Leibesconstitution*: ‚körperliche Verfassung'.
17 *säculum*: lat., ‚Jahrhundert', ‚Zeitalter'.
25 *Flügelmann*: der erste an der Spitze oder am rechten Flügel einer Truppenreihe stehende Mann, maßgeblich für deren Ausrichtung und Marschtempo; in metaphorischer Bedeutung u.a. bei Goethe („geistige Flügelmänner"), vgl. DWB, Bd. III, Sp. 1843.
47 *Mysantrop*: ‚Menschenfeind'.
51 *Balg*: Schaffner (die Scholz-Rolle) in *Die beiden Herrn Söhne*.
59 *Strupfen*: ‚Schnüre'. Die Schleppe war zu Nestroys Lebzeiten mit Ausnahme des höfischen Galakleids nicht mehr in der Mode; vgl. Ingrid Loschek, *Reclams Mode- und Kostümlexikon*, 3., revidierte und erweiterte Aufl., Stuttgart 1994, S. 410 f.

Reserve
18 Die Abkürzung „Chj" hier und in Nr. 123 ist möglicherweise als „Ch[uzzlewit] j[unior]" aufzulösen (Hinweis Fredrich Walla).
19 *Equipag*: ‚Equipage', (frz.) ‚elegante Kutsche'.
34 *apprehensive*: frz., ‚furchtsame, empfindliche'.
51 *mio caro*: ital., ‚mein Lieber'.
58 *Nny*: die Putzwäscherin Nanny in *Der Schützling*.
99 *Cacadu*: ‚Haarschopf'.
109 *Kakranus*: scherzhafte Prägung Nestroys, Zusammensetzung von ‚Uranus' und Kagran (Dorf im Marchfeld, östlich von Wien).
116 *Aurora*: ‚Morgenröte'.
125 *der verlorne Sohn*: Anspielung auf Luk. 15.11–32.
131 *Hammerl*: kleiner Hammer.
168 *Pap.*: Pappinger, Buchbinder (die Scholz-Rolle) in *Der Schützling*.
– *Jour fix*: gesellschaftliches Treffen an einem ‚bestimmen Tag' (frz. jour fixe).
179 Vgl. auch Nr. 227.
187 *Interregnum*: lat., ‚Zwischenregierung'.

235 *Wienerwährung*: im Jahre 1811 zur Vermeidung eines Staatsbankrottes eingeführtes, auf ein Fünftel des Nennwerts devaluiertes Papiergeld. Ab 1820 hatte ein Gulden W. W. („ein Gulden Schein") den Wert von 24 Kreuzer Convenienzmünze. Zur Geschichte des österreichischen Währungssystems zu Nestroys Lebzeiten siehe Günther Probszt, *Österreichische Münz- und Geldgeschichte. Von den Anfängen bis 1918*, 3. Aufl., Wien, Köln, Weimar 1994, Bd. 2, S. 522–542.

239 *Archimedes*: altgriechischer Mathematiker und Physiker, entdeckte u. a. das Gesetz des Auftriebs (‚Archimedisches Prinzip').

255 *Puff*: umgangssprachlich, ‚Schlag', ‚Stoß'.

260 *Trattenbuch*: ‚Wechselbuch' (Tratte: ‚Wechsel').

— *anschottert*: ‚mit Schotter anschüttet'.

263 *antediluvianischen*: ‚vorsintflutlichen'.

I.N. 33.356

helfet, nehmets: ‚hülfe', ‚nähme es' (Konjunktiv).

Couplet „Ein Zwanz'gjähr'ger Laff" (I.N. 94.424 bzw. DTM, VIII 600, S. T 7)

nach'n bon ton: ‚nach der Mode' (*bon ton*, frz., ‚der gute Ton').

Lion: ‚Elegant, Dandy'; vgl. *Stücke* 22, 335, Erl. zu 31/13.

Zeitungsblattengel: Wortprägung Nestroys?

I.N. 99.276

Schinakl: ‚Ruderboot', ‚Kahn'.

Wasserg'fahr: Zur Hochwasserkatastrophe Februar 1862 siehe Isabella Ackerl, *Die Chronik Wiens* (Dortmund 1988), S. 267. Das Carltheater mußte schließen, weil der Keller überschwemmt war.

Bök: „Bock, eine hölzerne Vorrichtung zum Holztragen" (Hügel).

I.N. 162.925

Pluderhosen: halblange, weite Kniehose (16. Jahrhundert); zu deren Geschichte vgl. Ingrid Loschek, *Reclams Mode- und Kostümlexikon*, 3., revidierte und erweiterte Aufl., Stuttgart 1994, S. 381.

Parzen: (altrömische) ‚Schicksalsgöttinnen'.

Strophen aus der ehemaligen Sammlung Trau (SW XV, 719–721)

Schottenblusl: Hemd mit kariertem Muster.

Ein Glas'l ins rechte Aug'n einizwickt hat er: ‚Er hat sich ein Monokel ins rechte Auge geklemmt.'

Bajazzo: ital., ‚Possenreißer'.

rippeln: ‚(trocken) reiben'.

Tratschen: ‚Geplauder'.
Wixen: ‚Schläge'.
kappt: ‚stiehlt'.
Zuckerbixen: ‚Zuckerbüchse'.
Obershefen: ‚Rahmtopf'.
stibitzt: ‚gestohlen'.
Schnipfer: ‚Dieb'.
an an Zwirn: ‚an einen Zwirn'.
Zeiserln: ‚Zeisige'.

"IDEEN", "NOTIZEN", REFRAINS UND ENTWÜRFE ZU LIEDERN

QUELLEN UND VERWENDUNG

a) I.N. 33.453: Aus Moustache

Nr. = Eintragung (* = gestrichen)
Q: Quelle
H: Verwendung im Haupttext
V: Zitat/Hinweis in Vorarbeiten

Nr. [1] Q: *Moustache*: Roman (*Œuvres de Paul de Kock*), Paris o. J., Kap. 1, S. 20; Vaudeville (Paul de Kock u. Varin, *Moustache*, comédie-vaudeville [1838]), I, 1 [vgl. *Stücke 22*, 172]
H: *Die beiden Herrn Söhne*, I, 11 (*Stücke 22*, 21/29 f.)
Nr. [2] Q: *Moustache*, Roman, Kap. 1, S. 23
Nr. [3] Q: *Moustache*, Roman, Kap. 2, S. 36
H: *Die beiden Herrn Söhne*, I, 11 (*Stücke 22*, 21/33 f.)
Nr. [4] Q: *Moustache*, Roman, Kap. 3, S. 53
Nr. [5]* Q: *Moustache*, Roman, Kap. 7, S. 118
V: *Die beiden Herrn Söhne*: *Stücke 22*, 264 (Entwurf, IV, 5)
Nr. [6]* Q: *Moustache*, Roman, Kap. 7, S. 121.
H: *Der Zerrissene*, II, 2 (*Stücke 21*, 59/6 f.)
Nr. [7]* Q: *Moustache*, Roman, Kap. 9, S. 139
V: *Die beiden Herrn Söhne*: *Stücke 22*, 225, 254 (Entwurf, III, 4)
Nr. [8] Q: *Moustache*, Roman, Kap. 9, S. 139
Nr. [9]* Q: *Moustache*, Roman, Kap. 10, S. 149
H: *Die beiden Herrn Söhne*, III, 3 (*Stücke 22*, 45/6 f.)
Nr. [10] Q: *Moustache*, Roman, Kap. 10, S. 159
Nr. [11] Q: *Moustache*, Roman, Kap. 23, S. 360
Nr. [12] Q: *Moustache*, Roman, Kap. 21, S. 325

b) I. N. 162.724

Nr. = Eintragung (* = gestrichen)
Q: Quelle
H: Verwendung im Haupttext
V: Zitat in Vorarbeiten und Listen

Nr. 1   Q: Dickens: *Martin Chuzzlewit*, übersetzt von E. A. Moriarty, 2. Kap.
Nr. 2
Nr. 3   Q: *Martin Chuzzlewit*

Nr. 4 Q: *Martin Chuzzlewit*, 2. Kap.
Nr. 5 Q: *Martin Chuzzlewit*, 4. Kap.
       V: *Die beiden Herrn Söhne: Stücke 22*, 234, 277 (Entwurf, V, 11)
Nr. 6* Q: *Martin Chuzzlewit*, 4. Kap.
       H: *Die beiden Herrn Söhne*, IV, 4 (*Stücke 22*, 62/32 f.)
Nr. 7 Q: *Martin Chuzzlewit*, 5. Kap.
Nr. 8 Q: *Martin Chuzzlewit*, 6. Kap.
Nr. 9* Q: *Martin Chuzzlewit*, 7. Kap.
       H: *Die beiden Herrn Söhne*, I, 10 (*Stücke 22*, 19/26 f.)
Nr. 10 Q: *Martin Chuzzlewit*, 6. Kap.
       H: *Die lieben Anverwandten*, II, 12 (*Stücke 25/II*, 46/21 f.)
Nr. 11 Q: *Martin Chuzzlewit*, 9. Kap.
       H: *Kampl*, I, 11 (*Stücke 31*, 19/23–28
       V: I.N. 94.382 (siehe oben, S. 337)
Nr. 12 Q: *Martin Chuzzlewit*, 9. Kap.
Nr. 13 Q: *Martin Chuzzlewit*, 9. Kap.
Nr. 14 Q: *Martin Chuzzlewit*, 9. Kap.
Nr. 15* Q: *Martin Chuzzlewit*, 9. Kap.
       H: *Die beiden Herrn Söhne*, II, 13 (*Stücke 22*, 39/36–40/1)
       V: *Stücke 22*, 222
Nr. 16* Q: *Martin Chuzzlewit*, 10. Kap.
       H: *Die beiden Herrn Söhne*, II, 13 (*Stücke 22*, 39/30 f.); *Die lieben Anverwandten*, II, 2 (*Stücke 25/II*, 34/7 f.)
       V: *Stücke 22*, 222
Nr. 17* Q: *Martin Chuzzlewit*, 11. Kap.
       H: *Die beiden Herrn Söhne*, I, 5 (*Stücke 22*, 14, 7–9)
Nr. 18 Q: *Martin Chuzzlewit*, 13. Kap.
Nr. 19* Q: *Martin Chuzzlewit*, 13. Kap.
       H: *Die beiden Herrn Söhne*, III, 5 (*Stücke 22*, 46/33–47/3)
       V: *Stücke 22*, 264 (Entwurf, IV, 5)
Nr. 20 Q: *Martin Chuzzlewit*, 13. Kap.
Nr. 21 Q: *Martin Chuzzlewit*, 14. Kap.
Nr. 22* Q: *Martin Chuzzlewit*, 14. Kap.
       H: *Die beiden Herrn Söhne*, II, 8 (*Stücke 22*, 33/17 f.); *Die lieben Anverwandten*, III, 2 (*Stücke 25/II*, 54/39)
Nr. 23* Q: *Martin Chuzzlewit*, 15. Kap.
       H: *Die beiden Herrn Söhne*, I, 3 (*Stücke 2*, 10/28 f.); *Umsonst*, I, 5 (*Stücke 35*, 12/31–33)
       V: *Stücke 22*, 240
Nr. 24 Q: *Martin Chuzzlewit*, 16. Kap.
Nr. 25 Q: *Martin Chuzzlewit*, 16. Kap.
       V: *Die beiden Herrn Söhne: Stücke 22*, 240

Nr. 26 Q: *Martin Chuzzlewit*, 19. Kap.
Nr. 27 Q: *Martin Chuzzlewit*, 19. Kap.
Nr. 28 Q: *Martin Chuzzlewit*, 19. Kap.
Nr. 29 Q: *Martin Chuzzlewit*, 25. Kap.
Nr. 30* Q: *Martin Chuzzlewit*, 31. Kap.
 H: *Die beiden Herrn Söhne*, I, 11 (*Stücke* 22, 18–21)
Nr. 31 Q: *Martin Chuzzlewit*, 31. Kap.
Nr. 32* Q: *Martin Chuzzlewit*, 34. Kap.
 H: *Die beiden Herrn Söhne*, II, 13 (*Stücke* 22, 39/19–21)
 V: *Stücke* 22, 222
Nr. 33 Q: *Martin Chuzzlewit*, 34. Kap.
Nr. 34 Q: *Martin Chuzzlewit*, 37. Kap.
Nr. 35 Q: *Martin Chuzzlewit*, 39. Kap.
 H: *Die beiden Herrn Söhne*, I, 11 (*Stücke* 22, 21/4 f.)
Nr. 36* Q: *Martin Chuzzlewit*, 43. Kap.
 H: *Die beiden Herrn Söhne*, I, 10 (*Stücke* 22, 20/4 f.)
Nr. 37 V: *Die beiden Herrn Söhne*: *Stücke* 22, 226
Nr. 38 Q: *Martin Chuzzlewit*, 30. Kap.
Nr. 39* H: *Die beiden Herrn Söhne* I, 3 (*Stücke* 22, 11/2–4)
 V: *Stücke* 22, 239, 240
Nr. 40 Q: *Martin Chuzzlewit*, 2. Kap.
Nr. 41 V: *Die lieben Anverwandten*: *Stücke* 25/II, 248; *Die beiden Herrn Söhne*: *Stücke* 22, 238, 240
Nr. 42
Nr. 43 Q: *Martin Chuzzlewit*, 11. Kap.
Nr. 44 Q: *Martin Chuzzlewit*, 11. Kap.
Nr. 45
Nr. 46 V: *Die beiden Herrn Söhne*: *Stücke* 22, 201
Nr. 47* V: *Die beiden Herrn Söhne*: *Stücke* 22, 265 (Entwurf, IV, 5)
Nr. 48
Nr. 49* Q: *Moustache*, Roman, 7. Kap.; comédie-vaudeville, I, 4
 H: *Die beiden Herrn Söhne*, IV, 9 (*Stücke* 22, 69/26–27)
 V: *Stücke* 22, 227
Nr. 50* Q: *Moustache*, Roman, 7. Kap. comédie-vaudeville, I, 10
 H: *Die beiden Herrn Söhne*, II, 13 (*Stücke* 22, 39/25–26)
 V: *Stücke* 22, 222
Nr. 51 Q: Paul de Kock u. Varin, *Moustache*, comédie-vaudeville (1838), S. 12
Nr. 52
Nr. 53* H: *Die beiden Herrn Söhne*, II, 5 (*Stücke* 22, 28/4 f.)
Nr. 54
Nr. 55* H: *Die beiden Herrn Söhne*, III, 3 (*Stücke* 22, 44/33)
 V: *Stücke* 22, 225, 262 (Entwurf, IV, 3)

Nr. 56
Nr. 57
Nr. 58   V: *Die beiden Herrn Söhne*: Stücke 22, 227
Nr. 59
Nr. 60

c) Reserve

Nr.   Nummer (* = gestrichen)
Q: Quelle
S: Vormerkung (Sonderzeichen)
H: Verwendung im Haupttext
V: Zitat/Hinweis in Vorarbeiten und Varianten
L: Zitat/Hinweis in Listen und in Vorarbeiten zu anderen Stücken

Nr. 1   L: *Der alte Mann mit der jungen Frau*: Stücke 27/I, 231;
        Höllenangst: Stücke 27/II, 186
Nr. 2   S: *Der Unbedeutende*; *Der Schützling*;
        Der alte Mann mit der jungen Frau
        L: *Der alte Mann mit der jungen Frau*: Stücke 27/I, 204,
        221, 231;
        Höllenangst: Stücke 27/II, 186
Nr. 3   L: *Mein Freund*: Stücke 30, 396
Nr. 4   S: *Zwey ewige Juden und Keiner*
Nr. 5* H: *Der Unbedeutende*, III, 33 (Stücke 23/II, 79/27 f.)
Nr. 6* S: *Zwey ewige Juden und Keiner*
        H: *Der Schützling*, III, 9 (Stücke 24/II, 74/25 f.)
Nr. 7   S: *Zwey ewige Juden und Keiner*
Nr. 8
Nr. 9   S: *Der Unbedeutende*;
        Der alte Mann mit der jungen Frau
        L: *Freiheit in Krähwinkel*: Stücke 26/I, 273;
        Lady und Schneider: Stücke 26/II, 226;
        Der alte Mann mit der jungen Frau: Stücke 27/I, 204,
        221;
        Mein Freund: Stücke 30, 284, 329, 333, 395, 396
Nr. 10* S: *Der Schützling*
        H: *Der Schützling*, III, 9 (Stücke 24/II, 72/33 f.)
Nr. 11 S: *Der Schützling*
        L: *Mein Freund*: Stücke 30, 270
Nr. 12* S: *Der Schützling*
        H: Stammbuchblatt, siehe S. 372 (GEDICHTE etc.)
        L: *Der Unbedeutende*: Stücke 23/II, 338

Nr. 13 S: *Der Schützling*
L: *Der Schützling: Stücke 24/II*, 307;
Höllenangst: Stücke 27/II, 172
Nr. 14
Nr. 15
Nr. 16* S: *Der Unbedeutende*
H: *Der Unbedeutende*, III, 23 (*Stücke 23/II*, 71/6–11)
Nr. 17 S: *Der Schützling*
L: *Mein Freund: Stücke 30*, 396
Nr. 18 S: *Der Schützling;*
Die lieben Anverwandten
L: *Höllenangst: Stücke 27/II*, 172, 178;
Mein Freund: Stücke 30, 270, 284, 329, 345, 395
Nr. 19 L: *Die beiden Herrn Söhne: Stücke 22*, 264 (Entwurf, IV, 5)
Nr. 20 S: *Der Unbedeutende; Die lieben Anverwandten*
L: *Höllenangst: Stücke 27/II*, 173
Nr. 21 S: *Der Unbedeutende;*
Die lieben Anverwandten
L: *Die lieben Anverwandten: Stücke 25/II*, 249, 277
Nr. 22 H: *Mein Freund*, II, 12 (*Stücke 30*, 61/23–25)
V: *Mein Freund: Stücke 30*, 329
L: *Höllenangst: Stücke 27/II*, 173;
Nr. 23*
Nr. 24* S: *Der Unbedeutende*
H: *Der Schützling*, IV, 5 (*Stücke 24/II*, 85/7 f.)
Die lieben Anverwandten, III, 8 (*Stücke 25/II*, 61/11 f.)
Nr. 25 S: *Der Schützling;*
Der alte Mann mit der jungen Frau
L: *Der Schützling: Stücke 24/II*, 307;
Der alte Mann mit der jungen Frau: Stücke 27/I, 204;
Höllenangst: Stücke 27/II, 173;
Mein Freund: Stücke 30, 284
Nr. 26* S: *Der Unbedeutende;*
Der Schützling
H: *Der Schützling*, II, 4 (*Stücke 24/II*, 43/16–21)
L: *Der Unbedeutende: Stücke 23/II*, 340
Nr. 27* S: *Der Schützling*
H: *Der Schützling*, I, 6 (*Stücke 24/II*, 23/18–23)
Nr. 28 S: *Der alte Mann mit der jungen Frau*
L: *Der Unbedeutende: Stücke 23/II*, 338;
Der alte Mann mit der jungen Frau: Stücke 27/I, 204, 222, 230
Nr. 29 S: *Der Unbedeutende*

             L: *Der alte Mann mit der jungen Frau: Stücke 27/I*, 231;
                Höllenangst: Stücke 27/II, 186;
                Mein Freund: Stücke 30, 270
Nr. 30*   S: *Der Schützling*
             H: *Mein Freund*, I, 4 (*Stücke 30*, 31/38–32/1)
             V: *Stücke 30*, 284
             L: *Der Schützling: Stücke 24/II*, 307;
                Die lieben Anverwandten: Stücke 25/II, 380
Nr. 31
Nr. 32*   H: *Der Unbedeutende*, III, 23 (*Stücke 23/II*, 71/20 f.)
Nr. 33   S: *Der Schützling*
             L: *Die lieben Anverwandten: Stücke 25/II*, 286;
                Mein Freund: Stücke 30, 396
Nr. 34*   S: *Der Unbedeutende; Zwey ewige Juden und Keiner*
             H: *Der Schützling*, IV, 14 (*Stücke 24/II*, 100/28–30)
Nr. 35   Q: Michel Masson, *Daniel le lapidaire, ou les Contes de l'atelier*, Bd. 1 (Paris 1832): *La Femme du réfractaire*, Kap. 4 (vgl. *Stücke 27/I*, 367)
             S: *Der Unbedeutende;*
                Der alte Mann mit der jungen Frau
             H: *Der alte Mann mit der jungen Frau*, II, 3 (*Stücke 27/I*, 27/29–31)
             V: *Stücke 27/I*, 204, 215
Nr. 36*   S: *Der Unbedeutende*
             H: *Der Unbedeutende*, III, 34 (*Stücke 23/II*, 82/35 f.)
             V: *Stücke 23/II*, 424, 440
Nr. 37   S: *Zwey ewige Juden und Keiner*
Nr. 38*   S: *Der Unbedeutende;*
             Zwey ewige Juden und Keiner
             H: *Der Schützling*, IV, 5 (*Stücke 24/II*, 85/7 f.)
Nr. 39*   H: *Der Schützling*, III, 9 (*Stücke 24/II*, 74/30 f.)
Nr. 40
Nr. 41*   S: *Der Schützling*
             H: *Der Schützling*, III, 9 (*Stücke 24/II*, 74/2–6)
Nr. 42*   Q: Masson, *L'Inévitable*, in: *Daniel le lapidaire*, Bd. 3 (Paris 1833), S. 141[1]
             S: *Der Schützling*
             H: *Die lieben Anverwandten*, V, 10 (*Stücke 25/II*, 92/21 f.)
             V: *Stücke 25/II*, 249, 250, 277
Nr. 43*   Q: Michel Masson, *L'Inévitable*, in *Daniel le Lapidaire*, Bd. 3, S. 149 (vgl. *Stücke 25/II*, 208 f.)
             S: *Der Unbedeutende*

---

[1] Hinweis Friedrich Walla.

H: *Die lieben Anverwandten*, I, 6 (*Stücke 25/II*, 14/29–33)
V: *Stücke 25/II*, 277, 282
L: *Der Unbedeutende: Stücke 23/II*, 340
Nr. 44 S: *Der alte Mann mit der jungen Frau*
H: *Der alte Mann mit der jungen Frau*, III, 7 (*Stücke 27/I*, 54/37–39)
V: *Stücke 27/I*, 204
L: *Die lieben Anverwandten: Stücke 25/II*, 277
Nr. 45* H: *Der Unbedeutende*, I, 14 (*Stücke 23/II*, 24/19–21)
Nr. 46 L: *Mein Freund: Nachträge I*, S. 326.
Nr. 47* S: *Zwey ewige Juden und Keiner*;
Der alte Mann mit der jungen Frau
H: *Der alte Mann mit der jungen Frau*, I, 12 (*Stücke 27/I*, 21/18–20)
V: *Stücke 27/I*, 204
L: *Der Unbedeutende: Stücke 23/II*, 342 f.
Nr. 48*
Nr. 49* S: *Zwey ewige Juden und Keiner*;
Der Schützling
H: *Der Schützling*, I, 5 (*Stücke 24/II*, 21/22–25)
L: *Die lieben Anverwandten: Stücke 25/II*, 278
Nr. 50 S: *Zwey ewige Juden und Keiner; Der Schützling*
L: *Der Unbedeutende: Stücke 23/II*, 326;
Der Schützling: Stücke 24/II, 307;
Freiheit in Krähwinkel: Stücke 26/I, 273 ;
Der alte Mann mit der jungen Frau: Stücke 27/I, 231;
Höllenangst: Stücke 27/II, 173, 186;
Der holländische Bauer: Stücke 28/I, 406;
Mein Freund: Stücke 30, 331, 332; *Nachträge I*, S. 326.
Nr. 51* S: *Zwey ewige Juden und Keiner*
H: *Zwey ewige Juden und Keiner*, II, 5 (*Stücke 24/I*, 52/6–8)
Nr. 52* H: *Der Schützling*, I, 2 (*Stücke 24/II*, 11/9 f.)
Nr. 53 (i) S: *Der Schützling*;
Der alte Mann mit der jungen Frau
L: *Die Gleichheit der Jahre*, I, 2 (*Stücke 7/I*, 77/4, 77/7);
Der Unbedeutende: Stücke 23/II, 334;
Der Schützling: Stücke 24/II, 313;
Freiheit in Krähwinkel: Stücke 26/I, 274;
Martha, Stücke 25/I, 474;
Die lieben Anverwandten: Stücke 25/II, 262;
Der alte Mann mit der jungen Frau: Stücke 27/I, 204;
Höllenangst: Stücke 27/II, 161;

    Mein Freund: Stücke 30, 415;
    Münchner Nestroy-Mappe, T 10 (oben, S. 331)
Nr. 53 (ii)H: *Umsonst*, I, 9 (*Stücke 35*, 20–23)
   L: *Einen Jux will er sich machen: Stücke 18/I*, 171;
    Der Unbedeutende: Stücke 23/II, 307, 334;
    Freiheit in Krähwinkel: Stücke 26/I, 274;
    Martha, Stücke 25/I, 474;
    Die lieben Anverwandten: Stücke 25/II, 262;
    Lady und Schneider: Stücke 26/II, 239;
    Der alte Mann mit der jungen Frau: Stücke 27/I, 204;
    Höllenangst: Stücke 27/II, 161;
    Mein Freund: Stücke 30, 415; *Kampl: Stücke 31*, 378;
    Münchner Nestroy-Mappe, T 10 (oben, S. 331)
Nr. 54* S: *Zwey ewige Juden und Keiner*
   H: *Zwey ewige Juden und Keiner*, I, 35 (*Stücke 24/I*, 40/13 f.)
Nr. 55* H: *Der Unbedeutende*, I, 23 (*Stücke 23/II*, 31/30 f.)
    Umsonst, I, 6 (*Stücke 35*, 14/5 f.)
   V: *Stücke 23/II*, 328
Nr. 56 S: *Der Schützling*
   L: *Der Schützling: Stücke 24/II*, 313;
    Die lieben Anverwandten: Stücke 25/II, 249, 262;
    Freiheit in Krähwinkel: Stücke 26/I, 274;
    Martha, Stücke 25/II, 474;
    Höllenangst: Stücke 27/II, 161;
    Mein Freund: Stücke 30, 415;
    Kampl: Stücke 31, 378;
    Münchner Nestroy-Mappe, T 10 (oben, S. 331)
Nr. 57
Nr. 58 S: *Zwey ewige Juden und Keiner*;
    Der Schützling;
    Der alte Mann mit der jungen Frau
   L: *Der alte Mann mit der jungen Frau: Stücke 27/I*, 204, 216, 221, 230;
    Höllenangst: Stücke 27/II, 185;
    Mein Freund: Nachträge I, S. 326
Nr. 59* S: *Zwey ewige Juden und Keiner*
   H: *Zwey ewige Juden und Keiner*, I, 20 (*Stücke 24/I*, 27/20–22)
   L: *Die lieben Anverwandten: Stücke 25/II*, 249
Nr. 60 S: *Zwey ewige Juden und Keiner*;
    Der alte Mann mit der jungen Frau
   L: *Der alte Mann mit der jungen Frau: Stücke 27/I*, 204;
    Mein Freund: Nachträge I, S. 326

Nr. 61* S: *Die lieben Anverwandten*
        H: *Die lieben Anverwandten, V, 14 (Stücke 25/II, 99/7–9)*
        V: *Stücke 25/II, 249, 251*
        L: *Mein Freund: Stücke 30, 270, 271, 395*
Nr. 62 L: *Mein Freund: Stücke 30, 271, 395*
Nr. 63* S: *Die lieben Anverwandten*
        H: *Die lieben Anverwandten, III, 14 (Stücke 25/II, 68/9–16)*
        V: *Stücke 25/II, 252, 347*
Nr. 64 S: *Der alte Mann mit der jungen Frau*
        H: *Der alte Mann mit der jungen Frau, II, 8 (Stücke 27/I, 33/35–34/2)*
        V: *Stücke 27/I, 204, 215*
Nr. 65* S: *Der Schützling;*
           Die lieben Anverwandten
        H: *Die lieben Anverwandten, IV, 2 (Stücke 25/II, 70/35–38)*
           Mein Freund, Vorspiel, 8. Sz. (Stücke 30, 19/22–26)
        V: *Stücke 25/II, 351, 354*
           Stücke 30, 252, 270
Nr. 66* S: *Der Schützling*
        H: *Der Schützling, IV, 10 (Stücke 24/II, 90/28 f.)*
Nr. 67* H: *Die lieben Anverwandten, III, 10 (Stücke 25/II, 64/7–10)*
        V: *Stücke 25/II, 286*
Nr. 68
Nr. 69* H: *Der Schützling, III, 2 (Stücke 24/II, 65/5–8)*
        L: *Die lieben Anverwandten: Stücke 25/II, 249*
Nr. 70
Nr. 71 L: *Die lieben Anverwandten: Stücke 25/II, 278*
Nr. 72* S: *Der Schützling*
        H: *Der Schützling, III, 9 (Stücke 24/II, 73/34–36)*
Nr. 73* S: *Der Schützling*
        H: *Der Schützling, I, 3 (Stücke 24/II, 16/38–17/2)*
Nr. 74 S: *Der Schützling;*
           Die lieben Anverwandten;
           Der alte Mann mit der jungen Frau
        H: *Der alte Mann mit der jungen Frau, II,16 (Stücke 27/I, 42/11–14)*
        V: *Stücke 27/I, 204, 216, 217*
        L: *Freiheit in Krähwinkel: Stücke 26/I, 273;*
           Lady und Schneider: Stücke 26/II, 226;
           Mein Freund: Stücke 30, 270
Nr. 75* S: *Der Schützling*

QUELLEN UND VERWENDUNG   357

	H: *Martha*, III, 17 (*Stücke 25/I*, 103 f.)
	V: *Stücke 25/I*, 474
	L: *Der Schützling: Stücke 24/II*, 313
Nr. 76*	Q: Sprichwort
	S: *Der Schützling*
	H: *Der Schützling*, I, 5 (*Stücke 24/II*, 22/31–33)
Nr. 77	S: *Der Schützling*
Nr. 78*	S: *Der Schützling*
Nr. 79	
Nr. 80	
Nr. 81	S: *Der alte Mann mit der jungen Frau*
	L: *Der alte Mann mit der jungen Frau: Stücke 27/I*, 204
Nr. 82	
Nr. 83	S: *Der Schützling*
Nr. 84	S: *Der Schützling*
Nr. 85	S: *Der Schützling*
Nr. 86*	S: *Der Schützling*
	H: *Der Schützling*, III, 9 (*Stücke 24/II*, 73/15–17)
Nr. 87	S: *Der alte Mann mit der jungen Frau*
	H: *Mein Freund*, II, 12 (*Stücke 30*, 60/31–34)
	V: *Stücke 30*, 331
	L: *Der alte Mann mit der jungen Frau: Stücke 27/I*, 204, 221, 230;
	Höllenangst: Stücke 27/II, 185;
	Der holländische Bauer: Stücke 28/I, 406
Nr. 88	
Nr. 89	S: *Der Schützling;*
	Die lieben Anverwandten
Nr. 90	
Nr. 91*	S: *Der Schützling*
	H: *Der Schützling*, I, 2 (*Stücke 24/II*, 13/24–31)
	V: *Stücke 24/II*, 307
Nr. 92	S: *Die lieben Anverwandten*
	L: *Die lieben Anverwandten: Stücke 25/II*, 251;
	Mein Freund: Nachträge I, S. 326
Nr. 93	L: *Freiheit in Krähwinkel: Stücke 26/I*, 273
Nr. 94	S: *Die lieben Anverwandten;*
	Der alte Mann mit der jungen Frau
	L: *Der alte Mann mit der jungen Frau: Stücke 27/I*, 204, 216, 217, 222, 230;
	Höllenangst: Stücke 27/II, 185
Nr. 95	L: *Freiheit in Krähwinkel: Stücke 26/I*, 273, 274;
	Mein Freund: Stücke 30, 331, 333, 395
Nr. 96*	S: *Der Schützling*

H: *Der Schützling*, III, 10 (*Stücke 24/II*, 75/24–26)
L: *Freiheit in Krähwinkel: Stücke 26/I*, 273
Nr. 97 S: *Der Schützling*
H: *Die beiden Herrn Söhne*, I, 5 (*Stücke 22*, 14/22 f.)
Mein Freund, Vorspiel, 3. Sz. (*Stücke 30*, 10/6 f.)
V: *Stücke 30*, 399, 404, 422; *Nachträge I*, S. 326
L: *Höllenangst: Stücke 27/II*, 173
Nr. 98* S: *Der Schützling*
H: *Der Schützling*, I, 6 (*Stücke 24/II*, 23/12–14)
Nr. 99* S: *Der Schützling*
H: *Der Schützling*, I, 2 (*Stücke 24/II*, 13/14–17)
V: *Stücke 24/II*, 307
Nr. 100* S: *Der Schützling*
H: *Der Schützling*, IV, 8 (*Stücke 24/II*, 87/26 f.)
Nr. 101* H: *Der Schützling*, III, 10 (*Stücke 24/II*, 75/36 f.)
Nr. 102
Nr. 103* S: *Der Schützling*
H: *Der Schützling*, I, 6 (*Stücke 24/II*, 24/1–3)
V: *Stücke 24/II*, 335
Nr. 104*
Nr. 105 L: *Der Schützling: Stücke 24/II*, 307;
Freiheit in Krähwinkel: Stücke 26/I, 273
Nr. 106* H: *Die lieben Anverwandten*, II, 8 (*Stücke 25/II*, 40/3–8)
V: *Stücke 25/II*, 249, 316
Nr. 107* S: *Der Schützling; Die lieben Anverwandten*
H: *Die lieben Anverwandten*, II, 8 (*Stücke 25/II*, 40/3–8)
V: *Stücke 25/II*, 249, 311, 316
Nr. 108* S: *Der Schützling; Die lieben Anverwandten*
H: *Die lieben Anverwandten*, I, 5 (*Stücke 25/II*, 11/6–8)
V: *Stücke 25/II*, 251, 256
L: *Der Schützling: Stücke 24/II*, 307; *Freiheit in Krähwinkel: Stücke 26/I*, 273
Nr. 109* S: *Der Schützling*
H: *Der Schützling*, I, 2 (*Stücke 24/II*, 14/11–21)
V: *Stücke 24/II*, 307
Nr. 110* S: *Der Schützling*
H: *Die lieben Anverwandten*, I, 5 (*Stücke 25/II*, 12/2–11)
V: *Stücke 25/II*, 256
L: *Der Schützling: Stücke 24/II*, 307;
Freiheit in Krähwinkel: Stücke 26/I, 273;
Mein Freund: Stücke 30, 404, 423
Nr. 111* S: *Der Schützling*
H: *Die lieben Anverwandten*, I, 5 (*Stücke 25/II*, 12/2–11)
Höllenangst, II, 17 (*Stücke 27/II*, 54/30–33)

V: *Stücke 27/II*, 198
L: *Der Schützling: Stücke 24/II*, 307;
   Freiheit in Krähwinkel: Stücke 26/I, 273;
   Höllenangst: Stücke 27/II, 198
   Mein Freund: Stücke 30, 404; *Nachträge I*, S. 326
Nr. 112 S: *Der Schützling*
L: *Der Schützling: Stücke 24/II*, 307
Nr. 113
Nr. 114* S: *Die lieben Anverwandten*
H: *Die lieben Anverwandten*, IV, 3 (*Stücke 25/II*, 72/6–8)
V: *Stücke 25/II*, 249, 356
Nr. 115 S: *Der Schützling; Die lieben Anverwandten*
Nr. 116
Nr. 117* S: *Der Schützling*
H: *Der Schützling*, I, 6 (*Stücke 24/II*, 24/27–29)
V: *Stücke 24/II*, 335
Nr. 118* S: *Der Schützling*
H: *Der Schützling*, I, 2 (*Stücke 24/II*, 13/8 f.)
V: *Stücke 24/II*, 307, 308
Nr. 119
Nr. 120 S: *Der Schützling*
L: *Der Schützling: Stücke 24/II*, 307;
   Nachträge I, S. 521
Nr. 121* S: *Die lieben Anverwandten*
H: *Die lieben Anverwandten*, I, 13 (*Stücke 25/II*, 24/20–22)
V: *Stücke 25/II*, 286, 296, 297
Nr. 122* S: *Der Schützling*
H: *Der Schützling*, I, 2 (*Stücke 24/II*, 13/39–14/3)
Nr. 123* S: *Der Schützling; Die lieben Anverwandten*
L: *Der Schützling: Stücke 24/II*, 307;
   Die lieben Anverwandten: Stücke 25/II, 252, 390
Nr. 124 L: *Der holländische Bauer: Stücke 28/I*, 406
Nr. 125 S: *Der Schützling; Die lieben Anverwandten*
L: *Der Schützling: Stücke 24/II*, 307;
   Der holländische Bauer: Stücke 28/I, 406
Nr. 126*
Nr. 127* H: *Der Schützling*, III, 7 (*Stücke 24/II*, 70/28–31)
Nr. 128* Q: „Ungarische Anekdote" aus *Wien wie es ist. Eine Sammlung von Original-Volksscenen, Anekdoten, Bonmots, Räthseln* von Mikroskop [d. i. Eduard Maria Hügel] (Leipzig 1838).[2]

---

2   Vgl. SW III, 388 f.

Nr. 129
        S: *Der Schützling*
        H: *Der Schützling*, I, 2 (*Stücke 24/II*, 14/29–31)
        V: *Stücke 24/II*, 308
        L: *Die beiden Herrn Söhne*, I, 4 (*Stücke 22*, 12/37 f.)

Nr. 130* S: *Der Schützling*
        H: *Der Schützling*, IV, 10 (*Stücke 24/II*, 90/33–35)

Nr. 131

Nr. 132

Nr. 133

Nr. 134* S: *Der Schützling*
        H: *Der Schützling*, III, 13 (*Stücke 24/II*, 80/15–18)

Nr. 135 S: *Der Schützling*

Nr. 136

Nr. 137

Nr. 138* S: *Der Schützling*
        H: *Der Schützling*, III, 9 (*Stücke 24/II*, 74/26–29)

Nr. 139

Nr. 140* S: *Die lieben Anverwandten*
        H: *Die lieben Anverwandten*, III, 1 (*Stücke 25/II*, 52/16–18)
        V: *Stücke 25/II*, 331

Nr. 141 S: *Der Schützling*
        L: *Mein Freund: Stücke 30*, 331

Nr. 142

Nr. 143* S: *Der Schützling*
        H: *Der Schützling*, III, 2 (*Stücke 24/II*, 65/13–16)

Nr. 144 L: *Freiheit in Krähwinkel: Stücke 26/I*, 273

Nr. 145 S: *Der Schützling; Der alte Mann mit der jungen Frau*
        H: *Der alte Mann mit der jungen Frau*, II, 16 (*Stücke 27/I*, 42/6–8)
        V: *Stücke 27/I*, 204, 216, 217

Nr. 146

Nr. 147

Nr. 148 S: *Der Schützling*
        H: *Der alte Mann mit der jungen Frau*, II, 10 (*Stücke 27/I*, 36/5–9)
        V: *Stücke 27/I*, 204, 216
        L: *Die lieben Anverwandten: Stücke 25/II*, 351, 354

Nr. 149*

Nr. 150

Nr. 151* H: *Der Schützling*, III, 9 (*Stücke 24/II*, 73/30–32)

Nr. 152 S: *Der Schützling;*
        Der alte Mann mit der jungen Frau

             L: *Freiheit in Krähwinkel*: Stücke 26/I, 273;
                Der alte Mann mit der jungen Frau: Stücke 27/I, 204,
                217, 222;
                Höllenangst. Stücke 27/II, 185;
                Mein Freund: Nachträge I, S. 326
Nr. 153   S: *Die lieben Anverwandten*
             L: *Die lieben Anverwandten*: Stücke 25/II, 249, 356
Nr. 154* S: *Der Schützling*
             H: *Die lieben Anverwandten*, III, 10 (*Stücke 25/II*,
                64/15–19)
             V: *Stücke 25/II*, 243, 252
             L: *Der Schützling*: Stücke 24/II, 308
Nr. 155* S: *Der Schützling*
             H: *Der Schützling*, III, 10 (*Stücke 24/II*, 75/17–20)
Nr. 166* S: *Der Schützling*
             H: *Der Schützling*, III, 13 (*Stücke 24/II*, 79/17 f.)
Nr. 167* S: *Der Schützling*
Nr. 168* S: *Der Schützling; Die lieben Anverwandten*
             H: *Die lieben Anverwandten*, I, 13 (*Stücke 25/II*, 25/30 f.)
             V: *Stücke 25/II*, 248, 286, 292, 295, 298
Nr. 169
Nr. 170* S: *Der Schützling*
             H: *Der Schützling*, IV, 3 (*Stücke 24/II*, 83/29 f.)
Nr. 171   S: *Der alte Mann mit der jungen Frau*
             H: *Der alte Mann mit der jungen Frau*, II, 5 (*Stücke 27/I*,
                30/25–30)
             V: *Stücke 27/I*, 204, 216)
Nr. 172
Nr. 173   S: *Die lieben Anverwandten*
             L: *Freiheit in Krähwinkel*: Stücke 26/I, 273
Nr. 174* S: *Die lieben Anverwandten*
             H: *Freiheit in Krähwinkel*, I, 7 (*Stücke 26/I*, 18/3–38)
             V: *Stücke 26/I*, 273, 274
             L: *Die lieben Anverwandten*: Stücke 25/II, 256
Nr. 175   H: *Mein Freund*, II, 12 (*Stücke 30*, 62/3)
             V: *Stücke 30*, 284, 328, 329, 332
             L: *Höllenangst*: Stücke 27/II, 173
Nr. 176* S: *Die lieben Anverwandten*
             H: *Die lieben Anverwandten*, IV, 3 (*Stücke 25/II*,
                71/32–35)
             V: *Stücke 25/II*, 250, 352, 355
Nr. 177
Nr. 178
Nr. 179   S: *Die lieben Anverwandten*

> L: *Die lieben Anverwandten: Stücke 25/II*, 252, 341;
> *Mein Freund: Stücke 30, Stücke 30*, 397, 404, 422; *Nachträge I*, S. 326

Nr. 180 Q: Sprichwort
> S: *Der alte Mann mit der jungen Frau*
> H: *Der alte Mann mit der jungen Frau*, II, 7 (*Stücke 27/I*, 32/36–33/4)
> *Mein Freund*, II, 12 (*Stücke 30*, 62/12–15)
> V: *Stücke 27/I*, 204, 216
> *Stücke 30*, 329, 332

Nr. 181* Q: Grabbe, *Don Juan und Faust*, I, 1
> H: *Die lieben Anverwandten*, I, 8 (*Stücke 25/II*, 18/24–33)
> V: *Stücke 25/II*, 286

Nr. 182 L: *Lady und Schneider: Stücke 26/II*, 226

Nr. 183 S: *Der alte Mann mit der jungen Frau*
> H: *Der alte Mann mit der jungen Frau*, IV, 27 (*Stücke 27/I*, 79/22–24)
> V: *Stücke 27/I*, 204, 222

Nr. 184* S: *Die lieben Anverwandten*
> H: *Die lieben Anverwandten*, I, 2 (*Stücke 25/II*, 8/19–21)
> V: *Stücke 25/II*, 273

Nr. 185 H: *Die lieben Anverwandten*, II, 8 (*Stücke 25/II*, 40/3–8)
> V: *Stücke 25/II*, 249, 311, 316
> L: *Höllenangst: Stücke 27/I*, 173

Nr. 186

Nr. 187

Nr. 188* S: *Die lieben Anverwandten*
> H: *Die lieben Anverwandten*, I, 10 (*Stücke 25/II*, 21/19 f.)
> V: *Stücke 25/II*, 248, 287

Nr. 189 S: *Der alte Mann mit der jungen Frau*
> H: *Der alte Mann mit der jungen Frau*, IV, 21 (*Stücke 27/I*, 76, 5–7)
> *Mein Freund*, III, 9 (*Stücke 30*, 100/26–28)
> V: *Stücke 27/I*, 204
> *Stücke 30*, 329, 337
> L: *Freiheit in Krähwinkel: Stücke 26/I*, 273

Nr. 190 S: *Die lieben Anverwandten*

Nr. 191*

Nr. 192 L: *Mein Freund: Stücke 30*, 331

Nr. 193 S: *Der alte Mann mit der jungen Frau*
> H: *Mein Freund*, II, 12 (*Stücke 30*, 62/2)
> L: *Der alte Mann mit der jungen Frau: Stücke 27/I*, 204, 222, 230;
> *Höllenangst: Stücke 27/II*, 185

Nr. 194 L: *Lady und Schneider: Stücke 26/II*, 226
Nr. 195
Nr. 196 S: *Die lieben Anverwandten*
         H: *Verwickelte Geschichte!*, II, 8 (*Stücke 29*, 141/13–15)
         L: *Freiheit in Krähwinkel: Stücke 26/I*, 273;
            Die lieben Anverwandten: Stücke 25/II, 330
Nr. 197
Nr. 198 S: *Der alte Mann mit der jungen Frau*
         L: *Der alte Mann mit der jungen Frau: Stücke 27/I*, 204,
            222, 230;
            Höllenangst: Stücke 27/II, 185
Nr. 199 S: *Der alte Mann mit der jungen Frau*
         H: *Mein Freund*, Vorspiel, 3. Sz. (*Stücke 30*, 9/21–23)
         V: *Stücke 30*, 396, 399, 403, 421
         L: *Lady und Schneider: Stücke 26/II*, 226;
            Der alte Mann mit der jungen Frau: Stücke 27/I, 204,
            222, 230;
            Höllenangst: Stücke 27/II, 185
Nr. 200 S: *Der alte Mann mit der jungen Frau*
         H: *Der alte Mann mit der jungen Frau*, II, 16 (*Stücke 27/I*,
            42/19–21)
            Mein Freund, II, 12 (*Stücke 30*, 62/7–10)
         V: *Stücke 27/I*, 204, 216
            Stücke 30, 284, 329, 332, 384, 439
         L: *Freiheit in Krähwinkel: Stücke 26/I*, 273;
            Die lieben Anverwandten: Stücke 25/II, 250, 286
Nr. 201
Nr. 202
Nr. 203* H: *Die lieben Anverwandten*, III, 2 (*Stücke 25/II*, 55/3–6)
         V: *Stücke 25/II*, 391
Nr. 204 H: *Mein Freund*, Vorspiel, 3. Sz. (*Stücke 30*, 9/23–26)
         V: *Stücke 30*, 396
         L: *Höllenangst: Stücke 27/II*, 173
Nr. 205
Nr. 206
Nr. 207 H: *Mein Freund*, II, 12 (*Stücke 30*, 60/11 f.);
         V: *Stücke 30*, 331
         L: *Höllenangst: Stücke 27/II*, 173
Nr. 208 S: *Die lieben Anverwandten*;
            Der alte Mann mit der jungen Frau
         L: *Der alte Mann mit der jungen Frau: Stücke 27/I*, 204;
            Mein Freund: Stücke 30, 284, 395
Nr. 209 Q: Goethe, ‚Prometheus'
Nr. 210*

H: *Die lieben Anverwandten*, V, 4 (*Stücke 25/II*, 86/14–16)
V: *Stücke 25/II*, 250
Nr. 211
Nr. 212 H: *Der Schützling*, II, 4 (*Stücke 24/II*, 43/1 f.)
Nr. 213 S: *Die lieben Anverwandten*
L: *Die lieben Anverwandten: Stücke 25/II*, 250, 330;
Mein Freund: Stücke 30, 396, 399, 405, 423
Nr. 214
Nr. 215 L: *Der holländische Bauer: Stücke 28/I*, 406
Nr. 216 L: *Freiheit in Krähwinkel: Stücke 26/I*, 273;
Der holländische Bauer: Stücke 28/I, 406
Nr. 217 L: *Die lieben Anverwandten: Stücke 25/II*, 262;
Höllenangst: Stücke 27/II, 161;
Freiheit in Krähwinkel: Stücke 26/I, 274;
Mein Freund: Stücke 30, 415;
Münchner Nestroy-Mappe, T 10 (oben, S. 331)
Nr. 218 H: *Freiheit in Krähwinkel*, I, 7 (*Stücke 26/I*, 17/33–35)
V: *Stücke 26/I*, 273
Nr. 219* S: *Die lieben Anverwandten*
H: *Freiheit in Krähwinkel*, I, 7 (*Stücke 26/I*, 19, 8–10)
V: *Stücke 26/I*, 273, 274
Nr. 220* H: *Die lieben Anverwandten*, IV, 4 (*Stücke 25/II*, 75/11 f.)
V: *Stücke 25/II*, 263, 265, 269
Nr. 221* S: *Der alte Mann mit der jungen Frau*
H: *Der alte Mann mit der jungen Frau*, IV, 27 (*Stücke 27/I*, 79/32–35)
Mein Freund, I, 4 (*Stücke 30*, 32/4–6)
V: *Stücke 27/I*, 204, 222
Nr. 222* S: *Der alte Mann mit der jungen Frau*
H: *Der alte Mann mit der jungen Frau*, III, 7 (*Stücke 27/I*, 55/20–26)
Mein Freund, Vorspiel, 3. Sz. (*Stücke 30*, 10/40–11/2)
V: *Stücke 27/I*, 204
Stücke 30, 395, 396
Nr. 223
Nr. 224 S: *Der alte Mann mit der jungen Frau*
L: *Der alte Mann mit der jungen Frau: Stücke 27/I*, 204
Nr. 225 L: *Der alte Mann mit der jungen Frau: Stücke 27/I*, 231
Höllenangst: Stücke 27/II, 186
Mein Freund: Stücke 30, 396
Nr. 226 S: *Der alte Mann mit der jungen Frau*
L: *Der alte Mann mit der jungen Frau: Stücke 27/I*, 204, 222, 231;

    Höllenangst: Stücke 27/II, 186;
    Mein Freund: Stücke 30, 396;
    Nachträge I, S. 521
Nr. 227 S: *Der alte Mann mit der jungen Frau*
    L: *Der alte Mann mit der jungen Frau: Stücke 27/I*, 204, 221, 230;
    Höllenangst: Stücke 27/II, 185;
    Mein Freund: Stücke 30, 404, 422
Nr. 228
Nr. 229 L: *Höllenangst: Stücke 27/II*, 161;
    Mein Freund: Stücke 30, 415; *Kampl: Stücke 31*, 378
Nr. 230
Nr. 231* H: *Höllenangst*, II, 17 (*Stücke 27/II*, 54–56)
    V: *Stücke 27/II*, 199 f.
Nr. 232 L: *Mein Freund: Stücke 30*, 415
Nr. 233
Nr. 234
Nr. 235* H: *Die lieben Anverwandten*, III, 5 (*Stücke 25/II*, 57/26–28)
    Mein Freund, Vorspiel, 3. Sz. (*Stücke 30*, 10/26 f.)
    L: *Mein Freund: Stücke 30*, 396, 398, 400, 402, 423
Nr. 236* H: *Mein Freund*, Vorspiel, 3. Sz. (*Stücke 30*, 10/34 f.)
    V: *Stücke 30*, 278, 328, 364, 395, 396
Nr. 237
Nr. 238
Nr. 239 Q: Ausspruch Archimedes': „Gib mir einen Punkt, wo ich hintreten kann, und ich bewege die Erde!"
Nr. 240
Nr. 241
Nr. 242
Nr. 243
Nr. 244
Nr. 245
Nr. 246
Nr. 247
Nr. 248
Nr. 249
Nr. 250
Nr. 251
Nr. 252
Nr. 253
Nr. 254
Nr. 255
Nr. 256

Nr. 257 H: *Die lieben Anverwandten*, V, 3 (*Stücke 25/II*, 85/19–21)
Nr. 258 L: *Nachträge I*, S. 521
Nr. 259
Nr. 260
Nr. 261 H: *Heimliches Geld, heimliche Liebe*, I, 30 (*Stücke 32*, 39/31–36)
Nr. 262 Q: Sprichwort
L: *Nachträge I*, S. 521
Nr. 263
Nr. 264

GEDICHTE, STAMMBUCH- UND WIDMUNGSBLÄTTER

EINFÜHRUNG

Im Gegensatz zu den vielen Coupletstrophen, die Nestroy nicht nur zu seinen eigenen Stücken, sondern auch zu denen anderer Dramatiker schrieb (vgl. S. 237–297), und den vielen mehr oder weniger aphoristisch wirkenden ‚Einfällen', auf die er bei der Fertigstellung seiner eigenen Stücke zurückgriff (vgl. S. 298–366), sind auffallend wenige Gelegenheitsgedichte und -sprüche, wie sie im Zeitalter der Stammbuch- und Albumblätter sehr beliebt waren, erhalten. Das mag u. a. auf die vielfach dokumentierte Schüchternheit Nestroys im gesellschaftlichen Umgang zurückzuführen sein; es ist vielleicht bezeichnend, daß er sich, wenn er etwa ein Porträt mit einer handschriftlichen Widmung versehen wollte, gern eines Zitats aus einer seiner Rollen bediente: beispielsweise das eigenhändig unter ein Porträt (Lithographie von L. Fischer) geschriebene, in den Manuskripten verschiedentlich überlieferte Zitat aus den Vorlesungen Sansquartiers in den *Zwölf Mädchen in Uniform* „Die Schuld ist ein lascive[s] Büchel" (St.B. Wien, I.N. 136.996),[1] von dem Nestroy eine etwas längere Fassung auch auf einen Probedruck eines Kupferstichs von Andreas Geiger nach Schoeller eingetragen hat (St.B. Wien, I.N. 197.743, vgl. *Nestroy im Bild*, S. 104 [Nr. 190]), oder die Worte Leichts „Spaßige Sachen schreiben und damit nach dem Lorber der Dichtkunst trachten ist gerad so, als wie wenn einer Zwetschken-Krampus macht, und giebt sich für einen Rivalen von Canova aus" (St.B. Wien, I.N. 197./43) oder der im Jahre 1856 vermutlich als Widmungsspruch verwendete Zweizeiler „Es muß ja nicht gleich sey'n / Es hat schon noch Zeit",[2] der auf dem Refrain zu einem

---

1 Siehe *Die Welt steht auf kein Fall mehr lang. Nestroy*, Katalog zur 277. Sonderausstellung des Historischen Museums der Stadt Wien gemeinsam mit der Wiener Stadt- und Landesbibliothek, hg. von Walter Obermaier, Wien 2001, Abb. S. 115 (Kat.-Nr. 58); zum Zitat, das sich auf Adolph Müllners Trauerspiel *Die Schuld* bezieht, siehe S. 141 (Kat.-Nr. 40): im Manuskript Ia 138.022 der St.B. Wien sind die Worte *lascive Unschuld* von Nestroy ausgekringelt und durch *gar a g'spasiges Büchel* ersetzt; vgl. auch das in der Bibliothek des Österr. Theatermuseums erhaltene MS ThW neu–1020: *Das ist das lasciveste Büchel, was ich kenn* (siehe S. 20).

2 Eigenhändige Handschrift, datiert *12, 4, 56.* und unterschrieben *J. Nestroy* (Privatbesitz [Rüdiger Volhard, Frankfurt a. M.]).

Couplet aus Friedrich Kaisers „Original-Charakterbild mit Gesang" *Verrechnet!* (1851) beruht (vgl. S. 264–269).
Im folgenden werden Zitate aus Nestroys eigenen Rollen und Stükken nicht berücksichtigt, es sei aber darauf hingewiesen, daß er zur Widmung von Albumblättern insbesondere den Monolog Knieriems aus *Der böse Geist Lumpacivagabundus*, III, 8 (*Stücke 5*, 179/19–25)[3] und den Refrain des darauffolgenden Kometenliedes, „Es wird Einem halt angst und bang, / D'Welt steht auf kein Fall mehr lang" (*Stücke 5*, 180) mehrmals – wenn auch mit kleinen Abweichungen im Vergleich zum gedruckten Text – verwendete.[4]
Ebenfalls nicht aufgenommen wurden Nestroy zugeschriebene Verse, deren Autorschaft nicht eindeutig dokumentiert ist.[5]
Um der Einheitlichkeit willen wird im folgenden Rechtschreibung und Zeichensetzung des jeweiligen Originals grundsätzlich unverändert belassen (nur wurden Geminationsstriche durchwegs aufgelöst), die Wiedergabe von *s'*, *'s*, *S'* und *ss/ß* hingegen der Konvention der HKA gemäß vereinheitlicht.

GEDICHTE, STAMMBUCH- UND WIDMUNGSBLÄTTER: TEXT

1. Albumspruch, 13. 4. 1840

Im Lebenstheater ist die Freude das große Ballett, die Liebe die dramatisierte Idylle, leider nur in Einem Act, die Ehe wird für die harmoniereiche Oper gehalten, geht aber sehr oft in ein ordinäres Spectakel-Stück über; das Wircken des Menschen soll sich zum Effect-Drama gestalten, doch meistens wird nur eine lokale Posse daraus, das große altbekannte Trauerspiel ist der Tod.

13 April [1]840.   J. Nestroy

---

3   Albumblätter vom 13. September 1847 (Frankfurt a. M.) (J. A. Stargardt, Katalog 559 (1962), S. 231 [Nr. 231], 29. Februar 1848 (Auktionskatalog Hassfurther, September 1976, S. 491 f. [Nr. 2574]), 12. Mai 1859 (Auktionskatalog Hassfurther 43, 30. Mai 2007, Nr. 139, Abb. S. 151, siehe auch *Nestroyana* 8 [1988], S. 88) und 25. November 1858 (WStLB, Handschriftensammlung, I.N 136.989, siehe *Nestroyana* 8 [1988], S. 87).
4   Beispiele: 13. Juni 1857 (Biblioteka Jagiellonska, Krakau, siehe *Nestroyana* 9 [1989], S. 116, Abb. S. 117); 13. (oder 30.) August 1861 (Auktionskatalog Sammlung Fritz Donebauer, Stargardt [Berlin], 6.–8. April 1908, S. 79), siehe *Nestroyana* 9 [1989], S. 116 f.
5   Z. B. „Aeols-Blüthen-Anhang", *Nestroyana* 10 (1990), S. 90–92 (Abb. S. 90).

Hartung & Hartung (München), Auktion 107 (2003), Katalog-Nr. 2481, Abb. S. 417. Abbildung: *Nestroyana* 25 (2005), S. 15.

2. „Komische Definition", 9. 8. 1844

Gespenstische Phantasiegespinste, in den Hohlgängen des Gehirns erzeugt, die manchmahl heraustreten aus uns, und sich Koboldartig aufstellen in den geisterhauchigen Katakomben der Einsamkeit, erlosch'ne Augen rollen, leblose Zähne fletschen, und mit drohender Knochenhand ausholen zur modrigen Grabesohrfeige – das nennt man Vision.

Nestroy hat einem Autographensammler während seines Berlin-Aufenthalts 1844 diese Variation auf eine Textstelle aus der Posse *Der Zerrissene* geschickt. Begleitbrief: *Sämtliche Briefe* (2005), Nr. 36, S. 55 (Kommentar S. 56). Abb. in: J. A. Stargardt, *Autographen*. Katalog 258. Versteigerung: 17. April 1926, S. 43, Nr. 260.

3. Albumblatt, 18. 1. 1846

Dem Dichter der Novelle
Schreib' ich die kleine Stelle,
Nie schreib' ich eine große
bin Dichter nur der Posse.

18/1 46.   J. Nestroy

Deutsches Literaturarchiv, Marbach. Zur Interpretation siehe Jürgen Hein, „"… bin Dichter nur der Posse". Ein Albumblatt Nestroys aus dem Jahr 1846', *Nestroyana* 16 (1996), S. 24 f.

4. Dedikationsgedicht, unter ein Bild von Carl Carl geschrieben, nach Mai 1845

Von München nach Wien
Unternehmend zu zieh'n,
Im Theater dann d'rinn
Durch zwanzig Jahr hin
Leiten mit weisem Sinn,
Und endlich abzieh'n
Mit reichem Gewinn,
Das stünd' Manchem zu Sinn.
Jetzt spielen s' auch an der Wien,
Aber 's is kein Mensch d'rinn,

Es zeigt sich kein Hoffnungsgrün,
Da wird's klar mir im Sinn:
Es steckt nicht an der Wien,
Im Kopf muß's sein d'rinn,
Sonst wird man auch hin
D'rauß an der Wien.

Carl Haffner, *Scholz und Nestroy. Roman aus dem Künstlerleben* (Wien: H. Markgraf 1864), Bd. III, S. 92 f. Am Anfang des Kapitels „Leiden und Freuden auf der Donauinsel" berichtet Haffner, Nestroy habe diese Zeilen „in dieser Zeit" (d. i. kurz nach dem Ende von Carls Direktion des Theaters an der Wien) „unter das Bild Director Carl's" geschrieben.[6]

5. Dedikationsgedicht an einen Schauspieler, nach Mai 1845:

Das Bild, das ich Dir hier spendire,
Häng' hoch auf über Deine Thüre,
Auf daß es Dein Kämmerlein ziere,
Tapferster der bairischen Ex-Kanoniere.

Carl Haffner, *Scholz und Nestroy: Roman aus dem Künstlerleben* (Wien: H. Markgraf 1864), Bd. III, S. 93: Nestroy habe diese Zeilen „unter sein eigenes Bild, das er dem Schauspieler Kläglich sendete", geschrieben. Der Adressat ließ sich nicht näher identifizieren.

6. Faksimilierte Beschriftung einer Lithographie von August Prinzhofer

Den größten Meister im Treffen man Jenen nennt,
Wo man die Getroffenen allsogleich erkennt;
Den größten Pfuscher im Treffen kann man daher das Schicksal
nennen,
Denn die es trifft mit seiner schweren Hand, sind selten wieder
zu erkennen.

J. Nestroy

---

6 Haffners „Roman aus dem Künstlerleben" ist zwar alles andere als zuverlässig, sein Bericht über die beiden Dedikationsgedichte (Nr. 4 und Nr. 5) gewinnt aber dadurch an Glaubwürdigkeit, daß er auch das nächste Gedicht („Den größten Meister ...") zitiert (S. 93), und zwar mit nur einer einzigen kleinen Abweichung von der Fassung, die, wie er er erwähnt, „im Kunsthandel circulirt[e]" (Z. 3: statt „kann man" heißt es bei Haffner „möcht ich").

Gedruckt bei J. Rauh 1846, vgl. *Nestroy im Bild*, S. 54 (Nr. 18). Das Gedicht erschien auch in der *Allgemeinen Theaterzeitung* vom 14. Mai 1846 (39. Jg., Nr. 115, S. 460).

7. Widmungsgedicht an einen Schauspielerkollegen (Wenzel Scholz?), 1846

Der Dir Freund und ·Collega· ist,
Wünscht Dir so lange Lebensfrist,
Bis Du so trefflich im Wisth:
Als im Komödi-Spiel'n bist,
Weil er gewiß dann wüßt,
Daß Methusalem sein ·Renomée· einbüßt.

J. Nestroy

Daß Du es nicht vergißt,
·Anno· 46 dieses geschrieben ist,
In der Firm-Wochen, wo der junge Christ
Dem heiligen Geist zu Ehren Lebzelten frißt.

Privatbesitz.
Nestroy schrieb diese Widmung auf die gleiche Lithographie von August Prinzhofer (*Nestroy im Bild*, Nr. 18) unter den vier lithographierten Zeilen. Schon im Band *Nestroy im Bild* wird darauf hingewiesen, daß „Nestroy [...] die Lithographien Prinzhofers [...] öfter für Geschenkzwecke verwendet und sie mit handschriftlichen Widmungen versehen" habe (S. 20). Walter Obermaier hat diese zehnzeilige Widmung 1997 in einem bei den 23. Internationalen Nestroy-Gesprächen in Schwechat gehaltenen, aber unveröffentlicht gebliebenen Referat kommentiert:
Die Firmwoche begann in Wien üblicherweise am Samstag vor dem Pfingstsonntag und dauerte – wie der Name schon andeutet – eine Woche. 1846 war dies die Zeit vom 31. Mai bis zum 6. Juni. Interessant ist, daß – wie es in einem zeitgenössischen Bericht heißt – die „ersteren Tage der Pfingstwoche [...] gewöhnlich von den Landleuten zur Erlangung der Firmung in Anspruch genommen, während die letzteren Tage von den Städtern vorzugsweise dazu gewählt werden. Denn selbst in religiösen Obliegenheiten hat sich Mode, Eitelkeit und bonton geltend gemacht". Die von Nestroy erwähnten Lebzelten zählten denn auch mehr zum Vergnügen der einfacheren Bevölkerung. Der Bericht von 1843 weiß darüber: kaum sei die heilige Handlung vorbei, so richten sich die Augen der Firmlinge erwartungsvoll auf die Firmpaten, „und

diese versteh[en] diese Liebesblicke und beeil[en] sich, die Sehnsuchtsseufzer ihrer Kleinen zu befriedigen. Dies ist auch sehr leicht ausführbar, denn vorerst sind die Wünsche derselben sehr bescheiden und können mit einigen Gläsern Meth, mit mehren Stücken Lebkuchen in dem nahen Methkeller oder in dem Methschank im neuen Domherrenhofe sogleich befriedigt werden." Freilich wird danach noch „eingekauft, was die freigebigen Firmpathen und Pathinnen für nützlich und schön erachten. […] Hierauf wandern sie wieder nach den Vorstädten, nachdem die Knaben ihre Mützen oder Hüte mit interessanten, lebkuchengeborenen Gestalten oder mit großen Blumensträußen besteckt haben" (*Wiener Zuschauer*, 19. Juni 1843 [Nr. 73], S. 772 f.).
Über Wenzel Scholz hinaus gehörten unter dem aktuellen schauspielerischen Personal des Carltheaters auch Louis Grois und Ignaz Stahl zu Nestroys Duz-Freunden.

8. Widmungsblatt für den Taschenspieler Herrmann, 7. 6. 1846

Dem Meister der Täuschung widmend die Zeilen,
Muß ich bey dem Gedanken an Täuschung verweilen;
  Täuschung ist ein großes Wort, sie hält
  Zusammen das Dings da, die Welt,
  D'rum hat man auch keine Wahl auf Erden,
  Als täuschen, oder getäuscht zu werden;
  Wer glaubt, daß es ein Drittes gäbe,
  Der täuscht sich selbst, so wahr ich lebe.

7, 6, 46   J. Nestroy

Bibliotheca Bodmeriana, Genf, vgl. Jürgen Hein, ,Nestroy-Handschriften in Genf und ein Einlageblatt zu *Die schlimmen Buben in der Schule*', Nestroyana 12 (1992), S. 43–54, bes. S. 48; Abb. S. 49. Zum Adressaten, dem Taschenspieler Herrmann, vgl. Walter Obermaier, ,Noch einmal: der *Meister der Täuschung*', Nestroyana 14/3–4 (1994), S. 57–59.

9. Albumspruch, an den Autographensammler Hermann Josef Landau gerichtet, 25. 5. 1847

Was man selbst nicht kann, darüber staunt man an Andern nicht
Sie sind Dichter; auch ich bring' zu Stande ein Gedicht;
  Doch, wunderbarer Mann!!
  Ob etwas And'rem staun' ich Sie an.

Sie haben eine ganze Broschüre Lob auf Saphir gemacht,
Bey Styx! Das hätte' ich nie zusammen gebracht.

Prag 25, 5, 47   J. Nestroy

St.B. Wien, I.N. 222.312. Zur Bestätigung der Anspielung auf Landaus Publikation (tatsächlich nur eine Broschüre von 28 Seiten) *M. G. Saphir als Mensch, Humorist und Kritiker* (Wien: Hirschfeld 1845) vgl. *Nestroyana* 15 (1995), S. 11.

10. Albumspruch für Wenzel Scholz, 1854

A, B, C, D,   R, S, und T,
Renz um Simi in der Näh',   's Seufzt die Kassa: „Auweh!"
E, F, G, H,   U, V, W, und X,
Kein Director is da,   Mit'n Zusetz'n is's nix,
J, K, und L,   ·Ypsilon· und Z,
Der was thät dageg'n schnell,   In die Brüch' Alles geht.
M, N, O, P, Q,
Mir scheint, wir sperr'n zu,

Im 1854$\underline{\text{sten}}$ Jahre des Heil's,
Im 23 $\underline{\text{sten}}$ „   unserer Freundschaft.   J. Nestroy

Stammbuch Wenzel Scholz, St.B. Wien, Signatur: Ia 206.537. Zwischen den beiden Kolumnen beziehungsweise der Datierung ist ein Trennungsstrich in Form eines kopfstehenden T gezogen. Nestroys Spruch ist (wie fast alle anderen Eintragungen im Stammbuch) auf einer dünnen Kartonkarte mit vergoldetem Schnitt geschrieben. Das Blatt ist wiedergegeben in: *Auf die Freundschaft windet Kränze. Wiener Stammbuchblätter aus fünf Jahrhunderten.* 209. Wechselausstellung der Wiener Stadt- und Landesbibliothek. Gestaltung und Text: Hermann Böhm, Wien 1987, S. 44.
Die Spruchwidmung spielt auf die Konkurrenz, die der 1853 erbaute, im Februar 1854 eröffnete Circus Renz in der danach benannten Zirkusgasse für das nahegelegene Carl-Theater darstellte. Vgl. Böhm, S. 44 f.; Gerhard Eberstaller, *Zirkus und Varieté in Wien*, Wien 1974, S. 31 (mit Abb. zwischen S. 52 und S. 53: Lithographie des Circus-Renz-Gebäudes von F. Zalter, 1856).

11. Undatiertes Gedicht „Hat man kein Geld"

<u>1.</u>
Hat man kein Geld

Nacher is's g'fehlt.
Doch hat man Maxen, dann ist es a Freud.
Da kann man dumm seyn, 's heißt doch man is g'scheidt.
Geld und Verstand
Geht Hand in Hand.

<u>2.</u>
Die ganze Welt
Fragt z'erst um's Geld.
Is man in Sack nur recht tüchtig beschlag'n,
Halt't man sich prächtige Roß, ein schön Wag'n,
Sag'n alle Leut,
„Der Mann is g'scheidt."

<u>3.</u>
Auch d'Lieb ohne Geld
Kommt ab in der Welt.
Herzen von Madln da thu ich nit lüg'n,
Seyn irzt um's Geld schon fast überall z'krieg'n.
Weisse Haar' schwarze Zähn
's Geld macht alles schön.

Freies Deutsches Hochstift, Frankfurt a. M., Handschriften-Abteilung, Signatur: 10.866; siehe Jürgen Hein, ‚Neue Nestroy-Funde: Studiennotizen zu *Höllenangst* und zwei bislang unbekannte Gedichte', *Nestroyana* 10 (1990), S. 85–92, bes. S. 88–92 (Abb. S. 89). Das Blatt weist auch eine Echtheitsbestätigung des Kapellmeisters Adolf Müller auf: „Original Handschrift von / Johann Nestroy. / Die Aechtheit verbürgt Adolf Müller".

12. Undatierter Spruch

Die Jugend ist das Lustspiel des Lebens, die Freude das Ballett des Daseyns; die Liebe ist die dramatische Idylle, leider immer nur in Einem Act. –
Die Ehe soll die harmoniereiche Oper des Lebens seyn, ist aber sehr häufig ein ordinäres, lärmendes Spectakel-Stück. Das Wirken des Menschen kann sich zum Effect-Drama gestalten, bleibt aber gewöhnlich locale Posse. Der Tod ist das große Trauerspiel.
                 J. Nestroy

ÖNB, Wien, Handschriftensammlung 53/58-2

TEXTE ZU ANTON ZAMPIS' KARIKATUREN: *KLEINE EPISODEN AUS DEM GROSSEN DRAMA: WIEN IM BELAGERUNGS-ZUSTAND*

EINLEITUNG

„Als Titel zu den Campischen Bieldern wäre meines Erachtens am besten ‚Kleine Episoden aus dem großen Drama Wiens in Belagerungszustand'. Wie ich Ihnen bereits gesagt habe verlange ich wenn die Sache ohne meinen Nahmen erscheint gar kein Honorar, wenn Sie aber mein Nahmen drauf setzen lassen, so nehme ich ein Honorar in Anspruch welches zu bestimmen ich jedoch Ihrem eignen Ermessen überlasse" (*Sämtliche Briefe*, Nr. 60, S. 82) – so Nestroy in dem Entwurf eines Briefes, den er wohl im Herbst 1848 an Johann Höfelich, den Wiener Verleger von Anton Zampis' Karikaturen, zu adressieren beabsichtigte. Der Anlaß zu Nestroys Großzügigkeit ist nicht bekannt; möglicherweise war er mit Zampis befreundet.
Die Kunstwissenschaft hat sich mit dem Werk Zampis' kaum auseinandergesetzt, biographische Einzelheiten sind ebenfalls spärlich überliefert worden. Laut einem feuilltonistischen Aufsatz von Arpad Weixlgärtner – ‚Anton Zampis', *Alt-Wiener Kalender für das Jahr 1922*, hg. von Alois Trost, Wien 1922, S. 27–33 – wurde er am 28. Februar 1820 als Sohn eines Seidenwarenhändlers in Wien geboren. 1841 trat er in den Staatsdienst ein und war als Offizial im Expedit der Allgemeinen Hofkammer tätig; bereits 1857 wurde er aber aus gesundheitlichen Grunden fruhzeitig pensioniert.
In einer amtlichen Äußerung über Zampis' Dienst stellte Franz Grillparzer fest, er habe sich als „ein intelligenter, wohlgesitteter, gebildeter junger Mann gezeigt" (Franz Grillparzer, *Sämtliche Werke*, hist.-krit. Ausgabe, hg. von August Sauer und Reinhold Backmann, 42 Bde., Wien 1909–1948, 3. Abt., 6. Bd., S. 284). Zu Zampis' Pensionierung notiert Sauer, er habe unter „Schwund der linken Seite infolge mehrmaliger Beinbrüche des linken Fußes und Armes" gelitten (ebenda, S. 393) und wurde „mit einem Drittel seines Aktivitätsgehaltes jährlicher 600 fl., sonach mit jährlich 200 fl. in den Quieszentenstand versetzt". Der Ruhestand dauerte 26 Jahre; er starb am 20. Dezember 1883, ebenfalls in Wien.
Berühmt wurde Zampis als Genremaler und Zeichner zeitgenössischer Sujets, vornehmlich Wiener Volkstypen; Dutzende seiner Bilder wurden lithographiert und veröffentlicht. Weixlgärtner beurteilt

ihn folgendermaßen: „Zampis war kein großer Künstler. Den Autodidakten, der er war, merkt man allen seinen Arbeiten an. Aber er hatte Witz und Humor [und] eine gute Beobachtungsgabe" (ebenda, S. 32), eine wohl unverdient scharfe Kritik. Mit Recht bemerkt Weixlgärtner: „Für Zampis war das Jahr 1848 so ergiebig, daß das Bild, das sich die Nachwelt von seiner künstlerischen Wirksamkeit machte, im wesentlichen durch das, was er in jenem Jahr geschaffen hat, bestimmt wird" (ebenda, S. 30). In der Zeit 1848–1850 erschienen drei Sammlungen von Illustrationen, in denen Zampis die Personen und Ereignisse des Revolutionsjahres satirisch darstellt: (1) *Erinnerungs-Bilder aus Wiens Oktober-Tagen 1848* von A. Zampis, Wien (J. Höfelich) 1848 (mit 11 Lithographien); (2) eine erweiterte Ausgabe der vorherigen Sammlung: *Erinnerungsbilder aus Wiens Oktober-Tagen 1848* von A. Zampis, Wien (A. O. Witzendorf) [1850]; dies enthält 20 Lithographien, wovon 13 im *Alt-Wiener Kalender für das Jahr 1922* wiedergegeben sind, neben zwei Selbstbildnissen Zampis'; (3) *1848 Satirische Chronik von Wien*, verantwortlicher Chronist Dr. [Joseph] Franck, Illustrationen von A. Zampis, Wien (L. T. Neumann) 1848 (mit 32 Lithographien). Exemplare dieser drei Veröffentlichungen befinden sich in der St.B. Wien und ÖNB. Hier sei auch Zampis' großartige satirische Darstellung der Hutmode in der Revolutionszeit erwähnt: Anton Zampis, *Chronologie der Kopfbedeckungen in dem denkwürdigsten aller Jahre: 1848*, Wien (L. T. Neumann; gedruckt bei J. Höfelich) 1848.
Einen faszinierenden Überblick der politischen Karikaturen der Revolutionszeit liefert Erich Witzmann, *Herr Biedermeier auf der Barrikade. Wiener Karikaturen aus dem Revolutionsjahr 1848*, herausgegeben vom Historischen Museum der Stadt Wien (= Wien Museum) unter der Leitung von Robert Waissenberger, Wien 1987. Neben zwanzig Lithographien Zampis' enthält der Band Aquarelle, Lithographien und Zeichnungen von Anton Elfinger, Carl Josef Geiger, Carl Lanzedelli, Josef Lancedelli, Johann Christian Schoeller u. a.
Nestroys Begleittexte zu Zampis' Bildern sind in drei eigenhändigen Handschriften belegt: der Original-Handschrift, H.I.N. 136.991 (H) und zwei HSS mit Vorarbeiten, H.I.N. 94.430 (V_1) und 94.277 (V_2). Bei den Erstdrucken handelt es sich um zwei Konvolute D_1 und D_2, die sich in der Sammlung des Wien Museums befinden. Die Umschläge der beiden Konvolute sind identisch und tragen die Aufschrift: Anton Zampis: *Kleine Episoden aus dem großen Drama: Wien im Belagerungs-Zustand*. Wie auf den einzelnen Bildblättern zu lesen ist, wurden sie von A. Zampis lithographiert und herausgegeben und von J. Höfelich gedruckt. I.N. 55.523 (D_1) besteht aus zwölf unkolorierten und I.N. 88.257 (D_2) aus zehn kolorierten

Lithographien, wobei D_1 sicherlich die ursprüngliche Version der Serie darstellt.
Die Anzahl der Bildermotive in D_1 und D_2 ist nicht identisch, wie aus der folgenden Übersichtstabelle ersichtlich ist. In der ersten Spalte beziehen sich die Ziffern 1–8 auf die gedruckte Numerierung, die auf den Blättern in D_1 erscheinen (die Blätter 9–12 sind mit keiner Numerierung versehen); in D_2 wurde die Reihenfolge der Blätter zum Teil geändert; die Numerierung der Nestroy-Texte bezieht sich auf die unten wiedergegebene Originalhandschrift.

Konvolut D_1 (unkoloriert)	Konvolut D_2 (koloriert)	Nestroy-Texte (H)
1	–	1
–	–	2
2	2	3
–	–	4
4	4	5
–	–	6
6	6	7
7	7	8
3	3	9
8	8	10
5	5	11
–	–	12
9	1	–
10	9	–
11	–	–
12	10	–

Zur Lithographie Nr. 1 in D_1 ist im Wien Museum (I.N. 166.674) auch ein Aquarell von Zampis in spiegelbildlicher Darstellung erhalten.
In Anbetracht dieses tabellarischen Vergleichs drängen sich drei Fragen auf. Erstens, wann wurden D_1 und D_2 veröffentlicht? Zweitens, warum enthält D_2 weniger Lithographien als D_1? Und drittens, warum wurden Nestroys Texte in D_1 und D_2 nur selektiv verwendet? Der genaue Erscheinungstermin der Bilderserie läßt sich schwer bestimmen: Man darf jedoch davon ausgehen, daß D_1 vor D_2 veröffentlicht wurde und daher Zampis' oder des Herausgebers ursprüngliche Absicht darstellt. Angesichts der allgemeinen Thematik der Karikaturen – der Ereignisse und Verhältnisse nach der Rückeroberung Wiens durch kaiserliche Truppen – gilt November 1848 als frühester Termin für die Veröffentlichung. Ungewißheit beim Datieren wird allerdings durch das 9. und 12. Bild (D_1) bzw. 1. und 10. Bild (D_2) verstärkt: Man fragt sich, warum hier Russen abgebildet

sind, denn an der Unterdrückung der Revolution in Wien nahmen keine russischen Truppen teil. Dies läßt sich wohl dadurch erklären, daß während der gesamten Revolutionszeit die Angst der Bevölkerung vor einem zaristischen militärischen Angriff herrschte, wie sie auch beispielsweise von Nestroy in *Freiheit in Krähwinkel* thematisiert wurde (vgl. *Stücke 26/I*, 39/9–21). Bezeichnenderweise wurden die vier Nestroy-Texte mit ausgesprochen scharfen politischen Pointen, Nr. 2, 4, 6 und 12, sowie der Ersatztext Nr. 6 weder in D_1 noch in D_2 verwendet. Ob Zampis Bilder zu diesen Texten zeichnete, läßt sich nicht feststellen; wenn ja, dann sind sie unauffindbar. Die Annahme liegt also nahe, diese Texte fielen wegen ihrer politisch heiklen Thematik – standrechtliche Hinrichtungen, Einschüchterung der Zivilbevölkerung, Abschaffung der Todesstrafe, Konstitution – der Militär- oder sogar Selbstzensur zum Opfer, so daß bei der Zusammenstellung der Bilder in D_1 Zampis vier zusätzliche Bilder (oder Ersatzbilder) schaffen mußte, zu denen neue, kürzere Unterschriften – höchstwahrscheinlich von fremder Hand – verfaßt wurden (vgl. ähnliche Schlußfolgerung bei Brukner und Rommel, SW V, 750). Text Nr. 1 in H mit seiner ebenfalls provozierenden Anspielung auf die Rolle der Gutgesinnten im Belagerungszustand erscheint zwar in D_1, fehlt aber in D_2. Handschriftlich belegt sind also nur folgende Begleittexte: in D_1 Nr. 1, 3, 5 und 7–11 sowie in D_2 Nr. 3, 5 und 7–11.

Wie aus einem Katalog der Firma Ch. M. Nebehay (Nr. XXVI, Wien 1972) *Anton Zampis 1820–1883. Entwürfe Zeichnungen Aquarelle* hervorgeht, zeichnete Zampis mehrere Bleistiftentwürfe für diese Bilderserie: Hier werden (S. 24 f.) fünf Bleistiftentwürfe zur Serie *Kleine Episoden aus dem großen Drama: Wien im Belagerungs-Zustand* zum Verkauf angeboten. Nach den Angaben des Katalogs messen alle fünf Entwürfe 23 x 18 cm. Zwei davon entsprechen den Bildern 5 und 6 in D_1 und D_2, zwei weitere den Bildern 9 und 10 in D_1 bzw. 1 und 9 in D_2. Thema und Komposition eines fünften Bildes, laut Nebehay ein verworfener Entwurf, zeigen deutliche Ähnlichkeiten mit denen in Bild 6 in D_1 und D_2: „Einem Passanten entfällt die Zeitung, als er sich unvermutet mit dem Rohr einer aus einer Barrikade herausragenden Kanone konfrontiert sieht" (Nebehay, S. 25). Die Entwürfe tragen keinen Text.

Alle zwölf in D_1 enthaltenen Lithographien wurden mit freundlicher Erlaubnis des Wienmuseums abgebildet.

TEXT

Da es sich im folgenden nicht um den Haupttext eines Theaterstükkes handelt, wurde im Gegensatz zu der üblichen Praxis der HKA entschieden, bei der Transkription der Handschrift alle Texte zu transkribieren, auch die gestrichenen, denn dadurch wird ein genaueres Bild von Nestroys Intentionen gegeben. Kleinere Sofortkorrekturen sind wie üblich im Kapitel VARIANTEN UND LESARTEN zu finden.

N° 1.
Die Eine. O Gesinnungslosigkeit! Die Calabreser-Kathi geht mit ein Rothmantler herum!
Die Andere. Es is jetzt zwar Belagerungszustand, aber das brächt' ich doch nicht über mein demokratisches Herz.
Kathi. Ich thu' Alles um der Regierung zu zeigen, daß ich unter die Gutgesinnten gehör'.

N° 2. *[Text mit Rotstift gestrichen]*
Er. Da drunten erschießen s' Einen, ich hab' zuschau'n woll'n, aber 's zerreißt mir das Herz.
Die Erste. Meine Nerven vertragen das Knallen nicht, ich geh' auch nicht gern in's Theater, wenn g'schossen wird.
Die Zweyte. Mir geht's auch so, d'rum schau' ich viel lieber beym Aufhängen zu.
Die Dritte. Das Erschießen wird mir schon fad, alle Tag 's Nehmliche.

No 3. *[Text mit Tinte gestrichen]*
Der Gevatter. Seh'n Sie Frau Mahm, das sind Zwey von die Schönsten.
Die Mahm. (zu ihrem Söhnlein) Siehst du, das sind die Folgen, wenn die Knaben nicht auf's Lernen dencken. (zum Gevatter) Aber wird der Herr Gevatter ka Keirey haben, als Munitionsverstecker?
Der Gevatter. Warum denn? Die sind alle Zwey absolut in mein Zimmer g'f[l]ogen, also kann ich mir s' aufheben als mein legitimes Angedencken.

N° 3. *[Ersatztext]*
Sie. Also solche sind hir in die Zimmer g'flogen?
Er. Wie Sie sehen, das sind Zwey von die schönsten.
Sie. Aber es giebt doch noch Größere.
Er. Wir waren mit die zufrieden.

N° 4. *[Text mit Rotstift gestrichen]*
Spaziergeher[.] (die Zeitung lesend) „ – die Ruhe kehrt allenthalben wieder, der bessere Geist gewinnt die Oberhand, die Völker sind zur Einsicht gekommen" – Ha – !! (läßt die Zeitung fallen) jetzt seh' ich's selbst; – ja, ja, die Völker sind zur Einsicht gekommen.

N° 5.
Die Junge[.] Trotz Waffenverboth leg' ich meinen Stutzen nicht ab.
Die Alte. In der Regel hab' ich auch immer einen g'habt, aber jetzt is halt der Ausnahmszustand, und ich bin völlig weg, wenn ich dran denck'.

N° 6. *[Ursprünglicher Text]*
Der Cylinder[.] (triumphierend). Mit der Abschaffung der Todesstrafe scheint es doch nichts zu werden.
Der Calabres[er.] Es giebt noch zu Viele, die den Galgen verdienen.
Der Cylinder[.] Wissen Sie einige?
Der Calabreser[.] O ja, für's Erste Alle die, die im Reichstag gegen die Abschaffung der Todesstrafe gestimmt.

N° 6. *[Ersatztext, mit Rotstift gestrichen]*
Der Eine. Wer bringt dieß Bield vor meine Augen – !?
Der Andere. Das is g'scheidt, es is halt doch nix d'rausgeworden mit der Abschaffung der Todesstraf'; alte Gebräuche muß man ehren.

N° 7[.]
Croat. Zurück!
Der Erste. Entschuldigen, wir haben geglaubt, das is die Bastey.
Der Zweyte. Können Sie uns nicht gefälligst sagen, bleibt das hir Alles schon so?
Croat. Nix deutsch.
Der Dritte [.] Das wissen wir ohnedem, daß es mit die Deutschen nix is.

N° 8.
Handschuhmacher. Entschuldigen, auf das Maß von die Finger haben wir nix vorräthig; da muß ich schon bitten, daß mir die Herrn einen ·Original·-Fäustling schicken, damit ich ihn in's ·Glacé· übersetzen kann.

N° 9.
Dienstboth. ·Ale· da schaun S' her, Sie abscheuliche, wie habn S' zug'richt't Haus unsrige, wo dien' ich.
Kanonier. Unser Grundsatz is zwar, „Milde und Schonung" – aber ganz ohne geht's halt doch nicht ab.

Dienstboth. Das sag' ich Ihne, wann kummte wieder ·Pumperdi-
mang· so werdn S' nicht ziel'n auf Babuschka Ihriges.
Kanonier. Ja, da möcht' der Teufel a Stadt belagern, wenn man
nirgends hinschießen dürft', wo a Kanonier a Geliebte hat.

N° 10.
Municipalgardist. Volcksbewaffnung kann durchaus nicht geduldet
werden.
Knabe. (weinend) Mein Sabel will ich wieder haben!
Municipalgardist. Das wollen viel Größere als Sie, und sie kriegen
ihre Sabeln doch nicht.
Mutter. Er wird gewiß den Staat nicht umwälzen, der Knabe ist ja
noch so jung.
Municipalgardist. Das is eben das Gefährliche; wenn sich die Jugend
nicht bewaffnet hätt', die Alten hätten sich noch Hundert Jahr'
lang nicht gerührt.

N° 11.
Kappelbub. Ja, das war sonst sehr ein offenes Wirthshaus, aber so
weit der Belagerungs-Zustand reicht, is jetzt Alles verschlossen.
Rothmäntler. Wu is nächste Wirthshaus, was is offen?
Kappelbub. Da rathet ich Ihnen beym „Bär'n".
Rothmäntler. Wu is das?
Kappelbub. Gleich vom Rathshaus lincks hinein, das kleine Gassel
in St. Pölten, da wird's noch offen seyn.

N° 12. *[Text mit Rotstift gestrichen]*
Der Hiesige. Ich bin so frey –
Der Eisige. Frey? Dann kommen Sie mir nicht in die Nähe!
Der Hiesige. Das ist ja nur eine Redensart; der ·Wutki· hir ist nicht
für meine ·Constitution·, er ist mir zu hitzig d'rum wollt' ich Sie
bitten zu ·interveniren·.

Da die Texte zu den vier letzten Bildern (9–12 in D_1) handschriftlich
nicht überliefert sind, ist es zweifelhaft, ob sie ebenfalls von Nestroy
stammen (siehe oben). Sie werden im folgenden nach D_1 zitiert:
D_1 9 A: Aber mit den langen Röcken können Sie ja gar nicht vorwärts gehen.
Russe: Ich werd' Ihnen zeigen, wie wir andere zum Laufen
bringen.
D_1 10 Ich bin ein Gutgesinnter – meine National-Garde-Uniform
habe ich in Baden den Croaten verehrt, erlauben Sie, daß ich
meine Pickelhaube Ihnen offerire.
D_1 11 Purer Spiritus! –
D_1 12 Contrast der Uniformen

ABBILDUNGEN

Anton Zampis, *Kleine Episoden aus dem großen Drama: Wien im Belagerungs-Zustand*, Erstdruck, Bl. 1 (Copyright Wienmuseum)

Anton Zampis, *Kleine Episoden aus dem großen Drama: Wien im Belagerungs-Zustand*, Erstdruck, Bl. 2 (Copyright Wienmuseum)

Anton Zampis, *Kleine Episoden aus dem großen Drama: Wien im Belagerungs-Zustand*, Erstdruck, Bl. 3 (Copyright Wienmuseum)

Anton Zampis, *Kleine Episoden aus dem großen Drama: Wien im Belagerungs-Zustand*, Erstdruck, Bl. 4 (Copyright Wienmuseum)

Anton Zampis, *Kleine Episoden aus dem großen Drama: Wien im Belagerungs-Zustand*, Erstdruck, Bl. 5 (Copyright Wienmuseum)

Anton Zampis, *Kleine Episoden aus dem großen Drama: Wien im Belagerungs-Zustand*, Erstdruck, Bl. 6 (Copyright Wienmuseum)

Anton Zampis, *Kleine Episoden aus dem großen Drama: Wien im Belagerungs-Zustand*, Erstdruck, Bl. 7 (Copyright Wienmuseum)

Anton Zampis, *Kleine Episoden aus dem großen Drama: Wien im Belagerungs-Zustand*, Erstdruck, Bl. 8 (Copyright Wienmuseum)

Anton Zampis, *Kleine Episoden aus dem großen Drama: Wien im Belagerungs-Zustand*, Erstdruck, Bl. 9 (Copyright Wienmuseum)

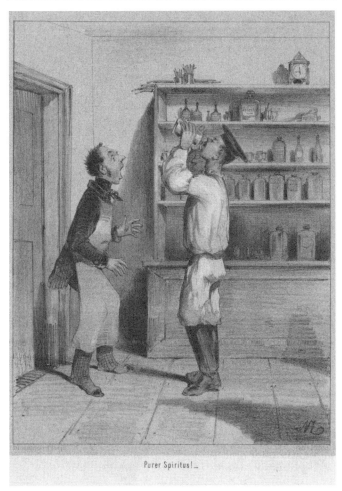

Anton Zampis, *Kleine Episoden aus dem großen Drama: Wien im Belagerungs-Zustand*, Erstdruck, Bl. 10 (Copyright Wienmuseum)

Anton Zampis, *Kleine Episoden aus dem großen Drama: Wien im Belagerungs-Zustand*, Erstdruck, Bl. 11 (Copyright Wienmuseum)

ABBILDUNGEN

Anton Zampis, *Kleine Episoden aus dem großen Drama: Wien im Belagerungs-Zustand*, Erstdruck, Bl. 12 (Copyright Wienmuseum)

ÜBERLIEFERUNG

1. Reinschrift der Texte; eigenhändige Handschrift Nestroys, Tinte mit Bleistifteintragungen.
   2 Bogen 35,4 x 43,4 cm (8 Seiten)
   1 Blatt 21,7 x 21,2 cm (1 Seite Text)
   St.B. Wien; Signatur:
   H I.N. 136.991 (= H)

2. Entwürfe zu Nr. 6 und 10 (H) sowie Entwurf eines dritten, nicht zuweisbaren Textes; eigenhändige Handschrift Nestroys, Bleistift.
   1 Blatt ca. 16,9 x 21,8 cm (2 Seiten)
   St.B. Wien; Signatur:
   H.I.N. 94.430 (= V_1)

3. Entwürfe zu Nr. 8, 9, 11 und 12 (H); eigenhändige Handschrift Nestroys, Bleistift.
   1 Blatt, ca. 18,6 x 21,8 cm (2 Seiten)
   St.B. Wien; Signatur:
   H.I.N. 94.277 (= V_2)

Bei V_1 und V_2 handelt es sich ursprünglich um ein einziges Blatt (ca. 35,4 x 21,8 cm), das später in zwei Hälften geschnitten wurde.

4. Erstdruck: Anton Zampis, *Kleine Episoden aus dem großen Drama: Wien im Belagerungs-Zustand*, lithographiert und herausgegeben von A. Zampis, gedruckt bei J. Höfelich [Wien], o. J. [1849?] in zwei Ausgaben:
   (1) Konvolut enthält zwölf lose Blätter ca. 44,2 x 28,8 cm mit unkolorierten Lithographien, ca. 24,0 x 18,0 cm
   Wien Museum; Signatur:
   I.N. 55.523 (= D_1)

   (2) Konvolut enthält zehn lose Blätter ca. 44,2 x 28,8 cm mit kolorierten Lithographien ca. 24,0 x 18,0 cm
   Wien Museum; Signatur:
   I.N. 88.257 (= D_2)

TEXTGRUNDLAGE

Textgrundlage für Nr. 1–8 ist die Originalhandschrift (H); die vier letzten Texte sind nach D wiedergegeben. Wie bei den Haupttexten der *Stücke*-Bände wurde die Groß- und Kleinschreibung von Anredepronomen in der Wiedergabe des Textes, jedoch nicht der Vorarbeiten vereinheitlicht.
Um die Überprüfbarkeit der Transkription zu verbessern, wird in der folgenden Liste die Reihenfolge der einzelnen Bildtexte in H angegeben:
1. Bogen
    S. 1: Text Nr. 1; Nr. 2 (gestrichen)
    S. 2: Text Nr. 2 (Fortsetzung, gestrichen); Nr. 3 (gestrichen); Nr. 4 (gestrichen)
    S. 3: Text Nr. 4 (Fortsetzung, gestrichen); Nr. 5; Nr. 6
    S. 4: Text Nr. 6 (Fortsetzung); Nr. 7
2. Bogen
    S. 5 Text Nr. 8; Nr. 9
    S. 6 Text Nr. 9 (Fortsetzung); Nr. 10
    S. 7: Text Nr. 10 (Fortsetzung); Nr. 11; Nr. 12 (gestrichen)
    S. 8: Text Nr. 12 (Fortsetzung, gestrichen); Nr. 6 Ersatztext (gestrichen)
Halbbogen:
    S. 1: Text Nr. 3

VORARBEITEN

Die Vorarbeiten lassen sich teilweise schwer entziffern, werden aber hier möglichst vollständig transkribiert, da sie die Sorgfalt zeigen, mit der Nestroy auch bei einer Gelegenheitsarbeit an seinen Texten feilte, um die wirksamste Formulierung zu erzielen. Bei einem Vergleich der Vorarbeiten und dem endgültigen Text fällt vor allem auf, wie Nestroy seine Formulierungen beim Revidieren in der Regel strafft und wie er den Dialog aphoristisch gestaltet: Hier kann man den Dramatiker bei der Arbeit beobachten.
Wie oben erwähnt, handelt es sich bei V_1 und V_2 ursprünglich um ein einziges Blatt, das später in zwei Hälften geschnitten wurde. Bei V_1 recto und V_2 recto sowie bei V_1 verso und V_2 verso handelt es sich also jeweils um eine ursprünglich einzige Seite.

[V_1 recto]
[entspricht Nr. 8]
·Handschuh·

(× So weit hat es die hiesige Handschuh{macherey} noch nicht gebracht, wenn mir {aber} ×)
[rechts] (+ (× Ich bitt ×) (+ {Verzeihn} +), auf das Maß von die Finger haben wir nichts vorräthig, da muß ich schon bitten daß mir +)
(+ die +) Herrn ein ·Original· Fäustl[in]g schicken (× wollen ×), (× so werd ich ihn mit Vergnügen ×) (+ damit ich ihn +) in's ·Glace· übersetzen kann.

[entspricht Nr. 11]
·Wirthshaus·
(× {Roth[mantler]}} {Wo} is Wirthshaus *[ein Wort unleserlich]*?
[Kappelbub] (×+ Ja es is fatal, die Wirthshäuser sind alle zu wegen Ausnahmszustand (× und ×) (+ {denn} +) der Durst ist leider kein Ausnahmszustand. +×)
(× ·Klb· {Wegen} Ausnahmszustand, {sie bedenken nicht}, daß der Durst nicht zum Ausnahmszustand gehört ×)
[rechts]
(× ·R· {Wo is} Wirthshaus zum {Hen-}
·Kappelbub· Ja, (× 's is ×) fatal, (+ [']s is Alls zu +) wenn (+ nur +) der Durst auch ein Ausnahmszustand wär' nacher ließ man sich den Ausnahmszustand bey die Wirthshäuser gfall'n, aber so – ×)
(× K. Ja das war sonst ein fideles Wirthshaus, aber (× {in} Ausnahmszustand is {halt}Alles zu ×) (+ geht es halt da {recht} übel zu +). Wenn sich der Ausnahmzustand nur nicht (× {bis es noch} ×) {vor die} *[ein Wort unleserlich]* (×+ *[ein Wort unleserlich]* +×) erst[r]ecket, da {könnt} man sich {noch mit'n} *[ein Wort unleserlich]* {trösten}, aber so ×)
·Roth· Wo is (× nächste ×) (+ ein +) Wirthshaus (× was is offen nächste ×) (+ was is offen +)?
[provisorische Wortumstellung: nächste sollte vor Wirthshaus eingefügt werden; diese Umstellung wurde später rückgängig gemacht]
K Da rathet ich Ihnen, (× zum ×) beym „B[ä]r'n"
Roth Wo is das?
K (× Links ×) Gleich {von} Rathhaus links hinein, (× {in} dem ×) (+ das +) kleine Gassel in St ·Pölten·, da wird's noch offen seyn.
[rechts]
(× ·Kappelb.· So wie dieß sonst so offenes Wirthshaus, so {is} jetzt {Alles} verschlossen so weit der Belagerungs-Zustand reicht ×) (× ja da war sonst ×)
[Blatt abgeschnitten; Fortsetzung I.N. 94.430, S. 1 recto; die ersten vier Wörter sehr blaß]

[rechts]
    {sehr a offenes Wirthshaus}, aber so weit der
    B~~~~~~~~~~*[lies: Belagerungszustand]*
    reicht is {just Alles}verschlossen. ×)
[V₁ recto]
[entspricht Nr. 9]
·Dinstboth·   ·Ale· {Das} (× {werd ich {mir} aus} ×) (×+ {bitt} ich mir aus, denn wenn kummte Belager[ung] +×) (+ (+ da +) Schauens her {Sie} Abscheuliche, wie habens +) zugricht Haus unsrige, wo dien' ich. +)
·Kanon·   Unser Grundsatz is zwar Milde und Schonung, aber ganz ohne geht's halt doch nicht.
·Dinst·   Das (× {bitt' ich mir aus} ×) (+ sag ich Ihnen +), wenn kummte wider ·Pumperdiman(× t ×)(+ g +)·, so (× *[drei Wörter unleserlich]* ×) wenn's (× {nachher} ×) nicht zil'n auf (× {Geliebte}×) (+ {Babuschka} +) Ihrige(+ s +)
Kanon   (× {Unser Grundsatz} ×) (×+ {Liebe} Babuschka +×) is {zwar} Milde und Schonung, aber {drum} ×) (×+ der Teufel +×)
[Blatt abgeschnitten; Fortsetzung V₂ recto]
{möcht} {*[zwei Wörter unleserlich]*} (× {a Stadt} ×) (+ {*[drei Wörter unleserlich]*} +) hinschi[e]ßen (× wollt ×) (+ dürfft' +), wo a Kanonir a Geliebte hat.

[entspricht Nr. 10]
Mun[i]cipa[l]gardist   (× (× {Na} ×) (+ Das darf nicht seyn +) {junger} Herr, jetzt darf {Niemand nicht} ×) (×+ Sie sind ein {gefährliches Individuum}; und +×) (+ Volksbewaff[nung] +) kann durchaus nicht geduldet werden.
Knab   (× Ich will m ×) (+M +)ein Sabel will ich wider haben.
{M[unici]palg.}   Das wolln viel Größre als Sie, und (+ sie +) krign (× {sie doch} ×) (+ ihre +) Sabeln doch ×) nicht (× {wider} ×) (×+ {aus} +×)
Mutter   Er (× ist aber noch gar so (× klein ×) (+ jung +) ×) (+ wird gwiß den Staat (× gewiß ×) nicht umwälzen, (× er ×) (+ der Knabe +) ist ja noch so jung
Mun[i]cipa[lgar]dist.   (× Ebndeßwegn (Bewaffnung der Jugend) das Alter ist froh wenn's Ruhe hat, ×) (+ Das is aber das {Gefährliche}, wenn sich die Jugend nicht bewaffnet {hätt'}, die Alten {hätten} sich (noch) Hundert Jahr lang nicht g'rührt.

[entspricht möglicherweise Nr. 12]
Frey wolln Sie seyn, in der Nähe des {russischen} {[D]ampflandes}?
{Zu[rück]} B~~~~~~~ {oder} ich {intervenire}

{Herr} Was wollen Sie hir mit der Knute
R Das ist bloß {·Intervention·}

[V₁ verso]
  Sie haben mich im {[D]ampfland} bedient hir hätt' ich ein Fläschchen ·Wutky·, darf ich so frey seyn –
{Herr} {noch} einmahl ein solches {Wort}, und (× {Ah} legen Sie die ·Intervention· bey ×) (+ ich springe (× {vor} ×) {ein} – +) (× Spitz. ×). Ich thu' Ihm ja nichts, warum {drohen} Sie mir gleich mit der ·Intervention·

[rechte Blatthälfte, quer geschrieben]
Der (× ·Eine· ×) (+ {Her[r]} +) Ich bin so frey –
Der Andere (+ Frey? – +) Dann kommen Sie mir nicht in die Nähe!
Der (× Eine ×) (+ Her[r] +) Das ist ja nur eine Redensart; der ·Wutki· hir ist (× {zum ersten} nichts ×) (+ nicht +) für meine ·Constitution·, darum wollt ich Sie bitten (×+ ihm das Fläsch[ch]en öffnend +×) zu ·intervenieren·

[V₂ verso]
[kein entsprechender Text in H]
A. Ich hab mir mein Zimmer neu herrichten lassen, da (× *[ein Wort unleserlich]* ×) (+ {sag} +) ich mir diese {Hinrichtung} (× {herein} ×)
B. Ja man scheint überhaupt der Meinung zu seyn, daß sich ohne Hinrichtung nichts herrichten läßt.

[entspricht Nr. 6]
(× ·Cala· ×) (+ ·Der Eine· +) Wer bringt dieß Bield vor meine Augen!?
(× ·Cylinder· ×) (+ ·Der Ander[e]· +) (× Ja die Abschaffung der Todesstrafe war (+ auch +) so ein ·Calabreser·-Traum, {wir} Cylinder habn aber gleich gwußt, daß nichts {draus word[en]}. (× Ja es ist nichts {mit} ×) (+ Das is gescheidt, +) Es is halt doch nichts {draus}geworden mit der Abschaffung der Todesstraf(× e ×)(+ ' +), (× recht so, ×) alte Gebräuche muß man ehren.

VARIANTEN UND LESARTEN

Nr. 1   *Rothmantler.* H: *Rothmantler*; D: *Rothmäntler.*
 –   *is.* H: *is*; D: *ist.*
Nr. 2   *N° 2. [...] 's Nehmliche.* H: Text mit Rotstift gestrichen.
Nr. 3   *N° 3. [...] zufrieden.* H: Text mit Tinte gestrichen.
 –   *zu ihrem Söhnlein.* H: *zu* (× {m Knaben} ×) (+ *ihrem Söhnlein* +).

Der Ersatztext wurde auf einem nachträglich eingefügtem Blatt geschrieben.
- *Er. Wie Sie sehen*. H: *Er.* (× *Sehen Sie, d* ×) *Wie Sie sehen*.
Nr. 4   N° 4. [...] *gekommen*. H: mit Rotstift gestrichen; Fragezeichen in Rotstift nach *N° 4*.
Nr. 5   N° 5. H: Kreuz in Rotstift nach *N° 5*.
- *wenn ich dran denck'*. H: *wenn ich* (× *an's Standrecht* ×) (+ *dran* +) *denck'*. Änderung wohl von fremder Hand mit Rotstift durchgeführt.
Nr. 6   N° 6. H: Kreuz in Rotstift nach *N° 6*.
- *Der Cylinder*. H: (× {/Streichung unleserlich/} ×) (+ *Der Cilynder* +) (Flüchtigkeitsfehler stillschweigend korrigiert).
- Der Ersatztext erscheint als letzte Eintragung auf S. 8.
Nr. 7   *Nix Deutsch*. H: Tilgungszeichen in Rotstift nach *Nix Deutsch*.
- *Der Dritte* [...] *nix is*. D: Zeile fehlt.
Nr. 10   *bewaffnet*. H: Tilgungszeichen in Rotstift am linken Blattrand vor *bewaffnet*.
- *wenn sich die Jugend* [...] *nicht gerührt*. D: *wenn sich die Jugend bewaffnet*.
Nr. 12   N° 12. [...] ·*intervenieren*· H: Text mit Rotstift gestrichen.
- ·*Constitution*·, *er ist mir zu hitzig d'rum*. H: ·*Constitution*·, (+ *er ist mir zu hitzig* +) *d'rum*.

ERLÄUTERUNGEN ZU H, D₁ UND D₂

Nr. 1   *Calabreser-Kathi*: Kalabreser, ein Filzhut mit breiter Krempe, 1848 gern von Radikalen getragen (vgl. *Stücke 25/II*, 74/19 und *Stücke 26/I*, 76/24). Die angebliche lose Moral junger Wienerinnen während der Revolutionszeit wird in *Lady und Schneider* thematisiert (vgl. *Stücke 26/II*, 65/15–27).
- *Rothmantler*: ‚Kroate'. „Seit 1700 den früheren österreichischen Grenzregimentern beigegebene berittene Mannschaften für Rekognoszierungen, Avantgarden und Patrouillendienst. Sie trugen blauen Dolman, roten Mantel und rote Kappe. Der Ban von Kroatien [Jelačić] führte 40.000 Mann Grenztruppen zur Unterwerfung Wiens" (SW V, 750 f.).
- *Belagerungszustand*: die Verhältnisse während der Belagerung Wiens Ende Oktober 1848 und danach.
- *Gutgesinnten*: ‚Vertrauensmänner', selbsternannte Hüter der guten Sitten und der öffentlichen Ordnung.
  Der Dialog erinnert an die Schaulust der Krähwinkler Bürger während der Revolution, vgl. *Stücke 26/I*, 48/25–49/10.

Nr. 2 *erschießen*: Anspielung auf die militärischen Hinrichtungen, die während der Belagerungszeit 1848 nach dem Standrecht in Wien durchgeführt wurden.
Nr. 3   *Gevatter*: hier ‚Verwandter'.
- *Mahm*: „Muhme, Tante, alte Frau" (Jakob).
- *Zwey von die Schönsten*: bezieht sich hier auf Kanonenkugeln.
- *Keirey*: üblichere Form ‚Keierei', „Zank, Streit, Unannehmlichkeit" (Jakob), „Mühe, Verlegenheit, Unannehmlichkleit, Verdruß" (Schmeller-Frommann).
Nr. 5   *Stutzen*: „Muff (Handwärmer), [...] kurzes Gewehr, Flinte" (Jakob); „Stutzen" bedeutet ebenfalls ‚Trinkglas in Becherform'; Wortspiel mit den verschiedenen Bedeutungen des Begriffs.
- *Ausnahmszustand*: ‚Ausnahmezustand'; bezieht sich auf die Anordnungen des Militärregimes 1848/49.
Nr. 6   *Cylinder*: ‚Zylinderhut'.
- *Reichstag*: Wegen der Unruhen in Wien wurde der Reichstag im Oktober 1848 nach Kremsier verlegt (vgl. *Stücke, 26/II*, 355).
- *Wer bringt dieß Bield vor meine Augen*: Zitat aus Schiller, Die Räuber (5. Aufzug, 2. Szene; Räuber Moor).
Nr. 7   *Croat*: ‚Kroate'; Die Anspielung bezieht sich auf die kroatischen Truppen unter Jelačić.
- *Bastey*: Um den Besitz der strategisch wichtigen Basteien Wiens wurde im Oktober 1848 heftig gekämpft.
- *daß es mit die Deutschen nix is*: Anspielung auf die Ineffektivität des Frankfurter Parlaments und möglicherweise auch auf den Ruf der Wiener Revolutionäre nach deutscher Einheit (vgl. *Stücke 25/II*, 75/17–28 und *Stücke 26/I*, 9/13).
Nr. 8   Das Bild zeigt zwei Kroaten; der Handschuhmacher trägt eine für Studenten typische Schirmmütze.
- *Glacé*: (frz.) ‚feines, weiches glänzendes Leder' (Duden).
Nr. 9   Das Bild zeigt das Glacis im Vordergrund, dahinter die Stadtbefestigungen und den Turm des Stephansdoms.
- *Ale*: (tschech.) ‚aber'.
- *Kanonir*: ‚Artillerist'.
- „*Milde und Schonung*": Die Formulierung soll möglicherweise an den berühmten Bittgang der preußischen Königin Luise zum französischen Kaiser Napoleon in Tilsit erinnern, in dem sie um Milde und Schonung für die Bevölkerung bat.
- *Pumperdimang*: ironische Zusammensetzung von ‚Bombardement' und ‚Pumper', „das Geräusch eines Falles oder Schlages" (Jakob). ‚Bombardementfürst' war der Schimpfname der Wiener Demokraten für Windischgrätz, der die Bombardierung Prags im Juni 1848 und Wiens im Oktober 1848 befahl.
- *Babuschka*: (tschech. babuška) ‚altes Weib'.

Nr. 10 *Municipalgardist*: ‚Mitglied der Munizipalgarde', die während der Revolution eine wichtige Rolle spielte. Der abgebildete Gardist trägt den Tschako der Sicherheitswache.
- *Volcksbewaffnung*: Anspielung auf die Einberufung aller wehrfähigen Männer bei der Verteidigung Wiens im Oktober 1848 (vgl. *Stücke 26/II*, 52/31 und 283, Anm. zu 52/31).
- *Sabel*: ‚Säbel'. Der Schleppsäbel gehörte zur Uniform der Nationalgarde (vgl. *Stücke 26/I*, 54/12 und *Stücke 25/II*, 74/17).
- *Das is eben das Gefährliche*: Zitat? (Nicht eruiert).
Nr. 11 In der Abbildung ist der [Teil]name „Dachl" an der Wand des geschlossenen Wirtshauses zu sehen. Der rote Mantel mit Quastenkappe ist die Uniform der kroatischen Truppen (siehe Anmerkung zu Nr. 1).
- *rathet*: ‚riete' (2. Konjunktiv).
- *Gassel*: ‚Gäßchen'.
- *St. Pölten*: Die 60 km westlich von Wien gelegene Stadt St. Pölten (heute Hauptstadt Niederösterreichs) galt lang als Inbegriff des Provinziellen.
Nr. 12 *Ich bin so frey*: ‚ich erlaube mir'; zugleich eine Anspielung auf die revolutionäre Parole wie auch auf die Schlußworte des Gedichts ‚Salonszene' von Anastasius Grün (vgl. *Stücke 26/I*, 10/11 und *Stücke 26/II*, 20/10).
- *Wutki*: (russ. Wodka) ‚Schnaps' (Jakob).
- *Constitution*: ‚Verfassung', Parole der Wiener Revolutionäre. Die Gewährung einer Verfassung war ein Hauptziel der Revolutionäre im März 1848. Hier als Wortspiel sowohl auf die politische als auch auf die körperlich-geistige Konstitution zu verstehen (vgl. *Stücke 25/II*, 52/19–24, 74/27, *Stücke 26/I*, 21/13 und *Stücke 26/II*, 74/26 f.).
- *intervenieren*: ‚vermittelnd eingreifen'.
Nr. 9 [D$_1$] Hier sind Soldaten in der typischen Uniform der russischen Truppen abgebildet.

Erläuterung zu den Varianten und Lesarten:

Nr. 5 *Standrecht*: Das Standrecht wurde Ende Oktober 1848 nach der Eroberung Wiens eingeführt.

VARIA AUS DER MÜNCHNER
NESTROY-MAPPE

EINLEITUNG

In der Münchner Mappe aus der ehemaligen Sammlung Trau (Deutsches Theatermuseum, München: Autographen-Inventarnummer VIII 6000, T 3–6, T 19–23) finden sich verschiedene Notizen und Entwürfe, die sich keinem der fertigen Stücke Nestroys zuordnen lassen. Die Seitenzahlen in der Mappe stammen nicht von Nestroy, die Reihenfolge der Bogen entspricht sicherlich nicht der Entstehung der einzelnen Dokumente und sie ist auch kein Zeugnis für die Zusammengehörigkeit der einzelnen Teile.[1] So ist T 1 das Umschlagblatt der *Reserve*, deren dritte Seite erst auf T 27 folgt. Auf T 3–6 finden sich Entwürfe zu Dialogen, die im vorliegenden „VARIA"-Abschnitt wiedergegeben werden, auf T 7 die Reinschrift eines Couplets „Ein Zwanz'gjähr'ger Laff" und eine Liste von Refrains (siehe S. 329 f.), auf T 8–9 Entwürfe zum Couplet Schlichts in *Mein Freund*, II, 9 (V_{8a}, siehe *Stücke 30*), auf T 11, 13 und 14 Entwürfe zu einem weiteren Couplet „Wir Gelehrte hab'n der Welt ..." (siehe S. 331) – T 12 ist eine Leerseite –, auf T 15–16 eine Liste von (nicht Nestroyschen) Stücktiteln, die im Dokumentationsband berücksichtigt werden soll, auf T 19–22 zusammengefaßte Handlungsmotive aus verschiedenen Quellen, auf T 23 der Entwurf eines Dialogs, dem der Roman *Peter aus der alten Burg* von John und Michael Banim zugrunde liegt, dann nach drei weiteren Leerseiten (T 24–26) die Fortsetzung der *Reserve*.

Die im folgenden abgedruckten Aufzeichnungen sind durchwegs mit Bleistift und z. T. sehr flüchtig und mit Streichungen geschrieben. Die Streichungen wurden hier im einzelnen nicht berücksichtigt. Die Wiedergabe von s', 's, S' und ss/ß wurde der Konvention der HKA gemäß vereinheitlicht, und Geminationsstriche wurden aufgelöst; auf die Kennzeichnung von Lateinschrift bei den Namen sprechender Personen wurde verzichtet. Ansonsten wird der Text, sofern er leserlich ist, ohne Vereinheitlichung wiedergegeben.

---

[1] Zur Geschichte der Mappe siehe Birgit Pargner, ‚Die Wiederentdeckung verschollener Original-Handschriften von Johann Nestroy im Deutschen Theatermuseum in München', in: *„Bei die Zeitverhältnisse noch solche Privatverhältnisse": Nestroys Alltag und dessen Dokumentation*, hg. von W. Edgar Yates (Wiener Vorlesungen: Konversatorien und Studien, Bd. 10 [2001]), S. 82–86. Zur Geschichte der Sammlung Trau siehe Gilhofer & Ranschburg Auktionskatalog LXII: *Sammlung Franz Trau 1. Teil (7.–10. November 1934)*, S. III–V (Einführung von Fritz Brukner).

NOTIZEN UND DIALOGE [T 3–6]

Die Überschriften in SW XV, 730–733, die zwischen „Notizen zu einem Couplet" und „Varia" unterscheiden, sind irreführend: Die ersten Notizen sind Vorstufen zu den ausgeführten Dialogen. Aus welchem Anlaß Nestroy diese geschrieben hat (etwa als Texte zu Karikaturen?), ist unbekannt. Aus den Anspielungen auf die Nationalgarde und die „Politik der Türkey" geht hervor, daß die Texte nach der Revolution entstanden sind.

Die ersten drei Entwürfe auf T 3, die viele Verbesserungen und Streichungen aufweisen (der ganze Text des dritten ist gestrichen), sind entweder nicht mehr leserlich (das gilt für den ersten, in dem es um den Vergleich zwischen dem „Verhältniß der ·Legislat· und ·Executive·" und dem „Ehstand" geht) oder nicht zu Ende ausgeführt worden; der dritte ist ein früher Entwurf zum ersten Dialog „Der Eine / Dort blitzt's […]" (siehe unten). Es folgen dann auf T 4 die folgenden numerierten Notizen:

1) Albernes ·Raisonnement· in ·radicaler· Form

2) Sohn ·geniert· sich vor den Aussehn des Vaters: gehn S' hinein in die Hemdärmeln

3) {Auf} Streiten Anspielung auf die National-·Garde· von ehedem

4) Über das Verbothne.

5.) ·Ad libitum·

6.) Politisches ·Raisonnement·

7 So lange fern geblieben – Ich kann selbst jetzt vor Hut nicht in die Nähe

8. Auf Hundssteuer

Die fertigen Dialoge fangen wohl auf T 3 unter den gestrichenen Stellen an und fahren auf T 4–6 fort:

Der Eine
Dort blitzt's wie Pickelhaub'n und Bajonett in der Sonn –
Zwey sind's – die scheinen mir verdächtig, geh'n wir davon
Der Andere
Wir scheinen ihnen auch verdächtig, – sieh wie sie schau'n –
Komm Freund, da herrscht kein gegenseitiges Vertrau'n.

A
Mit [der] Politik der Türkey kenn' ich mich nicht aus
B
Wie so? Man geht hinein, bleibt {sitzen}, und geht wieder h'naus.[2]
Das Alles spricht sich klar aus durch bezeichnende Worte
Denn man nennt die Türkey ja den {·Firman·}[3] und die Pforte

Sie Sie lieben mich nicht Treuloser ich sehe
   Sie meiden absichtlich meine Nähe.
Er Ach hätten Sie doch nur einen andern Hut genommen,
   So kann der Zärtlichste nicht in Ihre Nähe kommen.

·Die Mutter· den {kleinen} ·Nationalgardisten·
Wenn 's streit'ts wer mehr is, wird's glei a End hab'n nehmts euch
                              in Acht,
Die Großen, die sich damit g'spielt hab'n, habn's ·accrat· a so
                              g'macht.

Räthselfrage
{Ha} seht einen Mann ohne Rock – geplündert beraubt –!?
Mitten im ·frequenten· ·Ischl·,[4] wer hätt' das geglaubt!
Wie war es möglich daß ihm das ·arriviert·?
Einfache Lösung
Er hat Acht Tage im ·hotel· ·Talachini·[5] ·logiert·.

---

2 Möglicherweise bezieht sich das Hineingehen – Sitzenbleiben – Hinausgehen auf die politische Situation nach der Revolution 1848/49, als Flüchtlinge aus der Monarchie (vor allem Ungarn) ins Osmanische Reich flüchteten, dort als Asylanten blieben und später die Türkei wieder verließen (siehe auch *Stücke 28/II*, S. 126 ff.).
3 *Firman*: ,Ferman', d. i. ein Erlaß des Sultans.
4 *Ischl*: Kurort im Salzkammergut. Baedeker stellt 1845 fest, Ischl werde „besonders vom österreichischen, böhmischen und ungarischen Adel mehr, als irgend ein anderes Bad besucht" und gehöre als „Modebad" zu den „theuern Bädern" (S. 67). Nestroy verbrachte hier erstmals 1855 mit Marie Weiler und beider Tochter Marie den Sommer; siehe Walter Obermaier, ,Nestroy in Ischl', *Nestroyana* 25 (2005), S. 105–114; ders., ,Eine Denkmalenthüllung und ihre Folgen. Noch einmal Nestroy in Ischl', *Nestroyana* 27 (2007), S. 20–34.
5 *Hotel Talachini*: Es handelt sich hier um das am Traunufer gelegene Grand-Hotel Tallachini (meist nur Grand Hotel genannt), das spätere Hotel Elisabeth. Ursprünglich wollte der Badearzt Dr. Wirer das Grundstück am Traunufer erwerben, um ein Hotel zu errichten, doch verkaufte die Gemeinde Ischl das Grundstück (vermutlich 1842) hinter seinem Rücken an den Mailänder Bauunternehmer Francesco Tallachini, der dann das Grand Hotel errichtete. Für Wirer ein Grund, den im Testament eingesetzten Ort Ischl zu enterben und sich in Wien (ursprünglich

(× Welcher is der Trottel
Die Dame
Was hast du denn Fritz –?
Der Knabe   Ich fürcht' mich vor der Alten.
Der Herr
Ihr Landleute habt doch merckwürdige Gestalten.
Die Frau ist ein Trottel nicht wahr
Das Weib
Freili; deßweg'n hab' i ja Kröpf a Paar
Die Trottln auf'n Land kennt man an die g'füllten Kröpf,
So wie die Trottln in der Stadt an die leeren Köpf ×)

Er. Amalie, man bemerckt Sie, ·genieren· Sie sich
Sie. Nur einen Moment noch, jetzt sieht er gerade her auf mich.

·Der Führer·
·Courage ·E. G.·[6] 's kost nur ein'ne Sprung und ein Schritt,
's liegt ja nix dran Ob's das Paar Füß' haben oder nit
{Obige} Füße ringen die Hände, und bliken, mit trostloser
{H.........[1 Wort]} in die {schauerliche} {Tiefe} hinab

Der 1ste
Er is zwar nimmer in der Mod
Ich les aber doch nix als ein Walter ·Scott·.[7]
Der 2te
Mir hat der ·Paul de Kock·[8] 's Gemüth zu sehr bewegt
Drum hab ich mich jetzt ganz auf den ·Ballsak·[9] gelegt.
Der 3te
Der ·Balzac· is ja ein Erlaubter wer wird denn den lesen?!

---

    am Matzleinsdorfer Friedhof, jetzt Zentralfriedhof) beerdigen zu lassen. Das überaus prunkvolle Hotel wurde 1845 eröffnet. (Informationen aus: Gerhard Seemiller, *Bad Ischl – Häuser und Schicksale*, Linz 1998, S. 53–55). „Das Ischler Grandhotel hatte sich schon bald einen vorzüglichen Ruf erworben; es reihte sich ein in den exklusiven Kreis der Herbergen, die von der damaligen großen Welt bevorzugt wurden" (ebd., S. 57).
6 *E. G.*: ‚Euer Gnaden'.
7 *Walter Scott*: schottischer Dichter (1771–1832), dessen historische Romane sich auch in deutscher Übersetzung großer Beliebtheit erfreuten.
8 *Paul de Kock*: vielgelesener französischer Autor (1794–1871), dessen Romane und Vaudevillekomödien Nestroy seit den späten 30er Jahren mehrmals bearbeitet hat; siehe W. Edgar Yates, ‚Paul de Kock und Nestroy', *Nestroyana*, 16 (1996), 26–39.
9 *Ballsak*: ‚Balzac', ‚eine gepolsterte Ruhebank'; hier Wortspiel mit dem französischen Romancier Honoré de Balzac (1799–1850), vgl. ebd., S. 29.

Mein Element is immer nur 's Verbothne gwesen

<u>Sie</u> Das wird Ihnen schaden, Sie steigen so tief in's Wasser hinein
<u>Er</u> Seit auf der Börse nichts mehr zu machen, bin ich gewohnt im
Wasser zu seyn

<u>Der gehende Greisler</u>[10]
Ich hab g'hört d'Hund werd'n wüthend wenn man s' einspannt in
Wag'n.
<u>Der fahrende Greisler</u>
Das is nur a Ausred' von die Viecher, sie woll'n sich nicht plag'n

<u>Der bürgerliche Wirth</u>
Gehst schon wieder aus? mußt denn allweil ·Cavalier· spiel'n?
<u>Der noble Sohn</u>
Dort kommen Damen – ach um's Himmelswillen,
Geh'n Sie hinein, ich bitt Sie, das brächt' mich in's Grab,
Wenn die sähen, daß ich ein'n Vatern in Hemdärmeln hab.

---

10 *Greisler*: ‚Lebensmittelhändler' (österr.).

HANDLUNGSMOTIVE [T 19–22]

Die Quellen, die Nestroy hier exzerpiert hat, zeugen von seinem vielseitigen Lesen. Gerade weil die Werke anscheinend so unterschiedlich sind und Nestroy die Titel nicht unbedingt genau abgeschrieben haben muß, ließ sich keines der Originale mit Sicherheit feststellen; jene Titel, die sich mit Wahrscheinlichkeit identifizieren lassen, sind in den Erläuterungen angegeben. Zum mutmaßlichen Zusammenhang zwischen den Notizen zum siebten und achten Titel, „·*Herzlose·*" und ·*Plan· der 3 M.*, und den Vorabeiten zum *Schützling* vgl. *Stücke 26/II*, 133 f.

·Notizen zur Handlung·

Aus Herr u. Diener[11]	Den Freund als Livreebedienten wiederfinden
	Den Großen seinem Schiksale überlassen und den Bedienten retten
Aus {·Charl Tyrell·}	Den Verdacht des Mordes auf sich laden und schweigen um Freund{e} nicht zu verrathen
Aus Frau von 40 Jahren[12]	(× Daß einer sich Vorwürfe macht, eine Frau hat sich wegen ihm zu Tode gekränkt, und diese Selbstvorwürfe in Gegenwart seines Freundes, der nicht {lassen} will von seiner Angebetheten und soll eine andere heurathen und fürchtet sich die Angebethete könnte sich zu Tod kränken, und diese ist dieselbe wo der erste sich einbieldet, sie hat sich zu Tod gekränkt
	Der Onkel geht hin um der Frau seines Neffen Courmacherey zu verbiethen; und sie macht es so daß der alte dieselbe Thorheit begeht und sich in sie verliebt, und macht ihn dann zu Schanden.
Aus ·Ursula Miranet·	Die Erben versammeln sich im Vorzimmer eines sterbenden Reichen Verwandten

11 *Herr und Diener, oder: Das geheimnisvolle Haus*, Bearbeitung von Victor Hugos Versdrama *Ruy Blas* (1838), „aus dem Französischen übertragen und für das Theater an der Wien bearbeitet von Margaretha Carl", Premiere am 9. November 1839 im Theater an der Wien, am 12. November 1839 auch im Theater in der Leopoldstadt aufgeführt. Zwei Manuskripte sind im Österreichischen Theatermuseum erhalten. Das Stück wurde am 11. November 1839 sehr günstig von Karl Preyßner in der *Theaterzeitung* besprochen (30. Jg., Nr. 226, S. 1102 f.).
12 Charlotte von Ahlefeld (1781–1849), *Die Frau von vierzig Jahren* (Roman, 1829).

Aus ·Nur ein Geiger·[13]	Es spart der arme Geiger für eine Geliebte die fort ist und von der er hofft er wird sie im Elend wiedersehen, und sie kommt reich zurück.
Aus ·Erinnerungen eines Mannes aus dem Volke·[14]	Das Ausziehen einer zu Grunde gegangenen Fabrikantenfamilie, wo man dem Vater um ihn zu schonen weißmacht, es sey nur eine Besuchfahrt (er verkauft noch im Fortgehen an den ·Licitanten·, den er für eine Kundschaft hält[)]. Besuch, wo es dann Abend wird, der Vater sagt, gehen wir nach Hause, und sie sagen ihm dann, wir <u>sind zu Hause</u>.
	Eifersucht eines nicht betrogenen Ehemanns, welche aus der Ähnlichkeit aller Verhältnisse entspringt, welche bey seinem {Freunde} dem betrogenen Ehmann statt haben, welcher nichts {merkt}, aber immer sagt „gerade wie bey mir[“]. Nehmlich die Momente, er findet die Thüre versperrt – Der Anbether der einen sagt er war abgereist, vor dem Mann, der Nichtbetrogene als Vertrauter Freund jener Frau, erfährt daß die Abreise nun dem Mann vorgemacht war. Darauf bekommt er auf einer Promenade Verdacht gegen die seinige, und derjenige sagt auch er war verreist. Ein anderer kommt, und sagt zu ihm „glauben Sie, daß der verreist war? kein Gedanke![“] Es wächst der Argwohn. Eine Stickerin, die dort ein Briefchen überbrachte findet er bey seiner Frau, welche sie aber bloß zum Unterricht in einer künstlichen Arbeit kommen ließ. Verdacht noch ärger.
Aus „·Herzlose·."	Zwey Freunde, sind Nebenbuhler in ihrem Beruf, B. erlangt die Stelle. A[.] gönnt sie ihm von Herzen. A. hat eine Schwester der B. die Ehe versprochen, A. will nun dem B. ·gratuliren·, auch von der kränklichen Schwester ausrichten. er überrascht B. im Garten eines reichen ·Protectors· mit dessen Tochter. Scene wo er ihn in der Nacht pakt. Rachsucht heimlich keimt in B. beschließt dessen Liebe die sich nur auf Heimlichkeit gründet zu zerstören, und untergräbt seinen Ruf, dadurch daß er einem der Untergebenen des A[.], den dieser unterstützt, weiß macht A[.] thue das alles nur weil er in seine Frau verliebt wäre.

---

13 Hans Christian Andersen, *Nur ein Geiger* (Roman, deutsche Übersetzung Leizig 1849).
14 Michel Masson, *Erinnerungen eines Mannes aus dem Volk*e, 8 Bde., Leipzig 1839–1842.

Zum ·Plan· der 3 M.	Das ·Project· des {Strivens} und des ·Tiburce· {beydes} auf die Wittwe schieben. die j. Frau sagt dann, der Zweyte sey der Rechte, der Mann denckt sich die Wittwe ist sehr wankelmüthig.
·Abl Alnutt·[15]	Scene wo während dem Ball der Brief des ruinirtseyns kommt. Fassung dann nach dem Ball, das war unser erstes Fest – und unser letztes.

---

15 *Abl Alnutt*: richtig *Abel Alnutt*, Roman des vor allem für *Die Abenteuer des Hadschi Baba aus Ispahan* bekannten englischen Diplomaten und Reisenden James Justinian Morier (ca. 1780–1849). Erstdruck des englischen Originals 1837 bei R. Bentley in London; deutsche Übersetzung von G. N. Bärmann (*James Morier's Sämmtliche Werke*, 13.–15. Bd.), Braunschweig 1837.

SCENE MIT DEM RÄUBER DER SICH ALS VATER AUS-GIEBT NACH „PETER AUS DER ALTEN BURG" [T 23 f.]

Die Quelle, auf die dieser Entwurf zurückgeht, ist eine Übersetzung des englischen Romans *Peter of the Castle. By the O'Hara Family.* Dieser Autorenname ist ein Pseudonym für John und Michael Banim. Die deutsche Übersetzung *Peter aus der alten Burg. Von J. Banim. Aus dem Englischen übersetzt von W. A. Lindau* erschien in zwei Teilen im Jahre 1834 bei Brockhaus in Leipzig und erregte kritische Aufmerksamkeit: vgl. H. Marggraff, ‚Der Recensent in der Noth. Zweites romantisches Abenteuer. Vier Recensionen', *Der Freimüthige*, 4.–9. Juli 1835, 2. und 3. Teil (S. 539 f., 544).

·Scene· mit dem ·Räuber· der sich als Vater ausgiebt nach „·Peter aus der alten Burg·"

N. Was bringt euch hier zu dieser Stunde?
R Ich wollte hir schlafen.
N. Habt ihr kein Obdach?
R. Obdach? ich habe deren mehr als ein's.
N So geht, gute Nacht.
R. Gute Nacht. Aber halt ich hab euch noch {ein} Wörtchen zu sagen
N Was?
R Eigentlich Fragn. nehmlich um Euer Bißchen Geld.
N Schurke (Ringen)
  (Medallie sehen)
R Himmel, ist's möglich!? Woher habt ihr diß
N was habt ihr darn[a]ch zu fragen. Fort Schurke oder –
R Das ist ein Familienandenken
N Woher wüßt, oder vermuthet ihr
R Der euch's umgehängt –
N Nun?
R War euer Vater
N Woher wißt ihr?
R Euer Vater lebt.
N Wo?
R Es wird euch überraschen daß er Schnellfuß heißt
N Schurk –
R Nen[n]t mich nicht so +) Ich bin es selbst
N Wollt ihr mich hören
R Nun, laß {die} an's Herz druken
N Zuruk.
R. Ihr zweifelt? Woher konnt ich das Gepräge und den Buchstaben

wissen, etwa beym Mondlicht das heute nicht ei[n]mahl scheint.
Das steht darauf. –

Für die Überprüfung und Ergänzung der Transkription danke ich
Birgit Pargner, für Rat, Hinweise und wesentliche Ergänzungen zu
den Erläuterungen Walter Obermaier.

[BRIEF AUS DEM JENSEITS]

Aus welchem Anlaß und zu welchem Zweck dieser wohl fiktive Brief entstanden ist, ist unbekannt. Der einzige Überlieferungsträger ist eine schwer lesbare Handschrift, die in der Handschriftensammlung der Wiener Stadt- und Landesbibliothek erhalten ist; nach der Schrift zu urteilen, ist sie wahrscheinlich in den fünfziger Jahren entstanden.

ÜBERLIEFERUNG

Eigenhändige Hs., 2 Blätter (= 1 Bogen) (3 Seiten Text), Bleistift und schwarze Tinte, ca. 30,0 x 22,4 cm.
Entwurf mit vielen Streichungen und Verbesserungen (großteils Sofortkorrekturen), die im folgenden nicht berücksichtigt sind.
Links oben von fremder Hand (Bleistift): (36)293/30
St.B. Wien
Signatur: I.N. 137.073 [Provenienz: Sammlung Brukner]

TEXT

Liebe Freunde!
Da heute die himmlische Ordinari, aus unserem Jenseits nach eurem Disseits hinunterfährt, kann ich nicht umhin, euch eine Nachricht mitzutheilen, die mich mit himmlischer Freude erfüllt, und die gewiß euer Irdisches ·Int[r]esse· sehr in Anspruch nehmen wird. Ich befinde mich hir recht seelig, so wie es sich für einen ordentlichen Seeligen gehört, nur hat es mich manchmahl {gew[un]dert}, daß {mir} einige meiner seeligen ·Collegen·, zwar himmlische aber doch dabey etwas schiefe Gesichter schnitten, ich konnte mir das nicht erklären, und befragte eine[n] ·aetherischen· Rath·protocollisten·, der hir beym {D[e]partement} des Auswärtigen angestellt, und mein sehr guter Freund ist, was wohl der Grund seyn könne. „Das wissen Sie nicht" sagte mein Freund, der ätherische {Ra[th]p[rotoco]llist}, „die Herren ärgern sich, daß Sie auf der Welt unten bey den Thaten eines Menschen, aus zu großer Güte und Nachsicht, manchmahl ein Auge zugedrückt." Ich sehe nicht recht worauf Ihre Rede zielt, erwiderte ich. „Das kommt vom zugedrückten Auge" erwiderte {mein} Freund Protokollist; „ich will es {Ihnen} öffnen", und somit führte er mich in sein ·Buro·, nahm von einer Bureaustellage einen ·Folianten· herab, und warf ihn auf einen Wolckentisch. Ihr habt in eurer Haimath einen Alttestamentarischen, einen Kerl von dem man bloß deßwegen

weil er beschnitten ist, nicht sagen kann er ist ein ganzer ·Filou·[.]
Hir ist er eingetragen im ·Infernal·Vormerkungs·protocoll·,
{·Lite[r]a·} S. ·Serie· Schuft, ·N^r· 1. Aha Sie meinen ·Salomon· Winter
sagte ich. „So nennt ihr ihn entgegnete mein Freund aus einer Art
{·Galanterie·}, die wir hir nicht kennen, wier nennen die Kinder beym
{wahren} {Nahmen}, bey uns heißt er {·Schlune leb Po[r]ch·}, denn
erstens hat der, dessen Weisheit nur in ·raffinierten· Betrügereyen
besteht bey uns nicht Anspruch auf den Nahmen ·Salamon·, und
zweytens hat sich der Winter dieser eisgraue alte Herr schon einge-
mahle darüber beschwert, daß {man} seinen Nahmen so einem ·In-
dividu[u]m· beylegt, und ist vielleicht heuer bloß deßwegen so streng
und verfährt etwas hart mit der Erde, weil sie noch immer diesen
{seinen} saubern Nahmensvetter auf sich herumwandeln läßt. Wier
haben auch bereits ein ·{Negous}· {an} das Höllen·prae·sidium erlassen daß es die romantische Zips {von} diesem unromantischen hä-
breischen Ungethüm welches durch sein[en] Hauch beynahe deren
reine Gebirgsluft verpestet, befreye.["] Der Höllenpräsident zeigte
sich in seiner {Erwidrung} sehr {willfährig}, nur meint {er} müsse
man noch eine kurze Zeit sich {gedulden} bis die nöthigen Vorberei-
tungen zum Empfange eines ausgezeichneten Höllen·candidaten·
getroffen wären, er habe {dieß}falls bereits eine Sitzung aller tortur-
verständigen Teufeln zusammenberufen, und wenn man über die
seiner würdigen Marter sich wird geeinigt haben, {werde man} sogleich ein[en] Staffetten-Teufel nach der Zips beordern, der das gute
Jüdlein beym Genick fassen, ihm das Bischen Talmutsseele aus dem
Leibe beuteln, und damit in den Abgrund fahren wird.
Also kennt man hir so genau seine Thaten?
„Um sich davon zu überzeugen folgen Sie mir in die Registratur.["]
Somit führte mich mein Freund in einen großen Wolkensaal an
dessen Wänden ·Folianten· bis an die Ätherdecke aufgeschichtet
waren. Den dickleibigsten mit der Aufschrift Sünden-·Register·
nahm er herab.
/S. 2/ Himmel ist das ein ·Foliant·, rief ich aus, darin haben ja die
Sünden der ganzen Menschheit Platz!
„Er enthält nur die Schlechtigkeiten des ·Schlune Leb Porch· erwi-
derte mein Freund ·Protocollist·. Hir sehen Sie
·No· 1. Betrug an einen gewissen ·{Tranect}· in ·Matzdorf·, {und}
·{Balus}· in {Graznberg} verübt, ist allen Bekannten bekannt, Fremde
belieben hier nachzulesen, wo er ausführlich geschildert
·No· 2 Elastischer Betrug verübt an dem guten aber schwachen
·{Macholder}· Pf{enn}, welchem er das Falscheste was an Steine[n]
Perl[e]n Gold und Silber aufzutreiben war für baare klingende Mün-
ze verkaufte.
    Warum nennen Sie diesen Betrug einen elastischen? fragte ich.

„Wegen seiner Dehnbarkeit, der Jude hat ihn nehmlich auf mehrere Jahre ausgedehnt." antwortete mein Freund.

·No· 3 Tausend {Betr[ü]gereyen} an dem guten Bischof {·Bogido·} verübt.

Dafür, höre ich, muß der Jude wenn er in der Hölle angekommen, eine glühende Infel so lang mit bloßen Händen kneten, bis ein jüdischer Dreyspitz draus wird.

·No· 4 Betrug mit zwey Ringen einer {·pr·} 100 # der ander[e] {·pr·} 200 #

Die billigste unter allen seinen Betrügereyen, nur der ·Accuratesse· wegen auf·notirt·

·No· 5 ·detto· an Herrn ·{Marjasy}· und dem guten Hrn v[.] {Propstuk},

um einige Grade schändlicher als ·No· 4

·No· 6 Prellerey {·pr·} 84000 ·fl·. an H. v. ·{Cornedo}· ausgeübt

·No· 7 Mischung von Betrug und Prellerey mit Hrn. v. ·{Dolmiczony}·

·No· 8 Verkauf falscher Lose unter dem Nahmen ·Partial· Lose das Stück zu 1000 ·fl·.

Derley ·Partial· Lose werden in der andern Welt ·total· angerechnet.

·No· 9 ·TragiKomisch romantisch dramatischer· Betrug.

der Talmudist betrügt seinen eigenen Sohn; die Hochzeitsnacht ist vorüber, es wird Tag, der Jude ·echappirt· mit der Aussteuer der Braut seines Sohnes, er gelangt an die ·{Thuerdisiner}· Brücke, wird gefangen, und der jüdische Schwiegerpapa nimmt ihm die Summe {herrisch} ab.

10. Betrügerey an den H. ·Paul· u. ·G[r]egor v. Berswiczy· gehört trotz bedeutender Niderträchtigkeit zu seinen Alletagsbetrügereyen.

11. ·Extra·feine Betrügerey an dem ehrlichen {Fln.} ·Grün·, ·pr· 30000 in ¾ Jahre, interessant durch raschen Fortgang, und durch die hir {nebenbey} ·notirten· Verwünschungen, welche die Wittwee heraufgeschikt.

12. ·Synagogischer· ·Local·-Betrug, er hat nehmlich auf miserable Weise die arme jüdische Kirche um 1 Stück Platz {gebracht}

13. Interessantes Betrugs-·Drama· mit dem {Hochgebohrnen} H. {Grafen} {·Adex. v. Csuty·} gespielt, in unzähligen ·Acten·, endet mit ·Sequestration· der Güter des Betrogenen.

Sehen Sie, so könnte ich Ihnen noch Stunden und Tagelang vorlesen, sagte mein Freund indem er d[as] Buch zumachte, aber ich fürchte Sie zu ermüden, und es ist gegen die Statuten der See-

[S. 3]

ligkeit daß Jemand hir Langweile empfindet. Wenn Sie aber {hinun-

ter}schreiben, so warnen Sie Ihre Freunde und ·Collegen·, wie überhaupt alle Menschen von was immer für Alter, Stand, Geschlecht und ·Religion· vor diesem Schandfleck welchen das alte Testament in das neue herübergeklext hat.["]
In diesem Augnblik trat ein Amtsdiener in einer mit himmlischen Holzborten verzirte[n][1] ·Livree· herein, und überreicht meinem Freunde ein höllisches Actenstück –
Ah, sagte er zu mir, nachdem er gelesen, da können Sie Ihren Freunden gleich etwas angenehmes berichten, das ·Infernal Praesidium· meldet uns soeben, da[ß][2] die besprochenen Anstalten baldigst in Ordnung seyn werden, und daß der Oberste ·Orkus-tortur·-Ceremonienmeister zu diesem Zweck eine höchst qualvolle Feyerlichkeit unter dem Titel „die jüdische Seelenmesse" zum Empfange des ·Schlune Leb Porch· ·arrangirt· habe.
Mit diesem gewiß höchst erfreulichen Berichte wünsche ich euch recht wohl zu leben, woran ich gar nicht zweifle, indem euch nach ·diabolischer· Abhohlung des jüdischen Winters ein dauernder {Frühling} in ·christlicher· Ruhe erblühen wird.
    Euer {Fr——}

LESARTEN

1 *verzirte*[*n*]. Hs.: *verzirter.*
2 *da*[*ß*]. Hs.: *das.*

ANMERKUNGEN UND ERLÄUTERUNGEN

Ordinari: Donaupostschiff.
Salomon Winter: Der einzige Salomon Winter, der in Wurzbachs *Biographischem Lexikon des Kaiserthums Oesterreich* (Bd. 57 [1889], S. 81) vorkommt, stammte aus der Zips und hatte den Ruf eines Wohltäters (Hinweis von Walter Obermaier):
Salomon Winter (geb. in der Zips in Ungarn 1778, gest. zu Hunsdorf im Zipser Comitate am 24. Februar 1859). Ein Israelit, der sich durch 60jähriges Wirken in seiner Gemeinde und zum Wohle seiner Glaubensbrüder auch außerhalb seines nächsten Wirkungskreises in achtungswürdiger Weise bekannt gemacht. Seinen energischen Bemühungen verdankt die Hunsdorfer Israelitengemeinde die Synagoge, welche um 1820 erbaut wurde, und die Hauptschule, deren Errichtung in das Jahr 1840 zurückreicht.

Als in den Vierziger-Jahren in Pesth eine Versammlung der jüdischen Notabeln Ungarns stattfand, nahm Winter als Vertreter sämmtlicher jüdischen Comitatsgemeinden der Zips daran Theil.
Negous: nicht eruiert.
Zips: ehemalige deutsche Sprachinsel in Nordungarn (Slowakei).
Staffetten-Teufel: ‚Eilboten-Teufel‘ (*Staffette*: ‚Eilbote‘).
pr: ‚per‘, ‚zu‘.
#: Bezeichnet nicht ein Gewicht, sondern eine Währungseinheit, und zwar den Dukaten. Das Zeichen kommt zweimal in den Vorarbeiten zu *Zwey ewige Juden und Keiner* vor, und zwar in den Handschriften I.N. 33.360 und I.N. 33.358, wo es sich um Wandlings Verlust von 300 Dukaten (*Stücke 24*, 71/12 f.) handelt.
Partial Lose: Staatspapiere.
die Thuerdisiner Brücke: nicht eruiert. Zu erwägen wäre auch die Lesart *Thucedesiner*.
Orkus: ‚Unterwelt‘.

Für Hilfe bei der Transkription und Hinweise zu den Erläuterungen gilt mein herzlicher Dank Walter Obermaier.

VERZEICHNIS VON NESTROYS STÜCKEN IN DEN BÄNDEN DIESER AUSGABE

1   *Prinz Friedrich* (ersetzt durch *Prinz Friedrich von Corsica* in Nachträge *I*)
    Der Zettelträger Papp
    Dreyßig Jahre aus dem Leben eines Lumpen
    Die Verbannung aus dem Zauberreiche oder Dreißig Jahre aus dem Leben eines Lumpen
    Der Einsylbige oder Ein dummer Diener seines Herrn
    Der Tod am Hochzeitstage oder Mann, Frau, Kind
2   *Der gefühlvolle Kerckermeister oder Adelheid die verfolgte Wittib*
    Nagerl und Handschuh oder Die Schicksale der Familie Maxenpfutsch
3   *Zampa der Tagdieb oder Die Braut von Gyps*
    Treue und Flatterhaftigkeit oder Der Seeräuber und der Magier
    Der confuse Zauberer oder Treue und Flatterhaftigkeit
4   *Die Zauberreise in die Ritterzeit oder Die Übermüthigen*
    Genius, Schuster und Marqueur oder Die Pyramieden der Verzauberung
5   *Der Feenball oder Tischler, Schneider und Schlosser*
    Der böse Geist Lumpacivagabundus oder Das liederliche Kleeblatt
6   *Der Zauberer Sulphurelectrimagneticophosphoratus [...]*
    Robert der Teuxel
7/I *Das Verlobungsfest im Feenreiche oder Die Gleichheit der Jahre*
    Die Gleichheit der Jahre
7/II *Der Tritschtratsch*
    Müller, Kohlenbrenner und Sesselträger oder Die Träume von Schale und Kern
8/I *Die Familien Zwirn, Knieriem und Leim oder Der Welt-Untergangs-Tag*
    Die Fahrt mit dem Dampfwagen
8/II *Weder Lorbeerbaum noch Bettelstab*
9/I *Eulenspiegel oder Schabernack über Schabernack*
9/II *Zu ebener Erde und erster Stock oder Die Launen des Glückes*
10 *Der Treulose oder Saat und Erndte*
11 *Die beiden Nachtwandler oder Das Nothwendige und das Überflüssige*
    Der Affe und der Bräutigam
12 *Eine Wohnung ist zu vermiethen [...]*
    Moppels Abentheuer im Viertel unter Wiener Wald in Neu-Seeland und Marokko
13 *Das Haus der Temperamente*
14 *Glück, Mißbrauch und Rückkehr oder Das Geheimniß des grauen Hauses*
    Der Kobold oder Staberl im Feendienst
15 *Gegen Thorheit giebt es kein Mittel*
    Die verhängnißvolle Faschings-Nacht

16/I	Der Färber und sein Zwillingsbruder
16/II	Der Erbschleicher
	Die Zusammengestoppelte Komödie
17/I	Der Talisman
17/II	Das Mädl aus der Vorstadt oder Ehrlich währt am längsten
18/I	Einen Jux will er sich machen
18/II	Die Papiere des Teufels oder Der Zufall
	Die Ereignisse im Gasthofe
19	Liebesgeschichten und Heurathssachen
	Das Quodlibet verschiedener Jahrhunderte/Die dramatischen Zimmerherrn
20	Nur Ruhe!
	Eisenbahnheirathen oder Wien, Neustadt, Brünn
21	Hinüber – Herüber – Hinüber – Herüber –
	Der Zerrissene
22	Die beiden Herrn Söhne
	Das Gewürzkrämer-Kleeblatt
23/I	Unverhofft
23/II	Der Unbedeutende
24/I	Zwey ewige Juden und Keiner
24/II	Der Schützling
25/I	Die schlimmen Buben in der Schule
	Martha oder Die Mischmonder-Markt-Mägde-Miethung
25/II	Die lieben Anverwandten
26/I	Freiheit in Krähwinkel
26/II	Lady und Schneider
	Judith und Holofernes
27/I	Der alte Mann mit der jungen Frau
27/II	Höllenangst
28/I	Der holländische Bauer
	„Sie sollen ihn nicht haben!" oder Der holländische Bauer
28/II	Karrikaturen-Charivari mit Heurathszweck
29	Alles will den Prophet'n seh'n
	Verwickelte Geschichte!
30	Mein Freund
	Der gemüthliche Teufel oder Die Geschichte vom Bauer und von der Bäuerinn
31	Kampl
32	Heimliches Geld, heimliche Liebe
33	Theaterg'schichten durch Liebe, Intrigue, Geld und Dummheit
34	„Nur keck!"
35	Umsonst
36	Tannhäuser
37	Lohengrin
	Zeitvertreib
38	Frühere Verhältnisse
	Häuptling Abendwind oder Das gräuliche Festmahl